Pagé · Ehring, Electronic Business und New Economy

Springer-Verlag Berlin Heidelberg GmbH

P. Pagé, T. Ehring

Electronic Business und New Economy

Den Wandel zu vernetzten
Geschäftsprozessen meistern

Mit 73 Abbildungen

 Springer

Dr.-Ing. Peter Pagé

Peter-Thumb-Str. 46
78464 Konstanz
E-mail: peter.page@macros.de

Dr. Thomas Ehring

Am Weichselgraben 17
85630 Grasbrunn b. München

ISBN 978-3-642-63190-0

Die Deutsche Bibliothek - CIP-Einheitsaufnahme
Pagé, Peter: Electronic business und new economy : den Wandel zu vernetzten Geschäftsprozessen
meistern / Peter Pagé ; Thomas Ehring. -Berlin; Heidelberg; New York; Barcelona; Hongkong; London;
Mailand; Paris; Singapur; Tokio: Springer, 2001
ISBN 978-3-642-63190-0   ISBN 978-3-642-56831-2 (eBook)
DOI 10.1007\978-3-642-56831-2

© Springer-Verlag Berlin Heidelberg 2001
Ursprünglich erschienen bei Springer-Verlag Berlin Heidelberg New York 2001
Softcover reprint of the hardcover 1st edition 2001

Satz: Satzerstellung durch Autor
Einband: Struve & Partner, Heidelberg
SPIN: 10771849   07/3020 hu - 5 4 3 2 1 0

Inhaltsverzeichnis

Einführung

Neues Spiel, neues Glück

Dieses Buch behandelt ein Thema, das möglicherweise oder doch eher fast sicher für die gesamte Wirtschaft grundlegende und weitreichende Veränderungen bringen wird.

Die Zusammenführung von Kommunikation und Computing bewirkt in der Geschäftswelt eine Veränderung vergleichbar mit der Einführung des Telefons bzw. Fernschreibers und des Computers zusammengenommen. Mit dieser Vereinigung sind die Voraussetzungen für „Electronic Business" geschaffen und hier geht es dann um nicht mehr und nicht weniger als um die Grundlagen, auf denen zukünftig sämtliche Geschäftsprozesse der Wirtschaft neu definiert werden müssen. Waren es früher einzelnen Funktionen, welche mit IT-Lösungen (Informationstechnologie) unterstützt wurden, sind es heute ganze Prozesse, die in ihrem Ablauf durch Lösungen der ICT (Informations- und Kommunikationstechnologie – wie es heute eigentlich heißen müsste) unterstützt, beschleunigt und verbessert werden. Die in der Wirtschaft durch das Kommunikationszeitalter und Electronic Business eingeleiteten Veränderungen sind nur mit denen der industriellen Revolution beim Eintritt ins Industriezeitalter vor 150 Jahren zu vergleichen – was sich auch an dem Gründerboom zeigt, der mit dem Aufblühen des Informationszeitalters eingesetzt hat.

Was heute über Electronic Business geschrieben wird, ist mit seinen sensationellen Zukunftsprognosen für neue Geschäftsmodelle und phantastischen High-Tech-Visionen zwar spannend, trägt oft aber nur dazu bei, die allgemeine Verwirrung und Hilflosigkeit zu steigern. Für diejenigen, die heute gefordert sind, neue Lösungen in ihrer eigenen Welt zu suchen, sind sie normalerweise für die Verantwortlichen in Unternehmen viel zu allgemein gehalten und zu weit von der realen Geschäftswelt entfernt, als dass sie eine effektive Zielsetzung und Entscheidungsfindung unterstützen könnten.

Es ist wichtig zu erkennen, dass Electronic Business nicht nur „Ausnahmeunternehmen" der „New Economy" angeht, die ihre Geschäftsstrategie auf dem Internet aufbauen, sondern jedes Unternehmen, welches die revolutionären Möglichkeiten der neuen Technologie nutzen und mit der Marktentwicklung Schritt halten will. „New E-conomy" heißt also nicht nur neues Unternehmertum auf Basis des Internet, sondern vielmehr die Neuerfindung aller bestehenden Geschäftsmodelle und Prozesse.

Viele der Themen, denen Sie auf den folgenden Seiten begegnen werden, sind Ihnen wahrscheinlich schon aus anderen Quellen bekannt; aber Sie können sicher sein, dass hier herausgearbeitet wird, was Sie heute, in Ihrer aktuellen Situation, mit diesen Technologien anfangen können.

Und was nun können Sie heute tun? Zunächst einmal ist es unerlässlich, sich mit der grundlegenden Natur der Veränderungen vertraut zu machen, die überall um uns herum stattfinden. Daneben ist es nötig, dass wir uns darüber klar werden, dass auch die neuesten Technologien – wie komplex sie auch immer erscheinen mögen – genau wie Hammer und Säge nur Werkzeuge sind, die wir zu meistern lernen müssen. Mit diesen neuen Werkzeugen sind dann auch neue Spielregeln verbunden. Diese Spielregeln legen fest, wie Geschäftspartner auf Basis der neuen Werkzeuge zusammenarbeiten können. Die Karten werden neu gemischt und es ist heute völlig offen, wer in zehn Jahren Erfolg haben – und wer auf der Strecke bleiben wird. Diese Realität zu ignorieren wäre genauso, als hätte man früher vor der Erfindung des Verbrennungsmotors, der die Ära der Dampfmaschine ablöste, des mechanischen Webstuhls, der die Handweberei ablöste oder auch des Telefons, des Radios, des Computers die Augen verschlossen. Viele die das taten blieben auf der Strecke und dasselbe Schicksal droht jedem, der diesen Fehler im heutigen Zeitalter wiederholt.

Die Zukunft gestalten

Viele flüchten sich angesichts der rasanten gesellschaftliche und technischen Veränderungen resigniert in die Vorstellung, dass die Veränderungen mit einer solchen Geschwindigkeit und in so unregelmäßigen Schüben über uns hereinbrechen, dass die Entwicklung der Zukunft nicht prognostiziert werden kann. Diese Leute argumentieren, langfristige Planung sei mittlerweile unmöglich; der einzelne oder auch ein Unternehmen könnten nichts weiter tun, als auf die eintretenden Veränderungen zu reagieren.

Ich bin da anderer Meinung! Selbst die tiefgreifendsten Veränderungen können sowohl vorhergesagt als auch bewältigt werden. Ob eine Veränderung als positiv oder negativ empfunden wird, hängt darüber hinaus ausschließlich davon ab, wie gut wir sie antizipieren und wie gut wir uns darauf vorbereiten – aber auch wie und wie schnell wir darauf reagieren, weil wir es haben kommen sehen.

Der Pessimismus und Fatalismus, der viele heute angesichts der dynamischen Entwicklungen ergriffen hat, spiegelt unsere Unfähigkeit wider, die Frage zu beantworten: Was wird wirklich als nächstes geschehen? So sehr wir uns auch bemühen, die rasante Veränderung hindert uns daran, ein klares Bild von der Zukunft zu gewinnen.

Dieses Buch zeigt, dass es klare, überzeugende Antworten gibt und die Zukunft am besten vorherzusagen ist, wenn man sie selbst gestaltet. In den folgenden Kapiteln werden Sie mit den harten Trends vertraut gemacht, welche die Zukunft der Geschäftswelt in all ihren Facetten prägen werden, samt ihren Herausforderungen und aufregenden Möglichkeiten. Ich bin davon überzeugt, dass sich mit den neuen Möglichkeiten ein Tor zu einer goldenen Zukunft aufgetan hat. All jene, die sich jetzt mit dem richtigen Wissen und der richtigen Strategie auf den Weg machen, haben eine Epoche ungeahnter Möglichkeiten vor sich. Auch in kleinen Schritten kann man sich dieser Zukunft nähern, wichtig ist nur, in Bewegung zu kommen und dann immer schneller voranzugehen.

Die Innovation forcieren statt den Wettbewerb

Die Erfahrung zeigt, dass wirkliche Erfolge nur eintreten, wenn Unternehmen sich extern auf die Erzielung der Marktführerschaft für ein bestimmtes Geschäftsmodell und intern auf Teamarbeit und Kooperation mit Partnern konzentrieren. Dieses Buch will Ihnen helfen, Innovation und eigenständiges Denken anzuregen und zu fördern. Nachdem in den IT-Bereichen von Unternehmen in den vergangenen Jahren die notwendigen Hausaufgaben mit der Einführung von Standardsoftware und der Bewältigung der Jahr 2000 Problematik erfolgreich abgeschlossen werden konnten, wird in der nächsten Phase der Erfolg für ein Unternehmen sehr stark durch die Fähigkeit für innovative Lösungen bestimmt werden. Es wird nicht mehr darum gehen, im Wettbewerb des Nachlaufens dasselbe evtl. besser zu tun, was andere bereits vorgemacht haben, sondern eigene Ansätze zu finden, welche die Regeln neu definieren und damit die Chance bieten, neue Geschäftsfelder zu besetzen und damit das Geschäft wesentlich voranzubringen.

Um diese nötige neue Einstellung zu verdeutlichen soll das typische Verhalten von Wettbewerbern dem von Innovatoren gegenübergestellt werden:

☐ Wettbewerber beschränken sich meist darauf, auf Trends zu reagieren und fürchten Veränderungen; Innovatoren sehen in Veränderungen neue Chancen und lernen, Trends zu erkennen oder sogar selbst zu schaffen und von ihnen zu profitieren.
☐ Wettbewerber versuchen zu kopieren, was andere tun; Innovatoren sind ständig auf der Suche, wie man Dinge neu anpacken und damit die Regeln neu definieren kann.
☐ Wettbewerber bleiben oft in festgefahrenen ritualisierten Verhaltensweisen stecken; Innovatoren sind wissbegierig und sehen immer neue Chancen durch veränderte Bedingungen.
☐ Wettbewerber sind auf Reduzierung des Wettbewerbers ausgerichtet und denken in Kostenminimierung; Innovatoren denken expansiv in Gewinnen.
☐ Wettbewerber sehen oft nur die Probleme in ihrem eigenen Geschäft im Vergleich zu anderen und reagieren mit ‚Optimierung' oder ‚Gesundschrumpfung'; Innovatoren erfinden ihr Geschäft ständig neu und erkennen Lösungsansätze für Probleme, die andere noch nicht gesehen haben.

☐ Wettbewerber sind letztlich anspruchslos, tun nur das Nötige – oft unter Druck; Innovatoren sind anspruchsvoll und gehen Aufgaben freiwillig an.

☐ Wettbewerber vermeiden möglichst alles, womit sie sich signifikant von ihrer Konkurrenz absetzen könnten und alleine die Führung übernehmen könnten, sie scheuen die Darstellung in der Öffentlichkeit; Innovatoren versuchen ihre Differenzierung zu maximieren und auch kommunizieren.

☐ Wettbewerber planen kurzfristig und beobachten streng die Einhaltung der Planung – als ob Erfolg planbar wäre; Innovatoren stecken langfristige Entwicklungsräume ab und lassen Freiheit in der Gestaltung dieser Räume.

☐ Wettbewerber gehen die Einführung einer neuen Technik oder eines Geschäftsmodells mit einem Problembewusstsein und als notwendige Übung zum Gleichziehen mit anderen an (Benchmarking); Innovatoren setzen sich selbst neue Geschäftsziele und räumen lösungsorientiert alle Schwierigkeiten beiseite, die dem Erfolg im Wege stehen.

☐ Wettbewerber sind positionsorientiert und vergleichen sich mit anderen; Innovatoren haben ihren eigenen Maßstab und denken in Ergebnissen von befristeten und definierten Projekten, nicht erreichten Positionen.

In Summe also sind Wettbewerber so damit beschäftigt, kurzfristige Probleme zu bewältigen, dass ihnen für den Blick in die Zukunft wenig Zeit bleibt, während Innovatoren von der Zukunftsprojektion getrieben die Gegenwart lediglich als Zwischenstation auf dem Weg in diese größere und bessere Zukunft betrachten.

Oft sehen wir uns gerade in Europa im Wettbewerb mit Amerika als unterlegen. Wir glauben schon fast nicht mehr daran, dass wir in IT-Lösungen je etwas eigenes Gescheites hervorbringen könnten – so sehr hat uns die Marketingmacht der USA bereits kleingemacht. Aber denken wir zurück an die sechziger Jahre der Flugzeugindustrie, wo alle über die immer absurderen – weil staatlich geförderten – Prototypen von neuen Flugzeugmustern herzlich gelacht haben. Dies hat sich mit dem wirtschaftlichen Ansatz und dann eintretenden Erfolg von Airbus Industries geändert – heute lacht niemand mehr, sondern hat Respekt vor der Konkurrenz, die oft neue technische Maßstäbe setzt. Dieselben Chancen ergeben sich heute mit der völligen Neudefinition der Geschäftsmodelle – wobei nicht auf theoretische Lösungen oder vorgefertigte Systeme zurückgegriffen werden kann, sondern Neues von findigen jungen – und alten – Köpfen geschaffen werden muss.

Was das Buch Ihnen vermitteln will

Dieses Buch will Ihnen dazu verhelfen, innovativ die neue Geschäftswelt des Electronic Business zu gestalten und sich die Chancen zu erschließen, welche sich aus den Veränderungen ergeben. Dafür sollen einige konkrete Inhalte vermittelt werden:

- die technologische Revolution in der IT durch Zusammenwachsen von Kommunikation und Computing im Internet erklären und die für Sie wichtigen Schlüsse daraus ziehen;
- Ihnen die Trends der Veränderung in der Geschäftswelt durch Electronic Business aufzeigen;
- Ihnen die Unsicherheit in der Beurteilung der nötigen nächsten Schritte zu nehmen;
- Ihnen konkrete Ansätze aufzuzeigen, wie Sie für Ihr Geschäft die Prinzipien des Electronic Business nutzen können;
- Einen technischen Rahmen zu definieren, wie Sie Ihre IT-Umgebung zu einer netzbasierten Infrastruktur umgestalten können;
- Beispiele aufzuführen, die Ihnen vermitteln, was andere bereits tun.

Nutzen Sie diese Beispiele als Denkanstösse und lassen Sie sich bei der Lektüre des Buches zu neuen Lösungen anregen, mit denen Sie Ihrer Konkurrenz im neuen Zeitalter des Electronic Business und der New Economy um eine Nasenlänge voraus sein können.

Vielleicht kann dazu auch helfen, sich den Umgang mit Innovation bewusst zu machen, der immer nach demselben Prinzip abläuft, wenn Innovation und die daraus sich ergebenden Veränderungen positiv erlebt werden und nicht in Aktionismus oder gar Furcht führen sollen:

Aufnehmen
Neues entsteht täglich an vielen Stellen. Für jeden, der das Neue aus einer gegebenen Situation betrachtet und Bestehendes überwinden muss, um das Neue annehmen zu können, kann es bedrohlich wirken und führt instinktiv zu einer Abwehrreaktion bzw. Verschlossenheit gegenüber dem Neuen. Mein Anliegen wäre, dass Sie sich bewusst öffnen, um das Neue aufnehmen zu können und einfach interessiert zur Kenntnis nehmen ohne sofort Gedanken zu entwickeln, warum Sie es nicht umsetzen können.

Verstehen
Erst wenn das Neue ganz aufgenommen ist, kann man daran gehen, es zu verstehen, d.h. zu erkennen, was die wollen, welche dieses Neue in die Welt bringen und warum es entstanden ist.

Bewerten
Danach erst sollte das Verstandene bewertet werden und überlegt, was es für die eigene Situation bedeutet und ob es von Vorteil ist – das ist die Chance, die in allem Neuen liegt – oder von Nachteil – das sind die möglicherweise negativen Auswirkungen auf die eigene Situation – und wie man sich möglichst die Vorteile erschließen kann.

Nutzen

Aus dem Neuen sollte man das Vorteilhafte nutzen und gezielt in der gegebenen Situation umsetzen, ohne dafür alles Bestehende revolutionär aufgeben zu müssen. Jedes Unternehmen muss sich von Zeit zu Zeit „neu erfinden", kann dafür aber nicht die alte Identität völlig ignorieren, sondern muss von dem alten „Selbst" auch etwas in die neue Identität übertragen. Nur damit gelingt eine evolutionärere Entwicklung, die das Gute aus der bestehenden Situation weiterentwickelt und das Neue gezielt zur Verbesserung nutzt.

Erleben

Die Veränderungen durch das Neue müssen danach in einer nächsten Phase erlebt werden, um die Auswirkung erkennen zu können. Dies gibt den neuen Erkenntnisstand, der dann als Basis für weitere Schritte dienen kann.

Innovieren

Aus der Erfahrung im Umgang mit dem Neuen können dann eigene innovative Ansätze entwickelt werden, welche die Möglichkeiten aus der Verbindung des Neuen mit dem Alten nutzen

Ausschöpfen

Diese innovativen Lösungsansätze gilt es dann konsequent auszuschöpfen, so dass aus einer ehemaligen ‚Verfolgerposition' nunmehr eine ‚Führungsposition' entwickelt werden kann.

Viel Vergnügen bei der Lektüre des Buches und viel Erfolg bei dem hoffentlich folgenden Experimentieren in Ihrem eigenen Umfeld.

1 Das Internet als Basis für Electronic Business und 'new e-conomy'

Was ist das Besondere an der Internet-Kommunikation?

Was bedeutet TCP/IP, wie funktioniert ein Router, was ist ein URL?

Wie kam es zur plötzlichen Verbreitung dieser Technologie?

Was hat die Massen angezogen?

Was bewirkt die Verbindung von Kommunikation und Computing?

Wie fließen Daten- und Sprachkommunikation zusammen?

Kann das Internet als zuverlässige Infrastruktur für unternehmenskritische Lösungen dienen?

Ist die Übertragung von Daten über das Internet sicher gegen fremden Zugriff?

Was macht Web-basierte Lösungen aus und warum stellen sie einen grundlegenden Wandel gegenüber dem Client/Server-Computing Modell dar?

Wird mit dem Internet der „alte" Mainframe wiederbelebt?

Welche Vorteile kann ich aus internetbasierten Lösungen für meine Unternehmen ziehen?

1.1 Die technischen Hintergründe des Internet

Das Internet ist eine seit langem bewährte Technik

Das Internet wurde als technische Lösung bereits in den siebziger Jahren mit Unterstützung des Department of Defense an der University of California in Los Angeles (UCLA) in USA entwickelt. Das DoD benötigte damals ein Daten-Kommunikationsnetz, welches absolut ausfallsicher sein und auf bestehenden Infrastrukturen heterogener Rechnernetze aufbauen sollte. Das Internet basiert auf dem «Transmission Control Protocol / Internet Protocol» (TCP/IP), welches heterogene Netze über sogenannte ‚Router' verbindet und Nutzer in unterschiedlichen Netzen in einem einheitlichen Adressierungs-schema organisieren kann. Als Lösung ist TCP/IP paketorientiert, d.h. Daten werden immer in einzelne Pakete unterschiedlicher Länge gepackt und als Paket im Netz kommuniziert. Dabei ist nicht festgelegt, auf welcher Übertragungsstrecke das Datenpaket transportiert wird, aber es wird garantiert, dass es – früher oder später – ankommt.

☐ Das Transmission Control Protocol / Internet Protocol (TCP/IP) regelt, wie Datenpakete gepackt und durch das Netz geschickt werden.
☐ Mit der IP-Adresse kann ein Nutzer oder Server im Internet eindeutig lokalisiert werden, wobei diese Adresse auf einer von der unterliegenden Kommunikationstechnik abstrahierten Ebene definiert wird.

Am 2.9.69 tauschten zum ersten Mal zwei Rechner über eine Internet-Verbindung Daten miteinander aus und bald waren bereits vier Rechenzentren: UCLA, Stanford Research Institute, University of California in Santa Barbara und University of Utah miteinander verbunden. Schon damals sagte sein „Erfinder" Len Kleinrock: "Das Internet wird allgegenwärtig. Es wird überall sein, immer verfügbar und kaum noch zu sehen - so wie elektrischer Strom".
Schlüssel dafür ist die Router-Technik der Nachrichtenumformung und Weiterleitung: Ein Router kann ein Datenpaket aus einem physischen Netz entgegennehmen, neu verpacken und in ein anderes physisches Netz weiterleiten. Dieser Ansatz ermöglicht die Verbindung zwischen heterogenen Netzen.

Das Internet verbindet heterogene Welten

Damit nimmt das Internet a priori Heterogenität in Kauf und kann verschiedenste Möglichkeiten nutzen, um Datenpakete zwischen zwei Teil-nehmern über heterogene Kommunikationsnetze zu transportieren.
Bei der Internet-Kommunikation ist die 'Intelligenz' eines Computers oder Microprozessors ein Teil der Kommunikationsstrecke, was erlaubt, diese für die Kompression und die Verwaltung der Datenpakete bei der Kommunikation zu nutzen.

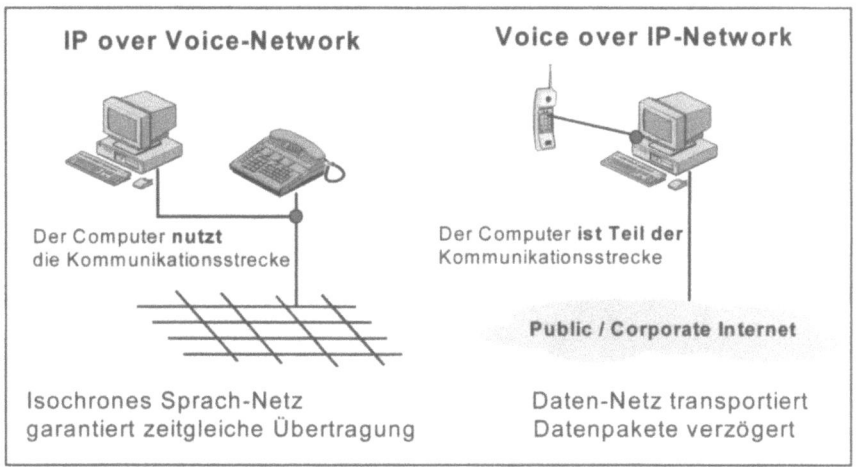

Abb. 1-1: *Interne- Kommunikation integriert die 'Intelligenz' des Computers als Teil*
der Kommunikationsverbindung

Das Internet wurde spät 'entdeckt' und von Nutzern vorangetrieben

Als 'chaotisches' Kommunikationsnetz kann das Internet ein Datenpaket auf
alternativen Wegen zum Empfänger übermitteln und funktioniert damit auch
noch, wenn eine bestimmte Kommunikationsstrecke ausfällt, indem dann
automatisch ein Alternativweg gesucht wird. Mit diesen Eigenschaften hat
sich das Internet seit seiner Einführung vor mehr als 25 Jahren als technische
Lösung bewährt und bereits früh im militärischen und wissenschaftlichen
Bereich als Standard etabliert. Allerdings wirkte das Internet viele Jahre für
kommerzielle IT-Nutzer und Anbieter im Verborgenen und hat erst seit 1993
seine große Verbreitung erreicht. Der Grund dafür ist sicher im Versuch der
IT-Anbieter zur Durchsetzung proprietärer Techniken zu suchen.

IP-Kommunikation nutzt unterschiedlichste Übertragungs-Strecken

Mit dem Internet Protokoll (IP) wird eine durchgehende Datenkommunikation
über unterschiedlichste Kommunikationsstrecken möglich, die z.T. für völlig
andere Zwecke aufgebaut wurden:

- ☐ IP auf X.25 Datenkommunikationsprotokoll im digitalen Telefonnetz;
- ☐ IP auf FDDI Schnelles LAN Protokoll;
- ☐ IP auf ATM Schnelles Daten- / Sprachkommunikationsprotokoll;
- ☐ IP auf ISDN Digitales Telefon und Datenübertragungsnetz;
- ☐ IP auf Serial Lines   Analoges Telefonübertragungsnetz;
- ☐ IP auf Power Lines   Stromleitungsnetz;
- ☐ IP auf TV-Kabelnetz;
- ☐ IP auf drahtlosen Telefonnetzen, IP auf ...., IP auf ...

Das Internet übermittelt Datenpakete mit undefinierter Verzögerung

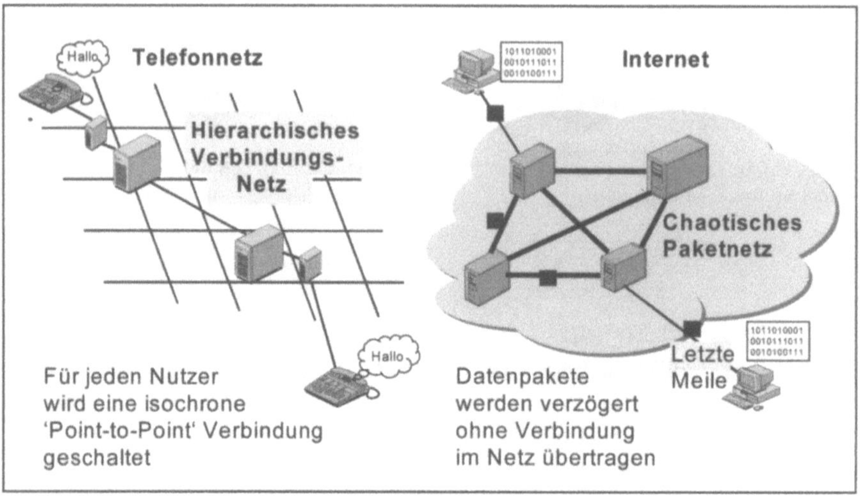

Abb. 1-2: *Das Internet überträgt einzelne Datenpakete verbindungslos
statt eine isochrone «Point-to-Point» Verbindung aufzubauen*

Die Kommunikationstechnik über das Internet unterscheidet sich also grundlegend von der Telephonie dadurch, dass für die Kommunikation zwischen
zwei Partnern keine Verbindung als «Point-to-Point»-Kommunikationsstrecke
aufgebaut werden muss, sondern nur ein Datenpaket mit einer Adresse durch
das Netz vom Absender zum Empfänger verschickt wird. Das Internet bietet
also keine «isochrone» Kommunikation, d.h. dass keine Gleichzeitigkeit
zwischen Absender und Empfänger in der Übertragung von Informationen
erreicht werden kann.

Hohe Übertragungsgeschwindigkeit macht Sprachübertragung möglich

Damit ist das Internet theoretisch nicht für die Übertragung von Sprache
geeignet, was ja erfordert, dass diese gleichzeitig oder aber nur mit geringer
Verzögerung übertragen wird, um in einem Telefongespräche einen Dialog zu
ermöglichen. Indem nun die Übertragungswege des Internet sehr schnell
geworden sind (Übertragungsraten im Mbit/sec-Bereich gegenüber Sprache im
KBit/sec Bereich) können sehr wohl Sprachinformationen mit nur geringer
Verzögerung über das Internet kommuniziert werden und damit wird dieses
auch für Sprachübertragung einsetzbar. Lange Zeit haben sich die etablierten
Telecom-Carrier und deren Lieferanten dagegen gesperrt, dass je Telephonie
über das Internet möglich sein könnte. Heute bieten die Carrier für
Datenübertragung mit «Voice-over-IP» (VOIP) z.T. bereits die Sprachübertragung kostenlos an, da die Sprachdaten nur ein geringes Volumen darstellen
und leicht „in den Lücken" mittransportiert werden können. Fast jedes zweite

Unternehmen in Europa plant innerhalb der nächsten zwei Jahre, seine Daten- und Sprachnetze zusammenzulegen.

Schon heute wickelt die Firma Cisco konsequent den unternehmensinternen Telefon- und Datenverkehr weltweit über ein IP-Netz ab. Dabei soll manchmal die Sprachqualität noch zu wünschen übrig lassen, aber das ist nur eine Frage weniger Monate, bis die letzten Fehler ausgemerzt sind

Damit eröffnet das Internet auch die Aussicht, Sprach- und Datenkommunikation generell über dasselbe Netz abzuwickeln, wo vorher noch zwei völlig getrennte Netze aufgebaut und betrieben werden mussten.

Das World Wide Web WWW hat wesentlich die Verbreitung des Internet bewirkt

Nachdem die kommerzielle IT das Internet lange Zeit nicht zur Kenntnis genommen hatte, wurde es ab 1993 zum Phänomen, als mit dem beim CERN in Genf geschaffenen «World Wide Web» ein Internetdienst zur Verfügung stand, der im Netz verteilte Informationen organisieren und leicht zugänglich machen konnte. Kern des World Wide Web ist das «Hypertext Transmission Protocol» HTTP und die Beschreibungssprache «Hypertext Markup Language» HTML. Der «Universal Resource Locator» URL ermöglicht es, Informationen als im World Wide Web netzartig verteilte Dokumente aufzubauen.

☐ Das Hypertext Transmission Protocol (HTTP) regelt den Austausch von Web-Inhalten;

☐ Die Hypertext Markup Language (HTML) legt fest, wie die Inhalte von multimedialen Dokumenten im Web beschrieben werden;

☐ Der Universal Resource Locator (URL) definiert eine eindeutige Adresse im gesamtem World Wide Web – auch über mehrere heterogene Netze;

☐ Der URL besteht aus: Angabe des Internet-Dienstes, des Servers, der Domäne, dem Verzeichnis, sowie dem Namen einer Datei in der Form: Internetdienst://server/verzeichnis/dateiname/Zusatzparameter z.B. http://www.web.de/index, wobei http: Hypertext Transfer Protocol bezeichnet (Dienst), www.web.de: World Wide Web Server mit der Domäne .de für Deutschland neben der es weitere ,domains' gibt wie: .com für Commercial (weltweit und meist für USA genutzt), .net für Network, .org für Organisationen wie z.B. Universitäten, index: Adresse der Ressource auf dem Server, Parameterstring: Steuerungsparameter

Der Web-Browser ist die einheitliche Nutzerschnittstelle zum WWW

Mit dem an der Universität in Illinois entwickelten «Browser» wurde dann ab 1994 eine Nutzerschnittstelle verfügbar, die eine einfache Navigation durch das Web und attraktive Anzeige von multimedialen Dokumenten erlaubt. Die weitere Entwicklung ist Geschichte: 1 Million Nutzer nach 3 Jahren, z.Zt. ca. 15 Millionen neue Nutzer pro Jahr, 80 Millionen Nutzer zum Ende 1998 (ca. 15 Mio. im Jahr 2000 in Deutschland) und aus heutiger Sicht erwartete 550 Millionen weltweit im Jahre 2005 .

- **Internet Protocol, ein pragmatischer Ansatz, um zwischen heterogenen IT-Infrastrukturen kommunizieren zu können: Das Netz DoD USA**
  - Hat eine weltweite und zuverlässige Kommunikations-Infrastruktur geschaffen und eine Brücke zwischen verschiedenen Welten
  - Hat E-Mail den elektronischen Informationsaustausch etabliert

- **Nützlicher Inhalt: Das Web (URL), CERN Europe**
  - Hat aus dem Internet ein Informations-Netz gemacht

- **Nutzerfreundliche Oberfläche: Der Web Browser, Univ. of Illinois USA**
  - Hat Akzeptanz bei Konsumenten und Geschäfts-Nutzern erzeugt

- **'Internet-Zeit' läuft 3mal schneller ab als normale Zeit**
  - 1 Mio Telephon Nutzer   30 Jahre
  - 1 Mio TV Nutzer   10 Jahre
  - 1 Mio Web/Internet   Nutzer   3 Jahre

Das Internet hat die Auswirkung der Erfindung von Telefon und Computer zusammengenommen

---

Abb. 1-3: *Der Erfolg der Internet Technologie ist noch nie dagewesen*
            - und initiiert von IT-Anwendern -

'HTTP', HTML und XML sind die wesentlichen Protokolle des Internet

In letzter Zeit wird im Umfeld des Internet häufig über das XML als der Erweiterung von HTML gesprochen. Während HTML nur einfache multimediale Layouts für die Darstellung an der Nutzeroberfläche beschreiben kann, bietet XML erweiterte Funktionen:

«Extended Markup Language» (XML) erlaubt die Beschreibung von Datenstrukturen, (ist also eine Sprache für die Beschreibung einer Beschreibung) wobei auch die Beschreibung der Struktur kommuniziert wird, so dass der Empfänger daraus dynamisch die Regeln für die Verarbeitung ableiten kann. Während mit HTML jeder Browser weiß, wie die Datenstruktur zu interpretieren ist, muss bei XML erst eine Verabredung zwischen den

Kommunikationspartnern über die Inhalte abgestimmt werden, da ohne eine solche der Empfänger zwar die XML Struktur, aber nicht die Bedeutung erkennen kann. Insofern ist XML kein direkter Ersatz für HTML – wie manchmal irrtümlich angenommen wird, es kann aber in seinen Formatierungsmöglichkeiten für Datenstrukturen über die von HTML hinausgehen. XML entspricht also z.B. der arabischen Schrift, legt aber noch kein Vokabular fest. Erst dieses Vokabular macht die Schrift verständlich.

Das Internet schafft eine weltweite Datenkommunikation

Auf der Basis des Internet bildete sich zum ersten Mal eine weltumspannende Gemeinde von Computernutzern heraus, in der alle Teilnehmer unabhängig von der eingesetzten Computertechnik und dem Hersteller miteinander in Kontakt treten und Dienste auf jeder Plattform nutzen können.

Dies war bisher nicht erreicht worden, wo jeder Hersteller seine eigene Plattform propagierte und die verschiedenen „Welten": Mainframe, UNIX, PC sich gegenseitig abgrenzten. Kompromissfähigkeit (IP Protokoll) und die Attraktivität für die Nutzer sind die Schlüssel für den Erfolg des Internet.

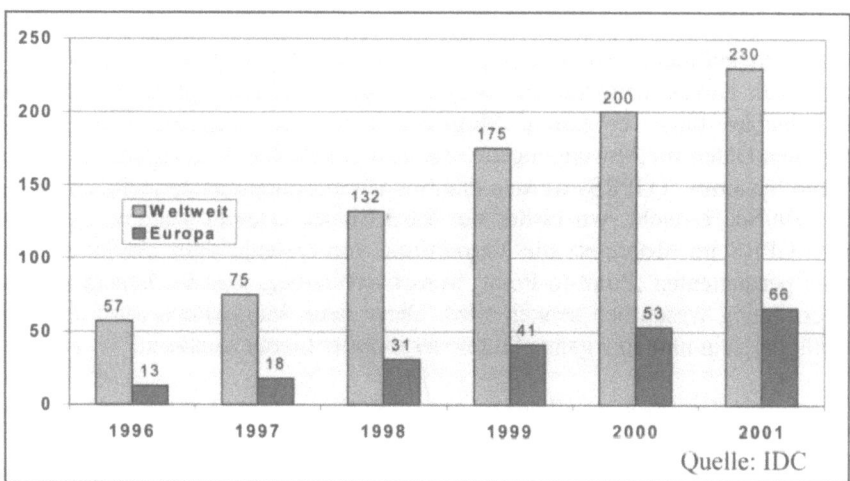

Abb. 1-4: *Entwicklung der Internet-Nutzung Anzahl der Nutzer*

Das Internet betrachtet Technik konsequent aus der Sicht des Nutzers

Wesentlich für die Internet-Technologie ist der Umstand, dass sie immer aus der Sicht der Nutzer mit einem wirtschaftlichen Nutzen vorangetrieben wird und damit pragmatische Lösungen propagiert. Dies ist ein anderer Ansatz als perfekte theoretische technische Lösungen zu suchen, die dann über einen Marktmachtansatz „durchgedrückt" werden.

Das Internet treibt neue Lösungen in der Kommunikationstechnik

Auch in der Kommunikationstechnik wurden durch das Internet Entwick-
lungen in Gang gesetzt, die auf der Basis traditioneller Ansätze Jahrzehnte in
Anspruch genommen hätten. So wurden z.B. hohe Übertragungsge-
schwindigkeiten auf Medien erreicht, die vorher dafür nie 'vorgesehen' waren.
ISDN (Integriertes Sprach- und Datennetz), welches als fortschrittliche
Übertragungstechnik mit bis zu 64Kbit/sec besonders in Deutschland mit
großem Aufwand breitflächig eingeführt wurde, sah sich z.b. plötzlich einer
Herausforderung durch «Asymmetric Digital Subscriber Line» (ADSL) mit
bis zu 8Mbit/sec über normale Kupferleitungen konfrontiert und mit speziellen
Modems konnten über einfache Analogleitungen plötzlich – da der dringende
Bedarf befriedigt werden musste - Daten mit bis zu 56 kBit/sec übertragen
werden wo bisher nur 9,6 kBit/sec möglich waren. Telephonie, die
„theoretisch" nie über ein asynchrones paketvermittelndes Netz abzuwickeln
war, wurde plötzlich – erst mehr in der Qualität von Amateurfunk aber
zunehmend mit akzeptabler Qualität – möglich und eröffnete neue Anwen-
dungsfelder auch für innovative IT-Lösungen: Fernsehen über Internet,
Internetzugang im Telefon, Videotelefon im Browser etc. etc.

Auch für das bestehende drahtlose GSM-Netz werden so pragmatisch neue
Lösungen gefunden. So wird von einem Industriekonsortium unter Mitwir-
kung von Nokia, Ericsson und Motorola auf der Basis des Standard-GSM
Mobilnetzes eine verbesserte Möglichkeit für die drahtlose Übertragung
digitalen Daten für Anwendungsoberflächen geschaffen. Mit «Global Package
Radio System» (GPRS) werden drahtlos Übertragungsgeschwindigkeiten bis
56 kBit/Sec erreicht, wo bisher nur 9,6 kBit/sec erreicht wurden. Daneben
wird GPRS im Mobilnetz die Vermittlung von Datenpaketen einführen statt
einer permanenten ‚Point-to-Point' Sprachverbindung, was die Kosten für die
Übertragung wesentlich senken wird. Diese neue Möglichkeit wird ab 1999
verfügbar sein und eine ganze Flut neuer mobiler Geräte auslösen.

Auch drahtlose Kommunikation wird schnell

Mit UTMS schließlich wird die Bandbreite für drahtlose Übertragung von
9600 Bit/sec bzw. 56 kBit/sec auf 2 MBit/sec erhöht, was dann ganz neue
Lösungen z.B. für einen beweglichen Außendienst ermöglicht. Videoüber-
tragung z.B. ist damit kein Problem mehr.

Neben dem Online-Betrieb werden von einigen Service Providern für den
drahtlosen Einsatz auch Message-Systeme wie «Short Message Service»
(SMS) in das Internet-Konzept einbezogen. Diese bieten den Vorteil, dass bei
einer kurzen Übertragungszeit auf Nachrichten- oder Message-Basis alle
wichtigen Dienste verfügbar sind, ohne dass eine längere Verbindung
aufgebaut werden muss. Dazu betreiben die Service-Provider entsprechende
Server, die für Informationsanbieter über das Internet erreichbar sind, die
Daten zwischenspeichern und dann bei Anruf an den Nutzer per

Kurznachricht SMS übertragen. Dieser Modus hat besonders bei der aktuellen Tarifstruktur einen großen Preisvorteil vor einem Online-Internet Zugang und bietet auch bequemeren Zugang. Dieser Betriebsmodus wird auch nach Einführung des «Wireless Application Protocol» (WAP) noch Bedeutung haben.

Jahr	Geschwindigkeit	Technologie		Art	Daten	Zielgruppe
1985	300-9600 Bit/sec	Analog Modem		WA	Data	(Consumer)
1992	64 KBit/Sec	ISDN		WA	Voice/Data	Consumer
1992	9600 Bit/sec	GSM Wireless		WA	Voice	Consumer
1994	64 Kbit/sec	DECT Wireless		LA	Voice	Consumer
Internet Ära						
1995	9600 Bit/sec	**GSM Wireless**		WA	Data	Consumer
1997	56 KBit/sec	**Analog Mod.**		WA	Data	Consumer
1997	64 KBit/sec	**DECT Wireless**		LA	Data	Consumer
1997	155 MBit/sec	**ATM**	LA/WA		Voice/Data	Professional
1998	8 MBit/sec	**xDSL**		WA	Data	Consumer
1998	8 MBit/sec	**TV-Cable**		WA	Data	Consumer
1998	8 MBit/sec	**Power-Line**		WA	Data	Consumer
1998	38 MBit/sec	**Satellite Multipoint**		WA	Data	Consumer
1999	56 kBit/sec	**GPRS GSM Wireless**		WA	Data	Consumer
2000	2 MBit/sec	**UMTS Wireless**		WA	Data	Consumer
2000	2.4 Gbit/sec	**New Internet (Abilene)**		WA	Data	Consumer

LA: Local Area WA: Wide Area K=1.000, M=1.000.000, G=1.000.000.000
Fett gedruckte Technologien wurden durch das Internet hervorgebracht

Abb. 1-5: *Übertragungsgeschwindigkeiten in Fernübertragungsnetzen wachsen stetig und (unmögliche) Lösungen werden Realität*

Beim Thema *Internet* geht es heute nicht mehr nur um das allgemein bekannte öffentliche Internet, welches weltumspannend heute ca. 100 Millionen Nutzer zählt, sondern besonders auch um die Technologie (Internet Protocol IP), welche diesem Internet zugrunde liegt und die in Form von Intra- oder Extranets in Unternehmen die IT-Infrastruktur der Zukunft prägt.

Das Internet ist auch die Basis für neue IT-Infrastrukturen

Intranets sind geschlossene IP-Datennetze, welche für die Kommunikation innerhalb des Unternehmens eingesetzt werden. Sie sind nicht Teil des öffentlichen weltweiten Internet und werden mit dem öffentlichen Internet nur über sogenannte «Fire-Walls» gekoppelt, die den Verkehr am Übergang überwachen und z.B. sicherstellen, dass nur ausgewählte Nutzer aus dem Internet heraus auf vorselektierte Informationen im Intranet zugreifen können bzw.

auch aus dem Intranet heraus nur bestimmte Informationen des öffentlichen Internet für ausgewählte Nutzer im Unternehmen verfügbar sind. Damit schützen die Fire-Walls die unternehmensinterne Intranet-Umgebung in jeder Hinsicht vor unerwünschten Einflüssen des öffentlichen Internet. Die Übertragung von Computerviren, welche z.Zt. viel diskutiert wird, hat per se nichts mit dem Internet zu tun, sondern kann immer geschehen, wenn Daten zwischen Computern – wie auch immer - ausgetauscht werden. Die Fire-Walls können Viren in electronic Mail entdecken, wenn diese als Muster bekannt sind. Die Perfidie der Viren liegt darin, dass immer neue Muster auftreten und leider die gängigen Betriebssystemumgebungen mit ihren Programmbibliotheken nicht ausreichend gegen das Einbringen fremder Programme geschützt sind, wie dies z.B. beim Mainframe der Fall war - dort sind noch nie Viren aufgetreten.

Extranets verbinden Unternehmen

Extranets sind private IP-Netze, die zwischen Unternehmen zum direkten Austausch von Informationen für Geschäftstransaktionen gespannt werden. Extranets können auf eigenen Leitungen betrieben werden oder aber auch das öffentliche Internet mit besonderen Sicherungsmaßnahmen als abgesichertes Übertragungsnetz nutzen.

Jede Information, jede Funktionalität eines Anwendungssystems kann über das Internet bzw. ein Intranet jedem Mitarbeiter an jedem Ort der Welt zugänglich gemacht werden. Und das zu Kosten, die weit unter denen von Client/Server Infrastrukturen liegen, welche diese allgemeine Verfügbarkeit für IT-Dienste nie herstellen konnten. Daneben erreicht das 'öffentliche' Internet direkt eine täglich wachsende Zahl von Konsumenten und kann ein Produkt- oder Informations-Angebot dem Kunden direkt präsentieren.

Das Internet erreicht jeden - Mitarbeiter, Partner und Kunden

Damit steht der IT zum ersten Mal eine Infrastruktur zur Verfügung, die nicht nur innerhalb des Unternehmens verfügbar ist, sondern gleichzeitig auch eine Verbindung zum Kunden schafft und darüber hinaus noch das Potential bietet, in dieser Infrastruktur die gesamte Kommunikation - einschließlich Sprache und Video – zusammenzufassen und dabei auch noch Kostenvorteile zu erreichen. Das Internet ist in seiner Auswirkung auf unser tägliches Leben und die Geschäftswelt bedeutender als die Einführung des Telefons oder des Computers zusammengenommen – es kann nur richtig eingeschätzt werden, wenn man ihm die Bedeutung von Telefon, Fax, Radio, Fernsehen und Computer zusammengenommen zuweist.

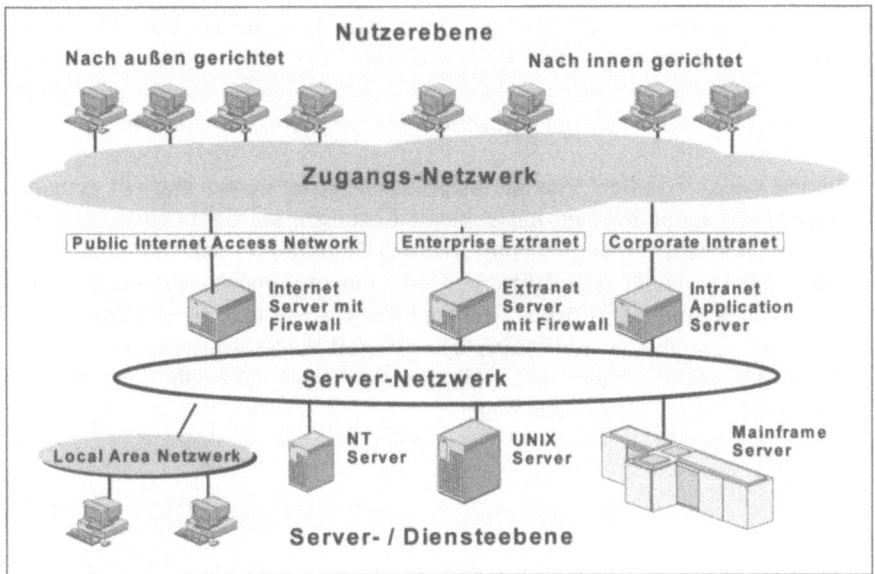

Abb. 1-6: *Die Internet / Intranet / Extranet Infrastruktur verbindet*
und erreicht Nutzer in Unternehmen und auch Kunden

Die Dynamik des Internet ist ungebrochen

Die Ausbreitungsgeschwindigkeit des Internet ist ungebrochen und es hält
Einzug in immer neue Anwendungsbereiche. Besonders in der kommerziellen
Unternehmens-IT hat das Internet einen Paradigmenwechsel bewirkt vom
Client/Server Computing zum netzwerkbasierten Computing. Hier besteht die
Attraktivität darin, dass mit dem Internet nach einer Periode der
unkoordinierten und manchmal außer Kontrolle geratenen Dezentralisierung
wieder eine unternehmensweit verfügbare IT-Infrastruktur aufgebaut werden
kann, die aber nicht die totale Zentralisierung fordert, wie der „alte" Mainframe, sondern ein Netz von Diensten jedem Nutzer verfügbar machen kann.

Die Dynamik in der Entwicklung des Internet resultiert auch daraus, dass es
auf praktische Lösungen zielt, dazu pragmatische Ansätze wählt und damit in
der Lage ist, die bereits vorhandene Technik in neuen Anwendungen
auszunutzen und nicht alles neu erfinden zu müssen. Dieser Effekt wird
besonders deutlich bei der Steigerung der Übertragungsgeschwindigkeiten
sowohl über Leitungen als auch drahtlos, wo plötzlich bei anderer Nutzungs-
technik Übertragungsleistungen erreicht wurden, die um Größenordnungen
über den ursprünglich vor der Internet-Zeit geplanten liegen. Aber auch bei
Endgeräten werden bereits existierende Geräte wie Telefon, Handy, Fernseher
durch das Internet neu definiert und damit einer viel breiteren Nutzung
erschlossen. Gerade hier steht für die nächste Zukunft eine weitere Revolution

bevor, wenn die Nutzung des Internet ohne den jetzt noch allgegenwärtigen Personal Computer möglich wird. Mit diesen intelligenten Geräten können dann auch Menschen das Internet nutzen, die nicht zuvor Computerspezialisten werden wollen – und das sind um Faktoren mehr als die „Computer Literates".

Pragmatische Standards sind der Schlüssel zum Erfolg des Internet

Während bei „offiziellen" Standardisierungsansätzen immer erst ein gemeinsamer Nenner gefunden sein muss, bevor Lösungen auf dem neuen Standard aufsetzen können, propagiert die Internet-Community den pragmatischen Ansatz des De Facto Standards, der von einem Sponsor auf sein Risiko vorgeschlagen und als Lösung implementiert wird und dann gegen evtl. Einsprüche verteidigt werden kann. Der Vorteil dieses Ansatzes liegt darin, dass er Proaktion fördert und dem Sponsor auch Vorteile durch früher verfügbare innovative Produkte bietet.

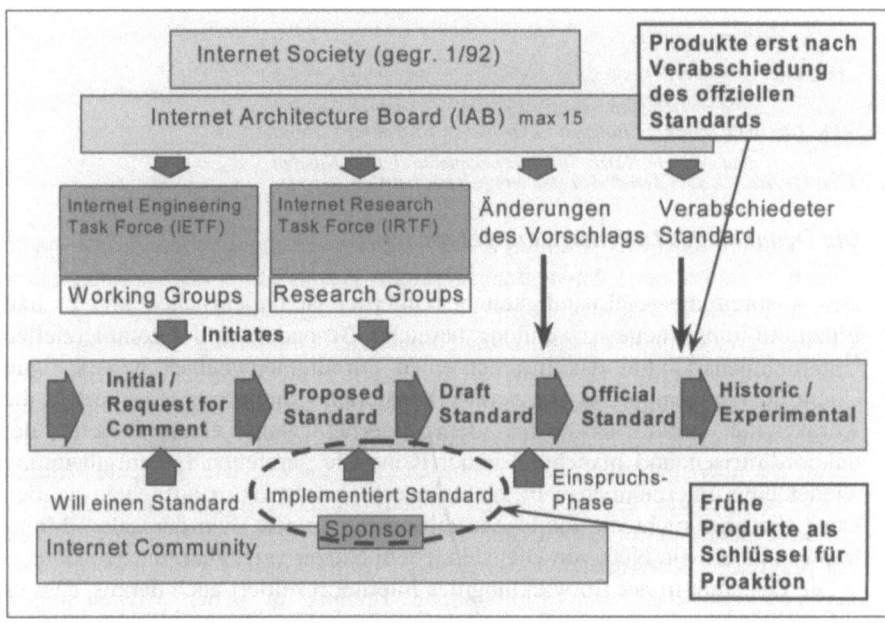

Abb. 1-7: *Die Standardisierung wird in der Internetgemeinde mit einem marktorientierten Ansatz vorangetrieben*

Damit ist das Internet bzw. das IP Protokoll die Technologie, welche die Zukunft der Datenverarbeitung und Kommunikation - auch für Sprache und Video – auf absehbare Zeit bestimmen wird. Dies einmal dadurch, dass es sämtlichen etablierten Kommunikationsverfahren neu definiert und daneben noch die IT in Lösungen mit dieser totalen Kommunikation verschmilzt und diese so mehr zu einer Informationskommunikations- statt einer Datenverarbeitungstechnik werden lässt. Konsequenterweise sollte man also in Zukunft nur noch von ICT (Informations- und Kommunikationstechnologie) sprechen statt von IT (Informationstechnologie) wie bisher.

Das Internet ist ein offenes Netz

Während im Zeitalter des Client/Server Computing die Ressourcen physisch zu den Nutzern gebracht wurden und der „Besitz" von Informationen zählte, wird nunmehr der Nutzer über das Internet mit den nötigen Ressourcen verbunden, wobei diese praktisch überall in der Welt angesiedelt sein können und durch das Internet für den Nutzer immer gleich weit entfernt – oder gleich nah – sind, es zählt die Kommunikation von Informationen.

Attraktiv wird das Internet auch durch die Tatsache, dass es ein offenes Netz ist, d.h. dass auf der Basis des Internet-Standards eine breite Palette von Anbietern ihre Produkte und Dienstleistungen verfügbar machen und diese in Kombination eingesetzt werden und miteinander kommunizieren können.

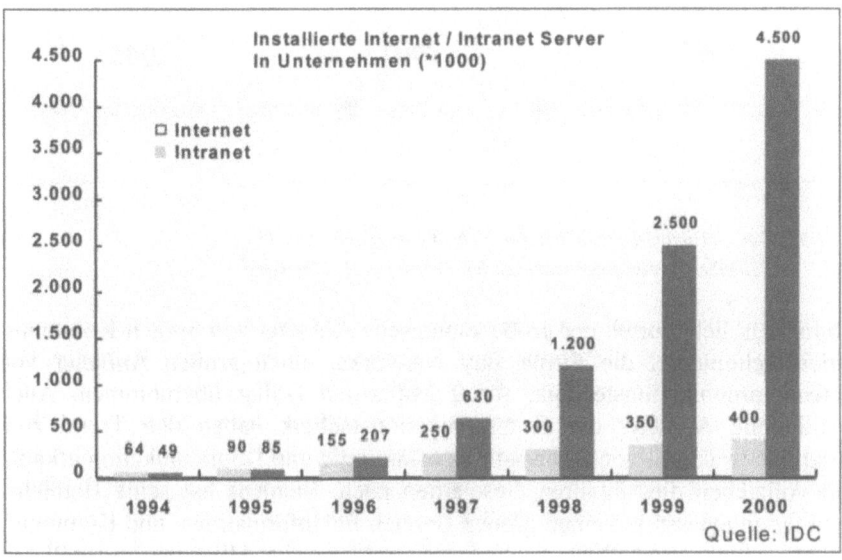

Abb. 1-8: *Intranets wachsen schneller als das Internet*

Der Internet-Markt wird auch in Zukunft stark wachsen und zwingt etablierte Anbieter zur Neuorientierung

Insgesamt wird für den Kommunikationsmarkt in den nächsten Jahren ein dynamisches Wachstum erwartet. Wurden 1999 noch 480 Milliarden Dollar umgesetzt, wird dieses Volumen bis 2005 auf über 1,1 Billionen Dollar anwachsen – ein jährliches Wachstum von 15 Prozent. Dabei sind es die Anbieter von Datenkommunikations-Technologie, die von diesem Wachstum überproportional profitieren.

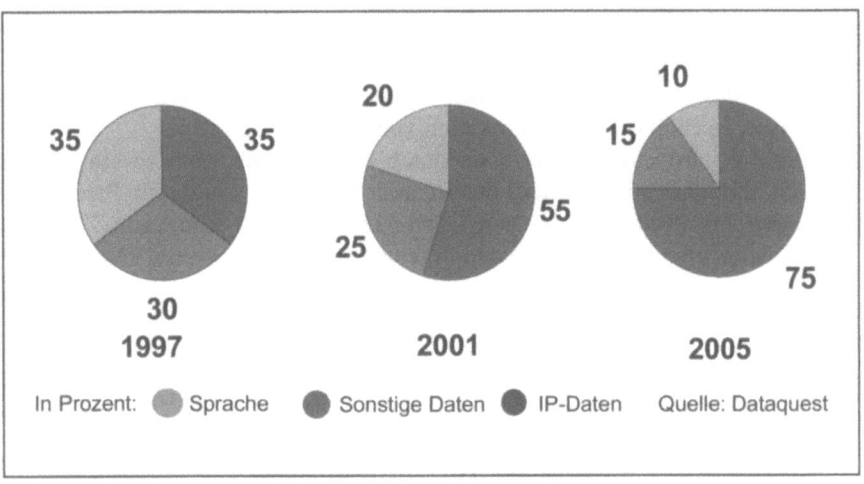

Abb. 1-9: *Der Gesamtverkehr in den Kernnetzen von öffentlichen TK Betreibern weist einen wachsenden Anteil von IP-Daten auf*

So hat kürzlich Nortel, der große kanadische Anbieter von Sprach-Kommunikationstechnologie, die Firma Bay Networks, einen großen Anbieter von Datenkommunikationstechnik, für 9 Milliarden Dollar übernommen. Auch traditionelle Anbieter der Kommunikationstechnik haben den Trend zum Zusammenwachsen von Informationstechnologie und Kommunikation erkannt und vollziehen dies in ihren Geschäften nach. Siemens hat seine Bereichs-Struktur angepasst und einen großen Bereich für Informations- und Kommunikationstechnik geschaffen. Auch dieser sucht bereits Allianzen und will mit anderen Unternehmen aus der Datenkommunikationsbranche gemeinsame Tochtergesellschaften gründen .

Dasselbe gilt für die Telefon-Netzbetreiber, die plötzlich nach ihrer Fähigkeit für ein Angebot in der Internet-Kommunikation bewertet werden und wo neue Player z.B. mit einem Kommunikationsangebot über Fernsehkabelnetze oder das Stromnetz in den Wettbewerb eintreten, die vorher nie als Kommunikationsanbieter gesehen wurden.

Das Internet definiert «ElectronicBusiness»

Für Lösungen in dieser neuen Infrastruktur hat sich der Begriff «Electronic Business» etabliert und immer neue Lösungen werden täglich geschaffen, die Kommunikation eng mit dem Computing verbinden.

Wir stehen heute, sechs Jahre nach der „Entdeckung" des Internet bereits mit den bisher implementierten Lösungen an der Schwelle zu einer Revolution der IT- und Kommunikationstechnologie. Man kann sagen, dass erst jetzt mit der Zusammenführung von Computing und Kommunikation das vielbeschworene Informations-Zeitalter – der sechste Kondratieff Zyklus – wirklich beginnt. Mit der innerhalb der nächsten zwei Jahre zu erwartenden gesteigerten Bandbreite bis zum Endnutzer über Telefonleitungen, Videokanäle und auch drahtlos ist zu erwarten, dass eine Vielzahl neuer Lösungen entsteht und damit die Geschwindigkeit für die Verbreitung der Internet-Technologie stark zunimmt.

1.2   Zugangskontrolle und Verschlüsselung der Informationen schafft Sicherheit für netzbasierte Infrastrukturen

Gesicherte Datenübertragung über das Internet ist technisch möglich

Oft wird in einem Atemzug mit dem Internet die Unsicherheit der Datenüber-tragung genannt und damit impliziert, dass das Internet nicht als operative Plattform für unternehmenskritische Lösungen zu gebrauchen sei. Vorab sei gesagt: dies trifft nicht zu und jede darauf basierende oberflächliche und negative Argumentation ist nicht haltbar.

Im Gegenteil kann die Kommunikation sogar so geschützt werden, dass sogar das amerikanische CIA darauf drängt, verfügbare Techniken nicht zu exportieren, um zu verhindern, dass evtl. kommunizierte Daten nicht mehr abgehört bzw. dann nicht mehr entschlüsselt werden können. Gleichwohl sind diese Techniken allgemein verfügbar und können in Lösungen genutzt werden.

Grundsätzlich stellen sich für den kontrollierten Zugang von Nutzern und die gesicherte Übermittlung von Daten über das Internet drei Probleme:

☐   Identifizieren des Nutzers durch Authentisierung.
☐   Verschlüsseln übertragener Daten und Sichern gegen Verfälschung.
☐   Autorisierung des Nutzers für den Zugang zu Diensten.

Authentisierung identifiziert den Nutzer zuverlässig

Für die *Identifizierung* oder *Authentisierung* des Nutzers gegenüber dem *System* gibt es verschiedene Verfahren mit unterschiedlicher Sicherheit gegen Missbrauch:

☐   Nutzer-Identifikation und Passwort.
☐   Chip-Smartcard.
☐   Biometrische Identifikation.

Die Nutzerauthentisierung mittels Passwort ist am weitesten verbreitet, birgt aber auch die größte Gefahr für Missbrauch, da die Passwörter ausgespäht werden können und damit leicht jemand anderer sich für einen autorisierten Nutzer ausgeben kann.

Dabei ist es nicht nur der einzelne Nutzer, der ausgespäht werden kann, sondern ein nur über Passwörter geschütztes System ist insgesamt unsicher, da beliebige Nutzerpasswörter ausgespäht werden können und beliebige Funktionen dadurch missbraucht werden können. Alle „Hackerangriffe" richten sich vornehmlich gegen passwortgeschützte Systeme.

Sicherer ist der Zugangsschutz durch eine Chip- oder Smartcard, welche die Nutzerkenung liefert und die physisch dem System bekannt gemacht werden muss, um Zugang zu erhalten. Auch die Smartcard ist wieder über ein Passwort geschützt, allerdings nutzt hier das Ausspähen wenig, wenn der unberechtigte Nutzer nicht im Besitz der Smartcard ist. Der berechtigte Nutzer muss die Smartcard also erst verlieren oder zugänglich liegen lassen, damit ein „Hacker" die Chance für einen missbräuchlichen Systemzugang hat. Sicherer wird die Smartcard durch Personalisierung mit einem integrierten Bild des Nutzers oder aber auch mit anderen Nutzer-Merkmalen, die auf der Karte gespeichert sind und vom System überprüft werden können wie: Fingerabdruck, Gesichtsmerkmale, Merkmale der Iris.

Die Chipkarte ermöglicht zuverlässige Authentisierung

Die chipkartengestützte Identifizierung hat gegenüber der einfachen Nutzer-ID/Passwort-Anmeldung den Vorteil, dass die Karte als physische Medium leichter vor Verlust und damit unberechtigter Nutzung geschützt werden kann als die einfache Information der Nutzer-ID bzw. des Passworts.

Um derartige Zugangssystem einsetzen zu können, müssen alle PCs und Zugangsgeräte des Unternehmens - auch die mobilen - mit entsprechenden Kartenlesern oder Merkmalerkennern ausgestattet sein, so dass dann der karten- oder merkmalgestützte Schutz konsequent implementiert werden kann.

Das Handy kann als Medium zur Authentisierung genutzt werden

Neben der Smartcard wird in einigen Banklösungen auch das Mobiltelefon (Handy) als Identifikationsmedium genutzt. Auch hier sind die Kriterien „physischer Besitz" und Schutz durch Passwort gegeben. Die Firma Brokat bietet mit „Me-Sign" eine Lösung an, die das Handy für die Authentisierung von Geschäftstransaktionen gleichwertig neben die Smartcard stellt. Die Vorteile sind dabei offensichtlich, da Handies bereits weit verbreitet sind und keine zusätzliche Infrastruktur benötigt wird.

Wenn diese Infrastruktur einmal geschaffen ist, lässt sie sich auch leicht für andere Aufgabenstellungen nutzen:

☐ Mitarbeiterausweis mit Verwaltung individueller Merkmale
☐ Zutrittsregelung mit Staffelung der Berechtigung, Besucherkontrolle
☐ Zeiterfassung mit Speicherung auf der Karte - persönliches Zeitkonto
☐ Parkplatzverwaltung
☐ Elektronische Geldbörse mit Bezahlung bzw. Abrechnung von Leistungen innerhalb des Unternehmens: Kantine, Kostenstellenabrechnung etc.

Die Einführung einer netzbasierten Infrastruktur bietet somit auch die Möglichkeit, Lösungen für andere Aufgabenstellungen zu implementieren, die bisher nur bruchstückhaft und meist mit großem Aufwand gelöst werden konnten.

Die digitale Unterschrift macht elektronische Nachrichten zu Dokumenten

Für die «*Authentisierung*» gegenüber anderen *Nutzern* und *Geschäftspartnern* werden sog. «*digitale Signaturen*» eingesetzt. Dies sind Bitmuster, die für den einzelnen Nutzer individuell und einmalig generiert, von diesem aufbewahrt werden, und ihn dann wie eine unverwechselbare Unterschrift ausweisen. Die Signatur wird dabei an alle Informationen angefügt, die der Nutzer als von ihm erzeugt identifizieren will. Der Sender generiert dazu aus dem zu sendenden Text eine Prüfsumme, die er anschließend mit seinem privaten Schlüssel codiert und fügt das Ergebnis der zu sendenden Information als Zusatz an: die digitale Signatur. Das Datenpaket kann als elektronisches Dokument bezeichnet werden. Der Empfänger wiederholt die Generierung der Prüfsumme aus dem Originaltext. Mit Hilfe des öffentlichen Schlüssels des Absenders kann er die gesendete Prüfsumme wieder aus der Signatur erzeugen und beide vergleichen. Bei Gleichheit ist bewiesen, dass die Nachricht bzw. das Dokument von dem angegebenen Absender stammt und nicht verändert wurde. Eine Fälschung dieser digitalen Signaturen ist praktisch ausgeschlossen und der Gesetzgeber hat in Deutschland und Europa mit dem «Signaturgesetz» einem Rahmen geschaffen, der Rechtssicherheit für Geschäfte im Internet ermöglicht. Das Signaturgesetz regelt:

☐ Gleichstellung der elektronischen Signatur mit der eigenhändigen Unterschrift.
☐ Die „sichere" Signatur-Erstellungseinheit.
☐ Zertifizierungsstellen als freiwillig akkreditierte Institutionen mit definierter Haftungsregelung und gegenseitiger Anerkennung auf Policy-Basis, keine Hierarchievorgaben.

Die digitale Signatur stellt folgende Dinge sicher:

☐ Verbindlichkeit: Hat die Information den Empfänger unverändert erreicht?
☐ Authentizität: Stammt die Information tatsächlich von dem angegebenen Absender?

Trustcenter organisieren die Vergabe von elektronischen Schlüsseln

Die Ausgabe und Verwaltung der elektronischen Schlüssel übernehmen sogenannte «*Trust-Center*», die von einer vertrauensvollen Institution 'Trusted Authority' betrieben werden und die Authentizität des Nutzers für den ausgegebenen Schlüssel bestätigen. Als solche fungieren heute Carrier wie Telekom, Mannesmann etc., Banken oder Service-Provider wie T-Online, AOL, Web.de etc. Die Verwaltung der Signaturen kann für 'geschlossene' Lösungen natürlich auch innerhalb des betreibenden Unternehmens organisiert werden und ein Unternehmen kann Signaturen für seine Mitarbeiter im Geschäftsverkehr selbst ausgeben.

Verschlüsselte Daten können sicher übertragen werden

Schwieriger ist die gesicherte Datenübertragung durch «*Verschlüsselung*». Obwohl hier leistungsfähige technische Lösungen verfügbar sind, hat sich noch keines der Verfahren weltweit etablieren können und damit einen Standard gesetzt, der das Problem ein für alle mal und in der entsprechenden Verbreitung löst. Nicht unwesentlich ist daran die restriktive Haltung der amerikanischen Regierung für den Einsatz und besonders den Export von leistungsfähigen Verschlüsselungsverfahren mit mehr als 54 Bit Schlüssellänge schuld. Diese Einschränkungen haben bisher dazu geführt, dass sich keine allgemeingültige weltweit verfügbare Lösung verbreiten konnte, obwohl mehrere technische Lösungen auch von europäischen Anbietern verfügbar sind. «Secure Socket Layer» (SSL) ist eine verfügbare Technologie und für Banktransaktionen ist der «Secure Electronic Transaction» (SET) Standard definiert und wird zunehmend eingesetzt.

Technisch gibt es zwei Verfahren, um Daten für die Übertragung im öffentlichen Internet zu verschlüsseln:

☐ Asymmetrische Verfahren, bei denen der sendende Partner einen öffentlich bekannten Schlüssel «Public Key» für die Verschlüsselung verwendet und der Empfänger einen geheimen individuellen «Private Key» besitzt, mit dem er – und nur er – die verschlüsselten Nachrichten wieder entschlüsseln kann.
☐ Symmetrische Verfahren, bei denen von beiden Kommunikationspartnern derselbe geheime Chiffrierungsschlüssel benutzt wird

Die *asymmetrischen* Verfahren funktionieren im Prinzip so, das der Algorithmus zur Verschlüsselung der Daten, der sogenannte «Public Key» – vergleichbar mit einem Briefumschlag – an alle verteilt wird, die einem Empfänger verschlüsselte Daten übermitteln wollen. Dieser verschlüsselt damit die Daten und signiert sie meist mit seiner digitalen Signatur (seinem Private Key), um die Authentizität zu belegen. Der Empfänger der Nachricht hat mit seinem eigenen «Private Key» sozusagen einen Schlüssel als Brieföffner, der die Nachricht wieder entschlüsseln und die Authentizität des Absenders feststellen kann.

Da der «Private Key» den Nutzer ausweist, muss er sicher aufbewahrt und vor Ausspionierung geschützt werden.

Beim *symmetrischen* Verfahren muss der Chiffrierschlüssel vorab geschützt zwischen Absender und Empfänger kommuniziert werden und dann werden Nachrichten mit demselben Schlüssel ver- und entschlüsselt. Symmetrische Verschlüsselungsverfahren sind meist schneller als asymmetrische und werden für die Verschlüsselung größer Datenmengen oft eingesetzt, obwohl sie bezüglich des Ausspionierens des Schlüssels sensibler sind. Meist wird der symmetrische Schlüssel deshalb dynamisch generiert, asymmetrisch verschlüsselt zwischen den Kommunikationspartnern ausgetauscht und nur für eine bestimmte Zeit genutzt -und dann ungültig.

Ver-/Entschlüsselung werden in abgeschotteten Umgebungen durchgeführt

Die Ver- bzw. Entschlüsselung der Daten wird meist auch in geschützten Umgebungen (versiegelte Box) vorgenommen, um 'Hackern nicht die Möglichkeit zu geben, die Schlüssel – und wenn sie auch nur für kurze Zeit im System existieren – auszuspähen und zu missbrauchen. Als eine versiegelte Box hat sich die Smartcard etabliert, die keinerlei Zugriffsmöglichkeiten von außen bietet und damit als geeignetes Medium für die Verschlüsselung von Informationen dienen kann. Eine andere ist die «Kryptobox» als physisch versiegelte Einheit im PC oder Server.

Die Verwaltung der Schlüssel obliegt wiederum einem «Trust-Center», welches die öffentlichen Schlüssel vergibt und wo meist dem einzelnen Nutzer für die Erzeugung des „privaten" Dechiffrierschlüssels ein Algorithmus zur Verfügung steht, der es diesem erlaubt, „seinen" privaten Schlüssel nur für sich zu generieren. Die Erzeugung der privaten Schlüssel geschieht dabei meist auch dynamisch in einer abgeschlossenen Umgebung – wie z.B. einer Smartcard, so dass niemand auf diesen Schlüssel zugreifen kann.

Die Verschlüsselung kann absolut sicher gestaltet werden

Wegen der absolut sicheren Verschlüsselungsmöglichkeit, die sogar einem Geheimdienst keinen Zugriff auf die übertragenen Informationen gewährt sind die Schlüssellängen in der Diskussion, welche die Sicherheitsstufe gegen Dechiffrierung definieren. Die amerikanische Regierung erlaubt heute den freien Einsatz und Export von Verschlüsselungstechniken bis zu 54 Bit Länge. Diese Schlüssel sind mit verfügbaren Rechnerleistungen relativ leicht zu „knacken", Wirkliche Sicherheit ist heute mit Schlüssellängen größer 128 Bit zu erreichen. Diese sind auch aus europäischer Entwicklung verfügbar und können in definierten Lösungen eingesetzt werden.

Mit den heute verfügbaren Sicherheitstechnologien können also absolut sichere Infrastrukturen ausgebaut werden und damit sind netzbasierte Lösungen realisierbar, die in ihren Sicherheitsaspekten vielen Client/Server- und Mainframe-Lösungen überlegen sind. Denn alle Techniken wirken nicht nur in lokalen und damit geschlossenen Netzen, sondern auch über das öffentliche Internet, so dass auch dieses als Komponente in die Kommunikationsinfrastruktur ohne Bedenken eingebunden werden kann, wenn einmal eine sichere Basis geschaffen ist.

Virtuelle private Netze erlauben sichere Übertragung im öffentlichen Internet

Für die gesicherte Übertragung von Daten in Intranets und Extranets werden zunehmend sogenannte «Virtual Private Networks» (VPN) eingerichtet, welche eine gesicherte private Nutzung von unsicheren öffentlichen Kommunikationsnetzen durch den Einsatz verschiedener «Tunneltechnologien» (Verschlüsselung der übertragenen Daten) und Sicherheitsprozeduren ermöglicht. Auf dem Weg durch die öffentlichen Netze muss durch ein VPN die Integrität und Vertraulichkeit der übertragenen Informationen gewährleistet werden. Dann allerdings steht das öffentliche Internet mit seiner weltweiten Reichweite auch als Kommunikationsstrecke für unternehmensinterne IT-Lösungen zur Verfügung, so dass z.B. ein Außendienstmitarbeiter an einem abgelegenen Ort alleine mit einem Telefonanschluß gesicherten Zugang zu den IT-Systemen des Unternehmens haben kann bzw. dass auch zwischen Unternehmen in sogenannten Extranets IT-Systeme gesichert über das öffentliche Internet miteinander kommunizieren können. Die Technik des VPN empfiehlt sich besonders für den Aufbau von Auslandsanbindungen für einzelne Mitarbeiter oder kleine Gruppen unter den Aspekten Kosten und Sicherheit.

HTTPS ist das sichere Übertragungsprotokoll des WWW

Eine einfache Lösung zur Schaffung eines gesicherten Internet-Zugangs bietet das Web-Übertragungsprotokoll HTTP mit HTTPS «Hypertext Transfer Protocol Secure», einer Lösung, die dann aber eine wirklich web-konforme Lösungsarchitektur verlangt, die auf dem Client nur den Web-Browser nutzt, und nicht – verkappt – auch über das Internet mit proprietären Ports (Übertragungsprotokollen) auf IP-Basis wieder ein Client/Server Modell aufbaut. Mit HTTPS können beliebige Verschlüsselungs-Mechanismen eingesetzt werden.

Die Nutzeridentifizierung regelt auch den Zugriff auf einzelne Dienste

Obwohl die gesicherte Übertragung von Daten über das öffentliche Internet noch nicht allgemein gelöst ist, gibt es doch genügend technische Einzellösungen, welche den Aufbau auch sicherheitssensitiver Lösungen wie z.B. im Bankenumfeld auch heute bereits möglich machen. Die oft geführte Diskussion um die mangelnde Sicherheit im Internet sollte also kein Hinderungsgrund für ein zügiges Handeln zur Erschließung des Internet als operative Plattform sein.

Das Problem eines mangelnden Standards für gesicherte Kommunikation wird inzwischen so hinderlich, dass mit wachsendem Geschäftsvolumen und

Business-to-Business Transaktionen über das Internet sehr bald 'der Knoten platzen' und eine allgemeine Lösung als Standard gefunden werden wird.

Die «*Autorisierung*» des Nutzers legt fest, welche Funktionen und Dienste dieser im System nutzen und auf welche Informationen er zugreifen darf. Während hier früher noch für jeden einzelnen Nutzer ein Nutzerprofil mit den jeweils zugewiesenen Funktionen angelegt wurde, setzt sich heute der Ansatz durch, verschiedene Typen von Profilen als 'Rollen' einzurichten und dann den einzelnen Nutzer nur noch diese Profile zuzuweisen. So bleibt die Zahl der Profile begrenzt, der Pflegeaufwand wird vermindert und es wird damit eine bessere Übersicht über die Nutzung der einzelnen Funktionen erreicht.

1.3 Zusammenfassung

In der Darstellung bisher wurde gezeigt, dass das Internet vielfältige neue Möglichkeiten eröffnet und dass auf Basis dieser Technik die IT-Landschaft insgesamt grundlegend verändert wird:

☐   Das Internet bzw. die Internet-Technik liefert ein Kommunikations netzwerk, das jede IT-Lösung jederzeit für jeden Nutzer weltweit verfügbar machen kann. Das war bisher so nie gegeben.

☐   Die mit dem Internet verfügbare Sicherheits-Technik kann eine sichere Übertragung von Informationen zwischen zwei Partnern – auch über das öffentliche Internet – gewährleitsten. Das ermöglicht es, eine unter nehmensweite globale IT-Infrastruktur darauf aufzubauen. Das gab es bisher nie.

☐   Das Internet bietet offene und pragmatische Standards, auf die viele Lieferanten des IT-Marktes ihre Produkte aufbauen.

War Datenverarbeitung bisher vornehmlich durch die Verwaltung und Bearbeitung von Daten definiert, wandelt sich dieser Auftrag mit dem Internet zur Kommunikation von Information. Konsequenterweise sollte man auch nicht mehr von Informations-Technologie (IT) sprechen, sondern von Informationskommunikations-Technologie (ICT). Im Folgenden wird weiter entwickelt, wie diese neue ICT auch das Umfeld der Lösungen zur Unterstützung von Geschäftaktivitäten neu definiert.

2 Trends der Entwicklung zeigen auf eine netzbasierte IT-Infrastruktur und vernetzte Geschäftsprozesse

Was ist Electronic Business?

Warum ist Electronic Business unumgänglich?

Beispiele gibt es genug, was bedeutet das für mich?

Warum soll ich mich gerade jetzt damit auseinandersetzen?

Wie kann ich fließend innovative Lösungen im Unternehmen einsetzen?

Wie kann eine innovationsfähige Umgebung geschaffen werden?

2.1   Was ist Electronic Business

ElectronicBusiness redefiniert alle Geschäftsprozesse
durch die Verbindung von Kommunikation und Computing

Electronic Business ist allgemein definiert durch die Implementierung von Geschäftsverfahren, die nur durch Einsatz von IT-Anwendungen und insbesondere die Kommunikation über Inter- Intra- Extra-Net implementiert werden können. Diese „elektronisch" abgewickelten Geschäftsprozesse unterscheiden sich oft grundsätzlich von den traditionellen und sind gekennzeichnet durch die möglichst enge Kopplung von Funktionen mit direktem elektronischem Informationsaustausch über ein Kommunikationsnetz zwischen Kunden und Lieferanten, zwischen Partnerunternehmen zur Ausbildung von Leistungsketten (Supply-Chains), Einrichten von elektronischen Marktplätzen, der Erzeugung von Verbundprodukten und der allgemeinen Verbesserung von Zusammenarbeit (Knowledge Management, Dokumenten Management, etc.) auch innerhalb eines Unternehmens. Oft wird Electronic Commerce synonym für Eelectronic Business genannt, ist aber in Realität nur eine Facette des umfassenderen Electronic Business Ansatzes.

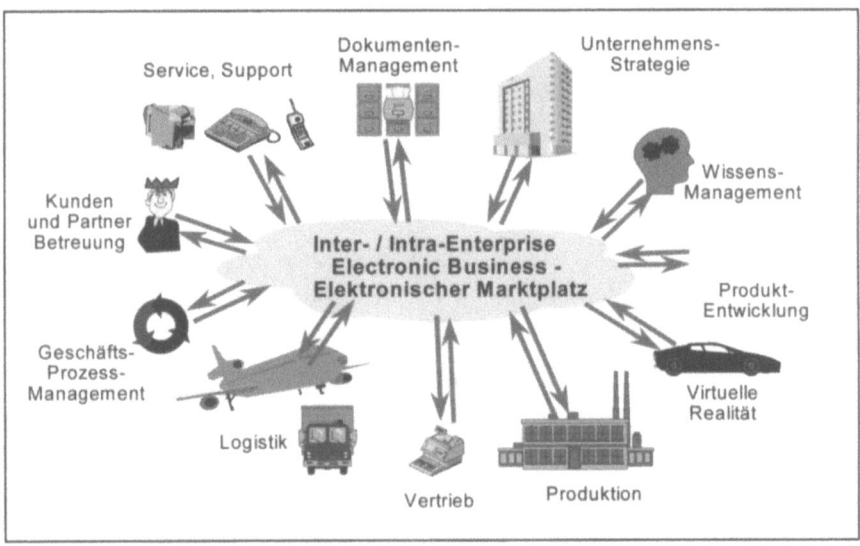

Abb. 2-1:   *Im Electronic Business werden mehrere (alle) Funktionen*
über Informationsaustausch direkt gekoppelt

Beschleunigung und Vernetzung sind die Ziele des Electronic Business

Neben dem Kontakt mit dem Kunden über das Internet als Vertriebskanal (Electronic Commerce) nutzt Electronic Business also Informations- und Kommunikations-Technologie zum Aufbau von offenen und vernetzten Organisationsstrukturen innerhalb eines Unternehmens oder zwischen geschäftlich verbundenen Unternehmen. Damit wird das Kommunikationsnetz innerhalb und zwischen Unternehmen zum 'Nervensystem', das Informationen schnell weiterleiten kann und das Unternehmen zum 'intelligenten Lebewesen' macht. Basierend auf den neuen technischen Möglichkeiten kann der Ansatz des Electronic Business somit auch als Initiative innerhalb des Unternehmens genutzt werden, wenn es gilt, eine festgefahrene monolithische Organisation neu zu aktivieren und auf die Optimierung der Geschäftsprozesse statt der einzelnen abgegrenzten Funktionen auszurichten.

Electronic Business entwickelt sich in ausgeprägten Phasen

In der Werbung beschreibt die Firma IBM die Entwicklung zum 'Electronic Business' – oder e-Business wie es dort genannt wird – wie folgt:

"e-Business ist, wenn Sie Ihre geschäftskritischen Systeme direkt über Intranets, Internet oder das Web mit den wesentlichen Komponenten verbinden - Kunden, Mitarbeitern, Vertrieb und Zulieferern - und damit die Ressourcen der traditionellen IT-Systeme mit der enormen Reichweite des Web verknüpfen.

Tausende von Unternehmen haben mit dem Aufbau einer Web-Site und dem elektronischen Veröffentlichen von Informationen den ersten Schritt gemacht, um ein e-Business Unternehmen zu werden. Dies ist einfach und relativ kostengünstig. Aber die Wirkung ist limitiert (Dies erklärt zum Teil die Gegenreaktion gegen den Internet-Hype).

Der zweite Schritt ist die Einrichtung von 'Selbstbedienungs-' Web-Sites wo Kunden ihr Konto abfragen können oder den Verbleib einer Sendung. Dies ist schon schwieriger zu implementieren, aber der potentielle Nutzen ist groß.

Der dritte Schritt auf dem Weg zum e-Business ist die Abwicklung von Transaktionen - nicht nur kaufen und verkaufen, sondern alle Prozesse, die einen dynamischen und interaktiven Informationsfluss erfordern. Prozesse wie: Service, Unterstützung, Management einer Supply-Chain und die vielen Systeme (Intern und extern), die den Kern des eigenen Geschäftsaktivitäten ausmachen."

Electronic Business umfasst ein breites Spektrum von Lösungen

Diese Beschreibung trifft als Werbeaussage den Kern der Entwicklung sehr gut, allerdings sagt sie noch nichts darüber, was denn ein Electronic Business im Einzelnen ausmacht und wie man dahin gelangen kann. Viele Unternehmen stehen heute vor der Frage, welche neuen Möglichkeiten das Electronic Business für eine Verbesserung der eigenen Geschäftsprozesse eröffnet und was nun konkret zu tun ist, um sich diese neuen Möglichkeiten mit vertretbarem Aufwand zu erschließen.

Die Informationstechnologie (IT) hat bisher die operativen Funktionen eines Unternehmens mit mainframe-basierten und Client-Server Lösungen unterstützt und in der Phase des Personal Computing wurde die Nutzung von IT im Unternehmen breit etabliert. Nunmehr steht mit Electronic Business auf Basis der Internet-Technologie die Verknüpfung und Vernetzung der funktionalen Einheiten innerhalb des Unternehmens bzw. auch zwischen Unternehmen an.

Technisch betrachtet stellt Electronic Business durch seinen Fokus auf Kommunikation einen auf Schnitt- oder Verbindungsstellen basierenden Lösungsansatz dar, der neue Lösungen in Komponenten strukturiert und bestehende Systeme über Schnitt-(Verbindungs-)stellen erschließt und öffnet. Für die Kommunikation der einzelnen Lösungskomponenten untereinander basiert Electronic Business auf der Internet-Technologie (IP Protokoll), welche in verschiedenen Umgebungen wie dem öffentlichen Internet oder aber als abgeschlossene Umgebung im Intranet bzw. Extranet eingesetzt werden kann.

Dieser Internet-basierte Ansatz führt ein ganz neues Paradigma in die IT-Welt ein, welches dem Client/Server Computing weit überlegen ist durch die Fähigkeit, Ressourcen und Nutzer weltweit miteinander zu verbinden anstatt in Inseln abzutrennen.

Netzbasiertes Computing ersetzt das Client/Server Modell

Während im Client/Server Computing alle Ressourcen verteilt und jeweils für die Arbeit einer Funktion im Unternehmen organisiert waren, richten sich Internet-Lösungen wieder auf eine Verfügbarkeit der Ressourcen im gesamten Unternehmen aus und propagieren damit z.B. eher zentrale Datenressourcen statt einer verteilten Datenhaltungen. Dieser Ansatz ist dem der Mainframe-Architektur vergleichbar, aber nicht deckungsgleich, indem nicht ein einzelner Mainframe jede Antwort für alle Nutzer geben muss, sondern ein Netz verteilter und doch koordinierter vielfältiger Ressourcen jetzt im Verbund für alle Nutzer verfügbar gemacht werden kann.

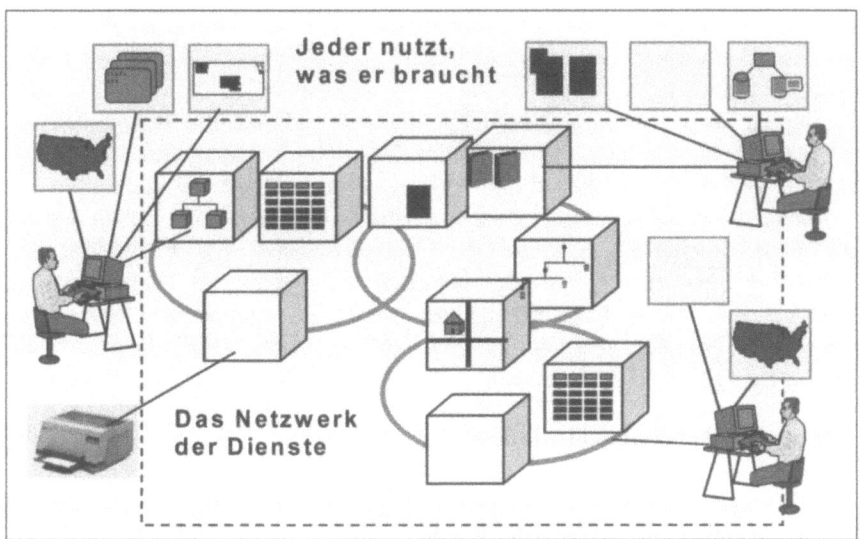

Abb. 2-2: *Das Netzwerk offeriert ein breites Spektrum von Diensten.*
IT-Services werden genutzt wie das Telefon

Aber Electronic Business ist mehr als eine technische Lösung. Es erfordert die konsequente Analyse von Informationsflüssen und die Verbindung von Funktionen in Prozessketten.

Electronic Business ist mehr als nur ein technischer Ansatz

Electronic Business nur als technischer Ansatz verstanden wird nichts bewirken. Dies sollen folgende Beispiele verdeutlichen:

Früher galten Luftverkehrsgesellschaften mit ihren weltweit verfügbaren Buchungssystemen als absolut führend in der Nutzung von Computer und Kommunikationstechnik als Produktionsfaktor.

Neulich flog ich mit einer südländischen Fluglinie von Zürich in den Urlaub nach Ibiza. Dazu musste ich in Barcelona umsteigen. Aus Gründen, die nicht die Fluglinie zu vertreten hatte, war der Flug verspätet, so dass der Anschlussflug verpasst wurde. Ich reihte mich bei der Transit-Information in die Schlange ein in der Erwartung, dass man mir dort eine neue Bordkarte für den nächsten Flug geben würde. Nach einigem Warten war ich an der Reihe und man erklärte mir, dass ich diese nicht hier sondern beim Public Relation Schalter ??? erhalten würde, wo man bereits auf mich warte. Um dorthin zu gelangen, musste ich die Sicherheitszone verlassen und in den Empfangs- bereich gehen. Nachdem ich mich durch zwei weitere Schlangen gewartet hatte, wobei ich verschiedene Einzelschicksale erleben durfte, die durch die allgemeine Verspätung verursacht waren, erhielt ich schließlich die neuen Bordkarten innerhalb von zehn Sekunden – als ich dann endlich an die Reihe kam.

Hier ist klar bewiesen, dass mit Computer und Kommunikationstechnik allein nichts auszurichten ist. Die nötige Information war bereits am Transit-Schalter verfügbar und auch ein Drucker am Computernetz war vorhanden.

Eine Lösung des Electronic Business hätte so ausgesehen, dass man aus der Buchungsliste bereits während der Verspätungszeit die Passagiere mit Weiterflug identifiziert hätte, automatisch die möglichen Anschlussflüge gebucht, die neuen Bordkarten ausgedruckt und jemanden mit diesen Bordkarten am Ankunftsgate postiert, der sie dann leicht direkt an die Passagiere hätte verteilen können.

Was wäre damit erreicht worden?

☐   Es wären keine Warteschlangen an den Schaltern entstanden und damit das eigene Personal entlastet worden.
☐   Die Fluggäste hätten nicht nutzlos in Schlangen stehen und weite Wege zurücklegen müssen.
☐   Die Fluggäste wären zufrieden gewesen statt genervt.
☐   Alle wäre viel Arbeit und Ärger erspart geblieben.

Letztlich wäre weniger Arbeit angefallen, die Prozesse wären reibungsloser abgelaufen und die Kunden wären zufriedener gewesen.

Prozessoptimierung ist die Basis für gesteigerte Leistungsfähigkeit

Die Merkmale des Electronic Business werden definiert als:

☐   Vom Kunden her denken.
☐   Prozesse analysieren und optimieren.
☐   Informationen fließen lassen und zugänglich machen.
☐   Funktionen dort ansiedeln, wo sie am besten wirken können.

Dass die obige Geschichte kein Einzelfall ist, zeigt vielleicht die folgende: Neulich wollte ich mit einer großen deutschen Fluglinie von München nach Berlin fliegen. Da ich dort ein sog. VIP bin, konnte ich im Senatorwarteraum Platz nehmen. Zu meiner Verwunderung verschwand plötzlich mein Flug von der Anzeigetafel und ich stürzte zum Empfangstisch um den Grund zu erfahren. Dieser lag nach Auskunft der Dame ganz einfach darin, dass der Flug inzwischen ‚gecanceled' war. Ich eilte zum Abflugschalter für den nächsten verfügbaren Flug und musste dort erfahren, dass jetzt so kurz vor Abflug leider keine Plätze mehr verfügbar seien. Hier wurde ich dann selbst zum Einzelschicksal, da ich dringend am nächsten Morgen früh in Berlin sein musste. Als einzige Möglichkeit doch noch nach Berlin zu kommen konnte man mir einen Nachtzug der Bahn AG anbieten – allerdings dazu keine näheren Angaben machen, da man auf dieses System keinen Zugriff habe.

Eine Lösung des Electronic hätte so ausgesehen, dass man automatisch die Fluggäste des ausgefallenen Fluges nach Möglichkeit auf die nächste Maschine gebucht hätte oder gleich Alternativen im Detail aufgezeigt, aber dazu hätte man im Kundeninteresse und in Prozessen, nicht in Funktionen wie Warteraum, Check-in, Flugbetrieb etc. jede für sich denken müssen.

Das Erlebnis wurde dann noch gekrönt durch die Erfahrung bei der Bahn AG. Tatsächlich fand ich am Hauptbahnhof München im Fahrplan einen Nachtzug nach Berlin. Frohgemut ging ich in das dortige Reisecenter, um eine Fahrkarte zu kaufen. Zu meinem Erstaunen wurde mir mitgeteilt, dass man jetzt - zwei Stunden vor Abfahrt des Zuges - hier keine Reservierungen mehr vornehmen könne. Auf meine Bemerkung, dass ich nicht reservieren sondern mitfahren wolle, wurde mir erklärt, dass das Buchungssystem jetzt geschlossen sei, um Doppelbelegungen zu vermeiden während bereits am Zug direkt Karten verkauft würden - auch Auskünfte über die Belegung könne man mir nicht geben. Ich müsste dann schon an den Ostbahnhof fahren, um am Zug direkt zu sehen, ob es noch einen Platz gäbe. Ich habe dann noch einiges gesagt, z.B. ob man dem Schaffner nicht wenigstens ein Handy kaufen könne, damit er erreichbar sei und anderes mehr. Auf die Gefahr hin, den Zug letztlich zu verpassen bin ich dann an den Ostbahnhof gefahren, wo mir ein freundlicher Schaffner gerne eine Fahrkarte verkauft und mich auch mitgenommen hat - es gab noch jede Menge freier Plätze.

Dieser Vorgang lässt sich mit Maßstäben des Electronic Business nicht erfassen - hier muss organisatorische Basisarbeit geleistet werden und evtl. besteht bei entsprechender Konsequenz dieses Ansatzes die Möglichkeit, den Eingang ins Zeitalter des Electronic Business zu finden.

Ansätze für Lösungen des Electronic Business gibt es in allen Industrien

Die obigen Beispiele sollen zeigen, dass es beim Electronic Business nicht nur um tolle neue Lösungen geht, wie sie die New Economy propagiert, sondern vielmehr alle - auch die ältesten - Geschäftsprozesse neu erfunden werden müssen mit der Zielstellung:

☐ Den Kunden bedienen und zufrieden stellen.
☐ Wartezeiten eliminieren.
☐ Unnütze Tätigkeiten und Ressourcenverschwendung vermeiden.
☐ Schneller und genauer in der Reaktion werden.

Im Folgenden sollen die wesentlichen Möglichkeiten für neue IT-Lösungen des Electronic Business auf der Basis des Internet dargestellt werden. Dazu geben konkrete Beispiele eine Anleitung, wie Internet-Lösungen möglichst unter Nutzung der bestehenden IT-Systeme geschaffen werden können. Es wird versucht, einen breiten Überblick über Geschäftschancen zu vermitteln und Technik- und Werkzeuge darzustellen, die heute für die Implementierung von Internet-Lösungen verfügbar sind.

Electronic Business erfordert Phantasie für neue Lösungen

Aus diesen Darstellungen soll die Phantasie des Lesers für Electronic Business Lösungen in seinem eigenen Umfeld angeregt und ihm gleichzeitig ein Ansatz aufgezeigt werden, wie er zu diesen Lösungen kommen kann, denn Electronic Business wird nicht über Standardsoftware erschlossen sondern fordert innovative Lösungen, welche aus mehreren Komponenten individuell aufgebaut sind, einen gesamten Prozess unterstützen und im Wettbewerb eine Alleinstellung und einen Wettbewerbsvorsprung schaffen.

Es kann als sicher gelten, dass das Internet die Geschäftswelt grundlegend verändern wird. Seine Bedeutung kann nur ungefähr richtig eingeschätzt werden, indem man das Internet mit der Erfindung des Computers und des Telefons zusammengenommen vergleicht.

Jetzt geht es darum, das Internet zu nutzen, um neue Chancen zu eröffnen (Create new opportunities), die dann bei Erfolg als Basis für das gewandelte Geschäftsmodell dienen können. Die sich bietenden Chancen werden sich nicht durch Warten erschließen, sondern erfordern ein schnelles Handeln

2.2 Vom Anbieter zum Käufermarkt

Der Markt wandelt sich zusehends von einem Anbieter zu einem Käufermarkt, in dem es nicht mehr ausreicht, nur gute Produkte und Services anzubieten. Vielmehr muss der einzelne Kunde erreicht und sichergestellt werden, dass das Angebot ihn wirklich zufrieden stellt und er es annimmt.

Dies gilt nicht nur für teure Produkte wie Autos und Häuser, sondern auch für Konsumgüter wie z.B. Computer. An dem Beispiel des Computers als Massenprodukt mit Anbietern wie DELL wird deutlich sichtbar, wie sich der Markt völlig vom «Anbieter-» zum «Kundenmarkt» „umkehrt", indem DELL praktisch jeden PC - eigentlich ein Massenprodukt - auf Bestellung produziert.

Warum z.B. soll ein Kunde, der einen Winterurlaub plant, mehrere Hotels nacheinander anrufen, um sich einen freien Termin 'zuteilen' zu lassen. Im Zeitalter des Internet sollte er eine Anfrage per E-Mail an mehrere Hotels gleichzeitig richten können, um dann dem den Zuschlag zu geben, das den eigenen Terminwunsch bestmöglich erfüllen kann. Auch wenn heute noch nicht alle Hotels im Internet geführt sind, werden es bald genügend sein, um dieses 'umgekehrte Prinzip' möglich zu machen und damit den Markt zum Käufermarkt werden zu lassen. Ähnliches gilt für alle anderen Käufe oder Buchungen. So wird sich das gewohnte Geschäft bald wandeln.

Electronic Business befreit Geschäftsmodelle von 'Kompromissen'

Viele Unternehmen suchen heute nach Wachstumsmöglichkeiten und Wegen, wie der Ertrag zu steigern sei. Wie sollten sie vorgehen, wo müssen sie suchen?

Schier unerschöpfliches Wachstum kann generiert werden, wenn es gelingt, durch innovative Lösungen die grundlegenden "Kompromisse" in einem Geschäft zu brechen. Diese Kompromisse werden dadurch bedingt, dass dem Kunden Zwänge, denen das eigene Unternehmen unterliegt, weitergegeben werden. Die Kunden nehmen diese Kompromisse meistens nur als gegeben hin, bis sich eine Alternative auftut, die diesen Kompromiß vermeidet. Der Anbieter, welcher einen neuen "Kompromiß" eliminiert, gewinnt meist einen Wettbewerbsvorteil, der eine ganze Weile verteidigt werden kann. In einem Käufermarkt ist es unumgänglich, ein Angebot 'vom Markt her zu denken', d.h. zuerst den möglichen Bedarf des Kunden zu betrachten und diesen dann Schritt für Schritt bis zu seiner Befriedigung durch den Anbieter zu verfolgen.

Das Internet beschleunigt die Umgestaltung vom Anbieter- zum Käufer-Markt

- Informierte Kunden durch uneingeschränkten Zugang zu Information
- Intensivierter Preis und Feature Wettbewerb durch erleichterten Angebots-Vergleich
- 'One-on-one' Marketing auf Basis detaillierter Kundenprofile
- Kundenservice und Kundenzufriedenheit werden Schlüsselfaktoren
- Weltweite Präsenz für Kunden und Lieferung über verschiedene Kanäle
- Redefinition der Vertriebskanäle mit Trend zum Direktvertrieb
- Produktion auf Nachfrage durch Beherrschung der 'Supply-Chain'

Abb. 2-3: *Das Internet definiert Geschäftsprinzipien fundamental neu und schafft eine Plattform für 'Electronic Business'*

„Gute" Bedienung des Kunden ermöglicht eine Preisprämie

Mit einer besseren 'Bedienung' des Kunden ist dann auch die Erzielung einer Preisprämie möglich. Die früheren Wettbewerber im Luftfrachtgeschäft glaubten ihren Augen nicht zu trauen, als sie sahen, welche Preise Federal Express für Päckchen – ein eingeführtes Produkt – im Übernacht-Service verlangte - und wer ist heute Marktführer!? In den verschiedensten Geschäften verbirgt sich eine Zeitelastizität bzw. Serviceelastizität der Nachfrage, d.h.

Kunden sind bereit, für ein früher verfügbares Produkt oder eines mit besserem Service mehr Geld zu bezahlen.

Mit dem Ansatz des Electronic Business lässt sich der Informationsfluss für viele Geschäftsprozesse mit einem einmaligen Aufwand ein für alle mal organisieren und wesentlich beschleunigen.

Bereits früh haben z.B. Luftverkehrsgesellschaften konsequent ihre Passagierbuchungssysteme auf IT-Systeme mit weltweiter Kommunikation abgestützt. Damit wurde sämtliche Information über gebuchte Flüge, tatsächlich genutzte Verbindungen und schließlich alle Information über einen Passagier zugänglich und verwertbar. Die Wirkung dieses Ansatzes kann heute jeder nachvollziehen. Wer kann sich heute vorstellen, wie die Buchung von Flügen anders überhaupt noch zu handhaben ist? Wie oben gezeigt, wird die verfügbare Information heute aber nicht immer entsprechend den Möglichkeiten des Electronic Business genutzt.

Ähnliche Lösungen sind für viele Geschäftsprozesse möglich und mit der heute verfügbaren Technologie zu einem Bruchteil der Kosten von dedizierten Reservierungssystemen zu implementieren und zu betreiben.

Schon heute belegen viele Beispiele die Vorteile innovativer IT-Lösungen

Es zeigt sich bereits heute in vielen Beispielen, dass Unternehmen, welche den Informationsfluss ihrer Geschäftsprozesse konsequent organisiert und über kommunikationsorientierte IT-Lösungen überall verfügbar gemacht haben, daraus wesentliche Vorteile in der Leistungsfähigkeit vor dem Kunden und in der Reaktionsfähigkeit auf Veränderungen ziehen können.

Meist bedarf es für die Erzielung dieser Vorteile nur einmal der konsequenten Analyse des jeweiligen Geschäftsprozesses über alle Stationen und der Erfassung aller anfallenden Informationen in einem kommunikationsfähigen IT-System. Dabei darf nicht übersehen werden, dass leistungsfähige Lösungen für eine Prozessoptimierung nur entstehen, wenn mehrere Funktionen, Abteilungen oder Partner in den Informationsfluss integriert sind. Dies erfordert ein 'Commitment' des Managements – meist auf der Geschäftsleitungsebene.

Bei der Einführung von Lösungen des Electronic Business geht es nicht vordergründig nur um Reengineering oder Kostensenkung sondern um die Entwicklung neuer Geschäftsstrategien. Es genügt also nicht zu überlegen, wie man das vertraute Geschäft besser betreiben kann, sondern auch was man in Zukunft Neues tun will.

Die Bedeutung einer leistungsfähigen Informations- und Kommunikationsinfrastruktur haben mit dem aufkommenden Wettbewerb nunmehr auch die EVUs (Energieversorgungsunternehmen) in Deutschland erfahren, einer Branche, die lange in einer heilen Welt im IT-Dornröschenschlaf lag. Mit dem Wettbewerb purzelten die Preise in Nullkommanichts teilweise bis zu 50 Prozent und nach hektischen Reaktionen wie Umstrukturierung, Personalabbau, Kooperationen, Kostensenkungsprogramme erkennt man nun: „dass der Aufbau eines zentralen IT-Nervensystems für die gesamte Energiewirtschaft eine der größten Management-Herausforderungen darstellt".

Und schon schließen sich zwölf europäische Energieunternehmen zusammen, um ihr Beschaffungswesen von Gütern aller Art – von der Büroklammer bis zu LKWs – auf einer gemeinsame Internet-Plattform abzuwickeln.

Jedes Projekt zur Schaffung einer Electronic Business Lösung sollte also zwei Komponenten beinhalten:

☐ Beschleunigung und Verbesserung von Auftragsbearbeitung, Beschaffung, Produktion, Rechnungsstellung und Service im Sinne eines Reengineering;

☐ Identifikation der profitabelsten und am stärksten wachsenden Kundensegmente, um die man sich folglich am meisten bemühen sollte. Hier handelt es sich um neue Optionen, die sich aus neuen Ansätzen ergeben. Voraussetzung sind strategische Analysen wie: Bisher hat noch kein Wettbewerber das Problem auf diese Weise angegangen, so dass sich die Chance bietet, mit der neuen Lösung einen echten Wettbewerbsvorteil zu schaffen.

2.3 Geschwindigkeit und Service ist alles

Der Kunde erwartet vom Anbieter schnelle Reaktion und guten Service

Zwischen Gewinn und Reaktionsgeschwindigkeit eines Unternehmens besteht eine direkte Wechselwirkung. Je schneller ein Unternehmen im Vergleich zu seinen Wettbewerbern reagiert, desto schneller wird es mit mehr Umsatz und Ertrag wachsen. Für viele Angebote besonders im schnelllebigen High-Tech Markt werden mit einem neuen Produkt nur für wenige Monate hohe Erträge erzielt, bis es auch von anderen Herstellern angeboten und zum Konsumgut („commoditized") wird. Hier gilt es, diese Monate der hohen Erträge durch frühes Erscheinen am Markt mit dem richtigen Produkt und schnelle Reaktionen zu realisieren.

Dazu ist nicht nur die Entwicklung des 'richtigen' Produktes nötig, sondern auch die Fähigkeit, die Produktion zu organisieren, die Zulieferteile verfügbar zu haben und letztlich über den Vertriebskanal den Kunden bedienen zu können. Um alle Faktoren optimal zu gestalten, bedarf es guter Zielsicherheit auf der Basis von gesicherten Informationen über das Kundenverhalten und Schnelligkeit des Informationsflusses entlang der Leistungskette, um die Ressourcen jederzeit richtig bereitstellen und einsetzen zu können. An allen diesen möglichen Problemen sind etablierte Hersteller schon gescheitert.

Schnelle Reaktion und guter Service bringen hohe Gewinne

Im Markt entwickelt sich also zunehmend ein Zeit- und Servicewettbewerb, der auf die frühe Einführung von Produkten und schnelle Belieferung von Kunden bei gutem Service zur Eroberung neuer Märkte und gleichzeitig die Erzielung hoher Erträge in diesen Geschäften zielt.

Richtig eingesetzt wird die IT-Lösung entscheidender Wettbewerbsfaktor

ICT Computing und Kommunikation sind zunehmend strategische Produktionsfaktoren und die Beherrschung der neuen technischen Möglichkeiten und deren Nutzung für das eigentliche Geschäft werden für immer mehr Unternehmen entscheidend für die Leistungsfähigkeit sein. So muss die Anwendung der ICT als Kernkompetenz eines jeden Unternehmens gesehen werden und zwar nicht in der Form des Einsatzes von «Standardsoftware» oder «Outsourcing», sondern in der Entwicklung von innovativen Lösungen aus der Verknüpfung eines Geschäftsverständnisses und dem Verständnis der ICT-Technik für die Anwendung.

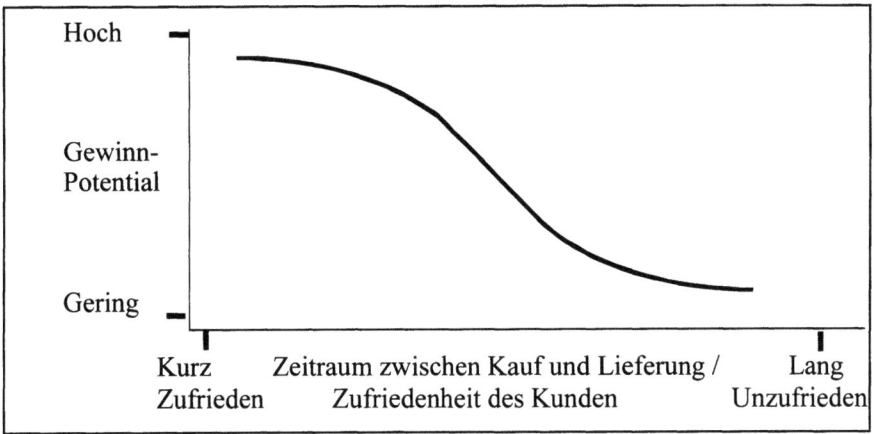

Abb. 2-4: Hohe Gewinne erzielen nur schnelle Bedienung der Nachfrage und guter Service

Für die Pharma-Branche existieren bereits statistische Erhebungen, wie Geschwindigkeit und Zielsicherheit bei der Entwicklung neuer Produkte die Ertragskraft eines Unternehmens bestimmen.

In Analogie kann diese Korrelation auch auf die Geschwindigkeit und die Zielsicherheit bei der Implementierung von IT-Lösungen übertragen werden.

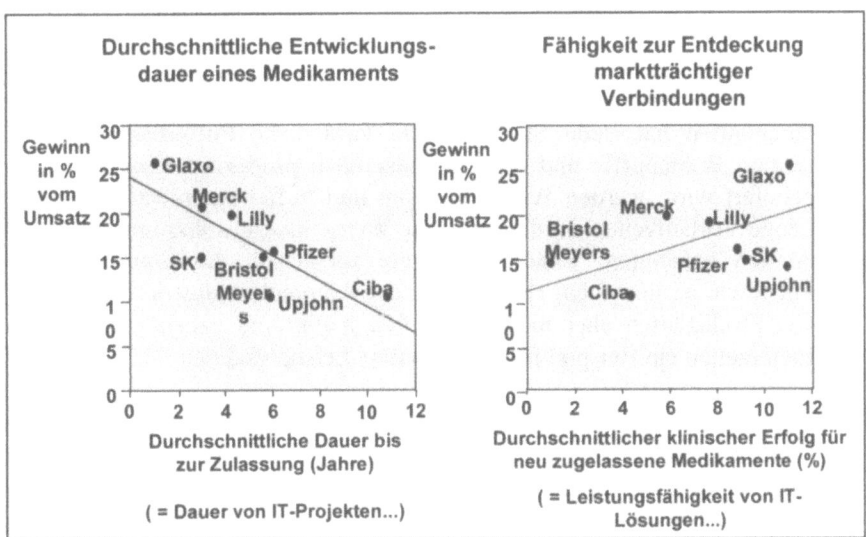

Abb. 2-5: Geschwindigkeit und Treffsicherheit schaffen Marktvorteile und steigern den Ertrag

Die Hindernisse sind klar auszumachen

Der Zeit- und Servicewettbewerb gilt für die gesamte Leistungskette von der Entwicklung des Produktes und dem Einkauf über den Vertrieb bis hin zur Lieferung an den Endkunden. Dabei weisen Leistungsketten oder Prozessketten zur Entwicklung, Produktion und Lieferung eines Produktes verschiedene Problemfelder auf:

☐ Schlechte Information. Auf dem Weg durch die Kette wird der Informationsfluss immer langsamer, die Information veraltet. Nicht informiert über Veränderungen der Endkundennachfrage stellen Anbieter die falschen Produkte her bzw. auch die richtigen Produkte zur falschen Zeit und in falscher Menge. Häufig machen auch Fragen zum einzelnen Auftrag Probleme bei der Abwicklung: soll der Auftrag beschleunigt, hinausgezögert oder korrigiert werden. Fast immer ist irgendwo gute Information vorhanden, geht aber irgendwie unter.

Die beste Lösung dieses Problems bietet die Einzelhandelskette Wal-Mart, welche es ihren Lieferanten möglich machen, den Umsatz mit ihren Produkten direkt „im Regal" online zu beobachten und nicht auf später verfügbare Berichte angewiesen zu sein. Walmart ist gerade dabei, mit seinem Geschäftsprinzip auch in den deutschen vormals 'vergebenen' Einzelhandel einzudringen.

☐ Lange Zyklen. Es kann lange dauern, bis ein Produkt die sequentiellen Abläufe (jeweils mit eigenen Warteschlangen) einer langen Leistungskette durchlaufen hat. Jede Stelle braucht zusätzliche Pufferbestände bzw. erzeugt Wartepuffer und wenn in Losgrößen produziert, bearbeitet oder geliefert wird, werden Warteschlangen und Puffer entsprechend größer. Lange Vorlaufzeiten werden auf diese Weise unvermeidbar und führen oft zu den bekannten 'Eilaufträgen', die versuchen, das Standardsystem irgendwie zu umgehen. Hier sind in der Automobilindustrie die 'Halden' von produzierten aber nicht verkauften Autos und daneben die langen Lieferzeiten ein Beispiel für unangepasste Leistungsketten.

☐ Unangepasste Vorlaufzeiten. Die Effektivität einer ganzen Leistungskette kann wieder zunichte gemacht werden, wenn nur bei einem einzigen Vorgang Wartezeiten auftreten. Dadurch treten nicht nur Verzögerungen in der Kundenbelieferung auf, sondern auch Verzerrungen im unternehmensinternen Arbeitsablauf

Den Stand der Technik zur Lösung dieses Problems bietet der PC-Hersteller DELL, der Millionen von PCs „auf Bestellung" produziert und dafür die Verfügbarkeit der Bauteile direkt mit seinen Zulieferern abstimmt, so dass praktisch keine Lager entstehen und der Liefertermin innerhalb von fünf Tagen dem Kunden zuverlässig zugesagt werden kann. Damit kann auch die Produktion präzise auf den Kundenbedarf – repräsentiert durch Aufträge – disponiert werden und es werden keine Fertigprodukte auf Halde erzeugt.

☐ Lokale Optimierung. Entscheidungen, die für das einzelne Unternehmen oder den Unternehmensbereich optimal erscheinen, können sich unter Umständen auf das Gesamtsystem verheerend auswirken. Die Grenzen zwischen einzelnen Bereichen des Unternehmens wirken hier wie Wände, welche die lokalen Entscheidungsträger durch entsprechende Vergütungssysteme oft noch darin bestärken, nicht über den eigenen Bereich hinauszuschauen. Niemand fühlt sich dafür verantwortlich, die Gesamtheit einer Leistungskette zu verstehen oder an deren Verbesserung mitzuarbeiten. In der idealen Leistungskette werden Informationen und Produkte gemeinsam und durchgängig organisiert gehandhabt.

2.4 Kooperationen steigern die Leistungsfähigkeit

Neben dem Geschäft mit dem Endkunden ist es besonders die Abwicklung von Geschäftstransaktionen zwischen Geschäftspartnern (Business-to-Business), welche die Nutzung des Internet als Basis von IT-Infrastrukturen vorantreiben.

Im Electronic Business wird der Geschäftspartner quasi Teil des eigenen Unternehmens und Bereiche innerhalb des Unternehmens arbeiten wie Geschäftspartner zusammen.

Über die Beschleunigung von Abläufen entlang einzelner Geschäftsprozesse im eigenen Unternehmen und zwischen Partnern entwickeln sich im Markt zunehmend offene Kooperationen zur Darstellung eines breit gefächerten Produktangebotes vor dem Kunden. Der Anbieter mit dem direkten Kundenkontakt ist dabei bemüht, über seinen Kanal - im Sinne eines Handelsunternehmens – neben eigenen Produkte auch solche anderer Anbieter dem Kunden vorzulegen, um möglichst viele Bedürfnisse seiner Kunden selbst mit einem Angebot und evtl. eigenem Service bedienen zu können. Befriedigt wird dabei letztlich die Bequemlichkeit des Kunden, die er sich auch etwas kosten lässt.

Wie Automobilhersteller als Markenträger, Designer, Montagebetriebe und Vermarkter für die Zulieferer der Einzelteile fungieren, bieten Banken verschiedenste Versicherungen an, Versicherungen bieten Finanzdienstleistungen, Automobilhersteller bieten Finanzdienstleistungen und Versicherungen, Autovermieter bieten Leasing, Tankstellen bieten Lebensmittel etc.

In vielen dieser Angebote wird der Anbieter die Ware vor Lieferung an den Kunden nie zu Gesicht bekommen, sondern diese wird direkt im «Drop Shipment» auf Anforderung des Vermarkters vom Hersteller geliefert.

Es ist leicht vorstellbar, dass der Ansatz des Electronic Business mit seinen Möglichkeiten der schnellen Informationsübermittlung und der Verknüpfung von Gliedern der Prozesskette hier einen wesentlichen Beitrag leisten wird.

Als aktuelle Entwicklung entstehen hier sogenannte ‚elektronische Marktplätze':

Mit www.trade.Matrix.com bietet die Firma i2 einen elektronischen Marktplatz, auf dem Angebote und Nachfragen zusammengebracht werden können. So werden hier z.B. Angebote elektronisch an mögliche Anbieter übermittelt und diese antworten schnell, so dass der Angebotsvorgang praktisch direkt in den Prozessablauf integriert werden kann. Dies gilt bei der Abwicklung von Logistikaufgaben genauso, wie bei der Beschaffung auf dem Spotmarkt. Auch fertige Produkte werden auf dem elektronischen Marktplatz in einer Auktion angeboten, wenn diese schnell aus den Lagern abfließen sollen. Ähnliche Lösungen wie trade.Matrix bietet SAP mit mysap.com.

Dabei zielen diese Lösungen nicht zwingend auf ein Massenpublikum sondern können auf eine eng begrenzte «Community of Interest» fokussiert sein. So hat z.B. der Thyssen Stahlhandel einen Auktionsmarktplatz eingerichtet, auf dem verfügbare Stahlprofile, die keinem Kundenauftrag zugeordnet werden konnten, versteigert werden. Der Marktplatz wendet sich nur an ca. 200 potentielle Kunden und ist nur einmal in der Woche mittwochs für zwei Stunden geöffnet. Das Ergebnis für Thyssen ist, dass der Stahl vom Lager in kürzester Frist abverkauft ist und dabei noch bessere Preise erzielt werden als vorher mit der alten Methode, wo kein direkter Bieterwettbewerb möglich war, sondern die Bestände eher mühsam „an den Mann gebracht wurden".

2.5 Integrierte Leistungsketten (Supply-Chains) bringen Effizienz

Den Wandel in einzelnen Branchen sollen die folgenden Beispiele zeigen:

DELL ist der Prototyp des Electronic Business Geschäftsmodells

Das Standardbeispiel für die Optimierung von Leistungsketten «Supply-Chain und Delivery-Chain» ist die Firma DELL mit dem Versandangebot von Personal Computern, wo DELL in 1997 ein Wachstum von 67% erzielte, während Compaq – der Marktführer – nur 25% erreichte. Seit 1984, der Gründung von DELL in dem Universitäts-Schlafraum von Michael DELL, ist das Unternehmen bis 1997 auf ein Umsatzvolumen von über 12 Milliarden Dollar gewachsen. Mit dem Versprechen, den persönlich konfigurierten PC innerhalb von 5 Tagen zu liefern bei einem Preis, der 15% unter dem des Wettbewerbs liegt, konnten viele Kunden: Endkunden, große Unternehmen, Verwaltung, Schulen und Universitäten gewonnen und gehalten werden. Nach Ausschöpfung der Potentiale im Direktversand-Geschäft expandierte DELL 1993/94 auch in klassische Vertriebskanäle über Händler - aber mit großen Verlusten. Diese entstanden nicht zuletzt, weil DELL seine Flexibilität bei der Preisgestaltung einbüßte, indem bei jeder Veränderung die Bewertung der Lager bei den Händlern berücksichtigt werden musste. Die Reaktionsge-

schwindigkeit nahm ab und DELL wurde mit anderen Anbietern vergleichbar.
Nach der Refokussierung des Unternehmens wächst DELL nunmehr auf der
Basis des Direktgeschäftes über das Internet als Vertriebskanal. Im Laufe
seiner Existenz hat sich DELL bereits mehrere Male neu erfunden, ist dabei
aber letztlich immer seiner Geschäftsmission treu geblieben: der individuelle
PC zu einem günstigen Preis mit einem kurzfristigen und absolut zuverlässigen Liefertermin direkt an den Kunden.

Kern des Geschäftsmodells ist die Ausschaltung der Zwischenhändler und
präzise Disposition der Zulieferer, was die Erzielung eines Preisvorteils und
einer hohen Termin- und Liefertreue vor dem Kunden möglich macht. Aus
diesem Ansatz ergaben sich im Laufe der Zeit durch Experimentieren weitere
Vorteile, die anfangs gar nicht sichtbar und noch weniger geplant waren:

Inzwischen hat sich DELL mit seinem Angebot direkt in die Beschaffungs-
verfahren von Unternehmen eingeklinkt, indem für jedes Unternehmen indivi-
duelle Bestellformulare im Internet angeboten werden, die an die Verfahren
dieses Unternehmens speziell angepasst und mit dem Einkauf der
Kundenfirmen bzgl. Rabatten und Abwicklung abgestimmt sind. Auch der
Service kann Anfragen auswerten und bei häufigerem Auftreten eines
Problems sofort bei der Konfiguration berücksichtigen
Sämtliche Service-Calls werden für jeden einzelnen gelieferten PC! aufge-
zeichnet und stehen unternehmensweit zur Verfügung. Bei einem
Kundenanruf sieht der DELL-Mitarbeiter sofort die genaue Konfiguration des
Kunden-PC und die gesamte Kundenhistorie. Damit braucht sich DELL nicht
auf Informationen aus zweiter Hand – z.B. des Händlers – zu verlassen und
kann direkt die Kundenbeziehung pflegen.
Da die Lieferungen nach Kundensegment ausgewiesen werden, kann DELL
sein Angebot auf die Nachfrage optimieren und z.B. bei der Konfiguration
basierend auf der Erfahrung intelligente Vorschläge machen.
Dazu kommt, dass DELL für die Ausweitung seines Geschäftes keine
Vorfinanzierung benötigt. Da die Produkte sehr schnell durch die Produktion
und den Versand laufen, müssen Zulieferer praktisch erst mit der Lieferung an
den Endkunden bezahlt werden. Und da der Kunde pünktlich beliefert wird,
kann DELL es sich leisten, die Bezahlung der Ware – meist Einzug über die
Kreditkarte - gleichzeitig oder manchmal sogar etwas vor der Lieferung zu er-
reichen. Damit wird die Ausweitung des Geschäftes potentiell zu einer 'Geld-
druckmaschine' – ein Effekt, von dem andere Anbieter nur träumen können.
Der Finanzchef von DELL lässt sich mit der Aussage zitieren: "Betrachten
sie unsere Bilanz. In jedem Quartal generieren wir mehr Cash, als wir feste
Anlagewerte haben. Lagerbestände und ausstehende Rechnungen sind
Risiken. Wenn aber keine da sind, gibt es auch kein Risiko. Wenn man die
Abwicklungszeit zwischen Lieferanten und Kunden abkürzen kann, wird
damit der Ertrag auf das eingesetzte Kapital verbessert und gleichzeitig die
Wettbewerbsfähigkeit gestärkt".

Alles dies wurde möglich durch schnelle Kommunikation entlang der Leistungskette und direkte Kommunikation mit dem Kunden.

Um dies zu erreichen, hat sich DELL von Anfang an nur auf die Optimierung von Leistungsketten konzentriert und nicht auf die Einführung eines ERP Systems. Unter Nutzung der i2 RHYTHM Plattform wurde aus Komponenten die „best in class" Lösung erstellt.

Seit kurzem bietet nun auch Compaq und Hewlett-Packard seine PCs neben dem Vertriebskanal über Händler auch im Direktvertrieb an, wobei hier dann neben der Organisation des Direktvertriebs der mögliche Konflikt der Kanäle mit den Distributoren gehandhabt werden muss.

Erfolgreiche Lösungen werden von schnellen Verfolgern nachgeahmt

Schon hat der Automobilhersteller Ford die Prozesse bei DELL im Detail studiert, um das 'Produktion-auf-Bestellung' Modell zu verstehen. Damit wäre es dann möglich, dass auch ein Automobilhersteller wirklich auf Bestellung produziert und jederzeit über den genauen Liefertermin des bestellten Autos auskunftsfähig ist – wo es heute noch vorkommen soll, dass dieses beim Transport über Zwischenlager für mehrere Wochen vor der Lieferung „unauffindbar ist". Dieser Ansatz geht wesentlich weiter als das bisher erreichte Kanban, welches nur auf die Zusammenarbeit mit dem Zulieferer zielt, indem es auch die Strecke des Prozesses bis zum Kunden abdeckt. Oder jede Werkstatt könnte genau den Status des einzelnen Autos weltweit verfolgen und bei der Durchführung von Wartungs- und Reparaturarbeiten berücksichtigen. Obwohl Automobilhersteller heute bereits intensiv mit Zulieferern zusammenarbeiten und die 'Fertigungstiefe' kontinuierlich abgebaut wird, gibt es doch noch keine durchgängige Möglichkeit, die Produktion eines Autos auf Kundenwunsch mit einem kurzfristigen zuverlässigen Liefertermin zu planen und zu disponieren. In Amerika wird bereits ein nennenswerter Anteil von Autos über das Internet gekauft und zunehmend werden die Hersteller gefordert, den Produktionsprozess vor dem Kunden transparent offenzulegen. "Customers want to know wat is going on in your company" sagt Herr Szygenda, CIO bei Ford. Abwarten ist nicht der richtige Ansatz, wenn eine Lektion wie vor 15 Jahren durch die japanischen Hersteller vermieden werden soll. Der anstehende Wandel sollte nicht unterschätzt werden, sagt auch Pim de Ruigh, Vicepresident bei Volvo AB: "Das Web wird innerhalb der nächsten fünf Jahre völlig die Arbeitsweise in der Automobilindustrie verändern. Dabei sieht er primär nicht nur den Kanal zum Kunden, sondern auch den 'Upstream'-Prozeß zur Ankopplung der Zulieferer, um letztlich für den Kunden kurze Liefertermine zu erreichen und zuverlässige Aussagen machen zu können. Ford hat die Anzahl der Zulieferer mit denen enger kooperiert wird von 10.000 gelisteten Partnern auf ca. 30 reduziert und wird diese Zahl nunmehr kontinuierlich auf einige tausend ausbauen, allerdings nicht auf 10.000. In diesem Projekt werden auch die

Kosten für die Bearbeitung einer Rechnung betrachtet und sollen von $40 auf $2 gesenkt werden. Dies allein wird dem Unternehmen mehr als $ 2 Mio. einsparen. Mehr jedoch als die unmittelbare Kosteneinsparung geht es um die bessere Anbindung der Zulieferer und damit die Möglichkeit, bis zum Kunden eine durchgängige Leistungskette mit schneller Reaktion aufbauen zu können. Zu diesem Zweck wird auch eine Kooperation mit dem Web-Portal Yahoo!! betrieben, um die Regeln der Ansprache von Kunden über das Internet lernen zu können und Zugang zu einer definierten großen Kundegruppe zu erhalten.

Der Vertrieb kann über Partner ohne Verlust des Kundenkontakts abgewickelt werden

„Es sind Modelle denkbar, bei denen die Mietwagengesellschaft dem potenziellen Kunden das Wunschauto vorführt". Allerdings bleibt das in Deutschland vorerst noch Gedankenspielerei, da hier eine enge Händlerbeziehung bei den Herstellern besteht. Aber Ende 2002 endet die Gruppen-Freistellungsverordnung nach der Automobilhersteller ihre Autos nur an bestimmte Vertragshändler ausliefern und dann könnten sich plötzlich hier auch ganz neue Megadealer auftun – wie sie in USA bereits existieren – oder es entwicklen sich ganz neue Vertriebsmodelle, wie oben schon skizziert.

Trotz bereits optimierter Prozesse wird Electronic Business die Automobilindustrie erneut revolutionieren

Über das ANX «Automotive Network Exchange» als Extranet basierend auf dem Internet entsteht ein Verbundsystem zwischen Herstellern und Zulieferern, welches als ENX auch in Europa besonders vom Verband der Automobilindustrie vorangetrieben wird.

ANX/ENX ist eine Portalinitiative der Automobilindustrie, welche zwei Ziele verfolgt:

☐ Schaffung einer B-to-B «Business-to-Business» Kommunikationsplattform für Anbieter und Kunden der Automobilindustrie, d.h. Hersteller und Zulieferer;
☐ Angebot einer Infrastruktur, welche für alle Geschäftspartner einen internetbasierte und sicheren Informationsaustausch ermöglicht;
☐ Reduktion der Durchlaufzeiten in der Produktentwicklung und in den Beschaffungsprozessen;
☐ Reduzierung der Kosten für den Netzzugang.

Es gibt z.Zt. weltweit 630 Fahrzeugwerke in 63 Ländern. Diese Werke werden von ca. 1.500 Primärlieferanten beliefert und diese wieder von einer noch wesentlich größeren Zahl von Unterlieferanten. Damit stellt diese

Gruppe von Unternehmen eine ausreichend große «Community» dar, die ein eigenes Portal betreiben kann.

Lange Durchlaufzeiten sind unter anderem auf die Brüche in der Kommunikation zwischen den Partnern zurückzuführen: Brief, Fax, e-Mail, EDI, Internet, etc. ANX/ENX will diese verschiedenen Kommunikationsverfahren durch ein einheitliches Extranet ersetzen, das dann auch an die ERP-Systeme angeschlossen werden soll.

Primäres Ziel ist die Verkürzung von Durchlaufzeiten

Die Durchlaufzeiten sollen so von Tagen und Wochen auf 24 bis 48 Stunden reduziert werden.

Jeder Teilnehmer soll für die Nutzung der Infrastruktur ca. DM 8000,-- bezahlen, was sich allein aus den Einsparungen der Verbindungskosten anderer Kommunikationsverfahren rechnet, nicht gerechnet die Zeiteinsparung und die Einsparung an Aufwand bei der Bearbeitung der Zusammenarbeit.

Aber noch sagt z.B. ein Vertreter von Audi: „Der Internetauftritt läuft völlig autark auf einem eigenen Webserver ohne Verbindung zu anderen internen DV-Systemen", und auch der Online-Verkauf von Autos ist für Audi noch kein Thema. Dies kann sicher nicht die Lösung für die Zukunft sein. Auch BMW ist zwar noch nicht weiter, denkt aber wenigstens an neue integrierte Lösungen auf Basis einer TCP/IP Infrastruktur.

Als neue Initiative schließen sich Automobilhersteller wie Daimler-Chrysler, Ford, General Motors u.a. in Arbeitsgemeinschaften zusammen, um gemeinsam Marktplätze für die Geschäftsabwicklung mit Zulieferern aufzubauen.

Auch VW verfolgt einen eigenen Ansatz – hier in Zusammenarbeit mit i2 Technologies.

Diese Marktplätze sind wettbewerbsrechtlich nicht unbedenklich, da sie das Potential für Marktabsprachen und Einkaufkartelle bieten, und schon interessiert sich das Kartellamt für diese Initiative.

Zulieferer versuchen auf der anderen Seite, sich zusammenzuschließen, um den Automobilherstellern mehr Gewicht entgegensetzen zu können mit der Devise, dass das eigentliche Know-how bei den Zulieferern liegt und die Hersteller nur montieren und vermarkten.

Speditionen folgen zunehmend dem Modell von Federal Express, bei dem der Spediteur dem Kunden jederzeit Auskunft über den Verbleib seiner Sendung geben und die Lieferung terminieren kann - gesteigerte Kundenzufriedenheit und Sicherheit für den Spediteur. Für eine bessere Integration in die Leistungskette der Kunden arbeiten Spediteure immer intensiver mit ihren Kunden zusammen, um besser Ansatzpunkte für eine schnellere und zuverlässigere Disposition und Reaktion auf Kundenbedarf zu finden. Lufthansa Cargo kooperiert mit ihren Kunden und wird in den Informationsfluss so eingebunden, dass die geforderte Frachtkapazität auch für Einzelstücke frühzeitig bereits aus dem Produktionsprozess disponiert werden kann und nicht erst angefordert wird, wenn das Produkt fertig zum Transport „auf dem Hof steht".

Keine Branche ist von dem Wandel ausgenommen

Auch Einzelhändler und Discounter suchen neue Wege zum Kunden. So bietet die Spar Kette in Hamburg den ersten virtuellen Laden, bei dem über das Internet ausgewählt, bestellt und dann über einen Lieferservice ins Haus geliefert wird und auch Tengelmann bietet schon einen Lieferservice unter www.tengelmann-teleservice.de. Derartige Dienstleistungen waren bis vor kurzem für die kleinen Beträge eines Einkaufs beim Lebensmittelhändler nicht denkbar, wurden aber dann von Unternehmen wie dem Pizza Express mit 3 DM pro Lieferung vorgemacht.

Internetlösungen verbinden physische Funktionen (Brick) mit informationstechnischen (Click)

Neue Wege geht auch Hans Schlamp in einem Testversuch in Frankfurt mit der "Shopping-Box". Menschen mit wenig Zeit zum Einkaufen können per Telefon, Fax, E-Mail Ware oder Dienstleistung von Lebensmitteln über Kosmetika bis zur Schuhreparatur rund um die Uhr bei Schlamp bestellen und diese werden dann innerhalb weniger Stunden besorgt und in einer der 100 z.T. gekühlten Boxen hinterlegt, so dass sie der Kunde zu beliebiger Zeit dort nach Bezahlung mit ec-Karte abholen kann. Dieser Dienst kostet fünf Mark pro Bestellung.

Der anstehende Wandel ermöglicht neuen Playern den Markteintritt

Seit kurzer Zeit macht Wal-Mart in Deutschland von sich reden. Wo bisher der Markt aufgeteilt schien und keine Chance für den Eintritt eines weiteren Wettbewerbers eingeräumt wurde, verschafft sich Wal-Mart durch Übernahmen eine Basis und will mit seinem Konzept des kompetenten und freundliche Service statt trister Lagerregale für Billigware Kunden gewinnen. Man rechnet sich auf der einen Seite für den besseren Service einen höheren Preis aus, tut auf der anderen Seite aber auch alles, um Waren preisgünstig einzukaufen. Etablierte deutsche Einzelhändler bestätigen, dass das Wal-Mart Warenwirtschaftssystem allen hierzulande eingesetzten Systemen haushoch überlegen sei, was allein einen Kostenvorteil von drei bis vier Prozent bringe. Wichtige Elemente dieser Lösung sind Scannergeräte bzw. Scannerkassen und Online-Verbindungen mit den Hauptlieferanten und lokalen Lagern, damit Geschäfte bedarfsgerecht beliefert werden können.

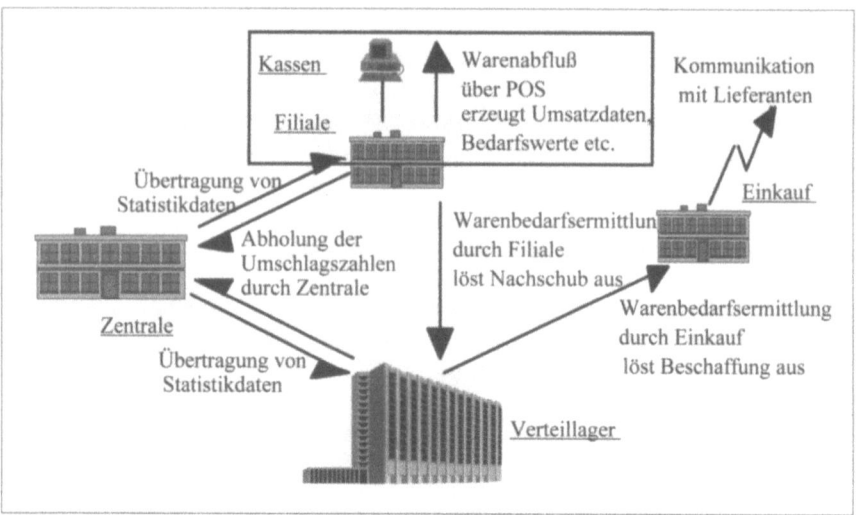

Abb. 2-6: *Zwischen Funktionseinheiten fließen vielfältige Informationen*

Schnelle Kommunikation beschleunigt die Geschäftsprozesse und senkt die Fehlerrate

Auch auf der Beschaffungsseite geht Wal-Mart neue Wege. Neben dem harten Ringen um die besten Konditionen legt Wal-Mart Wert auf die Erarbeitung gemeinsamer Wertschöpfungspotentiale mit den Produzenten . So können Lieferanten über das Internet beispielsweise direkt abrufen, welche Artikel in welchen Stückzahlen noch in den Regalen vorhanden sind, so dass sie ihre eigene Produktionsplanung besser am aktuellen Bedarf ausrichten können und dafür sorgen, dass es nicht zu Engpässen bzw. zu hohen Beständen kommt. Wal-Mart weiß dank seiner ausgefeilten IT-Lösungen jederzeit, wie der immer unberechenbarere Kunde gerade reagiert und wie neue Produkte ankommen. Damit besitzt Wal-Mart durch die eingesetzten IT-Lösungen das wesentliche Werkzeug, um die für dieses Geschäft unabdingbare Geschwindigkeit zu erreichen.

2.6   Online Kundenzugang und Verbundprodukte ermöglichen neue Geschäftsmodelle

Ähnliche Entwicklungen zeichnen sich im Bankengeschäft ab. Bankkunden haben ihre Bank in der Vergangenheit unter anderem danach ausgewählt, ob diese bequem erreichbar war. Deswegen haben Banken ein dichtes Filialnetz aufgebaut und dafür wesentliche Investitionen getätigt.

Internet-Banking hat sich zwar in Deutschland bereits früh auf Basis der bestehenden BTX-Lösungen etabliert, wurde aber bisher noch nicht wesentlich strategisch genutzt. In den USA sind Banken bezüglich Online-Banking sogar noch im Rückstand. Allerdings ergeben hier Umfragen, dass 90 Prozent der befragten Institute die Einrichtung von Internet-Banking innerhalb der nächsten drei Jahre planen.

Der Aufbau einer 'Internet-Filiale' kostet ca. DM 1.000.000 und ist damit wesentlich günstiger als die Einrichtung einer Filiale mit ca. DM 2.000.000 und den damit verbundenen laufenden Betriebskosten von ca. DM 600.000 p.a. Die Internet-Filiale kann mit geringen Kosten rund um die Uhr betrieben werden und ist weltweit zugänglich. Damit können plötzlich ausländische Banken praktisch ohne zusätzliche Kosten Angebote in bisher fremden Märkten unterbreiten und Kunden ansprechen.

Bereits beim Telefon-Banking haben so die neuen Wettbewerber wie z.B. American Express Kunden von lokalen Banken abgeworben.

Ein Internet-Vertriebskanal kostet meist weniger als eine neue Filiale

Mit einer Internet-Filiale können – bei entsprechender Ausprägung – für den Kunden interessante Dienstleistungen wie Kontenüberwachung und Rechnungszahlung und auch neue Möglichkeiten wie Liquiditätsmanagement und Anlageplanung bzw. direkte Wertepapier-Handelsmöglichkeiten angeboten werden. Mit geringem Aufwand – es muss nur der Kunde direkt 'geschult' werden und nicht die ganze Vertriebsorganisation als Mittler – lassen sich beliebige neue Produktangebote evtl. auch in ausgewählten Kundenkreisen 'ausprobieren'.

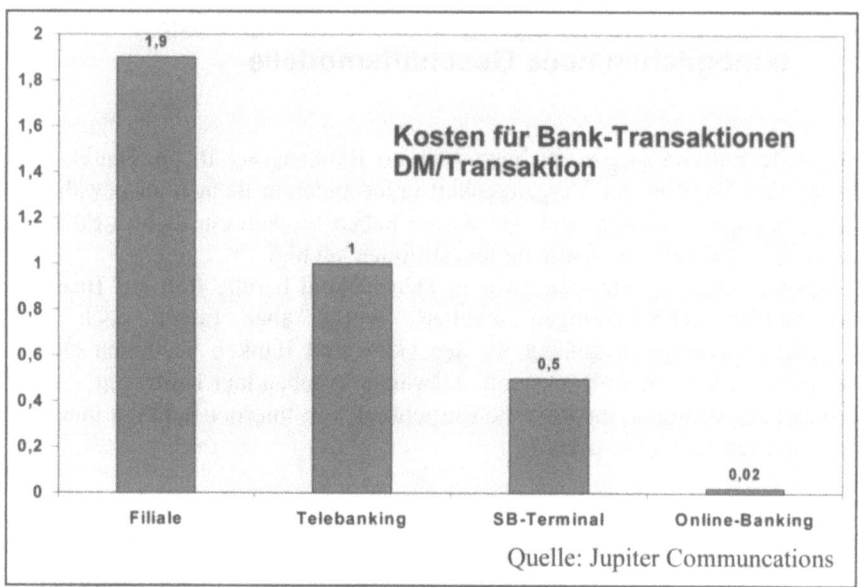

Abbildung 2-7:   Die Transaktionskosten sinken mit dem Einsatz von Technik

Banken investieren Millionen in den Aufbau elektronischer Vertriebskanäle

Eine entsprechende Einschätzung der Entwicklung sieht A.T. Kearny unter der Überschrift: "Nur Vorreiter schlagen Profit aus dem Internet":

„Investitionen von dreistelligen Millionenbeträgen werden allein in Deutschland in den nächsten fünf Jahren getätigt. Trotz dieser Höhe lohnt es sich auf alle Fälle für Banken, in ihre Internet-Infrastruktur zu investieren. Der Return-of-Investment ist bei diesen Investitionen um ein Vielfaches höher als bei Investition in das Filialnetz. Je später der Eintritt erfolgt, desto höher werden die Kosten für die Neukundengewinnung. Für das Internet-Banking sind schon heute Angebote wie Überweisungen, Kredite und Daueraufträge nicht mehr ausreichend. Erfolgreich werden die Unternehmen sein, welche jetzt mit innovativen Produkten dem Kunden einen Zusatznutzen bieten. Diese können dann aus dem Internet Profit schlagen und die Vorteile in der Betreuung des bestehenden Kundenstammes ausschöpfen".

Ein Vorreiter beim Aufbau eines umfassenden Online-Banking ist die Sparda-Bank in Hamburg, die bereits seit 1996 mit der Net-Bank vollelektronisches und sicheres Transaction-Banking anbietet. Dabei hat sich Sparda zum Ziel gesetzt: die Marktposition zu verbessern - d.h. Neukunden zu gewinnen, die Produktivität zu erhöhen - d.h. Kunden auf den neuen Vertriebsweg zu lenken und eine Basis zu schaffen für neue Geschäftsfelder - z.B. Electronic Commerce. Dazu bietet Sparda-Bank mit NetBanking eine durch Hardware gesicherte Übertragung der Daten basierend auf dem MeChip, einer bereits früh verfügbaren Lösung der Firma MeTechnology. Über den online-Kanal wird die gesamte Bandbreite von Banktransaktionen angeboten und mit Standard-Hintergrundsystemen abgewickelt als seien es Transaktionen von bankinternen Terminals. Der Vertriebsweg „Internet" wurde gleichwertig neben die bestehenden gestellt, wobei Produkte im Internet zu denselben Konditionen angeboten werden wie im Filialvertrieb.

Ende 1997 zählte Sparda bereits 3300 online-Kunden wovon 870 Neu-kunden waren. Damit zog das NetBanking mit Btx-Banking gleich. 80 Prozent dieser Kunden nutzten das NetBanking sehr aktiv. Die Zahl der Neukunden im Netbanking wächst seither mit ca. 50 pro Monat fast doppelt so schnell wie die der einer durchschnittlich großen Filiale. Es sind vornehmlich jüngere, männliche und besserverdienende Kunden, die NetBanking nutzen. Sie neh-men Kredite mit durchschnittlich DM 45.000 pro Kunde und unterhalten Einlagekonten mit durchschnittlich DM 47.000. Für Sparda hat der Aufbau der Internet-Fliale ca. DM 2 Millionen gekostet und die laufenden Kosten liegen weit unter denen einer Filiale. Damit rechnet sich das NetBanking bereits ab ca. 3000 Kunden.

Auch andere Banken haben sogenannte Direktbanken als eigene Bereiche aufgebaut: Bank 24 der Deutschen Bank, Direkt Anlage Bank der Hypo-Vereinsbank, Advanced Bank der Dresdner Bank, Comdirekt der Commerz-bank und auch Sparkassen wie 1822direkt der Sparkasse in Frankfurt etc.

Kompetenzen liegen entweder in der intensiven Kundenbeziehung oder der kostengünstigen Abwicklung von Transaktionen

Um attraktive Angebote machen zu können, muss die einzelne Bank entweder in der Lage sein, durch eigene Kompetenz und niedrige Stückkosten wettbewerbsfähig anzubieten oder aber sich das Produkt evtl. von einem anderen Anbieter zuliefern lassen, um letztlich den Kunden zufrieden zu stellen und damit zu halten. Hier entstehen «Verbundprodukte», die aus den Teilprodukten mehrerer Partnerbanken zusammengestellt und dann über eine Bank gemakelt werden, wobei dem Kunden nur die anbietende Bank als Geschäftspartner gegenübertritt.

So bieten die sächsischen Sparkassen ihren Kunden als Produkt einen Wert-papierhandel an, bei dem die Kontoführung bei der dvg Hannover als Dienst-leister abgewickelt wird und der eigentliche Wertpapierhandel bei der Landesbank Hamburg. Dabei merkt der Kunde nichts davon, dass das Produkt aus Teilkomponenten zusammengesetzt ist und insgesamt gar nicht von der Sparkassenorganisation selbst abgewickelt wird.

Es sind praktisch alle Leistungen einer Bank, die durch die neuen elektro-nischen Abwicklungsmöglichkeiten und den Zugang zum Kunden verändert werden: Zahlungsverkehr, Bargeldhandhabung, Anlageverwaltung, Kredit-vergabe, Wertpapierhandel und -verwaltung.

Oft firmieren die online Ableger unter eigenem Namen

Auffallend ist, dass alle etablierten Banken ihr Internet-Angebot unter getrennter Firmierung anbieten und von einer eigenen Organisation betreiben lassen. Dies scheint sich als der übliche Ansatz herauszubilden, um Konflikte mit der bestehenden Organisation zu vermeiden und ein neues Leistungsniveau zu etablieren.

Mit dem Aufbau eines Vertriebskanals über das Internet ist für eine Organisation in keiner Weise entschieden, dass damit auch die Filialen aufgegeben werden sollten. Es gibt durchaus Lösungen, die gerade die Filialen stärken und vor dem Kunden leistungsfähiger machen.

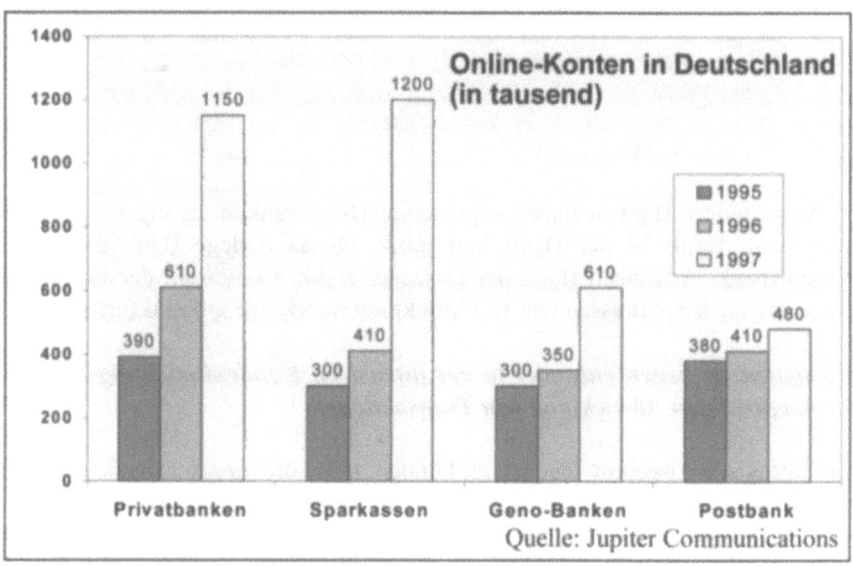

Abb. 2-8: *Der Bestand von online-Kunden wächst dynamisch -*
und damit die Chancen für ‚Electronic Business' Dienste

2.7   Die neuen Geschäftsmodelle des Electronic Business setzen die etablierten unter Druck

Noch ist nicht entschieden, wie viele Kunden letztlich ihre Bankgeschäfte über das Internet abwickeln wollen aber es ist sicher, dass es viele Anbieter geben wird, welche die neuen Kunden im Internet empfangen und umwerben.

Dabei werden auch 'branchenfremde' Unternehmen den Kunden neue Angebote machen, wie dies z.B. die Gesellschaft für Zahlungssysteme GZS, Cybercash bzw. auch Netzbetreiber wie Telnet für Zahlungsabwicklung tun oder auch Luftfahrtgesellschaften und Verkehrsbetriebe, die ihre Zahlungs-abwicklung zunehmend selbst in die Hand nehmen.

Daneben gibt es bereits höherwertige Angebote wie z.B. eine Vermögens-beratung von Securenta, die nunmehr von dieser Spezialität aus eine Lizenz als Vollbank anstrebt. Oder der Autovermieter Sixt, der ins Leasinggeschäft einsteigt.

... Und natürlich sind auch die Anbieter von Endnutzerprodukten wie Quicken oder auch Microsoft nicht zu übersehen, da diese bereits eine breite Clientel besitzen und auf der Basis ihrer Standardprodukte und Technologie auch branchenspezifische Produkte nachreichen können.

Newcomer erfinden neue Dienstleistungen und Geschäftsmodelle

Obwohl von diesen schon lange eine Offensive im Bankengeschäft erwartet wird, scheinen es doch auch für das wahre Electronic Banking wieder Newcomer zu sein, der das Bankgeschäft konsequent neu definieren.

Diese engagieren sich vornehmlich in neuen Aktivitäten und Märkten wie z.B. dem Wertpapierhandel, welcher bei dem hohen Interesse, welches er derzeit bei Kunden genießt, als Dienstleistung äußerst attraktiv ist und den Zugang zu ‚guten' Kunden ermöglicht.

Als erste reine Internet-Bank ging die Security First Network Bank (SFNB) in USA bereits 1995 online. Sie erreicht mit niedrigeren Kosten und besserem Service für den Kunden signifikante Gewinne. Die Transaktionskosten belaufen sich bei SFNB auf ca. 12 Cents im Vergleich zu $1 bis 25 Cents bei Geldausgabegeräten. Der Kunde hat 24stündige Öffnungszeiten, kann online Bilder eingelöster Schecks abrufen, Bankberatung per Videokonferenz erhalten und Konditionen, die um 1% besser liegen als die der Konkurrenz.

Innovative Lösungen gibt es nicht nur in Amerika

Doch auch Europa schläft nicht:

Die ENBA Internet-Bank geht in Europa Mitte des Jahres 1999 ans Netz und verspricht alles auf den Kopf zu stellen, was man sich bisher unter einer Bank vorgestellt hat. Untergebracht in einem alten Reihenhaus in Irland arbeiten die „Banker" im Rollkragenpullover in „sachlich eingerichteten" Büros, die vornehmlich mit Computern ausgestattet sind. Damit lässt diese Bank alles vermissen, was bisher als unverzichtbar galt: Marmorzentrale, nadelgestreifte Anzüge, holzgetäfelte Filialen. „Alles nur Fixkosten" sagt dazu der Initiator des Unternehmens – ein Ex-Berater von KPMG. Lieber investiert er Geld in das Know-how seiner Mitarbeiter und die IT-Lösungen. Die ENBA-Bank ist Allfinanz-Dienstleister ohne eigene Abwicklung für auch nur eines ihrer Produkte. Ihr Business-Modell macht sich statt dessen die Überkapazitäten in der europäischen Finanzbranche zunutze. „Statt eigene Mitarbeiter zu führen und eigene Systeme zu entwickeln, managen wir nur unsere Partnerfirmen", sagt dazu der CEO der ENBA-Bank.

Ein weit verzweigtes Outsourcing-Netzwerk auf Basis einer Software-Lösung der Firma Brokat ersetzt in Sinne eines virtuellen Unternehmens das eigene Backoffice: Aktienorders z.B. wickelt das Handelssystem der Dresdner Kleinwort Benson ab, die Lieferung übernimmt Pershing, ein hochspezialisiertes Clearing-Haus, auf Festpreisbasis.

Die Kunden genießen bei ENBA größte Freizügigkeit. So können sie ihr Konto selbst einrichten und jederzeit wieder auflösen - ein Vorgang, der sonst nur durch Mitarbeiter der Bank durchgeführt werden kann. Auch Überziehungskredite werden online gewährt und die Kreditlinie aus evtl. vorhandenen Aktiendepots etc. automatisch abgeleitet.

Dieses Modell ermöglicht es der ENBA Bank, mit aggressiven Preisen an den Markt zu gehen und den etablierten Banken Kunden abzujagen - wie es Amazon.com für den Buchhandel bereits vorgemacht hat. Zuerst soll in England gestartet werden, dann aber das Angebot schnell auf ganz Europa ausgeweitet - was bei dem internet-basierten Betriebsmodell ohne jede lokale Präsenz nicht schwer fallen dürfte.

Als Newcomer im Discount-Broking hat sich Consors - Sproß der Schmidt-Bank Hof – in Deutschland im Online-Handel mit Wertpapieren schnell etabliert und bedient heute nach fünf Jahren der Existenz bereits 150.000 Kunden. 4,6 Orders gibt der Consors-Kunde durchschnittlich pro Monat auf, das sind bis zu 4 Millionen Transaktionen insgesamt pro Jahr – mit Provisionen, die im Schnitt nur ein fünftel der konventioneller Broker ausmachen. Bei günstigeren Konditionen für den Kunden und besserem Service durch schnellere Abwicklung der Geschäfte erzielt Consors gute Gewinne und sieht sich nun gerüstet, um an dem mit ca. 50 Prozent wachsenden Markt des Discount-Broking überproportional teilzuhaben. Auch ComDirect – Ableger der Commerzbank kann ein gutes Geschäft mit

innovativen Produkten vorweisen. Dies steht im Gegensatz zur Situation der
Online-Ableger vieler Grossbanken, die nach erheblichen Investitionen in den
Aufbau der Geschäfte noch nach Jahren noch Verluste schreiben.

In kurzer Zeit werden alle mit den Pionieren gleichziehen

Booz Allen&Hamilton schätzen, dass bereits 1999 ca. 1500 ähnliche Banken
von USA aus und ca. 2000 von Europa aus im Internet tätig sein werden.

Auch sieht sich ENBA als Kooperationspartner für Bankdienstleistungen
über andere Marktteilnehmer mit Kundenzugang wie z.B. Metro, Aldi,
Reiseunternehmen, Automobilhersteller und viele andere mehr ...

Auf der anderen Seite können z.B. an Banken-Info-Terminals heute schon
Lotto-Wettscheine ausgefüllt werden und es wird nicht lange dauern, bis dieser bestehende Kanal zum Kunden auch für andere Angebote eingesetzt wird.

Auch die Einführung des elektronischen Bargelds wird das Verhältnis zur
Bank verändern, indem man nicht mehr physisch „Geld von der Bank" holen
muß, sondern das Geld insgesamt nur ein elektronisches Medium sein wird.
Die Einführung des Euro wird hier einen wesentlichen Impuls geben. Durch
die Möglichkeit von Zusatzdiensten auf der Geldkarte wird der
Zahlungsverkehr näher mit der jeweiligen Leistung verknüpft wie:
Telefonkarten, Krankenkassen, Loyalty-Karten – die moderne Rabattkarte.
Damit wird die Handhabung von Geld immer weniger als eigenständige
Dienstleistung gesehen werden.

Mit zunehmendem Volumen des Internet-Banking wird allgemein die
Kundenloyalität abnehmen, so dass den etablierten Banken auch durch ausländische Anbieter starker Wettbewerb droht für den ihre Kunden gleichzeitig
anfälliger werden.

Besonders der Handel mit Wertpapieren wird neu definiert

Aber auch die Kernprozesse werden neu definiert. Bereits 1997 wurde mit
Xetra (Exchange electronic trading) ein elektronisches Handelssystem der
Deutsche Börse in Betrieb genommen, das den Börsenteilnehmern auch für
Kleinstaufträge elektronischen Zugang zum Wertpapiermarkt gibt. Dabei
sinken bei besserem Service durch leichteren Zugang gleichzeitig auch die
Gebühren für den Kunden: Eine typische Aktienorder über DM 100.000,--
kostet im Parketthandel ca. 30-40 DM. Beim Xetra müssen nur 7 DM gezahlt
werden. Daneben werden innovative Produkte wie Auktionen für Renten-
papiere möglich. Schon steht das Heiligste der Börsianer - der Parketthandel -
zur Disposition und soll nach neuesten Meldungen wahrscheinlich schon im
Jahr 2000 abgeschafft werden. Damit wäre der Kern des traditionellen
Börsengeschäfts das erste endgültige „Opfer" des Electronic Business im
Aktienhandel.

Das Internet setzt bereits heute Börsen unter Druck und erfordert Anpassungen an neue Geschäftsprozesse. So ist die Zahl der über das Internet gehandelten Aktien vom Letzten Jahr zum ersten Quartal 1999 um 57 Prozent auf 500.000 am Tage gestiegen. Diese Nachrichten beunruhigt die New York Stock Exchange wie auch die Nasdaq und alteingesessene Wertpapierhandels- häuser und Investmentbanken. Nach einer Studie der Credit Suisse werden bereits heute 16 Prozent aller Wertpapiergeschäfte in den USA über das Internet abgewickelt. Diese Entwicklung dürfte sich bald auch in Deutschland wiederholen wenn man bedenkt, welche Preisvorteile der Kunde erzielen kann. Und schon denken Banken darüber nach, eine außerbörslichen Handel einzurichten, bei dem Geschäfte zwischen Anbieter und Kunden ohne Zwischenschalten der Börse rund um die Uhr abgewickelt werden. Börsen sind daher schon heute gezwungen, den Handel länger offen zu halten und eine Handelsphase auch zwischen 18 und 21 bzw. 22 Uhr einzuschieben. Dies allein wird gravierende Auswirkungen auf das Handelsverhalten haben.

Daneben entwickeln sich neue Geschäftsansätze wie z.B. «Daytrading». Privatleute können mit einer Computerausrüstung und Zugang zum Netz am elektronischen Handel teilnehmen. Die Aufträge der Daytrader werden innerhalb von Sekunden ausgeführt und da die Gebühren im Direkthandel gering sind, wird oft gehandelt. Die Firma Momentum hat bereits fünf "Handelsräume" in Deutschland eröffnet und will innerhalb eines Jahres vier weitere "Tradecenter" eröffnen - auch auf Mallorca ist eine Filiale geplant. Schon fürchten Fachleute, dass sich durch das Engagement der Daytrader die Aktienmärkte noch stärker schwanken könnten, als sie es ohnehin schon tun.

Etablierte Firmen erfinden sich neu

Auch in anderen Branchen vollziehen sich ähnliche Wandlungen. Hier soll als Beispiel das aktuelle Projekt der Lufthansa zur 'Vertriebskostensenkung und Verbesserung der Kundenbeziehung' dienen:

Für den Vertrieb ihrer Leistungen musste Lufthansa 1997 noch 25 Prozent der Einnahmen aufwenden, wobei sie dabei durch den Vertrieb über Reise- büros für den Vertragsabschluß nicht einmal einen direkten Zugang zu ihren Kunden hatte. Bei einem Umsatz von 16 Milliarden DM waren das 4 Milliarden. Für 1998 ist es gelungen, den Vertriebskostenanteil auf 22,5 Prozent zu reduzieren. Das Ziel ist eine Zahl deutlich unter 20 Prozent, wobei jeder Prozentpunkt weniger etwa 160 Millionen DM operatives Ergebnis bringt. Ein Großteil von 93 Prozent des Umsatzes wird bisher über Reisebüros abgewickelt und damit fällt hier auch der größte Teil der Vertriebsauf- wendungen an. Der Direktvertrieb kostet nur 10 bis 12 Prozent der Einnahmen, wickelt jedoch nur 7 Prozent des Umsatzes ab.

Die Koexistenz etablierter und neuer Vertriebskanäle muss gestaltet werden

Lufthansa will nun auf beiden Seiten ansetzen: Der Anteil des Direktvertriebes soll auf 14 Prozent gesteigert werden und der Vertrieb über die Reisebüros rationalisiert. Für den Direktvertrieb spielt dabei die automatische Abwicklung von Prozessen durch Automaten und das Internet eine wesentliche Rolle und auch in den Reisebüros sollen viele Vorgänge im Einvernehmen mit den Vertriebspartnern rationalisiert werden. Der Internet-Verkauf soll unter anderem durch eine Kooperation mit dem führenden US-Online-Reiseanbieter Preview Travel ausgebaut werden. Auch im Reisebüro können viele Vorgänge automatisiert werden, so beispielsweise das Ausstellen der Tickets. Nach Ansicht der Lufthansa werden sich im Dreiecksverhältnis Anbieter-Reisebüro-Kunde noch viel tiefgreifendere strukturelle Veränderungen vollziehen. Angestrebt ist eine direktere Beziehung zum Kunden besonders im Geschäftsbereich, wo Lufthansa die direkte Kundenbeziehung ausbauen will, indem sie alle Rabatte direkt dem Kunden gutschreibt und dem Reisebüro für seine Leistung jeweils ein bestimmter Betrag für seine Serviceleistung (Buchung, Ausstellung des Tickets usw.) vergütet wird. Davon verspricht sich Lufthansa eine wesentlich stärkere Kundenbindung und damit einen Wettbewerbsvorteil. Das Ziel ist also ganz klar, dass der Anbieter der Leistungen auch den Vertriebsprozess gestaltet und abwickelt und den Kunden über von ihm geführte Vertriebskanäle bedienen will, um sich damit vor dem Kunden direkt profilieren zu können. In eine ähnliche Richtung zielte auch bereits die Umgestaltung des Terminal A am Frankfurter Flughafen bzw. auch in New York und ein Programm der Rabattgewährung in Zusammenarbeit mit Geschäftspartnern wie anderen Airlines, Hotels, Autovermietungen und jetzt auch über die Tochterfirma „Loyalty Partner" die Einbindung von Kaufhäusern, Telefonfirmen und Baumärkten, welche bei Vorlage der LH-Karte bis zu drei Prozent Rabatt gewähren.

In dieselbe Richtung zeigt das Angebot von Delta Airlines, die gerade die Preise für Bestellungen von Flugtickets mit der Begründung höherer Kosten um zwei Dollar angehoben haben - mit Ausnahme von Ticket-Käufen über das Internet, da sich der Kunde hier selbst bedient und keine Provisionen für Reisebüros anfallen. Damit werden hier zum ersten Mal Kunden gezielt aus traditionellen Vertriebskanälen in das Internet gelenkt und dieses als Vertriebskanal favorisiert. Aktuell wird von Reisebüros in Deutschland gemeldet, dass für den Verkauf von Tickets und Paketreisen zukünftig Gebühren erhoben werden sollen.

Es sind also durchaus nicht nur die Herausforderer der New Economy, welche das Internet konsequent nutzen und darauf ihre Geschäftsmodelle aufbauen. Praktisch in allen Branchen der Industrie werden neue Wege zum Kunden gesucht und Prozesse der Leistungskette neu erfunden.

Junge Herausforderer treiben den Wandel vorwärts

Aber es sind oft „Newcomer", die das Geschäft konsequent neu definieren:

Über www.tiss.com können Reiselustige auf eine Datenbank mit 40 Millionen Billigtarifen zugreifen und online buchen. Die Angebote sind sortiert nach Abflughafen, Zielort, Preis und Hin- und Rückflugdatum - und damit leicht selektierbar. 645.000 potentielle Kunden wählten sich allein im Januar 1999 bei Tiss ein, wobei gut die Hälfte aus USA kam. Die Tiss-Zentrale liegt aber nicht in den USA, sondern in Heilbronn, wo zwei Jungunternehmer in einem Vierzimmerbüro seit fünf Jahren die Tickets von mehr als 40 Großhändlern des 'Graumarktes' vertreiben. Kein anderes Reisebüro in Deutschland hat Zugriff auf ein so umfangreiches Angebot.

Einige Branchen werden völlig infrage gestellt

Auch Verleger und andere Medienkonzerne sehen einen dramatischen Wandel auf sich zukommen. Dabei sind sie gleich zweifach herausgefordert:

☐   Mit wachsender Attraktivität der Internet-Werbung wandert ein Grossteil der Werbeetats an neue Internet-Player.

☐   Das Medium Internet übernimmt immer mehr Aufgaben der Informationsverbreitung, die früher Printmedien, dem Radio oder Fernsehen vorbehalten war.

Nachrichten können jederzeit aktuell im Internet gefunden werden. Radioprogramme werden z.B. über http://windowsmedia.com/iradio/de im Internet verfügbar und auch Fernsehen wird zunehmend über das Internet möglich.

Musik kann direkt aus dem Internet geladen und dann individuell auf die CD gebrannt werden, oder aber sie wird nur temporär im Walkman oder der Musikbox gespeichert und immer wieder aktualisiert.

Bücher existieren nicht mehr nur als Printmedium, sondern der Inhalt wird aus dem Internet in ein Abspielgerät z.B. das «Rocket eBook» von NuvoMedia – einer Bertelsmann-Tochter – geladen und kann dann seitenweise wie aus einem Buch gelesen werden. Dieser Ansatz wird sicher zuerst für schnelllebige Sachbücher zum Einsatz kommen und das „Verlegen" von Sachbüchern neu definieren.

Schon ist eine völlig neue Form des Radios vorstellbar, wo der Hörer „sein" Programm selbst zusammenstellt – mit bzw. ohne Einblendung von Nachrichten – und entweder dafür bezahlt oder die Einblendung von Werbespots zulässt. Dies wird die etablierten Sender in Frage stellen, indem die Hörerschaft immer differenzierter wird und damit nicht mehr hohe Kosten auf eine große Hörerschaft umgelegt werden können. Neben dem „Radiohören" kann der „Kunde" dann auch gleich die Titel „herunterladen" und für spätere

Nutzung speichern. Radiostationen werden zu themen- bzw. interessengruppenspezifischen Mediakanälen, die nicht nur ein Hörfunkprogramm an eine große Hörerschaft ausstrahlen, sondern über Radio, Internet und auch Videobilder multimediale Information zu ausgewählten Themen bieten - z.B. wäre ein 'Gesundheitskanal' denkbar, der alles über Gesundheit bzw. Vorbeugung und Heilung von Krankheiten bereithält und auch als Werbekanal für Pharmahersteller dienen kann, die ja zunehmend den Patienten bzw. gesunden Kunden erreichen müssen, statt nur des Arztes, der immer weniger Medikamente verschreiben kann. Der Gesundheitskanal könnte dabei von den Werbeeinnahmen leben, aber auch von der Vertriebsspanne für Medikamente.

Nicht mehr lange wird es dauern, bis ich mit meinem Multimedia Handy von Nokia auch die Funktion eines Walkman mit einem persönlichen Radioprogramm verfügbar haben werde.

Die Herausforderung liegt darin, Geld mit Information aus dem Internet zu verdienen

Schon wird darüber diskutiert, wie die Inhalte zu schützen sind, wenn diese über das Internet in bester Qualität kommuniziert werden können und das Piratenwesen verursacht bereits heute große Verluste bei den Mediengesellschaften.

Noch ist es nicht vielen Anbietern gelungen, für gebotene Information auch Gebühren zu erzielen. Nennenswertes Beispiel ist Wall Street Journal mit ca. 360.000 Online-Lesern, die auch Gebühren bezahlen.

Aber schon wird anlässlich des Zusammengehens von AOL und Time Warner darüber diskutiert, ob der Konzern sein Angebot z.B. Musik und Videos über das Internet vertreiben könnte – beim direkten Zugang zu 22 Millionen potentiellen Kunden kein völlig absurder Gedanke und Musik hat der Konzern nach dem Zukauf von EMI nunmehr reichlich zu bieten.

Dennoch sieht Herr Eierhoff - Vorstand von Bertelsmann - bei aller Online-Euphorie auch eine Zukunft für den Printkonzern. Kein Medium hat bisher ein anderes einfach verdrängt: Wir gehen noch ins Kino, obwohl es Fernsehen gibt. Wir drucken noch Zeitungen, obwohl wir alles auf dem Bildschirm anzeigen können.

Große Player wiegen sich in Sicherheit – doch das kann gefährlich werden

Dies gilt sicher für alle Branchen, aber Electronic Business darf nicht vernachlässigt werden, wenn auch z.B. Medienmogul Rupert Murdoch noch nicht das Big Business sieht: "Die Leute sind nicht bereit, für Angebote zu zahlen. Wenn wir investieren, ist im Moment nur die Frage, wollen wir 20 oder 200 Millionen Dollar verlieren." Diese Haltung ist zwar heute noch typisch, aber gefährlich angesichts der Erfolge, die Newcomer mit dem Internet bereits erzielen und wo es für etablierte Unternehmen primär nicht darum geht, Geld für Angebote im Internet zu erzielen, sondern das bestehende Geschäft mit dem Internet neu zu erfinden, bevor es ein anderer tut.

In Summe also kann man konstatieren, dass Electronic Business steht für:

☐   Direkteren Zugang zum Kunden.
☐   Effektivere Informationsauswertung.
☐   Schnellere und effizientere Geschäftsprozesse.
☐   Offene Kooperationen und Partnerschaften.

2.7.1 Electronic Business optimiert die Zusammenarbeit von Geschäftspartnern

Während bisher der Fokus von IT-Lösungen auf der Perfektion der einzelnen Funktion lag, verlagert sich dieser zunehmend auf die übergreifenden Prozesse - aus der Erkenntnis, dass hier noch ein großes Potential für die Steigerung der Leistungsfähigkeit bei der Erzeugung von Produkten oder auch Erbringung von Dienstleistungen schlummert. Dieser Ansatz hat eine neue Generation von IT-Lösungen aufkommen lassen, welche grundsätzlich anders als traditionelle Standard-Anwendungen aufgebaut sind.

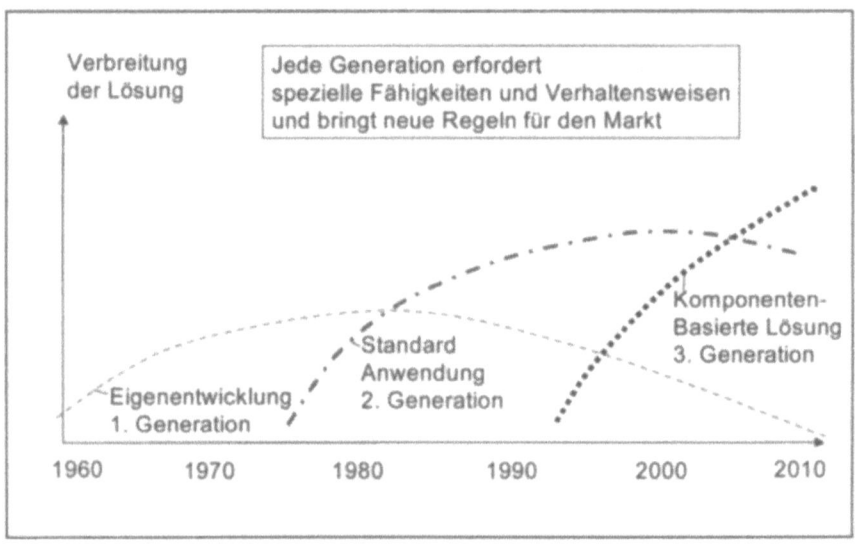

Abb. 2-9: Komponentenbasierte Lösungen als dritte Generation für kommerzielle IT-Systeme

2.7.2 Prozesse statt Funktionen zählen

Einzelfunktionen werden in Prozessketten über Schnittstellen gekoppelt

Die Optimierung von übergreifenden Prozessen erfordert neben einer anderen Software-Architektur auch andere Fähigkeiten und Verhaltensweisen, um das Potential der Verbesserungen ausschöpfen zu können. Zählte für die zweite Generation die Integration von Funktionen in einem System als wesentlich, so ist es für die dritte der Aufbau aus einzelnen Komponenten, die dann über definierte Schnittstellen miteinander gekoppelt werden können. Nur so können übergreifende Prozesse auch zwischen Partnerunternehmen in der Gesamtheit in ihrem Ablauf optimiert werden.

Anbieter wie i2 Technologies unterstützen diesen Ansatz prozessgetriebener IT-Lösungen bereits seit 10 Jahren und haben in vielen produktiven Beispielen die Leistungsfähigkeit derartiger Lösungen bewiesen. Führende Unternehmen der High-Tech-, Automobil- aber auch Dienstleistungsindustrie haben bereits solche Lösungen im Einsatz.

Während traditionelle Standard-Anwendungen wie SAP R/3 die operativen Einzelfunktion unterstützen, leitet i2 Technologies seine Lösungen allgemein aus der Verbesserung der Geschäftsprozesse ab «electronic Business Process Optimization eBPO» und zielt hier neben der Kooperation zwischen Unternehmen (Business-to-Business) auch auf den direkten Zugang zum Kunden (Business-to-Customer).

Nur die Implementierung des Gesamtprozesses erlaubt dessen Optimierung

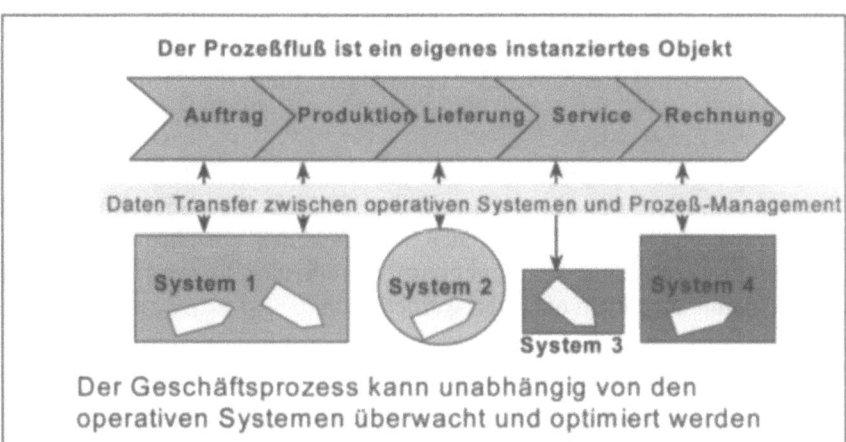

Abb. 2-10: *Supply-Chain (Prozess) Management implementiert den Geschäftsprozess und steuert mehrere operative Systeme*

Mehrere Prozesse können auf diese Weise optimiert werden wie:

- Leistungskette (Supply-Chain);
- Produkteinkauf (Procurement);
- Produktlebenszyklus (Product-Life-Cycle);
- Produktentwicklung (Product Development);
- Strategische Unternehmensplanung (Strategic Planning).

Kern der Prozessoptimierung sind für jeden dieser Prozesse schnelle sogenannte Planungsmaschinen (Software), welche eine Planung bzw. Optimierung des Prozessdurchlaufes in kurzer Zeit ermöglichen, so dass aus der Planung praktisch eine online-Optimierung des Ablaufes wird. Für den Anschluss der Planungsmaschine an die operativen Systeme wird eine Integrationsplattform mit speziellen Adaptern für verschiedene Systeme eingesetzt.

Um diese Planung aufsetzen zu können, müssen Informationen aus den operativen Systemen verfügbar sein und der Prozess als Datenraum gesamtheitlich dargestellt werden. Nur so ist es möglich, alle Aktivitäten gemäss der Prozessanforderung zu erkennen und in ihrem Ablauf optimieren zu können.

Nur durch die explizite Ausprägung bzw. Instanzzierung des Prozesses können auch die Informationen entsprechend den Prozesserfordernissen zusammengeführt und zwischen den einzelnen Prozessschritten bzw. Funktionen weitergereicht werden.

Dazu ist es nötig, dass die Kommunikation zwischen den einzelnen Funktionen in der Form von Nachrichten abgewickelt wird und daneben die für die Optimierung des Prozesses aus den einzelnen Funktionen benötigten Informationen klar identifiziert und nur diese im Prozessdatenraum zusammengeführt werden. SAP nennt diesen Adressraum Live-Cash und basiert ihn auf einer eigenen Datenbank. I2 Technologies führt die Prozessdaten im Hauptspeicher zusammen, um sie dort für die Planungsmaschinen im schnellen Zugriff zu haben.

Dieses Vorgehen unterscheidet sich grundsätzlich von dem funktionsgetriebenen Vorgehen, bei dem für jede Funktion zwar die nötige Information verfügbar ist und auch Informationen zwischen den einzelnen Funktionen ausgetauscht werden, aber kein funktionsübergreifender Prozess implementiert wird und damit auch nicht optimiert werden kann.

Traditionelle ERP-Systeme zeigen Schwächen bei der Prozessoptimierung

Dieser Wandel zeigt sich auch in den IT-Lösungen, die bisher auf die Unterstützung einzelner Funktionen ausgelegt waren und Prozesse nicht abgebildet haben. ‚Integrierte' Software-Systeme hatten bisher vornehmlich zum Ziel, die Wirkungen einer Funktion an einer Stelle zuverlässig auch für andere sichtbar zu machen.

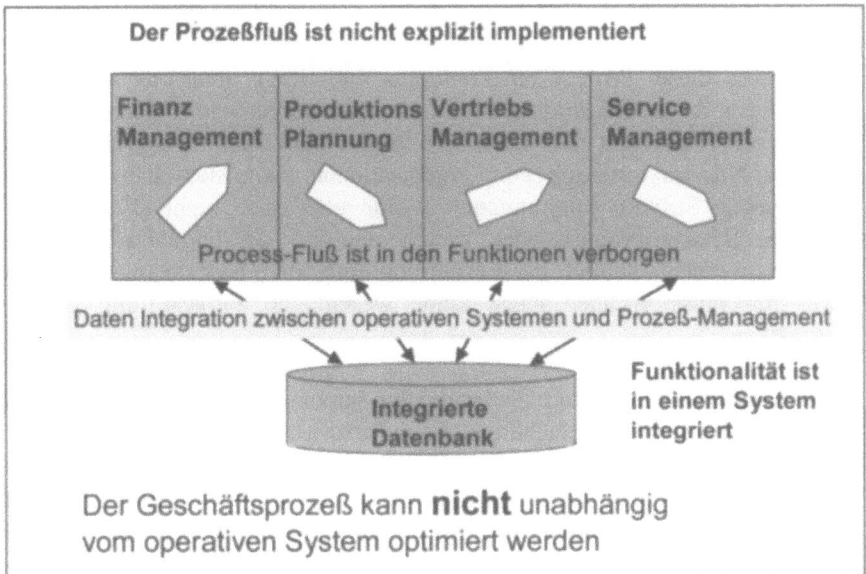

Abb. 2-11: *Integrierte Systeme verbinden ein breites Spektrum von Funktionen durch Dateninte ration*

Dies wurde erreicht durch integrierte Datenbestände, bei denen alle Funktionen auf dieselben Daten zugreifen. Mit diesem Integrationsmodell sind umfangreiche Systeme entstanden, die heute oft so komplex sind, dass die Querbeziehungen von Funktionen nur noch schwer zu durchschauen sind, damit Anpassungen aufwendig werden und große Risiken für ungewollte Nebeneffekte bergen. Das Problem dieser Systeme liegt darin, dass die Querbeziehungen implizit implementiert sind, aber nicht expliziert als definierte Prozesse dokumentiert, so dass ihre Wirkung im System verborgen bleibt, wo doch gerade für die Prozessoptimierung der Prozess offengelegt werden muss, so dass er analysiert und optimiert werden kann.

Erst der Prozess gibt der vernetzten Zusammenarbeit ein Ziel

Dabei muss dieser Prozess ein konkretes Ziel haben, denn nur dieses gibt einen Zweck für die Zusammenführung von Ressourcen oder Funktionen.

Vielfach beobachtet man heute den Zusammenschluss von Unternehmen oder die Neustrukturierung von Organisationen, ohne dass dabei ein Ziel dieser neuen Struktur kommuniziert würde oder auch nicht erkennbar ist. Derartige Strukturierungsansätze, welche nur aus der Organisation heraus getrieben werden - ähnlich der Einführung eines ERP Systems nur weil man etwas tun muss, bringen meist keine wesentliche Verbesserung für das Geschäft.

Hilfreich ist es, eine klare Zielprojektion vorzugeben und diese dann durch Einrichten des zu ihrer Erreichung nötigen Prozesses anzusteuern.

Ziel der Prozessoptimierung ist die Eliminierung aller Zwischenpuffer in Form von Lagern, Wartezeiten, Zahlungsaußenständen etc., was nur erreicht werden kann, wenn alle Funktionen und besonders die Übergabe stellen dazwischen in die Optimierung einbezogen werden.

Mit diesem Ansatz lassen sich Produktivitätspotentiale erschließen, die weit über das durch die Verschlankung einzelner Funktionen zu erzielende hinausgeht.

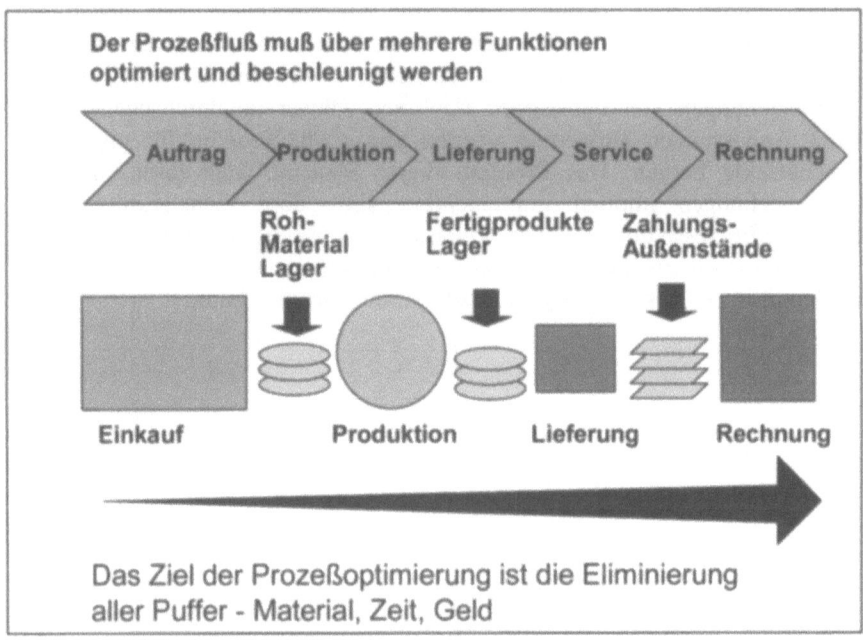

Abb. 2-12: *Nur die Optimierung über mehrere Funktionen hinweg erzielt ein bestmögliches Gesamtergebnis*

Prozessorientierung drückt sich auch in der Organisation aus

Ein konkretes Beispiel soll den Unterschied zwischen funktionsorientierter und prozess- bzw. ergebnisorientierter Organisation verdeutlichen. In einem Unternehmen fand ich neulich das Organigramm des IT-Bereiches, wo Verantwortungsbereiche oder gar Abteilungen für folgende Funktionen aufgeführt waren:

- Workflow
- Archiv
- Redaktionssysteme
- Electronic Commerce
- Intranet
- Middleware
- Implementierung
- Integration/Analyse
- Projekte/Produkte
- Vertrieb
- Domänenkonzept
- Arbeitsplatz
- Rollout, Betrieb

- Umzüge/Vorablösungen
- Mail
- Office
- Mail, Groupware
- Terminkalender
- Videokonferenz
- Browser
- Standardschnittstellen
- Formulare
- QS-Zentrale
- QS-Filiale
- QS-Konzern
- Etc.

Dieses Organigramm beweist, dass dieses Unternehmen alle gängigen Fähigkeiten und Ressourcen zwar eingerichtet, aber diesen keine Ziele gegeben hatte, bzw. diese so schwach betont, dass sie sich nicht in der Organisation reflektiert waren.

Eine prozess- und ergebnisorientierte Projektorganisation hätte als Projektorganisation formuliert vielleicht besser so ausgesehen:

- Vorgangsbeschleunigung: Durchlauf der Vorgänge und Akten von 3 Tagen auf 4 Stunden beschleunigen.
- Kommunikation verbessern: Internen Informationsaustausch einrichten und an die Mitarbeiter ‚verkaufen'.
- Internet Präsenz einrichten: Externen Internetauftritt gestalten und an Wettbewerb für Website-Gestaltung teilnehmen.
- E-Shop aufbauen: Möglichkeit für Vertrieb der Produkte über das Internet untersuchen und geeigneten Shop einrichten (Umsatzziel in Jahr 1: DM 5 Mio.).
- Büroarbeit verbessern: Alle Mitarbeiter des Unternehmens mit Büro werkzeugen ausstatten und intranetbasierten Dokumentenaustausch einrichten.
- Formularwesen ins Internet: Elektronische Formulare für alle gängigen Vorgänge im Intranet verfügbar machen und Abwicklung einrichten (Papierformulare werden in drei Monaten eingezogen).

☐   Legacy Systeme modernisieren: Architektur für die Aufbereitung
bestehender Software-Systeme in ein internetbasiertes Betriebsmodell
entwerfen und internetbasierte Integrationsstrategie entwerfen.

☐   Etc.

Mit dieser Organisationsstruktur   hätten sich die Ziele direkt aus der
Organisation ablesen lassen und einzelne Funktionen (Projekte) hätten sich
von selbst aufgelöst, wenn das Ziel erreicht wäre – was mit den oben
dargestellten statischen Funktionen sicht nicht der Fall sein dürfte.

2.7.3   Kooperieren statt Kopieren

In Prozessen Denken führt zu «best practice» und Kooperationen

Der Fokus auf Prozesse statt einzelner Funktionen ändert auch die Gewich-
tung der Bedeutung. Um einen Prozess zu implementieren werden zwar
vielfältige Funktionen benötigt, aber immer mehr wird klar, dass man diese
nicht alle in der bestausgeprägten Form selbst besitzen kann. Verbesserte
Kooperation mit Partnern führt zwangsläufig zu der Überlegung, welche
Funktionen man selbst vorhalten und implementieren muss und welche besser
extern zugekauft werden. Anstatt z.B. eine Funktion als «Me too» zu
kopieren, die bereits an anderer Stelle gut ausgeprägt existiert, ist es besser
sich diese Funktion für den eigenen Prozess zu erschließen. Dies führt
insgesamt zur Konzentration auf die eigenen wesentlichen Fähigkeiten und
vermeidet das Denken in etablierten Besitz.

Ein Beispiel solcher moderner Unternehmen ist unter anderem die ENBA
online-Bank, welche die eigentlichen Finanzdienstleistungen bei anderen
Banken einkauft und nur den Kundenzugang selbst organisiert.

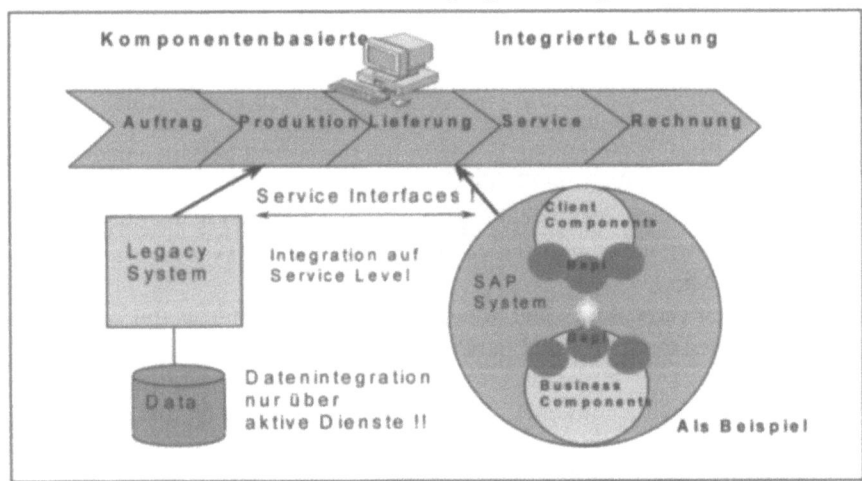

Abb. 2-13:   *Im Gegensatz zur systemzentrierten Anwendung integriert*
eine prozessgetriebene Lösung aus der Nutzersicht

2.7.4 Geschwindigkeit in den Prozessen statt Perfektion in den Funktionen

Während etablierte Geschäftsmodelle oft auf die Perfektion einzelner Funktionen ausgerichtet waren: Senkung der Produktionskosten, Steigerung der Vertriebsergebnisse, Reduzierung des Verwaltungsaufwandes o.ä., zählt in prozessgetriebenen Geschäftsmodellen nur das Ergebnis als Ziel des Prozesses. Oft steht deshalb konsequenterweise am Ende des Prozesses der Kunde, welcher damit zunehmend in den Fokus der Aufmerksamkeit rückt.

Prozessorientiertes Denken führt zur Ausrichtung auf den Kunden

Den Kunden schnell und präzise zu bedienen ist die neue Spielregel, wobei unternehmens-interne Probleme diesen nicht interessieren und er auch immer weniger bereit ist, dafür einen Mehrpreis zu zahlen, wenn Konkurrenten die Leistung bereits besser anbieten.

Gerade in der New Economy greifen junge Herausforderer etablierte Unternehmen mit einzelnen perfekt durchorganisierten Leistungsketten an und gewinnen damit schnell Kunden. Hier müssen nun die etablierten Unternehmen diese Herausforderung schnell annehmen, sich auf ihre Stärken besinnen und nach den Regeln der «new e-conomy» entsprechende attraktive Alternativangebote machen.

Prozessorientierte Ausrichtung dynamisiert bestehende Funktionen

Die Zielorientierung von Prozessen führt eine hohe Dynamik in alle Funktionen eines Unternehmens ein und kann damit gut als Richtschnur für die Ausbildung neuer Strukturen dienen.

2.7.5 Kommunizieren statt Verschließen

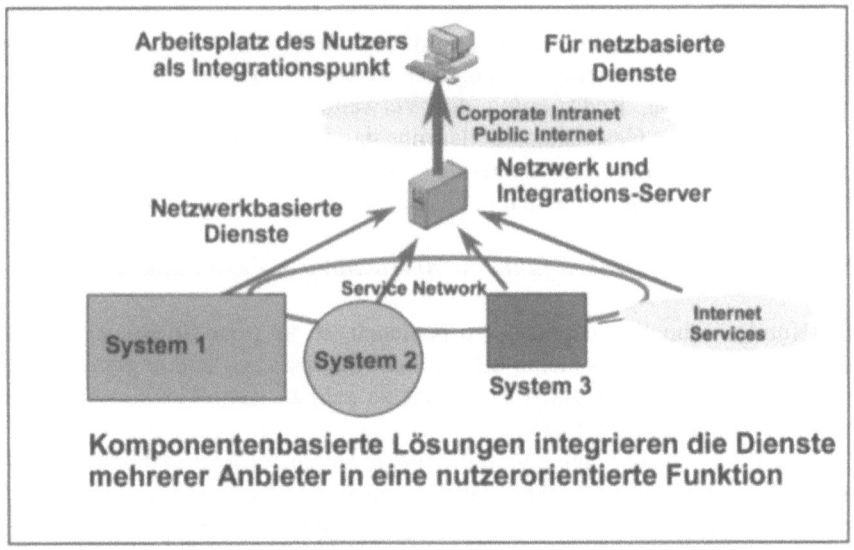

Abb. 2-14: *Netzwerkbasierte IT-Lösungen erfordern ein nutzer orientiertes*
und komponentenbasiertes Integrationsmodell

Für die Einbindung von Geschäftspartnern in eine integrierte Leistungskette ist nicht Voraussetzung, dass alle Geschäftspartner dasselbe Software-System einsetzen. Zum Anschluss an den Prozess für einen der Geschäftspartner genügen im einfachsten Fall der Austausch von e-Mails oder definierten Dateien. Daneben stehen für eine engere Kopplung aber auch andere Techniken zur Verfügung bis zur direkten online Integration der Systeme.

Damit wandelt sich auch das Integrationsparadigma grundlegend – weg von der Integration im System hin zu einer Integration auf den Nutzer gerichtet entweder in einer einheitlichen Nutzeroberfläche oder aber durch Verfügbarmachung einzelner Dienste über definierte Schnittstellen.

2.7.6 Verbinden statt Integrieren

Dieser Ansatz prägt den Software-Markt neu, indem auch die stärksten Verfechter von monolithisch integrierten Systemen inzwischen erkennen mussten, dass Kunden zunehmend «best-in-class» Lösungen aus der Verbindung verschiedener Systeme suchen, von denen jedes einen Teil zur Gesamtlösung beiträgt. Die Beherrschung dieses Ansatzes ist zwingend erforderlich, wenn eine unternehmensübergreifende Prozesskette zwischen Partnern aufgebaut werden soll.

Moderne Lösungen verbinden «best-in-class»' Komponenten

Zur Verbindung von Komponenten gibt es verschiedene Ansätze von sog. «Middleware-Lösungen» wie Microsoft DCOM, BEA Systems, CORBA oder JAVA Beans und daneben Plattformen für Business-Lösungen, die nicht nur die reine Technik bieten sondern gleichzeitig industriespezifische Modelle für den Aufbau von prozessgetriebenen Lösungen. Solche Plattformen liefert z.B. i2 Technologies mit RHYTHM für die produzierende Industrie und den Handel oder Brokat im Bankenumfeld mit Twister. Daneben gibt es weitere Plattformen, die jeweils bestimmte Industriezweige adressieren.

Es zeigt sich, dass die auf eine Industrie ausgerichteten Integrationsplattformen mit Querschnittsfunktionen wie Sicherheit, Nutzerautorisierung, Bezahlen, Data Warehouse und mit Modellen für Geschäftsprozesse und Funktionskomponenten für bestimmte Aufgaben größere Akzeptanz finden als die reinen Techniklösungen wie BEA oder andere Middleware.

2.7.7 Die Bedeutung von Lernfähigkeit und Vernetzung in Geschäftsprozessen

Prozessdenken erfordert eine andere Organisation als funktionale Strukturen

Zum wichtigsten Wettbewerbsvorteil einer Organisation wird in Zukunft die Fähigkeit zu Kooperation und Vernetzung und die Lernfähigkeit gehören, um sich in immer wieder veränderten Situationen neu ausrichten zu können. Es wird darum gehen, aus vorhandenem Wissen möglichst schnell verwertbare Fähigkeiten abzuleiten, die dann in Zusammenarbeit mit anderen zur Erzielung optimaler Ergebnisse eingesetzt werden können. Dieses Verhalten erfordert aber ein radikal anderes Klima, als es die Management- und Organisationsformen zu bieten vermögen, welche vor rund 125 Jahren zu Beginn des Industriezeitalters eingeführt wurden, um die Massenproduktion von Waren effizient zu gestalten.

Eine funktional hierarchische Organisation ist für Innovation hinderlich

In den für die Industriegesellschaft typischen Hierarchien stoßen innovative Ideen stets auf Hindernisse, weil in dieser Organisationsform Macht ganz wesentlich über die Monopolisierung von Information ausgeübt wird. Weil neue Ideen aber stets altes Wissen und damit bestehende Machtverhältnisse gefährden, werden Neuerungen, die zwar gut für das Unternehmen, aber schlecht für das Management sind, meist unterdrückt oder zumindest behindert: „Kreativität ist der statischen Aufbauorganisation grundsätzlich wesensfremd. Sie lebt geradezu von der Verhaltensweise, Kreativität zu ignorieren" (Reinhard K. Spenger). Jeder kennt es: In Bürokratien wird viel über Innovationen geredet, aber die eigentliche Veränderung oft gar nicht gewollt. Dies resultiert auch daraus, dass der einzelne Mitarbeiter eigentlich nur durch die Organisation lebt, die ihn bezahlt und ‚Aufstiegsmöglichkeiten' bietet. Deutlichstes Indiz für die Unbeweglichkeit von hierarchischen Organisationen ist die vielfach beobachtete Erscheinung, dass die Spitze früher oder später den Kontakt zur realen Welt verliert, weil sie zu sehr mit ihrer eigenen Selbstdarstellung beschäftigt ist.

Kennzeichnend für die New Economy ist die allmähliche Abkehr von der heute noch vorherrschenden funktionalen Hierarchie als Organisationsform. Damit verschwindet auch die scharfe Trennung zwischen Entscheidungsträger und Ausführer. Das System von Anweisung, Ausführung und Kontrolle wird mehr und mehr durch Kooperationsformen des Informationszeitalters ersetzt, in denen sich Wissen und individuelle Fähigkeiten entfalten können. Die neuen Unternehmen der New Economy sind fast durchgängig Beweise für diese Entwicklung. Statt Pflichterfüllung wird Erfolg vor dem Kunden gemessen und beurteilt.

Auch in der «new e-conomy» hängt der Erfolg von Menschen ab

In dieser New Economy hängt Erfolg vor allem von effizienten Informationsflüssen zwischen Menschen ab; die Art und Weise, wie Menschen miteinander umgehen, ist für den wirtschaftlichen Erfolg viel entscheidender als Technik oder Organisation. Deshalb werden die alten funktional und hierarchisch gegliederten Organisationen zunehmend durch Netzwerke aus vielen kleinen Einheiten mit jeweils klar ausgeprägter Kompetenz und größerer Selbstständigkeit abgelöst. Dies Organisation ist auch lernfähiger, weil hier Kommunikation nicht so viele Barrieren – Abteilungsgrenzen und Hierarchien – überwinden muss. An die Stelle starrer Dienstwege tritt ein offener Markt für Informationen und Ideen, in denen jede Art von Kommunikation und Informationsaustausch möglich ist.

Vorbei sind die Zeiten, wo ein Unternehmensbereich die verfügbaren Informationen einschloss, um sie für sich zu halten und damit vor anderen mehr wert zu sein. In der Wissensgesellschaft ist es nicht der Besitz von Informationen, welcher zählt, sondern es zählt nur, was man im Sinne des Kunden daraus macht.

Fest Strukturen werden aufgebrochen und projektorientiert dynamisiert

Konsequenterweise wird das Unternehmen von morgen deshalb oftmals nichts anderes sein als ein kleiner Kern von wenigen fest angestellten Mitarbeitern, die Ideen entwickeln und Fäden knüpfen zu Lieferanten und externen Spezialisten und diese in einem Netz vereinen, um das Produkt oder die Dienstleistung für den Kunden herzustellen. Für derartige Wertschöpfungsgemeinschaften hat sich in den achtziger Jahren der am MIT geprägte Begriff des «virtuellen Unternehmens» eingebürgert. ‚Virtuell' bedeutet, dass alle Merkmale und Fähigkeiten eines realen Unternehmens vorhanden sind, diese aber nicht innerhalb eines realen Unternehmens angesiedelt sein müssen. Was nach außen als Unternehmen erscheint, ist in Wahrheit ein sich ständig mit den Aufgabe und Markerfordernissen bildendes und wieder auflösendes projektorientiertes Beziehungsgeflecht von Geschäftspartnern mit unterschiedlichstem Beitrag. Eine wachsende Zahl von Firmen, die mit nur einer Hand voll fester Mitarbeiter mehrstellige Millionenumsätze erzielen, belegen den Trend: von der Entwicklung über die Produktion und den Vertrieb wird alles einem Netzwerk von Auftragnehmern jeglicher Art übertragen. Nur die strategisch wichtigen und lukrativen Schlüsselfunktionen wie die Steuerung des Netzwerks und der Prozesse, die Prägung der Marke und das Produkt-Design verbleiben im Kernunternehmen – alles andere wird „outgesourced".

Das Internet begünstigt diese Entwicklung. Über das Internet kann ein Unternehmen Waren kaufen, die es nicht herstellt, in Geschäften, die ihm nicht gehören, und mit LKWs transportieren, die gemietet sind und deren Fahrer bei einem anderen Unternehmen fest angestellt sind. Die Transaktionskosten sind in einer internetbasierten Wirtschaft so niedrig, dass damit auch die Existenzberechtigung von Unternehmen, die nur Funktionen organisatorisch zusammenhalten, geringer wird.

Der Computer wird als Arbeitsmittel neu verstanden und besser genutzt

Obwohl der absolute Wert der industriellen Produktion steigt, sinkt die relative Bedeutung dieses Bereichs – wie ja auch die aktuellen Aktienbewertungen zeigen. Ähnlich wie zuvor die Agrararbeit werden industriell geprägte Tätigkeiten zu einer «Commodity» schrumpfen. Der große Produktivitätsschub steht den meisten Industriezweigen noch bevor, wenn die Rationalisierungspotentiale aus den bisher schlecht organisierten Übergabe- und Schnittstellen zwischen den einzelnen Funktionen eliminiert werden. Hier wird die Verbindung von IT und Kommunikation wahre Wunder wirken. Die Situation erinnert an die Einführung der Elektrizität, die anfänglich nur genutzt wurde, um in den Fabriken Dampfmaschinen durch Elektromotoren zu ersetzen, wobei die Produktivitätssteigerung gering blieb. Erst in den zwanziger Jahren erkannte man das wahre Potential der Technik und konzipierte völlig neue Maschinen, die verteilt betrieben werden konnten und dann die Produktivität geradezu explodieren ließ. Ähnlich verhält es sich mit dem Computer, welcher lange Zeit nur als Maschine zur Beschleunigung der Abwicklung bestehender Abläufe gesehen wurde. Erst jetzt wird erkannt, dass sich mit Hilfe der IT und hier besonders aus der Verbindung mit Kommunikation Prozesse vollkommen neu strukturieren und optimieren lassen.

2.7.8 Geschäftsergebnis statt technischer Perfektion

IT-Bereichen wird eine neue Aufgabe zugewiesen

Dies zeigt deutlich die Orientierung vieler Unternehmen auf das Geschäfts-ergebnis statt technischer Perfektion. Waren es noch vor wenigen Jahren die Themen: Objektorientierung, Betriebssysteme, Programmierumgebungen JAVA o.ä., welche in Unternehmen diskutiert wurden und wo wesentlicher Aufwand in den Aufbau von eigenen Plattformen und technischen Programm-mierrahmen, sind es heute zunehmend Themen wie: Kundenservice, Liefer-kette (Supply-Chain), Produktionsdurchlauf, Lagerhaltung etc., die – auch vorgegeben vom Management – die IT-Bereiche beschäftigen. Nicht mehr die ‚Einführung' eines Standard-Software-Systems ist das Thema, sondern das Finden innovativer Lösungen, welche das Geschäft voranbringen. Dafür werden auch wieder eigene IT-Spezialisten eingestellt, da es sich herausge-stellt hat, dass Outsourcing keine Lösung bietet, wenn es darum geht, die Informationstechnologie zum wesentlichen Produktionsfaktor zu machen.

Zwar kann vieles vom Markt eingekauft werden aber die Ideen für die Konzeption und Spezifikation eigener Lösungen müssen in einem Unterneh-men „von innen" kommen.

2.8 Den Kunden im Fokus

Kunden des e-commerce bleiben zunächst anonym, aber nicht ungebunden

Für die Entwicklung einer effektiven Vertriebsstrategie ist die Segmentierung der Kundengruppen entsprechend ihres Bedarfs und ihrer Verhaltensweisen wichtig. Die einzelnen Kundensegmente müssen dann mit jeweils passenden Vertriebskanälen bedient werden.

Es gibt nicht den einen Ansatz für alle Kunden

Grundsätzlich gibt es «transaktionale» Kunden, d.h. solche, denen es nur auf die schnelle und möglichst komfortable Abwicklung eines Einkaufsvorgangs ankommt und «Beziehungskunden», die größeren Wert auf eine kontinuierliche und umfassende Betreuung legen. Nur wenn für jedes dieser Kundensegmente spezifische Vertriebskonzepte optimal ausgeprägt werden, kann insgesamt ein gutes Vertriebsergebnis erzielt werden. Als nicht erfolgreich haben sich Ansätze erwiesen, die mit einem Kompromissmodell alle Kunden bedienen wollen.

Transaktionale Kunden sind meist gut über das gesuchte Produkt informiert und suchen schnelle substantielle Information und einen guten Preis. Für diese Kundensegment bietet sich eine Bedienung über das Internet an und jeder Besuch durch einen Verkäufer oder Beratung in einer Filiale ist für beide

Seiten verschwendete Zeit und wird sogar als negativ gesehen. Für derartige Vertriebskonzepte gibt es vielfältige Beispiele im Internet.

Das Internet kann die persönliche Beziehung nicht ersetzen aber verbessern

Die Beziehungskunden kennen zwar meist auch ihr Problem bzw. ihren Bedarf, sie benötigen aber eine Beratung durch den Lieferanten, um eine maßgeschneiderte Lösung zu erhalten. Hier ist ein Beratungsgespräch erforderlich, was heute über das Internet nur schwer erreicht werden kann und es bleibt die Frage, ob je mit diesem Medium die persönlichen Beziehungen abgebildet werden können. Beziehungskunden sind meist bereit, für eine fundierte Beratung etwas mehr zu zahlen, so dass hier nicht die Effizienz im Vordergrund steht, sondern die Effektivität evtl. bei höherem Aufwand. Dennoch kann und sollte auch hier das Internet bzw. Extranet eingesetzt werden, um effizient Information zum Fachberater zu transportieren und ihn in seiner Vertriebsarbeit zu unterstützen, damit er dann vor dem Kunden leistungsfähiger ist. Auch lässt sich die Abwicklung des letztlich getätigten Auftrags durch internetbasierte Lösungen effizienter gestalten, so dass dem Vertriebsmitarbeiter effektiv mehr Zeit für die Arbeit mit dem Kunden bleibt. Erhebungen haben bereits gezeigt, dass Unternehmen, die derartige Systeme im Einsatz haben, mit ihrer traditionellen Vertriebsorganisation messbare Umsatzsteigerungen bis zu 10 Prozent erzielen konnten. Der klassische Vertrieb ist also in keiner Weise überholt, muss aber seinen Mehrwert vor dem Kunden beweisen und im richtigen Kundensegment angesetzt werden.

Kundenpflege ist auch im Internet der Schlüssel zu Kundenbindung

Die Kundenloyalität wird tendenziell mit zunehmender elektronischer Abwicklung des Kundenverkehrs abnehmen, indem dieser leichter ein anderes Angebot finden und dies genauso schnell annehmen kann, wie bei seinem «Stammlieferanten». Um so mehr muss der einmal gewonnene Kunde 'gepflegt' werden, um ihn längerfristig halten zu können.

Dazu ist aber zuerst die konsequente Ausrichtung auf den Kunden nötig: Neulich nahm ich an einer Kundenbefragung meiner Bank teil. Alle gestellten Fragen zielten darauf, die Zufriedenheit mit den Produkten dieser Bank abzufragen. Keine der Fragen ging vom Kunden aus: z.B. „was würden Sie sich als Kunde von einer Bank wünschen". Das Internet wurde als isolierter Vertriebskanal angesprochen – nie wurde gefragt, ob z.B. ein ‚persönlicherer' Kontakt per e-Mail mit meinem Betreuer über das Internet gewünscht würde, wo doch alle meine Antworten den Wunsch nach persönlicher Betreuung ausdrückten und ich mich als Nutzer des Internet auswies.

In einer Studie der Electronic Commerce Enquete wurden 1997/98 900 deutsche Unternehmen dazu befragt. Dabei wurden folgende Einschätzungen von den Befragten abgegeben:

Abb. 2-15: *Die überwiegende Mehrzahl der Befragten sieht* eine Intensivierung des Preiswettbewerbs

Die Antwort auf die abnehmende Kundenloyalität kann die Einrichtung eines «Data Warehouse» zum Aufbau eines gezielten Kundenbindungsprogramms «Customer Relationship Management» (CRM) und Kampagnenmanagements für Marketingaktionen sein. Durch bessere Kenntnis des Kunden können diesem gezielt vielfältige neue Angebote unterbreitet werden, damit er beim Wettbewerb nichts Attraktives mehr zusätzlich finden kann. So kann dem neuen Wettbewerb über elektronische Medien wieder mit entsprechenden Antworten aus dem Portfolio des Electronic Business begegnet werden.

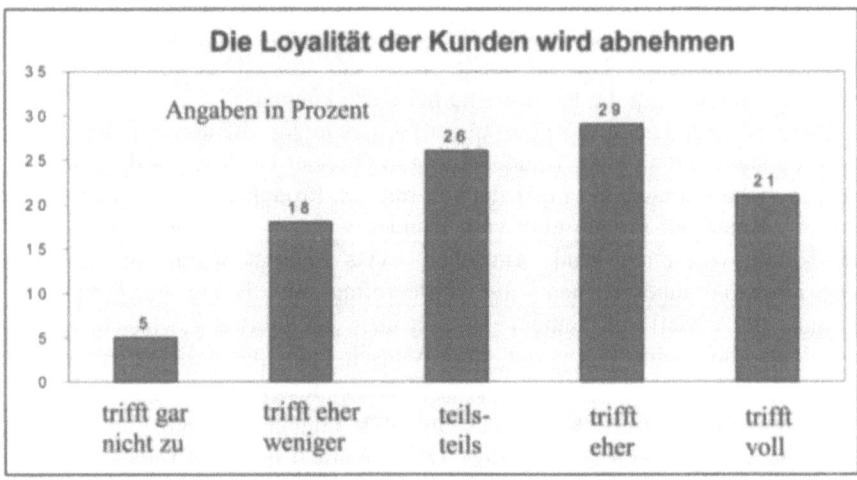

Abb. 2-16: *Auch bei der Kundenloyalität sieht die Mehrheit eine abnehmende Tendenz*

Der direkte online-Kontakt liefert viele detaillierte Informationen

Gerade der direkte Kontakt mit dem Kunden im «Business-to-Consumer» (B-to-C oder B2C) Geschäft durch 'Electronic Commerce' liefert viele der Informationen, welche benötigt werden, um das Kundenverhalten einschätzen und dessen Zufriedenheit individuell - und nicht als statistische Größe – sicherstellen zu können.

Bereits 1997 hat die Schweizer Bankgesellschaft eine Lösung implementiert, die ein «Data Warehouse» direkt für den Mitarbeiter am Schalterterminal verfügbar macht, indem für die Ansprache des einzelnen Kunden wesentliche Informationen sofort bei der Anzeige der Kundenstamm-daten eingeblendet werden. Die Lösung wickelt auch Vertriebskampagnen ab, indem einzelnen Kunden abhängig von ihrem Profil gezielt Angebote unter-breitet werden und die Reaktion darauf wieder verfolgt, so dass z.B. nicht ein bereits abgelehntes Angebot unverändert wieder vorgelegt wird. Ziel ist es einmal, den Kunden individuell entsprechend seinem Profil und seiner Präferenzen gezielt mit neuen Angeboten ansprechen zu können und dem Mitarbeiter am Schalter jederzeit alle Informationen über laufende Kontakte mit dem Kunden sichtbar zu machen.

Auch im E-Business kann die Kundenbeziehung gezielt gepflegt werden

Das hier für Banken Ausgeführte gilt in weiten Bereichen unverändert auch für Versicherungen und auch bei Konsum- und Investitionsgütern bzw. auch Dienstleistern wird der direkte Kontakt mit dem Kunden und damit die Möglichkeit, die Kundenzufriedenheit direkt ohne Intermediäre zu beein-flussen, zunehmend wichtig.

Wie also kann nun Electronic Business und das Internet dazu helfen, den Kunden richtig zu behandeln, damit er mit dem eingeführten Lieferanten zufrieden ist und immun gegen Alternativangebote? Bei der Steigerung der Kundenzufriedenheit geht es um den einzelnen Kunden, nicht um statistische Betrachtungen. Nur durch gezielte Maßnahmen kann erreicht werden, dass die Zufriedenheit des einzelnen Kunden wächst und damit auch letztlich die Statistik stimmt.

Electronic Business bietet hier vielfältige Möglichkeiten:

☐ Individuelle Produktkonfiguration aus einem breiten Angebotsspektrum.
☐ Zuverlässigkeit bei Zusagen des Liefertermins.
☐ Gezielte Ansprache des Kunden, nach dem Kauf eines Produktes oder einer Dienstleistung mit Aufzeichnung der Information in der Kunden-akte.
☐ Individuelle Ansprache des Kunden bei Befragungen durch Serviceperso-nal auf Basis der für alle Mitarbeiter verfügbaren elektronischen Kun-denakte.

☐ Direkter Zugang des Kunden zum Lieferanten über Internet oder Call-
    Center und Initiierung eines Dialogs zwischen Kunde und Lieferant.
☐ Persönliche Ansprache des Kunden bei Anrufen mit schnellem Zugriff auf
    die Kundenakte.
☐ Sammlung von Information über den Kunden aus vielen Quellen – evtl.
    auch der Servicepartner.

Der direkte Kundenkontakt hilft auch die operativen Prozesse zu verbessern

Da Informationen mit kommunikationsbasierten Lösungen schnell zu übermitteln und mehrfach zu verwerten sind, können Kundenwünsche für die
Konfiguration eines Produktes individuell aufgenommen und für die Fertigungsplanung und Leistungserbringung genutzt werden. Zunehmend kauft
der Kunde nicht mehr ein vorhandenes Produkt „vom Lager", sondern
spezifiziert 'sein' Produkt, welches dann in kurzer Zeit produziert und
geliefert werden muss.
    Dieser kundengetriebene Ansatz hat nicht nur Vorteile für den Kunden
sondern auch für den Hersteller, der ohne Zwischenlager auskommt, weniger
'auf Halde produziert' und damit seinen Kapitaleinsatz verringern kann.
Insgesamt gewinnt der Hersteller – wie DELL z.B. – aber auch der Erbringer
von Dienstleistungen eine größere Planungssicherheit und eine direktere
Anbindung an den Markt, der sich als Summe aller individuellen Kunden
darstellt und nicht als statistische Größe mit unspezifischen Trends.

Informationen über Kunden sollten allen Mitarbeitern zugänglich sein

Auch für den Aufbau und die Pflege einer guten und andauernden
Kundenbeziehung ist die Verfügbarkeit von Information über den Kunden für
alle Mitarbeiter des Lieferanten die Voraussetzung. Um an diese Information
zu gelangen, müssen evtl. auch die durch Partner betreuten Vertriebs- und
Service Kanäle neu organisiert werden, so dass dem Lieferanten insgesamt
mehr Information über das Geschäft mit seinen Produkten zugänglich wird.
Nur wenn die gesamte Leistungskette vom Zulieferer bis zum Kunden über
alle beteiligten Partner beherrscht wird, kann wirklich jeder einzelne Auftrag
oder auch nur Kundenkontakt 'durchkommuniziert' werden. Dann allerdings
bieten sich wesentliche Vorteile für die Einbindung von Partnern für
Komponentenzulieferung und Erbringung von Dienstleistung. Es ist abzusehen, dass in Zukunft nur noch Unternehmen in Kooperationen berücksichtigt werden, welche diese Fähigkeit zur Kommunikation besitzen. Nur
damit können sie für einen kundenorientierten Anbieter leistungsfähig sein,
um letztlich den Kunden zufriedenstellend beliefern zu können. Der Chef von
Intel: Andy Grove vertritt sogar die These, dass es in zehn Jahren nur noch
Internet-Firmen geben wird - entweder ist dann eine Firma eine Internet-Firma
oder aber sie existiert nicht mehr.

2.9 Electronic Business ist unumgänglich und dynamisch - wer stillsteht, auf den kommen die Dinge zu

„Nichts ist so mächtig wie eine Idee, deren Zeit gekommen ist". Dieser Aphorismus von Victor Hugo trifft wohl auch auf den Einzug des Internet in die Geschäftswelt zu. Wir können erwarten, dass sich praktisch alle bekannten Geschäftsprozesse durch das Internet und das Zusammenwachsen von Kommunikation und Computing neu definieren werden und die bereits oft zitierte Stellung der IT als entscheidender Wettbewerbsfaktor nunmehr ohne jeden Zweifel in fast allen Bereichen der Industrie Wirklichkeit wird.

Das Internet ist dabei, die Geschäftswelt fundamental zu verändern. Wie immer, gibt es solche, die schnell die neue Technik adaptieren und andere, die sich dem Wandel entgegenstellen und das Alte zu bewahren suchen.

Es gibt bei einem grundlegenden Wandel in Industrien immer einige, die dabei gewinnen und andere, die verlieren. Dies war auch die Frage bei der Maschinenstürmerbewegung von 1811 bis 1818 in England. Die Luddisten waren Handwerker der Bekleidungsindustrie, als sich das Fabriksystem anfing durchzusetzen. Sie kannten genau die Vorteile, welche die Mechanisierung mit sich brachte, aber auch die Nachteile, die sie für die eigene Lebensweise bringen würde. Sie wussten keinen anderen Ansatz, als die Maschinen in Stücke zu schlagen bis man sie ins Gefängnis warf oder die britische Armee sie tötete.

Jede technische Neuerung löst einige Probleme, aber sie bringt auch neue und schafft Gewinner und Verlierer. Dies wird beim Internet nicht anders sein. Die Kunst wird darin bestehen, die positiven Aspekte schnell zu erkennen und auszuschöpfen und die negativen einzudämmen bzw. zu überwinden.

Immer klarer wird die vieldiskutierte 'Informationsgesellschaft' auf der Basis des Internet Realität: die Beherrschung des Informationsflusses neben dem Waren- bzw. Dienste-Fluss entscheidet zunehmend die Wettbewerbsfähigkeit eines Anbieters. Dies führt zwangsläufig zu einer Orientierung auf dynamische Prozesse anstelle von statischen Funktionen bzw. Organisationseinheiten und damit die Verbindung von Kommunikation mit Computing.

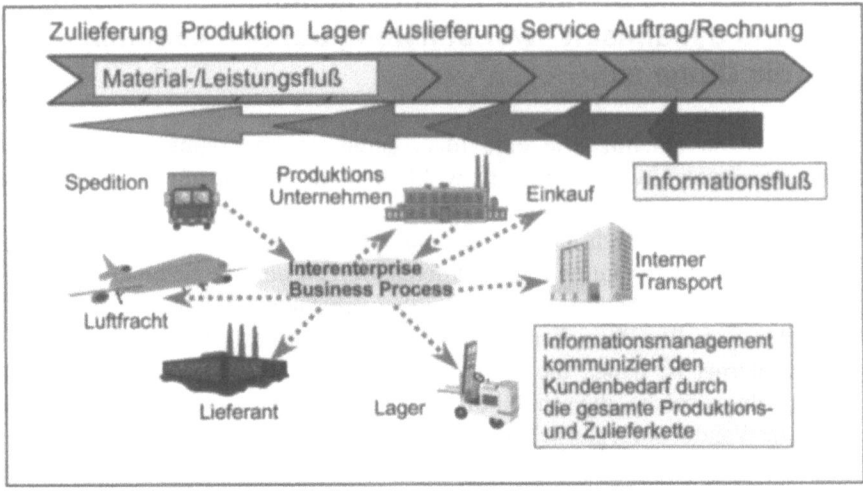

Abb. 2-17:   *Electronic Business markiert den Übergang von der Industrie-*
              zur Informationsgesellschaft

Mit dem Internet wird die Informationsgesellschaft Realität

Die jetzt anstehende Umgestaltung der Wirtschaft ist durchaus mit dem
Eintritt in das Industriezeitalter zu vergleichen. Auch hier werden wieder
einige gewinnen und andere verlieren, wobei nur gewinnen kann, wer die
Herausforderung annimmt.

Der aktuelle Gründerboom von Unternehmen der New Economy ist klarer
Ausdruck dieser neuen Zeit. Diese ist unmittelbar vergleichbar mit den Zeiten
der Krupps, Thyssens, Siemens etc. Auch diese Unternehmen haben beim
Beginn des Industriezeitalters einmal kein angefangen, genau wie die heutigen
zum Beginn des Informationszeitalters.

Wir erleben auf der Basis des Internet eine neue unternehmerische Vision
in allen Branchen. Einer hat eine Idee, probiert und entwickelt sie in seiner
Werkstatt oder der sprichwörtlichen Garage und schon kann er ein paar Jahre
später Global Player sein. Die Idee bewegt die Welt.

Sie ist es auch, welche die Börsen beflügelt: Neben den jahrzehntelang
gepflegten Bewertungsgrößen wie Umsatz, Kapital oder Ergebnisentwicklung
haben Potenzial und Perspektive als Kriterium für die Bewertung einer Firma
enorm an Bedeutung gewonnen. Nicht die Zahlen zählen, sondern die
Perspektive.

Bezeichnenderweise sind es Menschen, die den Unterschied machen, ihre
Visionen, ihre Begeisterungsfähigkeit, ihr Ideenreichtum und ihre Risiko-
bereitschaft. Wer Talente hat, hat Zukunft. Der Flaschenhals für das
Wachstum ist Management-Kapazität oder besser Führungsfähigkeit.

Es gibt viele Gründe für ein schnelles Handeln

Hier einige Gründe, warum die Zeit zum Handeln jetzt ist:

☐ Die technischen Bausteine für den kostengünstigen Aufbau von Electronic Business Lösungen sind vorhanden;

☐ Es entsteht eine völlig neue IT- und Geschäftswelt, der Markt ist in Bewegung geraten. Noch stehen wir am Anfang und damit ist es jetzt noch mit geringem Aufwand möglich, sich für die neuen Ansätze zu konditionieren und Know-how anzusammeln. Für jedes Unternehmen stellt das Internet eine andere Chance dar, die mit einem eigenen Ansatz erschlossen werden muss. Dem Pionier winken Wettbewerbsvorteile und kostenlose Publicity, wie auch die hier angeführten Beispiele belegen;

☐ Die Internet-Technologie ermöglicht – auch nur als IT-Infrastruktur genutzt – eine Senkung der Betriebskosten für IT-Lösungen;

☐ Der Aufbau einer internetbasierten IT-Infrastruktur verbessert die Fähigkeit zur Zusammenarbeit zwischen Lösungen im Unternehmen und auch mit Geschäftspartnern;

☐ Das Internet als weiterer Vertriebskanal schafft einen effizienten und effektiven direkten Zugang zum Kunden;

☐ Aktivitäten im Internet positionieren das Unternehmen als innovativ und steigern den Marktwert – die Dynamik der Internet-Entwicklung kann als Innovationsmotor genutzt werden;

☐ Das Internet bringt neue Geschäftsmodelle hervor, die auch für eingesessene Unternehmen interessant sind;

Der Wandel erfasst alle Bereiche

Der Wandel vom Client/Server Betriebsmodell für IT-Lösungen hat alle Bereiche des Marktes erfasst, vom Kunden (wie die oben dargestellten Beispiele zeigen) über den Anbieter von Standardsoftware (wie z.B. SAP zeigt) bis zum Hersteller von Hardware und Systemsoftware (wie z.B. SUN oder Microsoft beweisen).

Der Aufbau von elektronischen Marktplätzen wie Trade.Matrix und Mysap.com belegen, dass die Zusammenarbeit von Unternehmen über das Internet als Modell der Zukunft vorgegeben ist.

Viele Beispiele – auch von kleinsten Firmen – beweisen, dass der Internet-Vertriebskanal als weiterer Vertriebsweg unumgänglich ist.

"Internet-Firmen" übernehmen bereits etablierte Unternehmen

Der Zusammenschluss von AOL mit Time Warner zum weltgrößten Medien-konzern unter Führung des 'kleineren' Partners AOL ist ein Beispiel, wie Aktivitäten im Internet den Firmenwert bestimmen. DELL, Yahoo!!, Ebay, Ricardo, ENBA, Netscape u.v.a.m. – die später noch näher dargestellt werden sollen – haben neue Geschäftsmodelle erfunden und die Effektivität dieser neuen Ansätze eindruckvoll beweisen.

Nach der Übernahme des Medienkonzerns Time Warner durch den Internet Service-Provider AOL (America Online) ist es offensichtlich: Schnelligkeit schlägt Größe. Plötzlich war die Zukunft da und die virtuelle Welt griff nach einem Schmuckstück der guten, alten Zeit. Obwohl Time Warner operativ einen Umsatz von 26,8 Milliarden Dollar erzielt, wird das Unternehmen in der Börsenkapitalisierung 'nur' mit 120 Milliarden Dollar bewertet, während AOL gerade mal 4,8 Milliarden Dollar umsetzt und dabei einen Börsenwert von 230 Milliarden Dollar erreicht, da die Zukunftschancen dank der Internetstrategie wesentlich besser gesehen werden. Diese Bewertung gab AOL die Möglichkeit, Time Warner zu übernehmen und damit einen Konzern zu schaffen, der neben dem Internet-Service für ca. 20 Millionen Kunden über AOL und Compuserve, der Internet-Technologie von Netscape nun auch über Inhalte für das Netz verfügt durch Fernsehsender mit prominenten Namen wie CNN, HBO, TBS, TNT, das Filmstudio Warner Brothers, die Warner Music Group, sowie die Printmedien: Time, Sports Illustrated, Fortune und People.

Perspektiven im Internet bestimmen wesentlich den Unternehmenswert

Immer öfter wachsen völlig neue Player auf, die bestimmte Geschäftsfelder über das Internet neu definieren und damit eine Börsenbewertung erzielen, die ihnen dann schließlich die Möglichkeit gibt, große und etablierte Player zu übernehmen.

Der Fall AOL/Time Warner zeigt eindrucksvoll, wie Aktivitäten im Internet den Wert eines Unternehmens steigern können bzw. wie ein Unternehmen zurückfällt, welches keine solche Aktivitäten entfaltet. Er zeigt aber auch, dass man die Gunst der Stunde nutzen muss – denn nach der Kurskorrektur der ‚Internetaktien' wäre dieser Coup wahrscheinlich nicht mehr durchführbar gewesen.

Als Beleg kann auch der Fall Mannesmann Vodaphone gelten, wo Vodaphone durch seine Aktivitäten als Internet Service-Provider seinen Wert steigern konnte und seinen Aktionären mit seiner Internet-Strategie bessere Zukunftsperspektiven aufzeigen konnte, die Mannesmann so nicht zu bieten hatte.

Jedes Unternehmen muss zur Internet-Firma werden, wenn es längerfristig überleben will (Andy Grove)

Dies zeigt, dass es nicht nur darum geht, neue 'Ausnahmenunternehmen' mit völlig neuen Geschäftsmodellen zu kreieren, sondern dass auch alteingesessene Unternehmen sich diese neue Dynamik und Dimension des Internet erschließen müssen, wenn sie nicht 'von gestern' sein wollen.

Manche – große und kleine – Unternehmen schaffen diesen Schritt und entwickeln neue Ansätze, während andere etablierte sich darauf beschränken, im Wettbewerb hinterherzulaufen.

Auch die etablierten Industrienationen mit ihrer langen Geschichte, welche die Dynamik hemmt, müssen sich insgesamt im internationalen Vergleich eine mangelnde Fähigkeit vorhalten lassen, die neuen Techniken auf dem Weg in die Informationsgesellschaft für sich zu nutzen. So nimmt Deutschland z.B. in einer Studie von International Data Research (IDR) nur den 16. Platz ein, wo die Vereinigten Staaten, Schweden, Finnland, Singapur, Norwegen, Dänemark und die Niederlande die Spitzenplätze halten. Dies belegt vor allem Chancen für die kleineren Staaten, weil für die Revolution des Informationszeitalters im Gegensatz zur industriellen Revolution keine großen natürlichen Ressourcen nötig sind. So hat z.B. Singapur seine Position durch konsequente Investitionen in die Informationstechnologie und Internetnutzung in kurzer Zeit deutlich verbessern können und der Erfolg von Nokia (Finnland) und Ericsson (Schweden) wird vielleicht auch von dieser positiven Grundeinstellung in diesen Ländern gefördert und bringt diese Unternehmen in ihrem Geschäft an die Spitze des Weltmarktes.

Europa ist - mal wieder - spät dran, hat aber bei schnellem und konsequentem Handeln noch gute Chancen

Der IBM-Chef Erwin Staudt wird zitiert mit der Aussage: "Wir haben die Hardware-Schlacht und die Software-Schlacht verschlafen. Wenn uns das auch noch beim Internet passiert, können wir gleich zurück zur Dreifelderwirtschaft."

Aber es gibt auch Hoffnung für Europa. So belegen in einer 'Hitliste' der besten Web-Sites sieben europäische Unternehmen die ersten zehn Plätze. Dies zeigt, dass hierzulande durchaus gute Lösungen entstehen, wenn wir denn erst einmal anfangen und uns zum Handeln aufraffen - der Airbus ist ein ähnliches Beispiel, wie Europa aus der zweiten bzw. dritten Startreihe eine führende Position erringen konnte. Worum es für Europa geht ist: amerikanischen Optimismus mit deutscher Ernsthaftigkeit zu verbinden.

Electronic Business führt zu neuen Grundaxiomen in Geschäftsmodellen ausgerichtet auf Wettbewerbsvorteile

Traditionell	Electronic Business
• Unternehmenszentrisch	• Kundenszentrisch
• Optimierung innerhalb des Unternehmens	• Optimierung unternehmens-übergreifend
• Fokussierung auf Kauf/Verkauf	• Fokus auf Partnerschaft
	• Minimale Lagesbestände
• Hoher (veralterter) Lagerbestand	
• Lange Produktzyklen	• Kurze Zykluszeiten
• Produzieren auf Lager	• Produzieren auf Anforderung
• 30-60 Tage bis zum Erhalt des Kauferlöses	• Sofortige Realisierung des Endkunden-Verkaufs

Abb. 2-18:   *Neue Regeln und Maßstäbe bestimmen die Geschäftsmodelle von morgen*

2.10 Innovationskraft ermöglicht neue Lösungen

Die heute in Unternehmen eingesetzten IT-Anwendungen decken nach einer Studie der Gartner Group zu 85% Funktionen ab, die gebraucht werden, um ein Geschäft operativ zu betreiben, aber keine Wettbewerbsvorteile bringen. Nur 12% der IT-Anwendungen bringen eine Verbesserung der Geschäfts-prozesse durch schnellere Abläufe, kürzere Produktentwicklung und einen verbesserten Kundenservice. Und nur 3% sind echte Pionierlösungen, welche wesentliche Wettbewerbsvorteile schaffen und Chancen durch besseren Kundenservice und die Eröffnung neuer Märkte versprechen. Hier gilt es, stärker die neuen Möglichkeiten auszuschöpfen und Chancen zu nutzen, um frühzeitig die sich daraus ergebenden Wettbewerbsvorteile ausspielen zu können.

Bis vor kurzem gab es in Deutschland viele Topmanager, die glaubten, das Internet ignorieren zu können. Diese Einschätzung hat sich bereits geändert und heute haben alle in den Führungsetagen verstanden, dass durch das Internet eine neue Geschäftswelt entsteht und schnelles Handeln gefordert ist.

Aber wie? Und: Wie schnell? Eine Studie von Roland Berger legt offen, dass nur bei 8 Prozent der Unternehmen die Internet-Aktivitäten vom Topmanagement gesteuert werden. Hier sind die U.S.A. in der Verknüpfung des Geschäftes mit dem Internet weiter – und immer noch geht man in Deutschland zu zögerlich vor, so dass an ein Aufholen so nicht zu denken ist.

Mit Initiative kann auch der kleinste Anbieter das Internet nutzen

Amerikaner suchen alles im Internet und werden auch in Europa fündig.

Jon G. Auerbach ist ein begeisterter Internet-Shopper und Europhile. So sucht und findet er im Internet die Produkte, die er bei seinen Aufenthalten in Europa kennen und schätzen gelernt hat. Zwei Monate suchte er nach der Zahnpasta Aronal und wurde schließlich in Bruehl bei der Kurfürsten Apotheke (www.kurfürstenapotheke.de) fündig. Der Eigner der Kurfürsten-apotheke Herr Engelmann hat seine Web-Site im Juni 1998 aufgebaut und dafür ca. DM 10.000,-- einschließlich des Computers gezahlt. Die Kurfürsten-apotheke - seit 1903 - war in Bruehl die erste im Internet. Obwohl er nur zwei bis drei Aufträge pro Woche über das Internet hereinbekommt, sagt er, dass die Web-Site sich lohne, denn er bekommt Aufträge aus Skandinavien, Spanien, den Niederlanden, und den USA, wo er schon mehrere Kunden bedient. Er macht sich Sorgen wegen der großen Internet-Apotheken, die aufgebaut werden und will versuchen, gegenzuhalten, obwohl er Preis-nachteile für sein Angebot fürchtet. Neben der Zahnpasta kauft Herr Auerbach andere Dinge wie: British Tea und Bücher aus England , die er sogar noch billiger als in den USA bekommt, Senf aus Schweden, Wein in Norditalien. Aber er klagt auch, dass er zwei Wochen auf eine Antwort auf die Frage nach einer Dill-Sauce warten musste und noch immer nicht weiß, ob er ein paar Gläser nach Boston geschickt bekommen kann.

Man könnte dieses Beispiel als Eintritt der lokalen Apotheken in den Weltmarkt verstehen und im Prinzip ist das auch so, da über das Internet ein Angebot jeden Interessenten weltweit erreicht. Aber so einfach ist die Argu-mentation nicht. Ob dieses weltweite Angebot ein wesentliches Interesse findet - es gibt ja schließlich auch in Amerika Apotheken - ist damit noch nicht bewiesen und es bleibt auch noch die Frage offen, ob es dem Anbieter gelingt, die Ware zu vernünftigen Kosten zum Käufer zu bringen. In jedem Fall wird die Welt zunehmend zum Dorf, in dem jeder erreichbar ist und jedes Angebot zugänglich wird.

Die Firma tegut... „Gute Lebensmittel" ist eine regional im Raum Fulda mit ca. 350 Filialen tätige mittelständische Lebensmittelkette, die sich auch stark bei Öko-Lebensmitteln engagiert. Auf Basis des Internet wird tegut... nunmehr mit zwei Shop-Konzepten aktiv:

   ☐   Der «Öko-Shop» mit ökologischen Lebensmitteln.
   ☐   Der «Regio-Shop» für die regionale Kundschaft.

Wesentlich für beide Shop-Konzepte ist, dass jeweils nicht nur ein Internet-Shop eingerichtet wurde, sondern ein spezielles Geschäftsmodell als Gesamt-konzept auch mit nachgeschalteter Lieferlogistik realisiert.

Der Öko-Shop vertreibt Lebensmittel aus ökologischem Anbau mit entsprechender Haltbarkeit in ganz Deutschland und nutzt für die Liefer-logistik den Paketdienst der gelben Post. Er ist damit vergleichbar zu existie-renden Internet-Shops für andere Güter.

Einen anderen Ansatz verfolgt der Regio-Shop, der alle Lebensmittel – also auch frische – in der Region mit einem Bringdienst liefert. Zielkunden sind dabei einmal Stammkunden und dabei besonders kleine Unternehmen und Restaurants, welche regelmäßig Lebensmittel benötigen. Für die Bestellung wird heute ein Zugang über das Internet mit einem PC geboten, aber es ist auch schon daran gedacht, den Kühlschrank mit Web-Anschluss direkt zu bedienen und kleinen Restaurants ohne PC ein Web-Pad zur Verfügung zu stellen oder die Bestellung über WAP-Handy anzunehmen. Für die Lieferung werden z.T. ein eigener Bringdienst eingesetzt oder auch bestehende Bring-dienste genutzt.

Was aus diesen Beispielen bleibt ist der Beleg, dass auch kleinste Anbieter innovative Internet-Lösungen zu vernünftigen Lösungen einrichten können und sich damit die Chance eröffnen, sich neue Geschäftsmodelle zu erschließen und beweglich zu werden. Es gibt nicht die eine fertige Internet-Lösung, welche vom Start weg den Erfolg sichern könnte.

Der Schlüssel zum Erfolg liegt in der Innovationsfähigkeit

Schnelle Organisationen entwickeln neue Produkte in einem ständigen Fluss. Nichts wird überstürzt, und jede Produkt- und Leistungsverbesserung, die für eine Produktversion zu spät kommt, kann in der nächsten kurz darauf realisiert werden.

Um schnell zu Ergebnissen zu kommen, ist es nötig, ein Entwicklungs-projekt nicht als einmaliges Ereignis und längerfristige Unternehmung 'einzurichten', sondern mehrere kurzfristige und ergebnisorientierte Projekte aufzusetzen, so dass der Erfolg der Arbeit dauernd verifiziert und erlebt werden kann. Hierfür empfiehlt sich eine Orientierung an Geschäften, in denen Produkte schnell entwickelt werden - z.B. Zeitschriftenverlage, bei denen eine Wochenzeitschrift jede Woche fertig entwickelt sein muss als reines Tagesgeschäft. Organisationsstruktur, Fähigkeiten und Systeme sind darauf ausgerichtet, immer wieder neue, immer bessere und aktuellere Produkte auf den Markt zu bringen.

Oft ist es die Unfähigkeit, eine Aufgabenstellung mit geringem Aufwand aber zielgerichtet anzugehen, die den etablierten Unternehmen und auch Industriestaaten im Wege steht - alles wird zu wichtig, aber letztlich nicht ernst genommen.

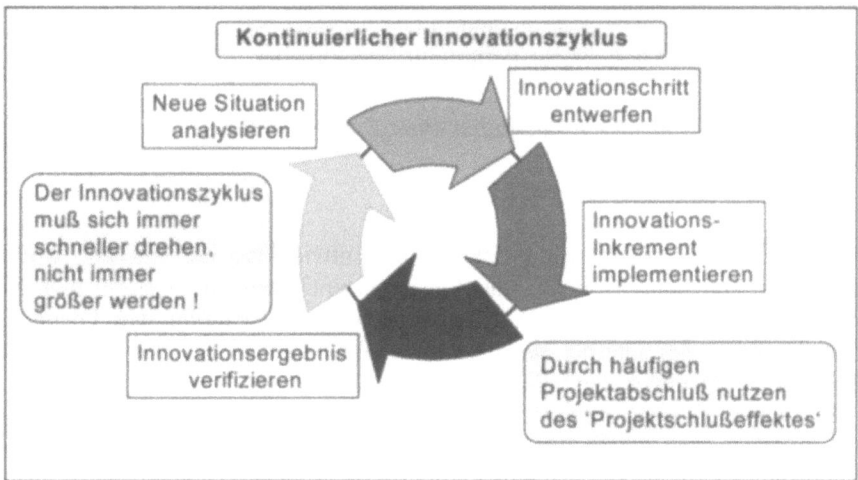

Abb. 2-19: *Innovationserarbeitung muss in einem kontinuierlichen Zyklus implementiert werden.*
Nur eine kontinuierliche Innovation verhindert eine 'Veralterung' zwischen
Innovationsschritten

In einer Abhandlung schreibt Todd L. Hixon von Boston Consulting Group über Innovation:

"Führende High-Tech-Unternehmen gehen mit 'Experimentieren' neue Wege der Innovation und stützen sich dabei auf neue Organisationskonzepte und Fähigkeiten. Dieser Ansatz erlaubt es einem Unternehmen, 'mehr Züge' zu machen als seine Konkurrenten, eine Lücke zu finden und einen Treffer zu landen".

Erfolg im Internet ist nicht planbar - er erfordert gezieltes Experimentieren

Die neue Dimension der Innovation ist das Experimentieren - Lernen durch Versuche bei geglockerter Kontrolle. Ein Unternehmen, das dies praktiziert, definiert einen Teilmarkt, in dem es Chancen sieht, sich über die richtige Produkt-/Markt-Positionierung aber noch nicht im klaren ist. Es ermöglicht seiner Organisation, den Teilmarkt mit Produkten zu übersähen, die nach einer schnellen Analyse und aufbauend auf Erfahrungen entworfen wurden. Die Verlierer werden sehr schnell wieder vom Markt genommen, die Gewinner gehen in die Serienproduktion. Über aufeinanderfolgende, schnelle Entwicklungszyklen sucht und bestimmt der Anbieter die richtigen Produktkonfigurationen und die Kunden dafür. Voraussetzung für dieses Vorgehen sind extrem schnelle, flexible und effiziente Produktentwicklungen und Geschäftsprozesse. Für eine solche Experimentierstrategie braucht man Organisationsstrukturen, die es erlauben, schnell zu reagieren und große Vielfalt bei geringen Kosten zu produzieren."

Mit dieser Taktik haben ehemals kleine Firmen bereits heute sehr große Unternehmen im Markt für viele Produkte überflügelt.

Es gibt keine innovativen Lösungen ohne Experimentieren

Zufall? – Nein, Experimentieren!

Dieser Ansatz trifft sehr gut auch die Entwicklung des Internet, wo in kürzester Zeit neue Produkte und Lösungen entstehen, die gestern noch für unmöglich gehalten wurden. Er gilt aber auch für die Erstellung von Lösungen auf der Basis des Internet, wo Geschwindigkeit oft alles ist, um durch früh gefundene Lösungen eine für geraume Zeit führende Position zu erringen. Auch wenn die Basis nicht in allen Fällen völlig gesichert ist und sich bei der Entwicklung von Technologien im Umfeld des Internet in kurzen Zeitabständen immer neue Möglichkeiten ergeben, ist in jedem Fall genügend 'Technik' verfügbar, um damit innovative Lösungen implementieren zu können.

Zielgerichtetes Handeln führt weiter als aktionistische Hektik

Dazu sei auch Descartes zitiert mit den Regeln, die sein Handeln leiten sollten:

"Ebenso dulden die Handlungen im Leben häufig keinen Aufschub; und daher ist es eine ganz unbestreitbare wahre Forderung, dass wir, wenn es nicht in unserer Macht steht, die wahrsten Ansichten zu erkennen, den wahrscheinlichsten folgen sollten, und selbst wenn wir nicht bemerken, dass die Wahrscheinlichkeit der einen die der anderen überwiegt, sollten wir uns nichtsdestoweniger zu irgendeiner entscheiden und sie hernach, soweit sie für die Praxis Bedeutung hat, nicht mehr als zweifelhaft, sondern ganz und gar wahr und ganz sicher ansehen, weil der Grund, der uns dazu bewogen hat, doch wahr und sicher ist.

Hierin ahmte ich die Reisenden nach, die, wenn sie sich im Walde verirrt finden, nicht umherlaufen und sich bald in diese, bald in jene Richtung wenden, noch weniger an einer Stelle stehen bleiben, sondern so geradewegs wie möglich immer in derselben Richtung marschieren und davon nicht aus unbedeutenden Gründen abweichen, obschon es im Anfang bloß der Zufall gewesen ist, der ihre Wahl bestimmt hat; denn so werden sie, wenn sie auch nicht genau dahin kommen, wohin sie wollten, wenigstens am Ende irgendeine Gegend erreichen, wo sie sich wahrscheinlich besser befinden als mitten im Wald".

Der richtige Ansatz für Internet-Projekte ist also schon bei Descartes nachzulesen - es sind also bekannte Verfahren anzuwenden. Zielgerichtetes Experimentieren mit den neuen Techniken kann der Schlüssel zu wesentlichen Erfolgen sein !!!

2.11 Zusammenfassung

Die vorstehend beschriebenen Beispiele zeigen, dass vielfältige Geschäftsprozesse bereits heute durch das Internet neu gestaltet werden.

- ☐ Electronic Business basiert die Unterstützung von Geschäftsprozessen auf Kommunikation und macht diese schneller;
- ☐ Der Markt kehrt sich um von Verkäufer zur Käufermarkt, da der Bedarf des Kunden schnell zum Lieferanten kommuniziert werden kann und dieser durch online Geschäftsprozesse flexibel genau das Produkt erzeugen kann, welches der Kunde wünscht – Massenprodukte als Summe von Einzelaufträgen, nicht in Massen produziert und abverkauft;
- ☐ Enge Kooperationen und die Anstimmung der Einzelaktivitäten auf ein gemeinsames Ergebnis bestimmen die Geschäftspartnerschaften des Electronic Business;
- ☐ Die durchgängige Gestaltung von Prozessen vom Kunden bis zum Zulieferer bestimmt die Leistungsfähigkeit im Zeitalter des Electronic Business;
- ☐ Konzentration auf eigene Kernkompetenz und vernetzte Zusammenarbeit prägen die Unternehmensform des 21en Jahrhunderts;
- ☐ Zusammenarbeit, Lernfähigkeit und schnelle Anpassung an sich ändernde Bedingungen sind die Schlüsselfähigkeiten für Unternehmen, die in Zukunft erfolgreich sein wollen;
- ☐ Der Fokus liegt in Zukunft mehr auf dem angestrebten Ergebnis als der einzelnen Funktion – diese werden dem zu implementierenden Prozess untergeordnet;
- ☐ Das Internet hat auch für die Geschäftswelt eine dynamische Veränderung in Gang gesetzt. Jedes Unternehmen ist gefordert, diese Entwicklung in einer angemessenen Weise aufzugreifen, wenn es nicht zurückgelassen werden will.

Bereits jetzt sollte klar sein, dass diese Neugestaltung nichts ist, was als kurzlebiger Modetrend vernachlässigt werden könnte sondern nachhaltig neue Geschäftsmodelle etabliert, die nicht nur „junge" Unternehmen betreffen sondern jedes Unternehmen fordern, sich in dieser neuen Ära zu positionieren und Nutzen aus den neuen Möglichkeiten zu ziehen.

3   Die Entwicklung der Internet-Nutzung als Kommunikations- und Informationsmedium

Die erste Phase bringt weltweite Kommunikation und Darstellung von multimedialen Inhalten

Die zweite Phase erweitert die Nutzung des Internet und startet die New-Economy:

- *Electronic Commerce entwickelt das kommerzielle Internet im Business-to-Consumer Modell*

- *Portale bündeln Nutzer und führen Unternehmen potentielle Kunden im Consumer-to-Business Modell zu*

- *Suchmaschinen und Verzeichnisse ordnen die Flut des Informationsangebots*

- *Knowledge- oder Wissensmanagement stellt gezielt und geordnet Informationen ins Internet*

- *In Unternehmen wird das Internet als Intranet zur neuen IT-Infrastruktur*

Während im Vorstehenden die Grundlagen des Internet und die Prinzipien des Electronic Business bzw. der 'new e-conomy' dargestellt wurden, sollen im Folgenden mit weiteren Beispielen die Entwicklung über die Zeit beschrieben und Ansätze für eigene Lösungen auf der Basis des Internet aufgezeigt werden.

Die Entwicklung des Internet läuft in ausgeprägten Phasen ab

Die Nutzung des Internet hat sich in drei Schritten oder Phasen entwickelt, wie sie in der oben zitierten Anzeige von IBM dargestellt sind. Bemerkenswert ist die lange Zeit – ca. 20 Jahre, die es brauchte, bis das Internet für eine breiten Akzeptanz "entdeckt" wurde und dann die schnelle zeitliche Abfolge der weiteren Entwicklungsschritte: 1. Aufblühen des öffentlichen Internet ab ca. 1994, 2. Electronic Commerce und Intranets ab 1996 und 3. Electronic Business und Extranets bereits ab Ende 1997.

3.1 Die erste Phase bringt weltweite Kommunikation multimedialer Inhalte

Die erste Phase der Internet-Nutzung brachte ab 1994 zwei wesentliche Einsatzfelder:

1. Allgemeine weltweite Kommunikation.
2. Darstellung von Information für jedermanns Zugriff.

mit folgenden Lösungen:

- □ Allgemeine Informationsdarstellung
- □ Web Sites mit Unternehmensdarstellung
- □ Öffentliche Web-Foren
- □ Electronic Mail
- □ Electronic Banking

Inhalte und weltweite Kommunikation machten das Internet attraktiv

Die Basis für den Erfolges des World Wide Web und der Entdeckung des Internet wurde mit der allgemeinen Möglichkeit zur **Informationsdarstellung** und **Kommunikation** gelegt. Die Web Hypertext Datenstruktur – entwickelt am CERN in Genf und der Web-Browser – entwickelt an der University of Illinois USA waren die Schlüssel, um das Internet durch die nunmehr weltweit erreichbare Information für die Massen interessant zu machen. Mit Ausdauer 'surften' Nutzer stundenlang durch das Web und waren begeistert darüber, was sie alles fanden. Plötzlich entwickelte das Internet, welches über viele Jahre im Verborgenen existiert hatte, eine große Faszination und erregte öffentliches

Aufsehen, Dies war wohl die Motivation für Unternehmen zur eigenen Darstellung im Web, nachdem die Chance bestand, dort gesehen zu werden. Während das 'Surfen' anfänglich noch eine Faszination ausübte und sich viele Menschen damit Nächte um die Ohren geschlagen haben, kann für die Zukunft nicht erwartet werden, dass diese Begeisterung anhält. Langfristig muss das Internet als Kommunikationsmedium gleichrangig zu anderen wie Fernsehen, Radio, Telefon gesehen werden. Jedes dieser Medien wird für ganz spezielle Zwecke jeweils bestimmte Zeit genutzt und so wird auch für das Internet letztlich nur für ganz bestimmte Zwecke gezielt genutzt werden und nicht mehr als 'Unterhaltungsmedium' stundenlang konsumiert.

Das Internet entwickelt sich zu einem mit Radio und Fernsehen vergleichbaren Medium

Erst mit dem Internet und World Wide Web wird der Computer potentiell zu einem Gerät, welches die gleiche Verbreitung finden kann wie Radio, Telefon und Fernsehen. Während es vorher für die Nutzung des Computers nötig war, dessen Funktionsweise zu erlernen – also ‚Computer literate' zu werden, ist dies zur Nutzung des Web nicht nötig und der Computer wandelt sich zu einem Web-Zugangsgerät. Erst durch das Internet hat auch die Computertechnik die ‚Nabelschau' aufgegeben, d.h. dass sie sich durch immer neue Leistungen (Features) bzw. innovative Geräte und Betriebssysteme selbst darstellen musste, und übernimmt in weiten Strecken nunmehr die Aufgabe, die Nutzung des Web zu ermöglichen – das Verhalten von Microsoft, einem Vertreter der klassischen Personal Computer Ära, belegt diesen Trend deutlich.

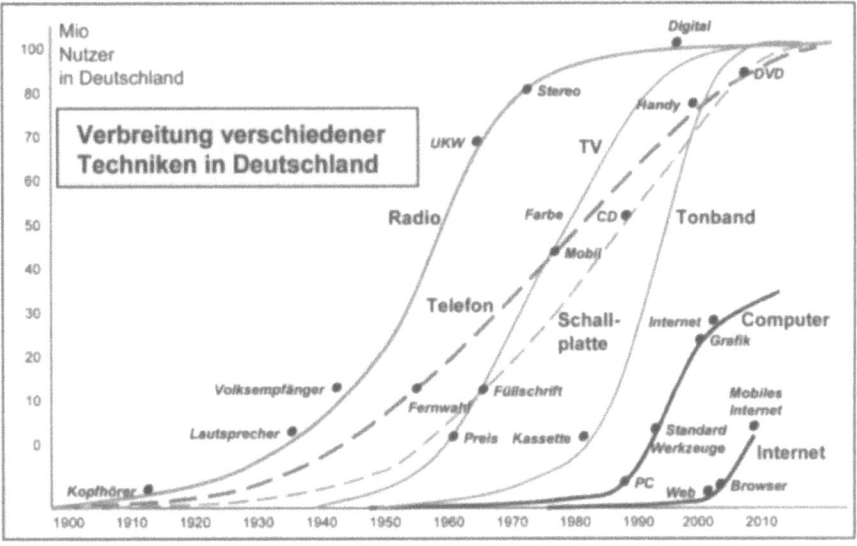

Abb. 3-1:   *Erst mit dem Internet hat der Computer die Aussicht,*
wirklich zu einem Gerät für die allgemeine Nutzung zu werden

Unterschiedlichste Geräte vom Radio über das Fernsehgerät bis zum Kühlschrank bzw. Elektroherd in der Küche oder dem Handy ermöglichen den Zugriff auf das Internet und täglich tauchen neue auf.

(Fast) alle Unternehmen präsentieren sich in der globalen Internet-Welt

Heute ist praktisch jedes nennenswerte Unternehmen im Web mit einer eigenen «Home-Page» auf einer «Web-Site» vertreten und auch kleinste Unternehmen nutzen bereits das Internet, weil sie hier eine kostengünstige Möglichkeit sehen, um potentielle Kunden zu erreichen.

Schlechte Web-Seiten benötigen lange Aufbauzeiten und sind unübersichtlich - gute sind schnell, knapp, übersichtlich

Schon bei dem Aufbau von Web-Seiten werden jedoch große Unterschiede in der Unternehmensdarstellung sichtbar. Während einige Firmen graphisch aufwendige Darstellungen einsetzen, die dann lange Wartezeiten für den Bildaufbau bedingen, bieten andere Web-Seiten mit wesentlicher Information, kurzen Antwortzeiten und doch ansprechendem Layout. Besonders der Einsatz von 'aktiven' Seiten mit JAVA Applets bringt nicht immer nur Vorteile, da damit die Bildaufbauzeiten verlängert werden, und oft sind sie nur Ausdruck des Spieltriebs von Technikern. Schlechte Web-Seiten brauchen typischerweise lange für den Bildaufbau und man 'verheddert' sich oft im Dschungel der Verweise auf unstrukturierte Detailinformation. Eine gute Darstellung erfordert ein Eingehen auf das Medium und einen klaren Ansatz für die Darstellung und Strukturierung der Inhalte.

Das Web kann mehr bieten als nur Darstellung – gute Web-Sites laden zum Dialog ein

Wichtig für die Web-Darstellung ist auch die Erkenntnis, dass Darstellung im Web keine Werbung im üblichen Sinne ist, sondern möglichst in eine interaktive Kommunikation mit dem Nutzer münden soll. Völlig unverständlich ist es, wie auch heute noch Web-Seiten angeboten werden, die keine Möglichkeit der Antwort per Electronic Mail oder wenigstens per Telefon vorsehen oder Unternehmen erst mit langer Verzögerung bzw. gar nicht auf E-Mails antworten.

Offene «Web-Foren» waren im Anfang des Internet eine faszinierende Sache und haben unter den Internet-Freaks zahlreiche Anhänger gefunden, die viel Zeit in die Teilnahme an solchen Foren investieren. Für das Electronic Business sind diese Foren nur dann von Bedeutung, wenn sie themenspezifisch sind, da es hier ja nicht darum geht, das Internet zum Unterhaltungsmedium auszubauen, sondern für Geschäftszwecke mit möglichst wenig Zeitaufwand zu nutzen. Hier ist wichtig zu erkennen, dass immer mehr 'normale' Menschen – z.Zt. allein Deutschland ca. 12 Mio. – das Internet für gezielte Informationsgewinnung nutzen und zunehmend auch Waren über das Internet kaufen.

Vielfältige nutzlose und schädliche aber auch äußerst nützliche Informationen sind im Internet verfügbar

Aber auch für die Gewinnung spezieller Informationen ist das Internet ein leistungsfähiges Medium. Als Beispiel mag die Geschichte einer Mutter dienen, deren Sohn an einer seltenen Krankheit litt. Sie konsultierte einen Arzt und dieser verschrieb ein Medikament. Die Mutter suchte sich im Web ein Forum, welches sich mit dieser Krankheit beschäftigte und konnte nach kurzer Zeit detaillierte Informationen von Betroffenen und anderen Fachleuten erhalten. Beim nächsten Arztbesuch trat sie dem Arzt mit breiterem Wissen gegenüber als es dieser über diese spezielle Krankheit besaß. Dies sollte für einige Anwendungen zu denken geben.

Auch bei der Produktentwicklung kann spezielle Information aus dem Web gewonnen werden, wie z.b. die Verfügbarkeit eines bestimmten Bauteiles, welches dann kostengünstig als Standardteil zugekauft werden kann anstatt teuer speziell entwickelt zu werden zu müssen.

Das öffentliche Internet kann also durchaus als Arbeitswerkzeug für Mitarbeiter in Unternehmen dienen.

Electronic Mail ist nicht Papierpost elektronisch kommuniziert, sondern hat eigene Formen

Auch «Electronic Mail» ist eine einfach zu nutzende Funktion, die weite Akzeptanz gefunden hat. Aber auch hier zeigt sich, dass ein Eingehen auf das Medium vorteilhaft ist. In vielen Unternehmen werden heute per Internet noch die früher 'formvollendet' gestalteten internen Mitteilungen für belangloseste Nachrichten versandt mit dem Nachteil, dass auch hier wegen der Form unnötig viel Übertragungszeit und Aufwand bei der Bearbeitung verursacht wird. Eine Internet-Mail ist kurz, formlos und kommt schnell zum Kern der Botschaft.

Hier beginnen sich eigene Umgangsformen herauszubilden, die dem Internet gemäß sind. Niemand würde z.B. eine Mail mit 'Sehr geehrte...' beginnen, sondern die übliche Anrede ist 'Hallo ....' und nur der Name oder Vorname.

Europa und besonders Deutschland war mit electronic Banking der Vorreiter für Geschäftslösungen im Internet

Ein schon früh breit akzeptierter Online-Dienst über das Internet ist «Electronic Banking» ausgehend von den bereits über Bildschirmtext BTX und Service Provider etablierten Lösungen, denen jetzt nur ein besseres Kommunikationsmittel zur Verfügung stand. Damit war Electronic Banking die erste Anwendung des Electronic Business, noch bevor dieser Begriff geprägt war – übrigens in Deutschland weiter verbreitet als in den USA. Pionierlösungen haben bereits sehr früh das hier besonders kritische Problem der gesicherten Datenübertragung über das öffentliche Internet durch Verschlüsselung gelöst wie z.B. die Hamburger SparDat mit dem MeChip.

3.2 Die zweite Phase nutzt das Internet für e-Commerce und Informationsverteilung

In der zweiten Entwicklungsphase wurden ab 1996 weitere wesentliche Einsatzfelder für das Internet gefunden:

1.   Das Internet als neue IT-Infrastruktur in Unternehmen.
2.   Electronic Commerce als neuer Zugang zum Kunden.

Folgende Anwendungen wurden typischerweise in diesen Feldern implementiert:

☐   Electronic Commerce als neuer Vertriebskanal.
☐   Informationsverzeichnisse als Service zur Nutzerbindung.
☐   Intranets als unternehmensweite IT-Infrastruktur.
☐   Knowledge im Internet als Basis der Wissensgesellschaft.
☐   Online-Dokumentation für aktuelle Produktbeschreibung.

3.2.1 Electronic Commerce ermöglicht den direkten Kontakt mit den Kunden

Electronic Commerce nutzt das Internet als neuen B-to-C Vertriebskanal

Electronic Commerce ist die Erweiterung der Darstellung eines Angebotes im Web um die Möglichkeit, dieses direkt mittels 'Business-to-Consumer' (B-to-C oder B2C) Transaktionen über das Internet kaufen zu können. Ein Kontakt im Internet ist nicht dasselbe wie ein Kontakt im Fernsehen. Das Internet kann einen Dialog herstellen, Beziehungen aufbauen und Produkte mit Service bündeln. Es sind im Internet nicht nur 'Quoten' im Sinne von Werbung, welche hier zählen, sondern das Internet ist die Plattform für Verkauf, Service, technische Unterstützung und den Aufbau von direkten Kundenbeziehungen bei Ausschaltung von Intermediären. Dafür muss aber auch im Internet die klassische Kundennutzengleichung aufgehen, die da lautet: zusätzlicher Kundennutzen plus niedrigere Kosten gleich höherer Umsatz, höherer Marktanteil und damit höherer Gewinn.

Zunehmend nutzen etablierte Unternehmen den 'e-Shop' als Vertriebskanal - nicht nur Internet-Pioniere

Zunehmend nutzen neben den Online-Pionieren etablierte Unternehmen die interaktiven Kanäle, um ihre Dienste über einen neuen Vertriebskanal anzubieten und vor allem auch neue Kundengruppen anzusprechen.

Ihr Erfolgsmodell basiert auf fünf Regeln:

1. **Segmentieren.** Servicebedürfnisse eines klar umrissenen Zielsegments erfüllen.
2. **Substituieren.** Umsatz steigern, indem Zielkunden aus anderen Kanälen und vor allem von anderen Anbietern abgezogen werden.
3. **Vereinfachen.** Den Kunden die Kaufentscheidung leichter machen, indem ihnen bessere Informationen leichter zugänglich gemacht wird.
4. **Nutzen verbessern.** Den Kunden Zeit, Geld und Mühe sparen.
5. **Lernen.** Einen persönlichen Dialog mit dem einzelnen Kunden aufbauen, um u.a. die Kundenkenntnisse zu vertiefen.

Electronic Commerce ist mehr als nur ein e-Shop

Die Verwirklichung dieser Vision erfordert mehr als nur eine Web-Site einzurichten und ist nicht leicht umzusetzen. Der ehrgeizige Anbieter muss anspruchsvolle neue Fähigkeiten beherrschen – Management der Schnittstelle zum Kunden, Informationsmanagement, Netz-Navigation – und sie ständig verbessern und verfeinern.

Mit Systemen wie Intershop, OpenShop, Merchant Server von Netscape, Netcommerce Server von IBM, Domino Merchant von Lotus, Site Server von Microsoft, Open Market u.a. wird es möglich, ein Produktangebot im Web darzustellen und auch Produkt-Verkäufe abzuwickeln.

Für die Abwicklung der Bezahlung bieten Firmen wie Brokat flexible Lösungen, die mehrere Bezahlverfahren parallel abwickeln können, ohne dass der Anbieter dafür noch eigene Lösungen schaffen muss. Eine elegante Lösung bietet auch die ‚Paybox' des Münchener Unternehmens Paybox.net AG, bei der über das Handy bezahlt wird. Diese Lösung wird bereits in andere Lösungen integriert wie: Intershop als Electronic Commerce Lösung und Web.de als Portal.

Internet-Pioniere preschen vor, gewinnen Marktmacht und versuchen dann durch Übernahmen oder Organisieren des Geschäfts eine dauerhafte Existenz zu fundieren

Amazon.com – der weltweit größte Buchhändler – bietet über eine Million Titel und erreicht mit 50 Mitarbeitern praktisch den gesamten Weltmarkt bei einem Umsatz von 1 Milliarde DM in 1998 (dreimal soviel wie 1997) und ca.

7,5 Millionen gelieferten Büchern, CDs und Videos. Er jagt den traditionellen Buchhändlern Kunden ab – z.Zt. ca. 20 Millionen – und steigert den Umsatz mit einzelnen Kunden. Dabei erzielt er Einsparungen in Raumkosten, Betriebskosten, Transportkosten und einen Umschlag der mit 150mal um Größenordnungen höher liegt als bei konventionellen Buchhändlern mit 4mal. Sehr schnell kann sich aus dem Eintritt in das Geschäft über das Internet eine marktbeherrschende Stellung entwickeln - wie dies bei Amazon.com wohl schon geschehen ist, die dann auf der Basis des 'kostengünstigen' und 'schnellen' Geschäftsmodells auch eine Ausweitung in andere Bereiche ermöglicht – allerdings bleibt der Geschäftserfolg in Form von Gewinnen bei Amazon.com noch abzuwarten, bisher werden noch Verluste geschrieben, welche mit der starken Expansion erklärt werden.

Neben Amazon gibt es eine breite Palette von Angeboten: www.buecher.de als Gemeinschaftsaktion von Buchändlern, www.bol.de der bertelsmann AG, und daneben eine lange Liste von Buchläden, die jetzt auch ins Internet gehen. Es entwickelt sich so auch im Internet wieder der ganz normale Wettbewerb..

Die Entwicklung scheint für ein bestimmtes Geschäftsmodell immer so abzulaufen, dass ein ‚Newcomer' vorprescht, in einer Zeit wo andere noch 'schlafen', den Markt sichtbar besetzt, und dann erst versucht, sein Geschäft sauber aufzubauen.

Internet-Pioniere entwickeln meist konsequent neue Geschäftsmodelle

Zunehmend werden in einem Markt bereits etablierte Anbieter von Newcomern herausgefordert. Z.B. hat sich ToysRUs als Spielzeuganbieter mit einer breiten Kette eigener Filialen etabliert und geht nun auch ins Internet. Hier greift nun eToys (www.etoys.com) mit einem zu Amazon.com im Buchhandel vergleichbaren Ansatz an. Bisher mehr als 7000 Spielzeuge werden über einen Internet-Laden («Click»-Trade) angeboten. Allerdings will eToys mehr sein als ein großer Katalog, den man bequem mit einer Suchmaschine nach einem passenden Geschenk durchsuchen kann. Zum Geburtstag wird z.B. rechtzeitig eine Notiz verschickt und demnächst sollen Kinder ihre Wunschzettel eingeben dürfen, die Eltern und Verwandte dann nur noch abhaken müssen - wie das ja auch Kaufhof mit dem 'Hochzeitstisch' bereits eingerichtet hat. Auch können Stammkunden, die regelmäßig mehrere Kinder zu beschenken haben, deren Adressen und Kenndaten eingeben und erhalten dann rechtzeitig einen Geschenkvorschlag. Mir einem Affiliate-Programm, welches anderen Websites eine Provision zahlt, wenn diese einen Kunden vermitteln, versucht eToys schnell viele Kunden zu gewinnen. Hier wird sichtbar, dass sich neue Anbieter die neuen Medien ernsthaft zunutze machen, während der Online-Laden von ToysRUs - eigentlich der 'Platzhirsch' – bisher bieder und irgendwie halbfertig wirkt. Auch bietet ToysRUs kein Affiliate-Programm. Für Marktbeobachter ist ToysRUs ein Musterbeispiel dafür, wie schwer sich alteingesessene Unternehmen tun, um sich im Netz gegen Neulinge zu verteidigen. So kann ToysRUs kein Affiliate-

Programm einrichten, weil damit den eigenen realen Läden («Brick»-Trade) zuviel Konkurrenz gemacht würde. Daneben ist es oft die eigene Bürokratie, welche bremst. Schon einen neuen Bereich für das Web zu gründen, ist für diese Unternehmen eine große Anstrengung (Brick behindert Click). So halten die etablierten Strukturen davon ab, agressiv ins Internet einzusteigen. Allerdings ist es auch möglich, die etablierten Läden zum Vorteil in das Online-Geschäft einzubinden. So können Kunden bei ToysRUs online gekaufte Waren in jedem Laden umtauschen oder der Kunde sucht sich ein Spielzeug aus, wird an den nächsten Laden verwiesen, bei dem dieses vorrätig ist und kann es sich dort sofort abholen. Auch die Kaufhof AG setzt das Internet gezielt ein, um Interesse bei Kunden zu wecken und diese dann in die Verkaufshäuser zu locken (Brick unterstützt Click und Click hilft Brick).

Primus Online, ein Gemeinschaftsunternehmen von Metro und Debis betreibt gleich sechs verschiedene e-Shops: CD 4 you, Byte on, Bücherwurm, Travel order, Ticket order und und auch einen Datingservice unter People United – eine neuartige Kontaktanzeige. Letztendlich gibt es unter den tausenden von Anbietern bereits heute nichts, was nicht über das Internet gefunden werden könnte – nicht jeder Anbieter ist vertreten, aber jeweils die ersten ...

Welches Momentum dieses Marktbesetzen annehmen kann, zeigt die Übernahme von Time Warner durch AOL, aber die Begeisterung für reine .com Unternehmen nimmt in letzter Zeit doch eher ab.

Etablierte Unternehmen haben als 'Fast Follower' gute Chancen, auch im Internet erfolgreich zu sein

Zunehmend ziehen jetzt auch etablierte Anbieter mit ihrem Angebot im Internet nach. So hat Bertelsmann in USA die Firma Barnes and Noble übernommen, als www.barnesandnoble.com der zweitgrößte online Anbieter für Bücher und mit Bertelsmann Online www.bol.de will Bertelsmann interessante neue Dienste wie Hintergrundinformationen zu Büchern und Autoren, Beantwortung von Vorlieben mit passenden Kaufvorschlägen, Kommunikation der Leser untereinander für seine Käufer anbieten, um Amazon.com wieder Kunden abspenstig machen zu können.

Dabei wird es wichtig sein, nicht "technischen Overkill" zu bieten sondern den wahren Bedarf des Kunden - den Nerv - zu treffen.

Schon heute gibt es nichts, was nicht im Internet verfügbar wäre

Außer Büchern ist ein breites Angebot von Waren und Dienstleistungen über das Internet verfügbar: my-world.de von Karstadt und Kaufhof mit www.kaufhof.de für Kaufhausangebote, www.my-shop.de als Mittelstands-initiaitve des bayerischen Einzelhandels, www.toysrus.com für Spielzeug, www.jaxx.de für online Lotto, www.netplayer.de für online Spiele, www. lufthansa.de für Flüge, www.bahn.de für Zugreisen und sogar Baumaschinen

sind unter www.baumaschinen.de zu finden genauso wie auch Gebrauchtwagen www.autoscout24.de oder gebrauchte Werkzeugmaschinen www.
imtm.com/homepage .htm und auch das Bier der Mönche von Kloster
Andechs unter www. andechs.de. – die auch gleich noch als Internet-Provider
tätig sind. Die Ritterspiele in Horb am Neckar firmieren unter www.
ritterspiel.com, wobei mit .com gleichzeitig die internationale Bedeutung
herausgestellt wird. Hotels können über das Internet gefunden und gebucht
werden, wobei zunehmend auch kleine Unternehmen wie z.B. das Hotel
Volapük www.volapuek.de am Bodensee mit nur 25 Zimmern dieses Medium
nutzen und sich mit eigener Web-Homepage darstellen. Erste Restaurants
tauchen im Internet auf - nicht um weltweit Geschäfte zu machen, sondern um
ihrer lokalen Kundschaft die aktuelle Speisekarte zu präsentieren und die
Möglichkeit für eine Vorausbestellung des Essens – meist der Mittagstisch für
Geschäftsleute – zu bieten.

Call-Center erleichtern den Zugang zum Kunden

Neben dem Kontakt über das Internet wünschen viele Kunden auch mit dem
Anbieter direkt in telefonischen Kontakt zu treten. Dabei kommt es darauf für
diesen darauf an, schnell und unkompliziert erreichbar zu sein und beim
Gespräch sämtliche Informationen über den Kunden für den Call-Center
Mitarbeiter verfügbar zu haben. Bis zum Jahre 2005 sollen allein in
Deutschland ca. 200.000 Menschen in Call-Centern beschäftigt sein und den
persönlichen Kontakt mit dem Kunden pflegen. Auch hier bietet das
Electronic Business die netzbasierten Lösungen, um die interne Kommunikation auch mit der externen über Telefon zu verknüpfen. Wo früher
Speziallösungen für die Telefonvermittlung zum Einsatz kamen, kann ein
Call-Center heute mit Standard-Komponenten aufgebaut und mit den IT-
Lösungen verknüpft werden. Mit dem Anruf kann die Kundenakte aufge-
blättert werden, Notizen aus dem Gespräch können als elektronische Post
sofort im Hause an den zuständigen Mitarbeiter geleitet und jede Interaktion
mit dem Kunden sofort festgehalten werden. Auch ist es möglich, durch Verbindung der Telefonvermittlungsanlage mit den IT-Lösungen jedem Mitarbeiter im Kundengespräch die Information über den Kunden verfügbar zu
machen und ihn damit quasi auch zu einem Mitarbeiter des Call-Center zu
machen, welches dann das gesamte Unternehmen umfasst.

Funktionierende Logistik macht auch im Internet wesentlich den Erfolg aus

Mehr und mehr zeigt sich bei etablierten Unternehmen – wenn sie dann
Aktivitäten über das Internet entwickeln – die bereits bewährte und einge-
fahrene Logistik als wesentlicher Vorteil, der auch für Newcomer nur schwer
einzuholen ist.
  Manche in einem Geschäft etablierte Unternehmen nutzen die Chance mit
dem neuen Medium Internet oft unter einem neuen Namen, um das Geschäft

in neue Felder auszuweiten und konsequent ihr gesamtes Angebot darzustellen. So gibt es auf der Home-Page der Sixt Autovermietung Angebote für: Online Reservierung, Firmen Express Reservierung, Chauffeurservice, Gebrauchtwagen, Partner, Leasing, Sixt News und "Ihre Karriere" wobei besonders die Punkte Leasing und Gebrauchtwagen von Interesse sind. Denn wenn es gelingt, hier die Kundenakzeptanz zu gewinnen, kann dieses Geschäft leicht ausgeweitet werden - und eine Firma wie Sixt wird sich diese Chance nicht entgehen lassen.

Online-Auktionen aller etablierten Auktionshäuser und auch von «Newcomern» wie www.ebay.com, die in diesem Geschäft mit 3.5 Millionen angebotenen Artikeln die entsprechende Position von Amazon.com im Buchhandel eingenommen haben, www.feininger.de oder www.ricardo.de haben in letzter Zeit einen großen Zuspruch gefunden und zeigen sich zunehmend als eine Anwendung, die den Spieltrieb mit handfesten wirtschaftlichen Interessen verbinden können. In 1998 wurden laut Forrester Research bereits DM 14 Milliarden über Online-Auktionen umgesetzt und es gibt bereits über 200 Auktions-Sites. Schon gibt es Anbieter für Auktionssoftware wie Marktführer Opensite www.opensite.com, Fairmarket und auch in Deutschland Market-Makers www.marketmakers.de oder Living-Systems www. living-systems.de. Auf der Basis von Fairmarket haben sich über 100 Software und Hardware- Anbieter zusammengetan, um Ebay paroli bieten zu können. Die Allianz hat sich in einem Netz zusammengeschlossen, in dem jeder Artikel jedes Anbieters erreichbar ist und insgesamt ca. 46 Millionen Internetnutzer angesprochen werden können.

Online-Auktionen dringen auch bereits in das B2B Geschäft vor: Unter der Adresse www.ricardobiz.com finden Firmen zunächst Handelsplätze für neuen Segmente: Hilfs- und Betriebsstoffe, Restposten, industrielle Überbestände, Textil, Computer, Elektro, Industrie und Sonstiges. Weitere Segmente sollen folgen. Als Nutzer hat man kleinere und mittlere Unternehmen im Visier, denn deren einziger Ausweg aus Überbeständen sei oft die Verschrottung. Anstatt also zu verschrotten, sollen Unternehmen bei ricardobiz.com einen Abnehmer finden, der auch noch dafür bezahlt. Damit das auch gut klappt, wird mit anderen Anbietern kooperiert, die Teilnehmer auf den Marktplatz bringen sollen – bisher sind vor offiziellem Start bereits tausend registriert.

Online Auktionen werden auch schon von Banken veranstaltet wie der DG-Hyp aus Hamburg, die dieses Medium gleichzeitig zum Marketing einsetzt. Bei der DG-Hyp können Pfandbriefe ersteigert werden, wobei Gebote für bestimmte Kurse abgegeben werden. So können Pfandbriefe günstiger ersteigert werden als sie später auf dem Rentenmarkt notieren.

Auch Lufthansa hat bereits mit diesem Medium experimentiert und Flug-Tickets versteigert, wobei ein so großer Andrang entstand, dass die Web-Server ‚in die Knie gingen‘.

Originalbeschreibung aus dem Internet:

"Die Lufthansa Live Auction jeden 1. Donnerstag im Monat! Steigern Sie mit! Lufthansa bietet Ihnen jeden Monat interessante Flugziele, häufig auch zusammen mit attraktiven Partnern, von vielen deutschen Abflugorten aus. Den Preis bestimmen Ihre Mitbieter und Sie. Das Mindestgebot beträgt 10 DM. Seien Sie beim nächsten Mal dabei, vielleicht fällt der Hammer bei Ihrem Gebot und Sie erhalten den Zuschlag."
Ähnliches gilt für das Internet-Auktionshaus www.ebay.com, welches auch Flugtickets versteigert.

Münz- oder Briefmarkensammler z.B. sitzen nicht mehr nur im Vereinsheim zusammen und tauschen untereinander, sondern können in speziellen Börsen auf die Verkaufsangebote tausender Sammler weltweit zugreifen.

Um erfolgreich zu sein, muss der richtige Ansatz durch Experimentieren gefunden werden

Zu bedenken ist aber auch, dass z.B. für Home-Shopping von Télémarket in Frankreich via Minitel bereits seit zehn Jahren angeboten wird und nicht aus den roten Zahlen kommt. Dies kann am User-Interface liegen oder an der Auslieferung oder an der Zahlungsweise oder am Angebot etc. Hier ist Phantasie gefragt, um den 'Fehler' zu finden.
Der Lebensmittelhändler Peapod in USA z.B. bietet ein benutzerfreundliches Interface, Einkaufslisten, extensive Such- und Vergleichsmöglichkeiten für Artikel. Kunden tätigen 80% aller ihrer Einkäufe bei Peapod, verglichen mit 40% beim durchschnittlichen Lebensmittelhändler. Dabei liegen die Preise heute deutlich über denen vor Ort und damit ist das Angebot bisher beschränkt auf eine Klientel, die bereit ist, sich den Service etwas kosten zu lassen.
Conrad Electronic conrad.de bietet seinen Katalog über das Internet an und Kunden können hier bis zu 20% sparen, wenn sie über das Internet statt im Ladengeschäft kaufen. Inzwischen wird so ein Auftragsvolumen mit einem zweistelligen Millionenbetrag abgewickelt.
Mit dem Electronic Commerce verlagert sich die Leistung des Händlers auf neue Bereiche wie z.B. die einfachere Suche, das umfangreichere Angebot, die bessere Beratung oder gar die Lieferung der Waren in angenehmer Form - wie z.B. Spar mit dem virtuellen Laden in Hamburg, der auf Bestellung ins Haus liefert.
Diese Beispiele machen deutlich, dass das Internet nicht nur für Angebote genutzt werden kann, die auf weltweite Präsenz zielen. Auch das 'Geschäft um die Ecke' macht sein aktuelles Angebot im Internet zugänglich und erleichtert damit die Auswahl und Bestellung.

Online-Telephonie ermöglicht auf Wunsch einen 'persönlichen' Kontakt zu einem 'menschlichen' Verkaufsberater

CosmoCom aus Hauppauge NY in USA bietet ein Electronic Commerce System, bei welchem der Kunde konventionell einen Artikel aus einem Katalog aussucht, dann aber bei Bedarf über einen 'Knopf' auf dem Bildschirm die 'Bedienung' per Video-Telephonie (über das Internet) rufen kann. Der 'Verkaufsberater' sieht dann, was sich der Kunde ausgewählt hat, kann gezielt Fragen zu diesem Artikel beantworten und evtl. andere Ratschläge und Informationen geben. Dabei sieht der Kunde den Berater in einer Einblendung auf dem Bildschirm.

Mit diesem interaktiven Vertriebsansatz ist es vorstellbar, dass ein Interessent z.B. eine Baumaschine oder Immobilie über Videokonferenz besichtigt, um mehr als eine Kataloginformation aber genauso einfach zu erhalten.

Der IP-Telephonie-Anbieter Net2Phone hat ab 1. Februar 1999 ein eigenes Shopping-Portal eröffnet, welches für Kunden von Electronic Commerce Anbietern auf ‚Klick' direkt einen Telefonkontakt mit dem Anbieter – meist über eine gebührenfreie Nummer – ermöglicht, und das weltweit. Die Idee hinter diesem Service ist auch hier, dass der menschliche Kontakt über Sprachkommunikation oft den letzten Anstoß zum Kauf eines Produktes gibt.

Mobile Commerce eröffnet eine neue Dimension des e-Commerce

Besonders die mobile Kommunikation spielt aktuell eine große Rolle in der Diskussion um Electronic Commerce. Die Aussicht, über GPRS und UMTS höhere Übertragungsgeschwindigkeiten zu erreichen, beflügelt die Phantasie von Geräteanbietern wie auch Anbietern von Produkten und Dienstleistungen für neue Lösungen und Geschäftsmodelle.

Mobiles Banking mit Kontenabfrage, Überweisungen, aber auch Wertpapierhandel, Auskunftsdienste und e-Shops – alles wird auch mobil angeboten und ist damit mit dem Handy jederzeit erreichbar.

Nachdem mit der «Paybox» auch Bezahlung über das Handy gelöst ist und mit Brokat «Me-Sign» eine sichere Authentisierung anbietet, zeichen sich im Mobile Commerce fast noch bessere Möglichkeiten als im stationären Internet- Handel ab. Muster ist sicher auch der Erfolg des mobile Commerce in Finnland, wo getrieben durch die Marktbedeutung von Nokia schon seit Jahren verschiedenste Geschäftstransaktionen bis zur Bezahlung am Getränkeautomaten über das Handy abgewickelt werden.

Internet-Handel basiert oft auf virtuellen Lieferketten

Für viele Anbieter wird es auf der Basis des Internet möglich, Geschäfte virtuell abzuwickeln, d.h. es wird kein eigenes Lager aufgebaut und keine eigene Distribution, sondern diese Infrastruktur wird vom Hersteller oder anderen Anbietern genutzt. Mit «Drop Shipment» werden Produkte auf

Vermittlung des Händlers direkt vom Hersteller zum Kunden geliefert, ohne dass der Händler diese je handhaben muss.

Der Erfolg im Internet ist nicht zu erzwingen

Bisher hat sich insgesamt nicht der durchschlagende Erfolg mit riesigen Umsatzvolumina für Electronic Commerce eingestellt und es wird mit vielen Ansätzen wie z.B. Gruppen mit bestimmten Interessen (Communities if Interest) experimentiert, um diesen gezielt ein attraktives Angebot darstellen zu können. Dabei darf der Anbieter nie die Nutzengleichung aus den Augen verlieren, bei der es im Kern um die Befriedigung von Bedürfnissen geht und nicht einfach um den Verkauf von Produkten.

Sicher sind Ansätze zweifelhaft, wo ein Handelsunternehmen wie Karstadt für den Aufbau und Betrieb seines Online-Shops My-World nach eigenen Angaben ca. DM 15 Mio. aufwendet um letztlich DM 6 Mio. Umsatz p.a. zu erzielen. Hier gilt die Rede von Rupert Murdoch, der das Engagement im Internet nur als reine Geldverschwendung sieht.

Aufwand und Ergebnis müssen auch im Internet stimmen – nur dabei sein ist nicht alles

Aber in einigen Branchen haben sich bereits unübersehbare Erfolge eingestellt und bei vernünftigem Vorgehen lassen sich auch die Kosten im Rahmen halten. Immaterielle Produkte wie Theaterkarten, Bahn- und Flugtickets etc. sind einfacher über das Internet zu vertreiben, aber es gibt auch schon andere Branchen wie z.B. den Buchhandel, wo über das Internet in kurzer Zeit größte Anbieter mit einem enormen Kundenkreis aus dem Nichts aufgewachsen sind.

Der Einstieg ins Internet-Geschäft wird von Dienstleister leicht gemacht und ist erschwinglich

Viele – besonders mittelständische - Firmen scheuen die Kosten zum Aufbau einer eigenen Internet-Präsenz. Diese Bedenken sind jedoch nicht mehr berechtigt. www.akademie.de bietet online Informationen und Kurse für den Aufbau einer wirkungsvollen und kostengünstigen Web-Präsenz an. Daneben bieten zunehmend Dienstleister die Einrichtung von Internet-Shops zu erschwinglichen Preisen von Einmalkosten von DM 2000 – 3000 und monatlichen Gebühren ab DM 150 an – einschliesslich des Betriebs für eine Mail-Adresse. Besonders günstige Angebote sind schon für DM 200 pro Jahr zu haben und sind natürlich über das Internet zu finden.

Neben dem Anbieten von Waren und Dienstleistungen kann auch die Abwicklung des Einkaufs über das Internet für ein Unternehmen große Vorteile bringen.

Heute besticht der Internet-Handel nicht mit absoluten Umsatzzahlen, sondern mit einem dramatischen Wachstum

Für den Umsatz im Internet werden gegenwärtig je nach Erhebung unterschiedliche Zahlen ermittelt, die aber in den Größenordnungen übereinstimmen. Insgesamt werden im Schnitt ca. 1,1 Prozent des Umsatzes über e-Commerce abgewickelt. Eine Erhebung der Computerwoche zeigt folgende Abbildung, wobei vorab auf den starken Anstieg der erzielten Umsätze (Mio. DM) nur über die Jahre 1997 und 1998 hingewiesen sein soll:

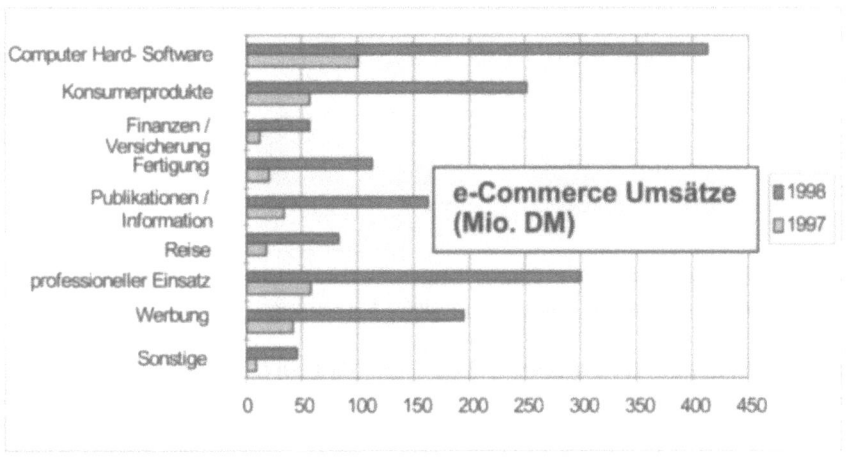

Abb. 3-2: *Noch ist das absolute Volumen des e-Commerce unbedeutend,*
             aber das Wachstum ist gewaltig

IDC schätzt, dass im Jahre 2001 insgesamt weltweit Waren im Wert von 250 Milliarden DM über das Internet umgesetzt werden und der Umsatz mit privaten Kunden in 2001 weltweit 75 Mia. DM betragen wird, wobei er in Deutschland von DM 392 Mio. in 1997 auf DM 12 Mia. alleine im Business-to-Business Geschäft über das Internet anwächst.

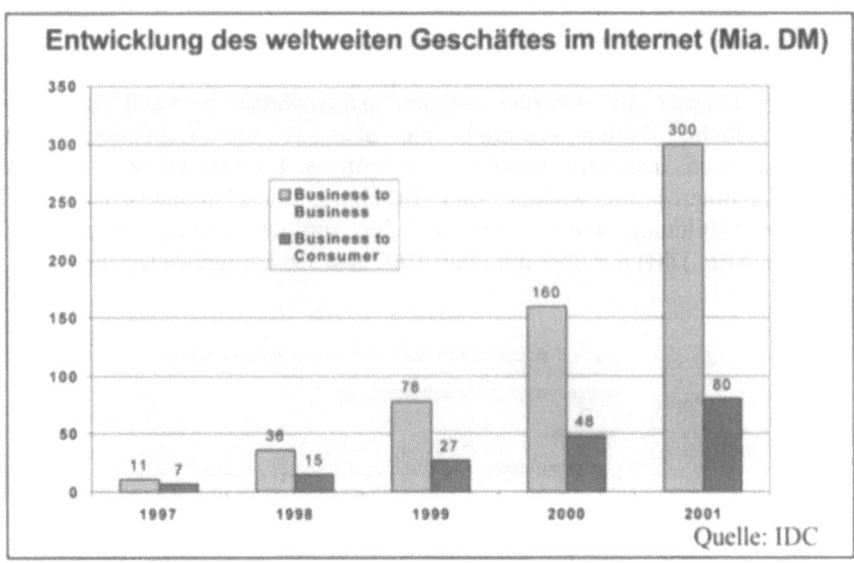

Abb. 3-3: *Umsätze im Business-to-Business Geschäft wachsen stärker*
als das Geschäft mit Endkunden (Business-to-Consumer

Das Geschäft mit verschiedenen Waren verteilt sich heute prozentual wie folgt:

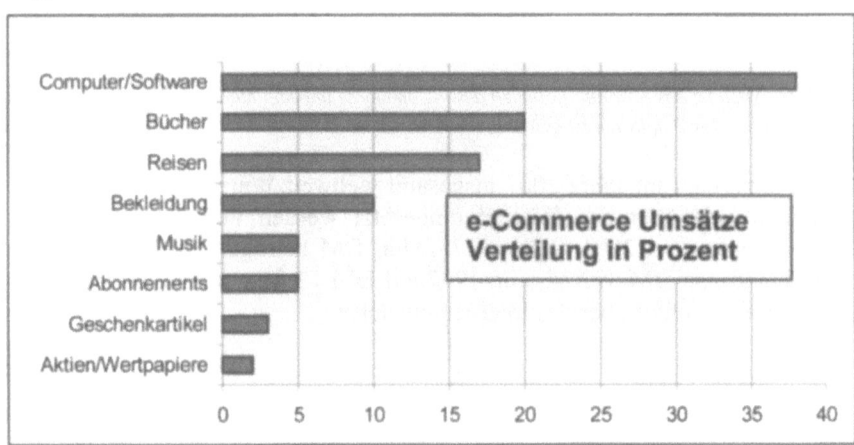

Abb. 3-4: *Für den Einsatz von e-Commerce bilden sich erkennbar*
Schwerpunkte für bestimmte Produkte heraus

Der Internet-Handel rüttelt an den bestehenden Geschäftsprinzipien

Doch das wachsende Geschäft mit Auktionen und dem Internet-Vertrieb schmeckt nicht allen Herstellern. So geht gerade Philips, Sony und auch

Grundig gegen Primus-online – eine Metro Tochter – vor, die Geräte bis zu 30 Prozent günstiger über das Power-Shopping des Internet anbieten. Begründung: Primus-online verstoße gegen das deutsche Rabattgesetz, das mehr als drei Prozent Rabatt verbietet und fordert, dass Rabatte allen Kunden zukommen müssen. Dazu Bernhard Rohleder vom Bundesverband IT-Wirtschaft: „Die deutschen Rabattgesetze sind so restriktiv wie nirgends sonst in Europa" – da kommt wohl etwas in Bewegung.

Internet-Vertrieb ist mehr als ein weiterer Vertriebskanal und erfordert einen strategischen Ansatz

Viele Anbieter haben jedoch den elektronischen Markt noch nicht richtig verstanden. Sie erweitern nur ihren Marktauftritt um ein weiteres Werbemittel. Statt dessen sollten sie fragen, wie sie das Ganze strategisch angehen könnten – wie sie ihr Produkt/Service zu geringeren Kosten anbieten, die Kernprozesse anders gestalten, die Bindung zum Kunden erhöhen, ihn besser verstehen lernen und so einen besseren Service anbieten zu können.

Die Frage sollte nicht lauten: Wie kann man mit dem Internet Geld verdienen? Vielmehr gilt es, das Medium Internet gesamtheitlich unternehmerisch sinnvoll zu nutzen.

Dazu sollten folgende Fragen vorher beantwortet werden:

1. Haben wir die wirtschaftlichen Implikationen der Technologie für das gesamte Geschäftssystem richtig verstanden?
2. Haben wir verstanden, wie wir die neuen Technologien einsetzen müssen, damit der einzelne Kunde mehr kauft und überhaupt mehr Kunden kaufen?
3. Wissen wir, wie wir den Dialog mit unseren Kunden herstellen können und sie 'lebenslänglich' an unser Unternehmen binden?
4. Haben wir die richtigen Mitarbeiter, welche die fünf Erfolgsregeln (Segmentieren, Substituieren, Vereinfachen, Nutzen schaffen, Lernen) kennen und richtig nutzen?
5. Beherrschen wir die Hintergrundprozesse und können wir mit Partnern direkt kommunizieren und optimal zusammenarbeiten?

Daneben gelten die allgemeinen Wettbewerbsregeln auch im Internet:

1. Jedes Geschäft muss in seiner gewählten Kombination von Merkmalen, die seine wettbewerblichen Nischen ausmachen, einmalig und überlegen sein.
2. Auch im Electronic Commerce gibt es viele Faktoren, die den Geschäftserfolg bestimmen.
3. Die Grenzen einer Wettbewerbsnische werden durch die Punkte bezeichnet, an denen Wettbewerber gleichwertig sind. Im Internet zeigt

sich ein Wettbewerber schnell und ist für alle potentiellen Kunden sofort zugänglich.

4. Wenn nur ein einziger Faktor im Wettbewerb entscheidend ist, kann nur ein einziger Wettbewerber überleben.

5. Je variabler die Umwelt, desto größer die Zahl möglicherweise wichtiger Kombinationen - hier bietet das Internet ein weites Feld der Betätigung.

Verkauf lässt sich auch direkt mit Einkauf und Beschaffung verknüpfen

Siemens z.B. arbeitet schon seit 1996 eng mit dem Anbieter von Büromaterial Kaut-Bullinger www.kabuco.de zusammen und hat die Beschaffung von Büromaterial vollständig über das Internet organisiert, so dass jeder Mitarbeiter seinen Bedarf direkt vom Arbeitsplatz aus decken kann. Der Aufwand für indirekte Einkäufe liegt heute zwischen 25 und 60 Prozent auf den Einkaufspreis. Durch ein web-basiertes Einkaufs-Management lassen sich diese Kosten um 15 bis 20 Prozent reduzieren – und das nicht nur für Büromaterial.

Unter dem Stichwort «Electronic Procurement» suchen bereits viele Unternehmen den Einkaufsprozess über das Internet zu rationalisieren und die Zusammenarbeit mit den Zulieferern zu verbessern.

DELL integriert sein e-Commerce Portal zunehmend in die internen Einkaufsverfahren von großen Unternehmen und bietet die Bestellung von Computern und Zubehör nach den internen Verfahrensrichtlinien an.

I2 Technologies hat mit mehreren Kunden Einkaufslösungen realisiert und SAP erweitert das R/3 System mit «Procurement Management» um Einkaufsverfahren über das Internet.

3.2.2 Suchmaschinen und Informationsverzeichnisse erschließen die Flut des Informationsangebots als 'Portale'

Informationsverzeichnisse und «Search Engines» wie Yahoo!!!, Lycos, WEB.DE, Excite, Altavista, Blue Window, Crawler, Eule, Fireball, Intersearch, HotBot, Infoseek, u.a. haben den Zugang zu Information im Internet stark vereinfacht. Während der Nutzer früher noch die Verweise auf einzelne Informationsangebote kennen musste, kann er jetzt über das mit sogenannten Webcrawlern (Suchmaschinen, die automatisch durch das Internet Surfen) angelegte Verzeichnis mehr oder weniger gezielt Informationen selektieren und darauf zugreifen.

Mit dieser Möglichkeit wandelt sich das Internet zum weltweiten Informationspool, in dem nicht mehr zum 'Vergnügen' gesurft wird, sondern der für gezielte Informationsgewinnung zur Verfügung steht.

Ein Hersteller von Werkzeugmaschinen hat z.B. durch Suche im Internet einen Lieferanten für ein Teil gefunden, welches er vorher selbst entwickeln und produzieren wollte. Damit wurden einmal für die laufende Entwicklung Kosten gespart, aber auch Transparenz gewonnen darüber, was die Einzigartigkeit des eigenen Produktes ausmacht und was nicht. Zunehmend konzentrieren sich Unternehmen nur auf Dinge, welche ihre Einzigartigkeit definieren und kaufen Standardteile, wo immer es geht. Dieser Prozess wird die 'Fertigungstiefe' weiter abflachen und für jedes Angebot wenige spezialisierte Anbieter im Markt überleben lassen. Auch hier hilft das Internet, um die Transparenz der angebotenen Standardteile zu steigern.

Portale locken Nutzer als ,'Startseite' und sind damit attraktiv für Werbung und innovative Dienste

Da die Suchmaschinen eine große Zahl von Nutzern anlocken, finanzieren sie sich durch Werbung und bilden zunehmend «Portale» aus, d.h. Verweise auf andere Web-Sites, die über das Portal angesprochen werden können. So ist z.B. Amazon.com praktisch auf allen Eingangsseiten für Suchmaschinen vertreten und steigert damit seinen Bekanntheitsgrad ungeheuer.

Große Player der Portalszene sind natürlich AOL/Time-Warner und T-Online, welche als Service Provider den ersten Zugang zum Kunden haben. Jedes Portal will durch immer neue Attraktionen erreichen, dass der Nutzer dieses zu seiner Startseite macht und damit häufig frequentiert, was dem Portal den Verkehr (Traffic) bringt, der dann die Höhe der Werbeeinnahmen bestimmt.

Portale ziehen zunehmend e-Shops an, weil sie eine hohe Besuchsfrequenz ausweisen können

Noch werden die Portale vom e-Commerce nur eingeschränkt genutzt, aber es ist abzusehen, dass hier ein großer Wettbewerb um eine Präsenz auf diesen Portalen einsetzen wird und die dafür gezahlten Preise ansteigen werden - zumindest hoffen das die Portal-Betreiber. Auf dieser Annahme beruht auch die manchmal schwindelerregende Bewertung der Aktien für Firmen wie z.B. Yahoo!!

Schon verbinden sich Portale wie Yahoo!! mit sogenannten «Communities», die ihren Mitgliedern gezielt Informationen über bestimmte Themen vermitteln und auch einen Austausch von Informationen zwischen Menschen mit Interesse an einem bestimmten Thema organisieren. Die gerade von Yahoo!! übernommene Community 'Geocities' bietet ihren Mitgliedern Speicherplatz und Service für eine eigene Homepage und Mailservices. Die Hoffnung: Bei jedem Trip ins Internet schaut der «Bewohner» immer erst einmal in seinen «Stadtteil» rein, um nach E-Mails und Neuigkeiten zu forschen, bevor er weiter durch das Web surft.

Portale wetteifern mit attraktiven Diensten um die ‚Klicks' der Nutzer

WEB.DE bietet in Deutschland ein Portal, welches Informationen strukturiert in einem redaktionell gepflegten Katalog zugänglich macht und daneben eine große Fülle von Diensten über eine einheitliche Zugangsschnittstelle anbietet. Mit Free-Mail und gesicherter Mail-Übertragung, «Unified Messaging» für e-Mail, Voice-Mail, Fax, einem eigenen Trust-Center, dem Millionenklick - einem täglichen Lotto ohne Einsatz - wird hier Anziehung für Nutzer geschaffen und bereits nach kurzer Zeit konnten so mehr als eine Millionen registrierter Nutzer für WEB.DE gewonnen werden. Zunehmend ist es nicht mehr die anonyme und unkontrollierbare «Bannerwerbung» für die Unternehmen Geld ausgeben, sondern der gezielte Lotsendienst auf die eigene Web-Site. So muss der Nutzer z.B. beim Millionenklick von Web.de eine der angebotenen Sponsor-Seiten auswählen und dorthin gehen, bevor er seinen Tipp abgeben kann. Dieser Dienst wird vom Sponsor mit bis zu 2 DM pro Klick bezahlt und finanziert so den Millionenklick. So haben sich inzwischen Preislisten für alle Werbedienste ausgebildet und die Web-Werbung ist mit ihren Einnahmen genauso kalkulierbar wie die Zeitungswerbung – mit dem Unterschied, dass ein Erfolg im Unterschied zur unkontrollierten Zeitungswerbung in Form von Klicks direkt nachgewiesen werden kann, was sonst nur mit teuren Telefonkampagnen möglich ist.

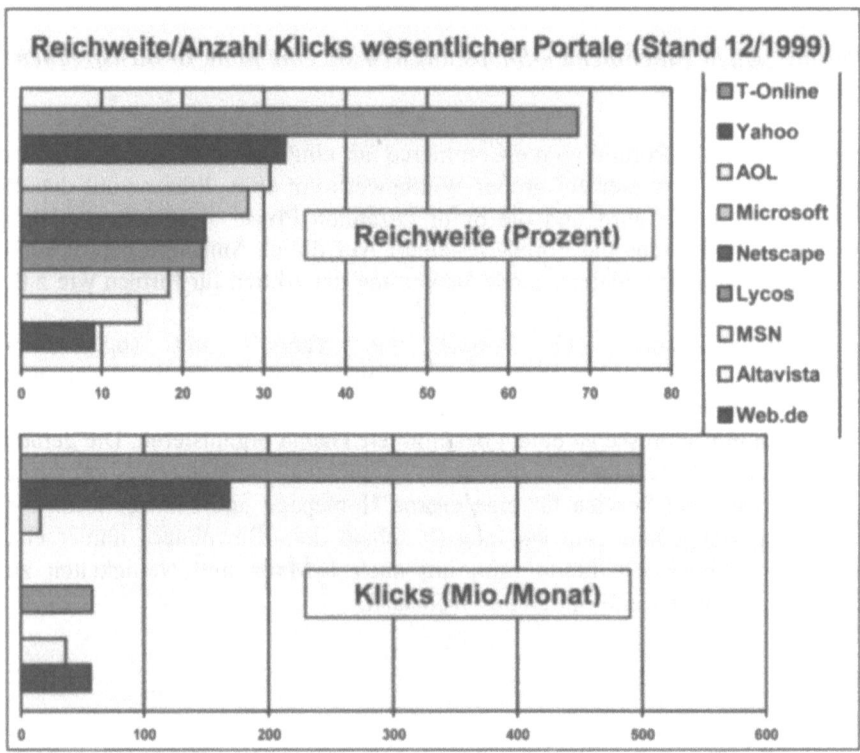

Abb. 3-5: Das Internet erreicht eine große Zahl von ‚Abonnenten' mit hoher Frequenz

Neben den 'großen' Portalen bilden sich auch spezielle Portale aus wie z.b. für Steuerberater, Rechtsanwälte, (www.valuenet.de) Ärzte, Krankenhäuser (www.krankenhaus.de), etc. wo für diese Gruppen spezialisierte Informationen und Dienste angeboten werden und täglich entstehen neue auf alle möglichen Interessengruppen spezialisierte Portale.

Inzwischen verfügen auch praktisch alle größeren Kommunen in Deutschland über einen Informationsdienst im Internet und bieten damit dem Bürger die Möglichkeit, sich z.b. auch über aktuelle Veranstaltungen zu informieren und z.T. direkt zu buchen. Wintersportorte übertragen den aktuellen Schneebericht – bekannt aus dem Fernsehen – über Live-Video ins Internet, so dass er gezielt abgerufen werden kann. Hotels, Theater, Kinos – kurz Anbieter aus allen Sparten sind heute im Internet vertreten und experimentieren mit dem neuen Medium. So ist auch das Arbeitsamt unter www.arbeitsamt.de präsent und bietet die Vermittlung von Arbeitnehmern an.

3.2.3 Intranets schaffen eine unternehmensweite IT-Infrastruktur

Während das Internet als 'chaotisches' und öffentliches Netz ein weltweite Kommunikationsmöglichkeit für jedermann geschaffen hat, wird dieselbe Technologie nunmehr auch eingesetzt, um innerhalb von Unternehmen mit Intranets eine unternehmensweite aber nicht öffentliche Kommunikationsinfrastruktur einzurichten.

Neben dem öffentlichen Internet ist die Internet-Technologie attraktiv als IT-Infrastruktur in Unternehmen

Mit der Verbreitung von Personal Computern und deren Vernetzung hat sich eine Client-Server Infrastruktur etabliert, die zwar jeden Mitarbeiter mit Computerleistung und Sofware-Werkzeugen versorgt, aber durch den dezentralisierten Ansatz die Ausbildung von Inseln zur Folge hat. Damit gab es praktisch keine unternehmensweite IT-Infrastruktur mehr und die Kommunikation und Zusammenarbeit zwischen verschiedenen Bereichen litt darunter.

Das Intranet schafft wieder eine unternehmensweite IT-Infrastruktur

Hier bietet das Internet nun die Chance, wieder eine übergreifende Infrastruktur zu implementieren und damit ein besseres unternehmensweites Verständnis für Kooperation zu schaffen. Über das Intranet kann jeder Mitarbeiter potentiell weltweit auf jede Information und jedes Anwendungssystem von jedem Arbeitsplatz aus zugreifen. Damit müssen z.B. Informationen und Daten nicht mehr verteilt nahe beim Nutzer verwaltet werden, um für diesen verfügbar zu sein. Durch die Verbindung unterschiedlicher Infrastrukturen wie Mainframe, Midrange, Client/Server und dem PC am Arbeitsplatz, die alle über das Intranet gekoppelt sind, können darüber hinaus Verbundlösungen erstellt werden. Auch der bereits totgesagte Mainframe kann in diesem

Umfeld wieder in neue Lösungen eingebunden und damit die bestehenden Funktionen als Services weiter genutzt werden. Insgesamt sieht die IT-Infrastruktur auf Basis eines Intranets der einer Mainframe-Landschaft sehr ähnlich mit dem wesentlichen Unterschied, dass die Dienste im Netzwerk verfügbar sind und sie offen ist für die Verbindung unterschiedlicher Technologien während der Mainframe proprietär und geschlossen war.

Trotz gleicher Technik unterscheiden sich Internet und Intranet in der Ausprägung

Sowohl Netzwerkinfrastruktur als auch die Verwaltung sind beim Intranet nicht 'chaotisch' sondern geordnet organisiert. Intranets sind durch den Einsatz der LAN-Sicherheitsstandards, die das Ausspähen von Passwörtern oder Verändern von Datenpaketen verhindern, inhärent sicherer. Die Übertragungsgeschwindigkeiten liegen insgesamt höher (100 Mbit/sec gegenüber max. 64Kbit/sec) und Kapazitäten können so eingerichtet werden, dass für den Betrieb von Anwendungssystemen definierte Antwortzeiten erreicht werden und auch Telephonie zuverlässig abgewickelt werden kann. Damit ist das Intranet als allgemeines Kommunikationsnetz einschliesslich der Telephonie nutzbar.

Typisch nutzen Unternehmen das Intranet für folgende Aufgabenstellungen:

- ☐ Konzernweit:
  - allgemeine Information zu Konzernunternehmen
  - Presseclips
  - Konzerndaten, -zahlen, -fakten
- ☐ Produkte und Dienstleistungen
  - kommerzielle Angebote von Leistungen und Produkten
- ☐ Mitarbeiterinformation
  - konzerninterner Stellenmarkt
  - Informationen des Betriebsrats
  - Belegschaftsaktienprogramm
- ☐ Verzeichnisse
  - Organigramme
  - Mitarbeiter
  - Hotel, Mietwagen, ...
- ☐ Spezialgebiete
  - Know-how-Netz
  - Konditionen und Einkaufsdaten
  - Arbeitskreise und Projekte
  - Management

Das Intranet kann auch helfen, die Unternehmenskultur zu verändern

Aber das Intranet ist nicht nur eine neue IT-Infrastruktur, sondern kann auch Treiber sein für eine Veränderung der Unternehmenskultur zu mehr Zusammenarbeit. Die beste Infrastruktur ist wertlos, wenn Mitarbeiter nicht kommunizieren und zusammenarbeiten wollen. Nur eine Verhaltensweise, die zum Netzwerk-Paradigma passt, kann auch seine Vorteile erschließen.

'Abteilungen', die nur eine Suboptimierung ihrer Umgebung betreiben, können keine Vorteile aus einem Intranet ziehen. Aber das Intranet kann Brücken bauen: "Ich will meine Daten nicht weggeben; niemand will das" ist die Einstellung vieler Mitarbeiter. Gerade hier liegt der Vorteil des Intranet-Ansatzes: Niemand muss seine Daten abgeben, sie können im Netz mit einem definierten Zugang als Information für andere verfügbar gemacht werden, wobei der Dateneigner bestimmt, was er zugänglich machen will. Sollen nur Auswertungen veröffentlicht werden, können diese vorgefertigt als Dokumente 'ins Netz gestellt werden'. Soll eine individuelle Auswertung erlaubt sein, werden entsprechende Tools mit definierter Funktionalität verfügbar gemacht. Wichtig ist, dass jeder Mitarbeiter nach wie vor die Verantwortung für seine Daten behält, jetzt aber die Möglichkeit hat, daraus wertvolle Information für alle zu generieren und damit Anerkennung für seine Arbeit ernten zu können. In manchen Fällen allerdings werden die Mitarbeiter bald erkennen, dass besser auch die Verwaltung der Daten – nicht deren Erzeugung - an eine zentrale Stelle abgegeben wird, um diese Arbeit einzusparen und evtl. eine bessere Zusammenfassung von Daten zu erreichen.

Das Intranet erschließt verfügbare Daten als Information für alle

Mit der Erschließung bestehender Daten werden dann allerdings sofort eine große Menge an Informationen unternehmensweit verfügbar, welche bislang oft in abgeschlossenen Beständen 'geschlummert' hatten: Produktdokumentation, Mitarbeiterverzeichnisse, Telefonlisten, Verträge, Verfahrensbeschreibungen, allgemeine Informationen etc. Alle diese Daten müssen nur in eine Form gebracht werden, die einen Zugriff über einen Internet-Browser möglich macht und sofort können alle Mitarbeiter diese Informationen produktiv nutzen. Dabei ist ein weiterer Vorteil, dass für die Nutzung der Oberfläche keinerlei Schulungsaufwand anfällt, denn mit dem Internet kommt inzwischen jeder zurecht – einmal weil es durch die Verweistechnik und 'Point and Click' einfach zu nutzen ist und zum anderen, weil viele schon einmal das öffentliche Internet genutzt haben. Das Intranet hat für die Verteilung von Informationen im Unternehmen mindestens dieselbe Auswirkung wie seinerzeit die Einführung des Papierkopierers.

Die Nutzung des Intranet muss nicht lange geschult werden und vielfältige Lösungen können durch 'Eigeninitiative' entstehen

Viele interne Lösungen entstehen ungeplant und wachsen einfach aus einzelnen Bereichen heraus, wenn nur erst ein Intranet als unternehmensweite Infrastruktur eingerichtet ist. Es hat Beispiele gegeben, wo Informationen wie z.B. Produktkataloge im öffentlichen Internet angeboten wurden und dort aktueller waren als die für die Mitarbeiter verfügbaren. Erst nachdem die eigenen Mitarbeiter z.B. im Außendienst dann anfingen, auf das öffentliche Internet zuzugreifen, weil sie diese Informationen benötigten, wurde gezielt eine Intranet-Lösung geschaffen, die für Mitarbeiter dann noch bessere Informationen bot. Hilfreich für die Verbreitung und Akzeptanz des Intranet ist auch eine Unterstützung durch das Management. Wenn die Geschäftsführung öffentlich kommuniziert: "Dies ist ein Web-basiertes Unternehmen, gewöhnen Sie sich daran", kann das sehr helfen.

Dann ist die Zahl der möglichen Lösungen praktisch unbegrenzt und auch einzelne Gruppen und Projekte können ihre eigenen Lösungen implementieren. Angenehm ist dabei, dass die Implementierung einer Lösung kurzfristig (in Wochen oder Monaten) möglich ist und nicht übermäßig viel kostet.

Ein ungeplanter Ansatz funktioniert solange, wie die angebotenen Informationen nicht in Schlüssel-Geschäftsprozesse eingebunden sind. Damit kann eine Vielfalt von Lösungen geschaffen werden. Sobald aber wirklich geschäftskritische Informationen verwaltet werden sollen, empfiehlt sich ein geplantes Vorgehen.

Dokumentation im Intranet ist potenziell für jeden zugänglich und fördert Kommunikation und Zusammenarbeit

Viele Firmen nutzen das Intranet für die Dokumentation und Kommunikation in Projekten. So können vielfältige Informationen konsolidiert werden und die Aspekte mehrerer Mitarbeiter einbezogen. Damit wird ein partizipativer Führungsstil unterstützt, obwohl weniger Besprechungen nötig sind – und die, welche noch stattfinden, können besser vorbereitet werden. Ein Mitarbeiter, der zu einer Besprechung kommt, ohne vorher die aktuelle Projektdokumentation im Intranet studiert zu haben, wird zu recht von den anderen kritisiert. Dies führt zu einem Umgang mit Wissen, wie ihn das 'Knowledgebased' Unternehmen fordert: Wissen wird nicht mehr gehortet sondern dokumentiert und kommuniziert. Es erhält seinen Wert nicht durch den Besitz, sondern erst dadurch, dass aus dem Wissen Informationen werden, mit denen etwas gemacht wird. Aktuelle Beispiele zeigen, was eine Kommunikation über ein Intranet leisten kann. Für die Fusion von Daimler Chrysler lässt sich Herr Schrempp den Stand sämtlicher aufgesetzter Projekte ständig kommunizieren und ist auf diesem Wege auch sofort ansprechbar, wenn in einem der Projekte eine Stockung auftritt. Hier geht die Kommunikation über die Gruppenarbeit hinaus und wird zum strategischen Faktor für die Unternehmensführung.

3.2.4 Knowledge aus dem weltweiten Internet kann wertvoll sein

'Ernsthafte' Inhalte machen das Inter-/Intranet zum «Knowledge Netzwerk»

Mit der Möglichkeit gezielt auf Informationen zugreifen zu können wird das Internet zum Knowledge-Netzwerk. Dies wird noch gestärkt durch entsprechende Systeme, die Informationen über ein spezielles Sachgebiet anbieten. Z.B. Meyers Enzyklopädie ist über das Internet genauso erreichbar wie zig... andere Lexika oder fachspezifische Informationspools, z.B.:

Meyer's Lexikon, Das Wissen von A bis Z
  http://www.iicm.edu/ref.m10/
Museumsstiftung Post und Telekommunikation:
  http://www.museumsstiftung.de/index.shtml
Astronomie und Raumfahrt im Internet:
  http://www.usm.de/kosmos_f/index.htm
Startrek Informationen
  http://ssdoo.gsfc.nasa.gov/education/just_for_fun/stratrek.html
The National Inventors Hall of Fame:
  http://www.invent.org/book/
Search SEC EDGAR Archives:
  http://www.sec.gov/cgi-bin/srch-edgar
EDV Informatik Gesamtregister:
  http://www.translog.ch/edv.htm
CATT - Computer Assisted Technology Transfer
  http://catt.bus.okstate.edu/catt2/index.html
Aktuelle Wissenschaftliche Themen
  http://www.sueddeutsche.de/wissenschaft
und viele andere mehr ...- alles kostenlos

Kommunizieren von Information macht das Internet zu einem wesentlichen Produktionsfaktor

Aber auch Electronic Business Lösungen implementieren «Knowledge-Management» für Unternehmen. So ist es für Unternehmen mit einem breiten Produktangebot möglich, dieses zusammen mit allen Hintergrundinformationen, Preisen und Kundenreferenzen im Internet abzulegen und dem gesamten Außendienst jederzeit weltweit Zugriff auf aktuelle Information zu geben. Eine derartige Lösung wurde bei Siemens bereits 1995 für das Gesamtproduktspektrum von Siemens Nixdorf implementiert, dessen Beschreibung für den Vertrieb vorher in Form von 34 Aktenordnern vorlag. In gleicher Weise können andere bisher im Unternehmen mehr im Verborgenen verfügbare Informationspools viel intensiver genutzt werden. Diese Informations-Banken werden zunehmend nicht mit typischen Web-Methoden der Hyperlinks verwaltet, sondern bieten direkte Selektionsmöglichkeiten über den Inhalt der Dokumente und spezielle Suchindizes. Der Vorteil dieser Lösung liegt darin, dass sich der Nutzer nicht in endlosen Verweisketten verhangelt, sondern über mehrere verknüpfte Kriterien gezielt die relevanten Dokumente selektieren und darauf zugreifen kann.

In dieser Form wird das Internet bis heute für die Verwaltung von statischem Knowledge genutzt, d.h. dass Fakten und 'Wissen' gespeichert sind. Ungleich größeres Potential liegt im Austausch von Know-how als dynamischem 'Wissen', wo sich z.B. Servicetechniker die letzten 'Tricks' gegenseitig zuspielen oder Mitarbeiter im Vertrieb die letzten Informationen über Kundenreferenzen und Wettbewerb. Bisher sind derartige Lösungen noch nicht bekannt, was sicher nicht an der technischen Machbarkeit scheitert, sondern an der mangelnden Kultur des 'Wissen-Teilens'. Auch hier wird das Internet über kurz oder lang – meist über kurz – zu einer Veränderung der Kultur führen und die ersten Firmen, die derartige Lösungen einsetzen, werden wieder einen wesentlichen Wettbewerbsvorsprung gewinnen mit der Chance, sich damit auf längere Dauer vom Wettbewerb abzusetzen und Marktanteile zu gewinnen.

Information muss im Internet nicht zwingend abgeholt oder gesucht werden, sondern kann auch gezielt verteilt werden

Neben dem Ansatz, Informationen aus dem Internet zu suchen, entwickelt sich auch die sogenannte «Push-Technologie», d.h. dass ein Nutzer sich aus einem Katalog von Informationen auswählen kann, welche er jeweils automatisch an seinem Arbeitsplatz aktuell verfügbar haben will. Hier sind Dienste führend, die aktuelle Börsenkurse, Nachrichten aus Unternehmen oder anderen Kanälen aufbereiten und an 'Abonnenten' verteilen. Dabei kann gewählt werden, wie oft und wann – z.B. nachts – die Informationen aktualisiert werden sollen und diese werden dann jeweils aktiv evtl. als e-Mail über das Internet auf den Arbeitsplatz des Nutzers geladen (pushed) und dort gespeichert, so dass sie ohne Wartezeiten gelesen werden können.

Durch seine weltweite Verfügbarkeit übernimmt das Internet zunehmend die Aufgabe der Übermittlung aktueller Informationen und macht damit traditionellen Medien wie Zeitung und Fernsehen Konkurrenz - besonders bei den Werbeetats. Angeregt wohl von der Dynamik des Internet binden die Fernsehanstalten nunmehr Werbung in das seit Jahren schlummernde Videotext-Angebot ein – und verdienen plötzlich Geld damit. Praktisch alle Zeitungen und auch Fernsehanstalten betreiben bereits eigene Seiten im Internet und ZDF bietet mit Intercast eine Verknüpfung des Fernsehprogramms mit Inhalten aus dem Internet, indem es mit einem speziellen Adapter am PC ermöglicht wird, in das aktuelle Fernsehbild zu 'klicken' und damit Hintergrundinformationen zur ablaufenden Sendung aus dem Internet abzurufen. Auch n-tv ist seit kurzem mit aktuellen Nachrichten im Internet präsent und unterhält neben dem Programm aktive Diskussionsforen.

N24 ist ein Nachrichtensender der Pro Sieben Media AG, der über Kabel nur wenige Zuschauer erreicht. Als erster Nachrichtenkanal überträgt nun N24 sein Programm als Live-Stream ins Internet. Als Multichannel Plattform soll N24 ein umfangreiches Programm ausstrahlen:

☐ Personalisierbare Seiten.
☐ Ausgabe der Nachrichten auf Internet-Handys und Palmtops.
☐ Finanz-Community mit 150.000 Kursdaten.

Auch Web.de engagiert sich mit seiner Beteiligung an Radio 96 im Radio-geschäft und strebt zukünftig verstärkt die Einbindung traditioneller Medien in das Umfeld von Internet-Portalen an und dabei besonders auch regionale Inhalte anbieten. Damit versucht sich hier ein Portal als Informationsanbieter gleichwertig zum Radio zu positionieren.

Mit diesem Ansatz wird dann neben den bereits verfügbaren Radiostationen auch aktuelles Live-Fernsehen im Internet verfügbar.

3.3 Zusammenfassung

Die Entwicklung der Nutzung des Internet verläuft in mehreren Phasen, von denen bisher zwei behandelt wurden:

☐ Die Erste Phase von 1993 – 1995 mit weltweiter Kommunikation multimedialer Inhalte; Darstellung der Unternehmen in Web-Sites.
☐ zweite Phase von 1995 – 1998 mit den Geschäftsmodellen ‚Business-to-Consumer' (elektronischer Vertriebskanal) und ‚Consumer-to-Business' (Portale, die Konsumenten anlocken und den Anbietern zuführen sollen); Daneben wurde das Internet intern in Unternehmen als Infrastruktur genutzt und veränderte hier das IT-Modell vom Client/Server Computing zum Thin-Client/ Network Computing Modell.

Die erste Phase hat die Dynamik des Internet-Hype begründet

Mit der Einführung des Web-Browsers haben plötzlich die Massen das Internet für sich entdeckt.

Insgesamt war die erste Phase der Internet-Nutzung sehr stark geprägt von der Faszination, dass plötzlich ein offenes Netz für eine weltweite Kommunikation verfügbar war. Folglich wurden in dieser Phase viele Dinge ausprobiert und es kommunizierten Consumer-to-Consumer, Business-to-Consumer, Business-to-Business – aber keine der Nutzungen war besonders ausgeprägt oder schon fest mit einem Geschäftszweck verbunden.

Die Firma Netscape hat mit ihrem Aktienhöhenflug - ohne substanzielles Geschäftsvolumen - den Traum vom schnellen Geld im Internet gestartet

Netscape war das erste Unternehmen der Internet-Ära und hat diesen Hype für sich genutzt, indem der Wert des Unternehmens aus der Zukunftsperspektive abgeleitet wurde und jeden Bezug zur Realität gemessen in Umsatz und Gewinn verloren hat. Damit begann der Traum von großen, schnellen Geld im Internet.

Die zweite Phase bringt den Umbruch vom 'Internet-Hype' zum Internet als Produktionsfaktor

Zwar wurde auch in der zweiten Phase noch vom großen, schnellen Geld im Internet geträumt, aber es wurde auch schon sichtbar, dass auch ein Geschäft im Internet in Arbeit ausarten kann (Amazon baut Verteilzentren und Lager, im Weihnachtsgeschäft kann ein Großteil der angenommenen Aufträge nicht zeitgerecht erfüllt werden) und nicht für jedes Unterfangen der Erfolg sicher vorprogrammiert ist (Netscape muss kleine Brötchen backen und wird letztlich an AOL/SUN verkauft – die jungen, jetzt reichen, Wilden – werden zu Frühpensionären).

Zum Ende dieser Phase wird bereits sichtbar, dass das Internet in Zukunft nicht mehr nur eine neue Welt für innovative Firmengründer ist, sondern vielmehr eine Infrastruktur, die letztlich von allen Unternehmen für innovative Lösungen genutzt werden muss und zunehmend genutzt wird.

Die dritte Phase nutzt das Internet im ‚Business-to-Business'

Im folgenden soll nun die dritte Phase dargestellt werden, welche aktuell in ihrer Entwicklung noch andauert und das Internet als Plattform des ‚Business-to-Business' Geschäftsmodells in allen Unternehmen zum Produktions-Faktor machen wird.

4 Das Internet als wesentlicher Produktionsfaktor in allen Industriezweigen

Die 'Old Economy' erwacht und nimmt den Wettbewerb mit den Newcomern der B-to-C Gründer-Ära auf

Electronic Commerce erfordert funktionierende Backend-Prozesse

Internet-Vertrieb muss mit anderen Vertriebswegen harmonisiert werden

Der direkte Kundenkontakt wird möglich und zunehmend wichtig

Extranets verbinden Geschäftspartner mit 'schnellen' Kommunikationskanälen

Die Beherrschung von Prozessen tritt in den Vordergrund vor die Perfektionierung von einzelnen Funktionen

Supply- Delivery-Chain Management verbindet Unternehmen in einem linearen Prozess

Elektronische Marktplätze schaffen eine mehrdimensionale Vernetzung mehrerer Partner

Das virtuelle Unternehmen als Organisationsform des 21ten Jahrhunderts

Neue Aufgaben erfordern neue Software-Architekturen

4.1 Die professionelle Nutzung des Internet

In der dritten Phase wird das Internet zum wesentlichen Produktionsfaktor

Waren es in der zweiten Phase des Internet noch die Newcomer des Electronic Commerce im B-to-C Geschäft, welche mit neuen Geschäftsmodellen in den Markt stürmten und damit manchmal schwindelerregende Aktienbewertungen erzielen konnten, gehen in der dritten Phase die etablierten Unternehmen der «Old Economy» die neuen Möglichkeiten eher mit einer nüchternen Betrachtungsweise an. Nachdem zunehmend sichtbar wird, dass nur mit großen Versprechungen auf die Zukunft kein nachhaltiger Wert zu schaffen ist, sehen sie ihre Chance, nunmehr das Internet auch für sich vorteilhaft zu nutzen und die eigenen Geschäftsprozesse neu zu erfinden. Mit besserer Logistik und bestehenden Kundenkontakten rechnen sie sich – oft zu Recht – gute Chancen im Wettbewerb der «new e-conomy» aus.

Nichts ist älter als der Erfolg von gestern

Für etablierte Unternehmen zeigt sich schon seit einiger Zeit, dass sich die Voraussetzungen für Profitabilität grundlegend verändern. Weder garantiert ein großer Marktanteil den Erfolg durch Effektivität, noch greifen die Kostensenkungsprogamme zur Steigerung der Effizienz. Unternehmen können sich keine Sekunde auf ihren Lorbeeren ausruhen, denn das erfolgreiche Geschäftsmodell von heute bringt morgen schon Verluste. In nahezu jeder Branche führen neue Technologien, geänderte Kundenwünsche, effektivere und effizientere Vertriebsmodelle zur Notwendigkeit für Veränderungen. Alle fünf bis sieben Jahre muss ein Geschäftsmodell grundlegend überprüft und meist neu erfunden werden. Das Internet erfordert sicher einen solchen 'Checkup' und bietet auf der anderen Seite viele Möglichkeiten für eine Neugestaltung des Geschäfts.

Das neue Marktgesetz heißt Schnelligkeit (Velocity)

Eine aktuelle Studie von Pittiglio Rabin Todd & McGrath zeigt, dass Unternehmen mit den besten Supply-Chain Lösungen 30 – 50 Prozent niedrigere Supply-Chain Kosten haben und 10 – 30 Prozent bessere Liefertreue.

Von Supply-Chain Lösungen können also wesentliche positive Beiträge zu den Geschäftsabläufen erwartet werden:

- ☐ Schnellere Umsetzung bis zur Werterzielung.
- ☐ Verbesserte Zykluszeiten vom eingesetzten Kapital bis zum Ertrag.
- ☐ Promptere Kundenansprache.
- ☐ Schnellere Entscheidungsfindung.
- ☐ Kürzere Vorlaufzeiten.
- ☐ Verfügbarkeit auf Zusage.

Es sind nicht die stärksten, welche überleben, nicht die intelligentesten, sondern die am besten auf Veränderungen reagieren können
(Charles Darwin)

Geschwindigkeit, Schnelligkeit zählt in dem aktuellen Wandel des Marktes. Wie schnell können die Auswirkungen von Veränderungen vorhergesehen werden? Wie schnell können geänderte Strategien umgesetzt werden, um die sich bietenden Chancen auszuschöpfen?

Etablierte Unternehmen werden auf der einen Seite direkt von jungen Wettbewerbern angegriffen und auf der anderen indirekt durch die sich damit ändernde Kundenerwartung herausgefordert.

Entscheidend für den Erfolg in der Zukunft ist die Fähigkeit, auf diese Veränderungen zu reagieren oder besser sie vorweg zu sehen, um noch agieren zu können. In diesem Prozess spielt das Internet mit seinen Möglichkeiten eine große Rolle.

Hierbei hilft ein neuer Führungs-Ansatz zur Aktivierung der Organisation:

- ☐ Fokus auf Kundenzufriedenheit.
- ☐ Adaptive Organisationen.
- ☐ Wille und Fähigkeit zu kontinuierlicher Verbesserung.
- ☐ Fokussierte Entscheidungen.
- ☐ Funktionsübergreifende Projektteams.
- ☐ Strukturierte Prozesse zur Vermeidung von Zeitverlusten.

Ziel der Anstrengungen ist es, bisher meist passive Innovationsprozesse aktiv zu gestalten, d.h. dass die IT innovative Prozesse aktiv unterstützt. Während traditionelle Projektorganisationen darauf ausgerichtet waren, den Ablauf in einzelne Schritte zu gliedern, Regeln für die Zusammenarbeit aufzustellen und den Fortgang des Projektes zu überwachen, konnten sie nichts dazu beitragen, die Kommunikation zwischen den Beteiligten zu intensivieren, um eine wesentlich engere Zusammenarbeit zu erreichen und auch 'ungefragte' bzw. ungeplante Beiträge zu ermöglichen, wo doch der Kern aller Innovation darin liegt, schnell lernen und agieren zu können.

Ausgewählte Themen stehen im Fokus

In der Diskussion um Electronic Business stehen einige Themen im Fokus:

- ☐ E-Shops als weiterer Vertriebskanal.
- ☐ Supply-Chain Management.
- ☐ Customer Relationship Management.
- ☐ Electronic Procurement.
- ☐ Elektronische Marktplätze.

Waren «e-Shops» in der zweiten Phase noch den innovativen Vorreitern vorbehalten, plant jetzt praktisch jedes Unternehmen Aktivitäten für den Aufbau eines e-Shops als weiteren Vertriebskanal neben bestehenden. Mit unterschiedlichen Ansätzen wird versucht:

☐ Mit den neuen Playern mitzuhalten.
☐ Neue Vertriebsformen zu erproben.
☐ Kundennähe zu gewinnen.

Supply-Chain Management zielt darauf, Qualitätsprodukte zu geringen Kosten zu erzeugen und pünktlich an den Kunden auszuliefern durch:

☐ Verkürzung der Vorlaufzeit.
☐ Verbesserung der Bedarfsvorhersage.
☐ Steigerung des Durchsatzes.
☐ Senkung der Kosten durch bessere Nutzung der Kapazitäten und Eliminierung von Puffern.
☐ Verbessern der Lieferfähigkeit.

Customer Relationship Management will alle Geschäftsprozesse auf den Kunden ausrichten und den Service in allen Aspekten zu verbessern:

☐ Ausrichten des Geschäfts auf den Kunden und nicht das Geschäftsinteresse.
☐ Integration der Kundeninteraktion durch neue Medien, um zu einer Kundenbetreuung «Customer Care» zu kommen.
☐ Sammeln von Daten über Kunden in einem zentralen Informationspool «Warehouse», der allen Mitarbeitern mit Kundenkontakt zugänglich ist.

«Electronic Procurement» unterstützt den Beschaffungsprozess durch schnelle Kommunikation und trägt dazu bei:

☐ Transaktionskosten bei der Beschaffung um bis zu 90% zu senken.
☐ Einkaufspreise durch bessere Angebotstransparenz zu reduzieren.
☐ Durchlaufzeiten für Aufträge um bis zu 80% zu verkürzen.
☐ Lagerkosten durch schnellere Beschaffung zu reduzieren.

«Elektronische Marktplätze» sind die aktuelle Entwicklung von IT-Lösungen und bieten eine Plattform für die Zusammenarbeit zwischen mehreren Unternehmen. Angebot und Nachfrage werden auf diesen Marktplätzen zusammengebracht und Aufträge vermittelt und abgewickelt.

Das Internet wird von etablierten Unternehmen 'professionell' genutzt

Damit führt die dritte aktuelle Phase das Internet in eine ‚professionelle'
Nutzung. Waren es in der zweiten Phase noch die ‚Business-to-Consumer'
Prozesse, welche im Fokus standen, entdeck jetzt das traditionelle ‚Business'
für sich die Möglichkeiten des ‚Electronic Business' und findet eine Vielzahl
von innovativen Lösungen, die Geschäftsprozesse besonders bei der Verbindung von Geschäftspartnern in Leistungsketten (Supply-Chains) grundlegend
neu definieren, optimieren und beschleunigen.

Im wesentlichen haben sich für die professionelle Nutzung des Internet sechs
Felder herausgebildet, in denen sich völlig neue Geschäftsverfahren entwickeln lassen:

1.   Zugang zum Kunden über Electronic Commerce als neuem Vertriebs-
     kanal und Kopplung der Frontend-Systeme mit Backend-Systemen.
2.   Öffnung der Unternehmensstrukturen und Optimierung der
     Zusammenarbeit zwischen Unternehmen in Leistungsketten.
3.   Ausbildung von elektronischen Marktplätzen zur Organisation der
     Zusammenarbeit zwischen mehreren Partnern.
4.   Schaffung breiterer Produkt-Angebotspaletten durch elektronische
     Zusammenarbeit zwischen Unternehmen.
5.   Aufbau unternehmensweiter IT- und Kommunikationsinfrastruktur zur
     Unterstützung der Geschäftsprozesse und Wissens-Management.
6.   Vielfältige unternehmensweite Lösungen auf Basis der Verbindung von
     Kommunikation und Computing.

Unternehmen öffnen sich also in alle Richtungen und werden kommunika-
tionsfähig: zum Kunden, zu Mitarbeitern und zwischen Geschäftspartnern.

E-Business umfasst alle Prozesse vom Kunden bis zu Backoffice-Systemen

«Electronic Commerce» hat als erste Anwendung neben «Online-Banking»
breite Anwendung gefunden und wurde oft als die Internet-Anwendung
schlechthin gesehen. Inzwischen stellt sich heraus, dass es nicht ausreicht, nur
einen E-Shop im Internet aufzumachen, sondern dass das gesamte Geschäft
bis zu den operativen Backend-Systemen darauf abgestellt sein muss.

4.1.1 Das Internet ist ein neuer Vertriebskanal neben anderen

Bei aller e-Commerce Euphorie sollte nicht übersehen werden, dass das
Internet bzw. Web nur ein möglicher elektronischer Kanal zum Kunden ist.
Daneben existieren eine Reihe weiterer Vertriebskanäle mit denen der e-Shop
in ein Gesamtkonzept integriert sein und auf derselben Informationsbasis
aufbauen sollte. Nur so kann vermieden werden, dass mit den neuen internet-

basiertenen-Shops Inseln entstehen, die dann nicht wirklich als Teil der Vertriebsinfrastruktur genutzt werden können:

- ☐ Filialen
- ☐ Katalogvertrieb
- ☐ Call-Center mit telefonbasierten Transaktionen
- ☐ Fax
- ☐ SB-Geräte und Kiosksysteme
- ☐ Außendienst
- ☐ Fernsehvertrieb

Der Vertriebskanal über das Internet muss mit anderen harmonisieren und möglichst alle stärken

Jeder dieser Kanäle erreicht den Kunden in einer anderen Situation – aber jeder sollte dieselben Funktionen ermöglichen.

Der Trend zeigt bei Banken ganz klar dahin, dass die Besuche der Kunden in Filialen abnehmen – in 1999 schon 60 Prozent weniger als 1994. Derzeit gibt es bereits ca. 7 Millionen Online-Konten und ca. 4 Millionen Kunden wickeln ihre Wertpapiergeschäfte per Internet selbst ab. Bis zum Jahr 2005 werden bei Banken nur noch ca. 20 Prozent der Kunden ihre Geschäfte ausschließlich über Filialen abwickeln, d.h. 80 Prozent werden einen Online-Kanal nutzen.

Anbieter müssen sich also auf einen Mischbetrieb einstellen und dem Kunden die Wahl des Kanals abhängig von der jeweiligen Situation überlassen. Für die Ausbildung einer konsistenten Mischkanal-Strategie ist eine Koordination im gesamten Unternehmen nötig, so dass diese über alle Bereiche gefunden wird und nicht jeder 'seinen' Weg alleine geht.

Der Internet-Vertrieb wirkt mit anderen Vertriebskanälen zusammen

Die aktuelle Entwicklung zeigt eine große Diversifikation der Web-Kanäle. Viele etablierte Anbieter eröffnen Web-Shops und während anfänglich nur das direkte Web-Vertriebsmodell propagiert wurde, existieren inzwischen alle möglichen Mischformen zwischen elektronischem und Filialvertrieb (Click und Brick):

- ☐ Die Egghead Shops in USA, welche fürher auch Filialen betrieben, haben diese völlig aufgegeben und verkaufen nur noch über das Internet.
- ☐ Der ursprünglich rein elektronische Blumenladen 1-800-Flowers in USA richtet jetzt reale Filialen ein, in denen die Kunden die Blumen riechen und anfassen können.
- ☐ Kaufhof will mit seinem Web-Galeria Konzept Kunden in die Filialen locken und sieht das Web als Ergänzung des Filialkonzepts.

☐ Der Bekleidungsanbieter Gap in USA stellt in seinen Filialen Web-Terminals auf, um dem Kunden Zugriff auf ein breiteres Angebot als das im Laden gezeigte zu geben.

☐ Karstadt will jetzt öffentlich zugängliche Terminals aufstellen, um vielen Kunden Zugang zum online Vertriebskanal zu geben.

☐ Quelle, Otto und andere Versandhäuser nutzen das Web als weiteren Bestellkanal, der mit der Versand-Infrastruktur beliefert wird.

☐ Die Post AG bietet mit EVITA ihren Kunden den Betrieb von Internet-Shops mit Versand-Infrastruktur als Service an.

☐ Etc. etc.

Ingesamt werden die angebotenen Waren im Web zunehmend realistischer dargestellt, indem der Kunde sich Details über Zoom anzeigen und den Artikel auch von allen Seiten betrachten kann bzw. auch ausgewählte Stücke bildlich im Vergleich nebeneinander angezeigt werden können. Der Anbieter Garden.com bietet die Möglichkeit, den eigenen Garten virtuell zu gestalten - mit Berücksichtigung der Lichtverhältnisse – und nach dieser Gestaltung die Pflanzen zu ordern.

Im Zugang zum Kunden wird der Internet-Vertrieb also immer leistungsfähiger.

Der Internet Vertriebskanal ist durch das dramatische Wachstum für jeden Anbieter attraktiv

Der Zugang zum Kunden über «Electronic Commerce» war, getrieben von der Attraktivität durch die große Zahl von Nutzern, die erste große Anwendung nach Online-Banking. Viele Unternehmen sehen auch heute im Electronic Commerce das ganze Potential des Internet und meinen es ignorieren zu können, da sich der erwartete 'große Durchbruch' bisher nicht eingestellt hat. Die letzten Meldungen aus dem Weihnachtsgeschäft 1998 zeigen jedoch wieder eine stürmische Zunahme des Geschäftes mit überlasteten Web-Servern und Wachstumsraten von 200 bis 300 Prozent im Vergleich zum Vorjahr - das ist mehr als eine Verdoppelung in einem Jahr, d.h. mehr als Verzehnfachung in vier Jahren. Z.B. wuchs der Quartalsumsatz von Amazon.com von 1997 auf 1998 für das letzte Quartal von 66 Millionen Dollar auf 253 Millionen Dollar und der Umsatz des elektronischen Auktionshauses Ebay stieg in einem Quartal um 57 Prozent auf 307 Millionen Dollar. Schon die jetzt erzielten Umsätze sind für das jeweilige Geschäft bedeutend und positionieren diese Unternehmen neben die größten etablierten Vertreter ihrer Branche (Achtung vor dem AOL/Time Warner Effekt!).

Aber die etablierten Player schlagen auch zurück. Bertelsmann mit BOL.com und Barnsandnobel.com, andere Buchhändler mit Gemeinschaftsprojekten u.v.a.m.

4.1.2 Die alten Händler stehen in Frage - Disintermediation der Geschäftsprozesse

Das Internet fördert den direkten Kontakt des Lieferanten mit dem Kunden

Charakteristisch für alle internetbasierten Geschäftsprozesse und wesentlicher Erfolgsfaktor ist die zunehmende Disintermediation, d.h. Zwischenhändler, Zwischeninformanten, Zwischenabwickler – solange sie keinen eigenen Mehrwert erbringen – werden aus den Geschäftsprozessen entfernt und jeweils der direkte Kontakt zwischen dem Hersteller bzw. Lieferanten und dem Konsumenten hergestellt. Dies gilt nicht nur für Prozesse zwischen Geschäftspartnern, sondern auch zwischen Bereichen in Unternehmen bzw. am einzelnen Arbeitsplatz, wo zunehmend die Funktion der 'Sachbearbeitung' im Sinne von Informationsbearbeitung nicht mehr benötigt wird, bzw. sogar störend -weil verzögernd- ist.

Informationen über den Kunden oder Partner werden konsolidiert und jedem Mitarbeiter im Unternehmen zugänglich gemacht

Informationsquellen und Verbraucher werden direkt gekoppelt und auch IT-Lösungen verbinden mehrere Funktionen für den Nutzer, so dass er ohne Medienbruch ein breites Funktionsspektrum an einem Arbeitsplatz verfügbar hat. Wie viel angenehmer ist es, wenn man bei einem Unternehmen anruft und der Gesprächspartner ist sofort auskunftsfähig, anstatt auf einen anderen 'Sachbearbeiter' verweisen zu müssen, der dann oft wieder auf einen anderen Sachbearbeiter ... Wie viel schneller durchläuft ein Auftrag das Unternehmen, wenn er nicht an mehreren Stellen: Annahme und Einbuchung, Prüfung auf Richtigkeit der Konfiguration und Konditionen, Feststellung der Lieferfähigkeit und Bestätigung des Liefertermins etc. bearbeitet werden muss. Wie viel kostengünstiger und schneller ist die Bearbeitung eines Vorgangs, der bei einer Bank oder Versicherung mehrere Stationen durchlaufen muss, wenn an jedem Arbeitsplatz alle nötigen Unterlagen und Informationen sofort verfügbar sind und diese nicht mehr physisch durch das Haus transportiert werden müssen. Dadurch sinken die auf die Einheit bezogenen Transaktionskosten erheblich aufgrund der erleichterten Informationszugriffe und Abwicklung - und die Reaktionsgeschwindigkeit steigt.

Die direkte Kommunikation beschleunigt den Informationsfluss

Als Beispiel dauerte die Nachbestellung eines Lagerartikels über den Postweg im Durchschnitt 3,7 Tage, mit elektronischer Post noch 1,6 Tage und mit direktem Datenaustausch zwischen den Geschäftspartnern wenige Stunden. Das Auffinden einer Information über ein bestimmtes Anlage- oder Rentenpapier oder eine Aktie am Kapitalmarkt erforderte über das Telefon 25 Minuten, im Internet nur ca. 10 Minuten. Die möglichen Produktivitätssteigerungen sind beachtlich und werden im wesentlichen durch Reduzierung der Transport- und Liegezeiten beim Informationsfluss erreicht. Automatisierung von Routine-abläufen sowie nutzerfreundlicher Zugriff auf integrierte Funktionen sichern die Akzeptanz der neuen Lösungen. Die enorme Verbilligung von vielen Informationsverarbeitungsfunktionen führt dazu, dass der größte Teil der unternehmensinternen Routinearbeiten wie: Dokumentenarchivierung, -Wiederauffinden, -Transport und -Bearbeitung zunehmend auf medienbruch-freie IT-Systeme delegiert wird. Kommunikation von Information und Wissen kann über dieselbe Infrastruktur laufen und damit bietet das Inter-/Intranet eine leistungsfähige Basis zum Aufbau eines wissensbasierten Unternehmens mit direkter Kommunikation zwischen Wissensträgern und Nutzern.

Auch im Geschäftsverkehr zwischen Geschäftspartnern werden Intermedi-äre aus Leistungs- und Handelsketten zunehmend ausgeschaltet. Institutionen wie Händler, Makler oder bestimmte Bereiche der Printmedien, deren Auf-gabe traditionell darin bestand, Güter und Informationen für deren Handel zu vermitteln, zu beraten und auch aufgrund von Zeitverzögerungen entstehende Risiken zu übernehmen, erleiden einen Verlust ihrer Funktion - zumindest aber einen deutlichen Wandel ihrer Funktion. Zwischenträger werden generell in der Tendenz überflüssig und das neue Medium ermöglicht den direkten Kontakt mit Kunden, die vorher nicht erreichbar waren.

Der Marktzutritt wird erleichtert, was den Wettbewerb beflügelt. Ein überregionaler oder gar weltweiter Marktauftritt war bisher nur möglich, wenn zuvor über längere Zeit und mit erheblichem Investitionsaufwand eine Präsenz in Form von Niederlassungen aufgebaut wurde oder zumindest lokale Partner gewonnen werden konnten, die das Geschäft abgewickelt haben. Auf der Basis des weltweiten Internet erleben wir nun, dass sich auch kleine Unter-nehmen mit einer guten Idee weltweit präsentieren können und direkt Geschäfte mit Kunden machen.

4.1.3 Cybermediäre und Portale übernehmen den Handel

Die etablierten Intermediäre in der Handelskette werden also zunehmend in Frage gestellt. Gleichzeitig entwickeln sich aber auch neue Intermediäre, die als «Cybermediäre» Kontakte zwischen Anbietern und Käufern herstellen. Dabei spielen die Webportale wie Yahoo!!, AOL international oder auch WEB.DE in Deutschland eine große Rolle. Der Ansatz der Cybermediäre ist es, durch attraktive Informationsangebote o.ä. möglichst viele Besucher auf das eigene Web-Portal zu locken, um diesen dann auch Produkt- oder Leistungs-Angebote vermitteln zu können.

Es ist typisch für die neuen Intermediäre, dass sie die angebotenen Waren und Dienstleistungen nicht direkt selbst irgendwie handhaben, sondern konse-quent nur vermitteln. Damit bildet sich ein neuer Handelskanal heraus, der im Gegensatz zu den etablierten Händlern keine Lager für Waren oder Kom-petenz für Dienstleistung aufbaut, sondern dies alles vom Anbieter selbst in Anspruch nimmt. Handel wird also zur reinen Informationsvermittlung.

Diese Leistung des angereicherten Informationsangebotes bieten die neuen Intermediäre, wobei täglich neue Ansätze erfunden werden, um Internet-Nutzer zu locken und für das eigene Informationsangebot zu interessieren, um letztlich Geld mit Werbung erzielen zu können, den Verweis auf andere Web-Sites oder die Vermittlung von Waren.

Es ist nach der Phase des Aufbaus der ersten 'großen' Portale wie z.B. Yahoo!! zu erwarten, dass sich immer spezialisiertere Portale für alle möglichen Interessengruppen ausbilden werden.

So berichtet der Markanalyst Forrester: Das Rennen ist vorbei, gewonnen haben die großen Portale AOL und Yahoo!!. In nächster Zukunft werden mittelgroße Portale übernommen werden oder sich als vertikale – auf spezielle Nutzergruppen ausgerichtete – Portale spezialisieren.

Diese Portale übernehmen dann zunehmend das Consumer-to-Business-Geschäft (C-to-B oder C2B), d.h. sie locken Kunden mit bestimmten Interessen an und bieten deren spezifischen Bedarf dann Anbietern zur Bedienung an.

Preisvergleiche zwischen mehreren Angeboten werden automatisiert

Und schon wird Electronic Commerce im Sinne eines Electronic Business weiterentwickelt. Spezielle «Agentenprogramme» sind in der Lage, die Angebote für bestimmte Produkte aufzufinden und deren Preise miteinander zu vergleichen (ww.preis.de), so dass der Kaufinteressent nicht einzelne Angebote 'von Hand' durchsuchen muss, sondern gleich das günstigste aus einer Vergleichsaufstellung auswählen kann. Hier wird der Wettbewerb gleichsam elektronisch und automatisiert abgewickelt und der Cybermediär erzielt aus der Dienstleistung einen Ertrag.

Hardware-Portale schalten sich zwischen das Internet und den Nutzer

Schon nehmen innovative Anbieter die 80 Prozent der Bevölkerung ins Visier, die bisher das Internet noch nicht nutzen und damit für Werbung, Angebote und Dienste nicht erreichbar sind. Die junge Firma SymplOn aus München hat sich zum Ziel gesetzt, den Internetzugang für jedermann mit einem einfachen Gerät (Pad) möglich zu machen und dabei die Oberfläche so zu gestalten, dass sie einfach zu bedienen ist.

Das SymplOn Pad ist ein tragbares Gerät, das einen Computer enthält ohne ihn sichtbar zu machen. SymplON kommuniziert drahtlos über ein DECT-Netz (drahtloses Telefon im Heimbereich) mit einer Basisstation, die dann über ISDN, TV-Kabel, Stromkabel o.ä. den Anschluss an das Internet herstellt. SymplOn bedeutet 'simply online' und das Gerät ist deshalb immer mit dem Internet verbunden und reagiert sofort, ohne dass eine Anmeldung nötig ist. Das Gerät soll so einfach nutzbar sein, wie das Minitel in Frankreich, dabei aber alle Möglichkeiten des Internet bieten.

Das Geschäftsmodell von SymplOn sieht vor, dass das Gerät und die Nutzung des Internet durch Werbe- und Geschäfts-Partner finanziert werden, so dass im

Idealfall das Gerät genau wie heute bereits Handies kostenlos verteilt werden kann. Funktioniert das Modell, besteht hier die Aussicht, dass in überschaubarer Zeit nicht nur 15 Millionen Computernutzer, sondern alle 100 Millionen Einwohner Deutschlands (einschließlich der Kinder über Spiele) über das Internet als potentielle Kunden erreichbar sind.

4.1.4 Electronic Commerce ist nur so gut, wie die Infrastruktur dahinter

In der dritten Phase ist e-Commerce nicht mehr nur der Aufbau eines e-Shops als weiterer Vertriebskanal, sondern es werden heute mehrere Aktivitäten und dem Begriff e-Commerce vereint:

Vielfältige Aktivitäten des Electronic Commerce		
Aktivität	**Ziele**	**Werkzeuge**
☐ Sell-Side (Vertrieb)	Umsatzwachsum	Web-Kataloge
☐ Buy-Side (Beschaffung)	Ausgabenkontrolle Lieferanten- Management	Procurement- Services
☐ Supply-Chain	Prozeß-Effizienz	Extranets

Abb. 4-1: *Electronic Commerce ist heute mehr als nur ein weiterer Vertriebskanal*

Nur mit funktionierenden Backend-Prozessen kann ein (Internet)-Vertrieb funktionieren

Damit entwickelt sich das Internet für praktisch jedes Unternehmen zu einem wesentlichen Vertriebskanal, der genauso wie die Nutzung von Telefon und Fax nicht mehr ignoriert werden kann. Dieser Kanal kann jedoch nur effizient genutzt werden, wenn er auch direkt mit den entsprechenden Backend-Systemen gekoppelt ist. Manche Anbieter meinen heute noch, dass es ausreicht, einen Elektronischen Shop zu eröffnen, um am Internet-Boom teilnehmen zu können. Aber nur wenn der über das Internet platzierte Auftrag auch innerhalb des Unternehmens mit derselben Geschwindigkeit bearbeitet werden kann, wird der Kunde letztlich zufriedengestellt. Es ist kein gutes Zeichen für die Leistungsfähigkeit des Systems, wenn mit dem Internet-Umsatz auch die Verluste ansteigen. So glänzt zwar Amazon mit wachsenden Umsatzzahlen, kann aber auch im fünften Jahr seiner Existenz noch keinen Gewinn ausweisen. Schlimmer noch wachsen die Verluste mit steigendem Umsatz, was auf Defizite im operativen Betrieb schließen läßt. Wenn Amazon beim Verkauf jedes Buches drauflegt, kann es auch die Masse nicht bringen. Dies zu vermeiden, darin liegt die große Herausforderung der dritten Phase der Internet-Nutzung.

DELL beherrscht die Lieferkette vom Kunden bis zum Zulieferer

Schon existieren Lösungen wie «DELL Direct», die den Kontakt zum Kunden durchgehend durch alle Prozesse des Unternehmens und sogar bis zu den Zulieferern weiterführen und damit erst das wahre Potential des Electronic Business voll ausschöpfen können und DELL in einem 'Low Margin' Geschäft gute Gewinne bescheren.

Transparenz in der Lieferkette schafft Flexibilität in der Disposition

Ein Beispiel soll hier verdeutlichen, was diese 'vertikale' Integration bedeuten kann:

Ein Kunde sucht im Internet nach einem neuen Auto. Nachdem er verschiedene Angebote über mehr oder weniger gut gemachte und z.T. animierte Darstellungen geprüft hat, wählt er ein Angebot aus. Über den Konfigurator des Herstellers stellt er sein Wunschauto mit Farbe und Ausstattung zusammen, wobei ihm dieses jeweils in der aktuellen Ausführung angezeigt wird. Neben den Ausstattungsvarianten des Herstellers kann der potentielle Kunde dabei aus allerlei Zubehör anderer Hersteller wählen, die vom Lieferanten dann fix und fertig eingebaut werden. Danach erkundigt sich der Käufer beim Anbieter nach dem möglichen Liefertermin, da er innerhalb eines Monats das neue Auto braucht. Der Anbieter stellt fest, dass die gewünschte Ausführung nicht innerhalb eines Monats geliefert werden kann, da ein bestimmtes Ausstattungsteil nicht verfügbar ist. Nachdem der potentielle Kunde auf dem Termin besteht, versucht der Anbieter, das Teil schneller zu beschaffen. Er wird fündig, muss allerdings für dieses Teil einen gehörigen Aufpreis zahlen. Er bietet nunmehr dem potentiellen Käufer als Alternative an, entweder das gewünschte Auto zur gewünschten Zeit zu erhalten, oder aber fünf Tage später mit einem Preisnachlass. Jetzt entscheidet sich der Käufer für den späteren Termin und den Preisnachlass.

Der Käufer bestellt das Auto und wird vom Anbieter auf eine nötige Versicherung hingewiesen. Er entscheidet sich, diese gleich mit dem Autokauf abzuschließen, was ihm weitere Mühe erspart.

Während der Produktion 'seines' Autos erkundigt sich der Käufer mehrmals über das Internet nach dem Stand der Dinge. Alles läuft nach Plan, bis ihn der Anbieter plötzlich kontaktiert und anbietet, das Auto selbst in der Fabrik abzuholen, anstatt es geliefert zu bekommen. Die Reise würde arrangiert und eine Besichtigung der Fertigung sei auch eingeplant, zusätzlich wird dem Kunden noch ein Multimedia-Navigator kostenlos angeboten.

Was war passiert? Die Spedition des Anbieters hatte Probleme mit der Einhaltung des Liefer- bzw. hier des Transporttermins gemeldet, was den Anbieter vor die Wahl stellte, entweder eine teurere Transportlösung zu suchen, oder eben den Kunden zur Selbstabholung einzuladen, womit letztlich noch Geld gespart werden konnte.

Der Kunde holte schließlich 'sein' Auto mit allem Zubehör am zugesagten Termin ab und alle waren's zufrieden.

Das Beispiel zeigt, dass hier nicht nur ein einfacher Online-Shop eingerichtet wurde, sondern der gesamte Geschäftsprozess bis zum Zulieferer und der Spedition auf das neue Medium abgestellt wurde.

Alle Geschäftspartner werden auf einen Kundenauftrag gerichtet und miteinander verknüpft

Alle Partner in der Kette waren jederzeit auskunftsfähig und hatten den individuellen Auftrag genau eingeplant. Die einzelnen Funktionen waren entlang der Leistungskette nahtlos miteinander verknüpft und der Anbieter war damit vor dem Kunden in der Lage, diesem alle Komponenten anzubieten und auch verbindlich einen Liefertermin für das Verbundprodukt zu nennen. Bei Auftreten von Problemen konnte noch für den einzelnen Auftrag flexibel disponiert und aus mehreren Lösungsmöglichkeiten die beste ausgewählt werden.

Diese Geschichte erscheint aus europäischer Sicht heute unrealistisch. In USA gibt es das aber bereits und wieder wird der erste, der solchen Komfort bieten kann, Wettbewerbsvorteile daraus ziehen – wie auch amerikanische Banken in Europa mit besserem Service und Konditionen Fuß gefasst haben oder Bertelsmann nun Amazon hinterherläuft oder Wal-Mart in den fest vergebenen Einzelhandel eindringt, gar nicht zu sprechen von den europäischen IT-Anbietern, die ihre internationalen Wettbewerber schon völlig aus den Augen verloren haben – und wo DELL z.B. für einen PC das oben beschriebene Szenario perfekt beherrscht.

Die schnelle Kommunikation über Inter- und Intranet bildet völlig neue Geschäftsprozesse aus

Die Infrastruktur des Intranet wird nun auch für die Vermittlung von Informationen zwischen operativen Systemen genutzt, z.B. in Service und Vertriebslösungen. Als weitere Anwendungen kommt in der dritten Phase die konsequente Nutzung des Internet zur Ausbildung neuer Geschäftsprozesse hinzu, die nur dank einer allgemein verfügbaren Kommunikationsinfrastruktur innerhalb und zwischen Unternehmen möglich werden.

Nach Überwindung der Jahr2000 Problematik ist die Neugestaltung der Geschäftsprozesse die nächste große Herausforderung

Nach der Überwindung der Jahr 2000 Problematik und der Euro-Umstellung ist zu erwarten, dass ab dem Jahr 2000 eine Innovationswelle losbrechen wird, mit der viele Unternehmen dann – auf Basis der verfügbaren Internet-Technologien – wieder wirklich neue IT-Lösungen implementieren, die innovative und optimierte Geschäftsprozesse unterstützen und auf eine

Steigerung der Wettbewerbsfähigkeit zielen. Und genauso wie viele Unternehmen für ihre Produkte mit der Aussage werben, dass keines älter als fünf Jahre sei, wird diese Qualität der Innovation auch bald für IT-Lösungen gelten.

Alle diese neuen IT-Lösungen, die auf Kommunikation von Information aufsetzen, werden nunmehr unter dem Begriff Electronic Business zusammengefasst, welches das Internet bzw. Intranet mit seinen Kommunikationsmöglichkeiten als wesentliche Komponente von IT-Lösungen nutzt.

4.2 Supply-Chain-Management als erste wahre Lösung des Electronic Business

Supply-Chain Management verknüpft Funktionen in Prozessen

War es mit e-Commerce bisher nur der Zugang zum Kunden, welcher mit dem Internet – z.T. in alleinstehenden Shop-Lösungen - erschlossen wurde, wird mit dem Supply-Chain Management die gesamte Prozesskette vom Zulieferer bis zum Kunden organisiert und durch schnellen elektronischen Austausch von Informationen verbunden und optimiert.

Prozessoptimierung hat völlig andere Ziele als funktionale Perfektionierung und erfordert völlig andere Fähigkeiten.

Während funktionale Perfektionierung das Funktionieren einer operativen Einheit verbessert und damit systemzentriert und geschlossen ist, will die Prozessoptimierung die Zusammenarbeit zwischen einzelnen Funktionen optimieren und fördert damit die Interaktion. Daraus ergibt sich eine viel breitere Perspektive für eine gesamtheitliche Geschäftsprozess-Lösung, die nicht an den engen Grenzen einzelner Funktionen halt macht.

Der prozessorientierte Lösungsansatz verlangt andere Fähigkeiten als der traditionell funktionsorientierte

Diese zwei fundamental unterschiedlichen Ziele können nicht mit demselben Ansatz erreicht werden, da die unterliegenden treibenden Kräfte und Motivationen verschieden sind. Bei genauer Betrachtung stellt man fest, dass Erfahrung aus dem funktionalen Paradigma in dem prozessorientierten nicht genutzt werden können und sogar hinderlich sind.

Um ein Ziel zu erreichen, wird der prozessorientierte Ansatz immer Kompromisse machen, während der funktional orientierte versuchen wird, mit mehr Aufwand die geplante Funktionalität herzustellen. Daraus ergibt sich auch, dass Prozessorientierung zu einer Dynamik führt, während funktionale Perfektion mehr statisch ist.

Der prozessorientierte Ansatz braucht Menschen, die den Inhalt und Zweck des Geschäfts verstehen und damit problemadäquate Lösungen für die reale Welt finden, während der systemzentrierte funktionale Ansatz Spezialisten für das gegebene System erfordert und versuchen wird, das gegebene System auf die reale Welt anzuwenden.

Damit erfordert dieser neue Ansatz sowohl andere Verhaltenweisen in Kooperationen als auch eine andere Software-Architektur, die beide auf Koexistenz und Kooperation ausgerichtet sein müssen.

Im Zeitalter des Electronic Business wird also die Fähigkeit zur Verbindung und der Umgang mit unterschiedlichen Geschäftspartnern erfolgsbestimmend sein. Erst wenn ein Prozess gesamtheitlich implementiert ist, kann der Ablauf und damit auch der Beitrag einzelner Funktionen optimal geplant werden.

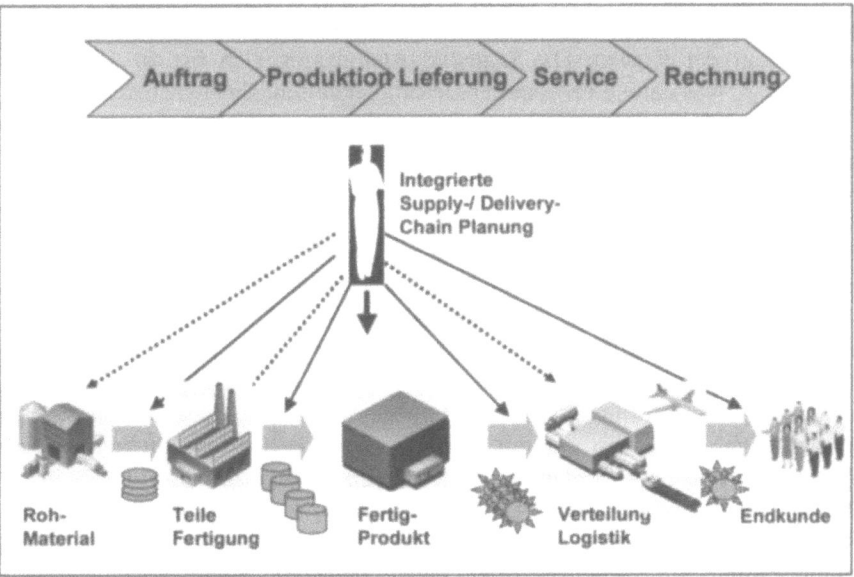

Abb. 4-2: *Electronic Business verbindet Kunden und Zulieferer im Supply-Chain Management durch Informationsflüsse anstelle von Lagern und Wartezeiten*

Pioniere zeigen, dass das Management komplexer Leistungsketten bei konsequentem Vorgehen beherrschbar ist

Wie das Beispiel von DELL Computers eindrucksvoll belegt, können durch die konsequente Organisation des Informationsflusses in Geschäftsprozessen wesentliche Verbesserungen der Effizienz und auch der Effektivität erzielt werden. Dabei ist wichtig zu erkennen, dass es meist einer einmaligen Anstrengung bedarf, um einen Prozess voll zu durchdringen, die potenziell verfügbare Information konsequent zu erfassen und zu organisieren, um dann vielfältige Vorteile aus dieser Information für alle ziehen zu können. ‚Supply-Chain' Management darf dabei nicht nur den Weg vom Zulieferer bis zum Hersteller des Fertigproduktes umfassen, sondern muss im Sinne einer ‚Demand- und Delivery-Chain' den gesamten ‚Order-Fulfillment' Prozess von der Kundenbestellung bis zur Auslieferung abdecken.

4.2.1 Extranets sind Grundlage
für Supply-Chain-Management Lösungen

Das prominenteste Beispiel für ein «Extranet» ist das ANX/ENX (American/European Network Exchange) Netz der Automobilindustrie. Alle Partner der Produktionskette tauschen über dieses ‚private' zwischen Unternehmen gespannte ‚sichere' Internet Daten aus: Rechnungsdaten, Angebote, Warenkataloge, Bestellungen, Produktionsstände etc. Diese verbesserte Kommunikation zwischen Unternehmen ersetzt Arbeitsplätze und beschleunigt Prozesse. VW machte in der Pilotphase die Erfahrung, dass sich die Entwicklungszeiten teilweise um 33 Prozent reduzieren ließen. Das spart 17 Prozent der Kosten. Die Logistikkosten lassen sich bis zu 40 Prozent optimieren, was dann 8 Prozent der Gesamtherstellungskosten ausmacht.

Prozesse lassen sich wesentlich effizienter gestalten

„Das ist schon eine Revolution, die da stattfindet" meint der Kölner Wirtschaftsforscher Werner Korte. Bosch, mit 31,8 Milliarden DM Umsatz einer der großen Zulieferer sieht neben den Vorteilen auch Nachteile vor allem für kleinere Unternehmen. Die Hersteller wälzen die Verantwortung für eine reibungslose Produktion auf ihre Lieferanten ab: Der Lieferant erhält nicht mehr einen Bestellschein, sondern muss sich dauernd selbst über den Stand der Produktion informieren und dann entscheiden, was, wann und in welcher Qualität zu liefern ist. Damit können die ‚Dispositionsabteilungen' bei Herstellern abgebaut werden. Auch der Wettbewerb wird härter: Großkunden fordern die Preise z.B. bis 15 Uhr an – und jeder sieht, was der andere bietet. Der günstigste Anbieter erhält das Angebot. Schon schließen sich deshalb auch Zulieferer zusammen, um einen besseren Stand gegenüber den Herstellern zu haben.

4.2.2 Prozess-Optimierung statt funktionaler Perfektion

Noch bis vor kurzem haben Enterprise Resource Planungs-Systeme (ERP) die Diskussion in fast allen produzierenden Industrien beherrscht. Dabei wurde diese Diskussion auch durch das Jahr2000 Problem angefacht, welches viele Unternehmen dazu führte, schnell ihre IT-Lösungen auf den neuesten Stand zu bringen. Wachsender Bedarf nach Optimierung von Prozessen statt der Perfektionierung einzelner Funktionen hat den Fokus in letzter Zeit verändert.

Das Verbesserungspotenzial in Prozessketten wurde bisher übersehen

Nachdem dieser Wandel nun vollzogen ist, erscheint es nachträglich erstaunlich, dass dieser Optimierungsaspekt der Aufmerksamkeit der Software-Anbieter so lange entgangen ist, wo er sich doch jetzt als der wesentliche treibende Faktor für die Verbesserung von Geschäftsprozessen herausstellt. Als einzige Erklärung lässt sich anführen, dass in Unternehmen zuerst die einzelnen Funktionen eingerichtet werden mussten und die Kosten reduziert. Diese Zielsetzung hat sich grundlegend geändert und in Zukunft wird es mehr um die Verbesserung der Geschäftsprozesse und damit letztlich der Ergebnisse durch eigene Innovative Lösungen gehen.

Um diese Entwicklung zu verstehen, muss man vielleicht noch einmal die Entwicklung des Einsatzes von IT in Unternehmen reflektieren.

Während Informationstechnologie zuerst für allgemeine betriebswirtschaftliche Aufgaben eingesetzt wurde, haben danach viele Firmen auf der Basis ihres eigenen Know-how IT-Lösungen implementiert, die dieses Know-how in speziellen Anwendungen einsetzten, um letztlich das Geschäft besser betreiben zu können. Die Implementierung dieser Lösungen wurde von Software-Anbietern mit Werkzeugen erleichtert. Die entstehenden Lösungen waren – auch weil basierend auf dem ehemals teuren Mainframe – kostenaufwendig und erforderten eigenes IT-Personal im Hause. Viele dieser Lösungen wickeln als 'Legacy Systeme' noch heute wesentliche Geschäftsprozesse ab.

Anfang der 90er Jahre tauchten dann die sogenannten Standard-Software-Pakete auf dem Markt auf mit dem Versprechen, diese Funktionen billiger und ohne eigenes IT Know-how abdecken zu können. Erst nachdem diese Pakete im Unternehmen eingeführt waren, stellte es sich heraus, dass die Kosten doch eigentlich recht hoch waren und wesentliche Aufgaben von sogenannten «Legacy Lösungen» gar nicht abgelöst werden konnten. Dies ist der aktuelle Stand in vielen Unternehmen.

Da die meisten Entscheidungen durch Ergebnisverbesserungen gerechtfertigt waren, die mit Einführung der Standard-Pakete letztlich nicht erreicht werden konnten, sahen sich Unternehmen – meist getrieben durch Vorgaben der Führung – nach anderen Lösungen um, die das operative Ergebnis verbessern könnten.

Nach der Einführung von 'Standardsoftware' sind nun wieder individuelle und innovative Lösungen gefragt

Auf Basis der Extranets entstehen nun wieder individuelle Lösungen zur Optimierung der Zusammenarbeit zwischen Unternehmen in Leistungsketten für die Herstellung und Lieferung von Produkten. Aufbauend auf den Einzelfunktionen der ERP (Enterprise Requirement Planning) Systeme zur Produktionssteuerung entwickeln sich Systeme auf einer nächsten Abstraktionsebene. Diese zielen nicht mehr nur auf operative Funktionen im Unternehmen und bringen sie 'zum Funktionieren', wie z.B. SAP R/3 dies in vielen Unternehmen tut, sondern vornehmlich auf die Optimierung von Geschäftsprozessen. Im Fokus des Interesses steht hier das Supply-Chain-

Management (Management der Leistungskette), welches zum Ziel hat, mit geringerem Kapital-Einsatz bessere Produkte möglichst ohne Zwischenlager und schneller liefern zu können und das möglichst noch entsprechend den individuellen Spezifikation des einzelnen Kunden. Bisher wurde eine Planung der Unternehmensressourcen (ERP) im wesentlichen auf der Basis von Vorausschätzungen für Kapazitätsauslastung und Minimierung des Lagerbestandes gemacht. Das Ergebnis der Planung und der resultierenden Produktion erforderte dann einen 'Push' Ansatz, um die produzierten Produkte 'an den Mann zu bringen'. Die operativen Systeme lieferten meist nur Informationen über die Vergangenheit, d.h. wie das aktuelle Geschäft – auch dokumentiert in einzelnen Transaktionen – abgelaufen war. Dieser Blick in die Vergangenheit bietet keine gute Basis, um den Bedarf für die Zukunft zuverlässig planen zu können.

Planung heißt nicht genau abzurechnen, sondern in die Zukunft zu sehen

Hier setzt Supply-Chain-Management ein mit dem Ansatz, im Idealfall die Produktion jedes einzelnen zu liefernden Stückes - wie bei DELL - auf der Basis konkreter Aufträge von der Auslieferung beim Kunden bis zum Zulieferer rückwärts zu planen. Dies bietet die Möglichkeit, sich für die Planung nicht mehr auf Vorausschätzungen abstützen zu müssen, sondern auf abgesicherte Aufträge. Die Planung im Supply-Chain-Management zielt also darauf, den einzelnen Kundenauftrag als Planungsbasis zu nutzen und damit die Produktion des einzelnen Produktes für einen Kunden nicht mehr aus der Abschätzung zu planen sondern vielmehr in einem 'Pull-Ansatz' zuverlässig zu 'managen'. Die Vorteile für den Kunden und das Unternehmen liegen auf der Hand. Der Kunde erhält sein Produkt genau zum zugesagten Termin und das Unternehmen produziert genau das individuelle Produkt und schleust dieses ohne Zwischenlager möglichst schnell zum jeweiligen Kunden.

Nur eine übergreifende Planung kann die Zwischenpuffer eliminieren

Solange Unternehmen mit ihrer Disposition an Firmengrenzen halt machen und Termine und Mengen nur in eigener Hoheit planen, ist an jeder Firmengrenze mindestens eine Woche Pufferzeit und ein entsprechend großer Sicherheitsbestand am Lager erforderlich. Wenn sich dagegen mehrere Unternehmen einer Leistungskette (Supply-Chain) abstimmen und gemeinsam die Termine und Mengen der gemeinsamen Leistungskette nach dem Kanban-Prinzip aber basierend auf Kundenaufträgen disponieren, können gerade hier große Einsparpotentiale realisiert werden. Auch diese neuen Geschäftsprin-zipien basieren auf integrierten IT-Lösungen und funktionieren nur durch direkte Kommunikation zwischen den IT-Systemen der Geschäftspartner. Supply-Chain Management ist ein neuartiges Konzept, um beliebige ERP- und Logistiksysteme innerhalb eines Unternehmens aber auch eines Verbundes mehrerer Partner im virtuellen Unternehmen zu koppeln. Er unterstützt die

Disponenten des Produzenten dabei, Termin- und Mengen-Kollisionen kurzfristig zu beseitigen, die Flexibilität bei schnell abzuwickelnden Aufträgen zu erhöhen und eine bessere Zuverlässigkeit bei der Einhaltung zugesagter Liefertermine beim Kunden zu gewährleisten.

Betrachtet man die heute installierten ERP-Systeme in Unternehmen, so stellt man fest, dass diese im Mittel sieben Jahre alt sind. Die administrativen und operativen Funktionen werden noch zufriedenstellend erfüllt. Es wäre höchst unwirtschaftlich, diesen Teil der Anwendungssoftware zu ersetzen – schließlich war die Einführung ja auch teuer genug. Vielmehr sollte es das erklärte Ziel sein, diese Funktionen zu bewahren und zu pflegen. Die dispositiven und optimierenden Funktionen hingegen sind den heutigen Anforderungen meist nicht mehr gewachsen und bilden bestenfalls lokale Optima in einem Glied der Leistungskette. Mehrere lokale Optima bewirken jedoch kein Gesamtoptimum für Durchlaufzeit, Lagerumschlag und Termintreue. Auch fehlt im Unternehmen meist ein übergreifendes Controlling für die gesamte Leistungskette und ohne aktuelle durchgängige Zahlen kann kein Logistikverbund wirkungsvoll gesteuert werden.

Unternehmen erkennen zunehmend die Defizite funktionaler ERP Systeme

Diese Aussagen werden auch durch eine aktuelle Untersuchung der Brill Beratung bestätigt. Danach antworteten Manager auf die Frage was sie anders machen würden, wenn sie ein zweites Mal ein ERP System einzuführen hätten:

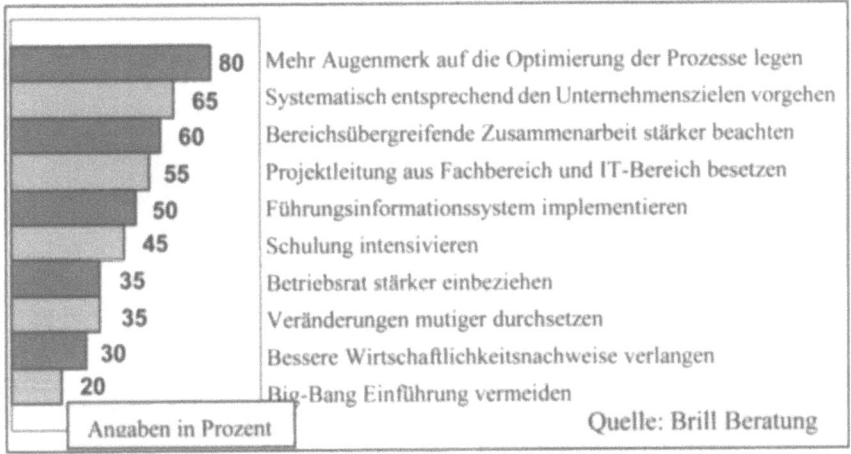

Abb. 4-3: *Viele Unternehmen sehen nach Einführung von ERP andere Prioritäten als vorher*

Dieses Ergebnis belegt, dass ERP Systeme alleine nicht die Lösung für die Aufgabenstellungen der Zukunft liefern können, nämlich die Optimierung übergreifender Prozesse (Supply-Chain-Management) in der Zusammenarbeit zwischen mehreren Funktionen – auch besonders über Unternehmensgrenzen hinweg. In vielen Fällen sind bisher die Hintergrundsysteme implementiert und müssen nunmehr 'externalisiert' werden, so dass sie mit denen der Geschäftspartner gekoppelt werden können.

Auf diese Aufgabenstellung der Leistungskettenoptimierung «Supply-Chain-Management» haben sich Unternehmen wie z.B. I2-Technology und Manugistics spezialisiert und I2 RHYTHM zählt hier zu den weltweit führenden Systemen. Das I2 RHYTHM System kann in einer offenen Integration mit unterschiedlichen ERP-Systemen kooperieren und diese auch über Unternehmensgrenzen hinweg in einer Leistungskette im Ablauf optimieren.

Um einen Prozess optimieren zu können, muss er erst klar definiert sein

Um eine übergreifende Prozessoptimierung erreichen zu können, müssen zuerst die Geschäftsprozesse in ihrer Gesamtheit analysiert und in einer Software dargestellt werden. Dies ist ein völlig anderer Ansatz als die Implementierung von Geschäftsprozessen als Teilfunktionen in einem funktional strukturierten System wie SAP R/3. Nachdem die Leistungskette bestimmt ist, kann das Dispositions- und Planungssystem an die operativen Systeme angekoppelt werden und übernimmt dann die Steuerung dieser Systeme.

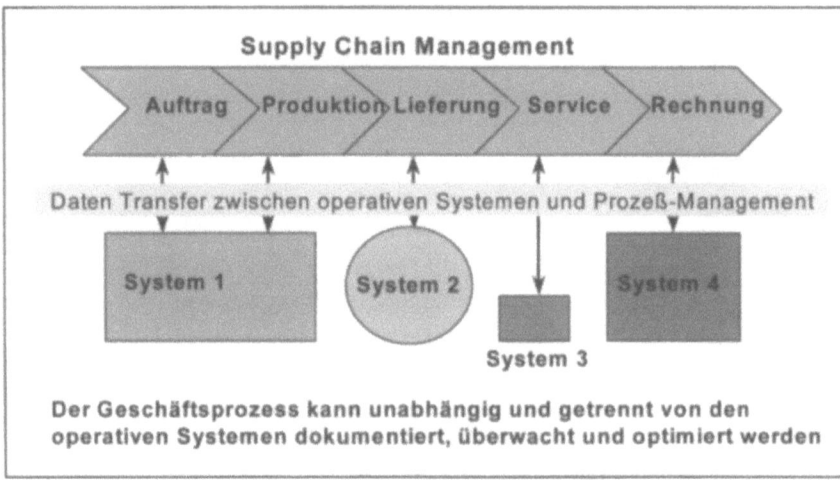

Abb. 4-4: *Operative ERP Systeme werden für die Optimierung*
            der Supply-Chain miteinander gekoppelt

Eine Prozessoptimierung kann nicht durch eine ‚Integration der

Eine Kooperation zwischen Geschäftspartnern kann nicht fordern, dass alle erst dasselbe ERP-System einsetzen, um dann innerhalb eines 'integrierten' Systems zusammenarbeiten zu können. Mit dieser Überbetonung der 'Integration', die z.T. aus dem alten Denken des gesamtheitlich 'integrierten Systems' herrührt, wie es früher propagiert wurde, wird die Idee der offenen Kooperation konterkariert.

Nur durch die Akzeptanz einer Heterogenität und Ausbildung offener Verbindungen kann das Potenzial des Internet erschlossen werden. In der vernetzten Welt kann kein Anbieter alles abdecken und die Fähigkeit für Partnerschaften ist essentiell, um Kooperationen in Supply-Chains ausbilden zu können.

Zunehmend steht dem Kunden ein virtuelles Unternehmen gegenüber

Die Supply-Chain wird länger, wenn Firmen ganze Fertigungsbereiche outsourcen, mittelständische Firmen sich in mehrere Firmen aufgliedern, Großfirmen wesentliche Vorproduktionsabteilungen auflösen oder verselbständigen und bisher eigengefertigte Komponenten zukaufen. Wenn die rechtlich unabhängigen und IT-technisch heterogen ausgestatteten Partnerfirmen, die in einer Supply-Chain zusammenarbeiten, ein virtuelles Unternehmen bilden mit einer gemeinsamen Planung von Terminen und Mengen, so können durch die virtuelle Disposition die Planungssicherheit erhöht, die Gesamtdurchlaufzeit verkürzt und die Sicherheitsbestände deutlich verringert werden. Solche komplexen Supply-Chains sind nur noch beherrschbar, wenn sie bewusst analysiert und implementiert werden.

Derartig über mehrere Unternehmen verteilte und gekoppelte Geschäftsprozesse führen immer mehr zu virtuellen Unternehmen, wo evtl. letztlich dem Kunden nur noch der Vertragspartner gegenübersteht, der alle Leistungen der Lieferanten koordiniert.

Was macht nun dieses gesamtheitliche Supply-Chain Management im wesentlichen aus?

☐ Transparenz der Informationen für den Kunden während der Produktherstellung und Lieferung.

☐ Direkter Datenaustausch zwischen IT-Systemen der einzelnen Funktionen in der Supply- und Delivery-Chain in Form von Nachrichten.

☐ Konsolidierung von Informationen aus den einzelnen Systemen zum Betrieb von übergreifenden online Planungsmaschinen.

☐ Steuerung der Einzelfunktionen aus der übergreifenden online Planung.

☐ Eliminierung aller Pufferlager und Wartezeiten aus dem Gesamtprozess vom Auftrag bis zur Lieferung durch schnellen und effizienten Informationsaustausch.

☐ Beschleunigung des Lagerumschlags durch bessere Planung und beschleunigte Prozesse.

☐ Verbesserung der Auslastung einzelner Funktionen der Supply-Chain durch präzisere und aktuellere Planung.

☐ Beschleunigung von Entscheidungen und deren Fundierung durch aktuelle Information.

☐   Wandlung von Geschäftsmodellen von «build-to-stock» (Produktion auf Lager und Abverkauf) zu «build-to-order» (Produktion auf konkrete Kundenbestellung).

☐   Förderung und Verbesserung der Zusammenarbeit von Geschäftspartnern und Bereichen innerhalb von Unternehmen.

☐   Schaffung einer Zielorientierung in Projekten und Beschleunigung der Umsetzung, so dass die Kosten schnell wieder hereingeholt werden – kurzfristiger «Pay-back».

☐   Verminderung des eingesetzten Kapitals und Verbesserung des Ergebnisses und der Rendite.

Die Verbesserungen durch Optimierung von Prozessen sind beweisbar

Es sind also eine ganze Reihe von Verbesserungen und Vorteilen, die das Supply-Chain Management verspricht – und die Ergebnisse in vielen Projekte belegen, dass die Versprechungen – im Unterschied vielleicht zu vielen früheren Erfahrungen mit reinen IT-Projekten – auch eingelöst werden. Voraussetzung ist, dass Supply-Chain Management nicht als alleinige ‚Übung' des IT-Bereiches verstanden werden darf, sondern vielmehr der Anstoß von der Fachseite bzw. besser von der Führung kommen muss.

Nur von Kunden erhaltenes Geld ist wirklich verdient

Die amerikanischen Buchführungsregeln fordern für die Abrechnung von Projekten, dass Umsatz erst gebucht werden kann, wenn ein Gesamtprojekt beim Kunden abgeliefert ist, und nicht bereits während der Realisierung. Als Gedankenmodell ist es interessant, sich vorzustellen, dass auch der Umsatz für die Komponenten eines Zulieferers erst mit dem Verkauf des Endproduktes an den Kunden gebucht werden könnte. Wie würde das die Kundenorientierung fördern und alle Partner dazu bringen auf den Kunden gerichtet so zusammenzuarbeiten, dass möglichst schnell Umsatz mit dem Endprodukt erreicht würde – und nicht z.B. auf Lager produziert.

Wie in dem Beispiel der Lufthansa Cargo angeführt, kann im Zeitalter der integrierten Supply-Chains auch ein Logistikpartner nicht mehr alleinstehend planen, sondern muss sich in die Leistungskette einklinken um auf der Basis der vorausschauenden Bedarfsplanung seine Kapazitäten bereitstellen zu können oder aber auch im Individualfall an einer 'außergewöhnlichen' Lösung mitzuarbeiten. Zulieferer bzw. Dienstleister qualifizieren sich immer mehr als Systemanbieter oder «Simultaneous-Engineering» Partner und nehmen ihren Kunden die Abwicklung komplexer Prozesse ab.

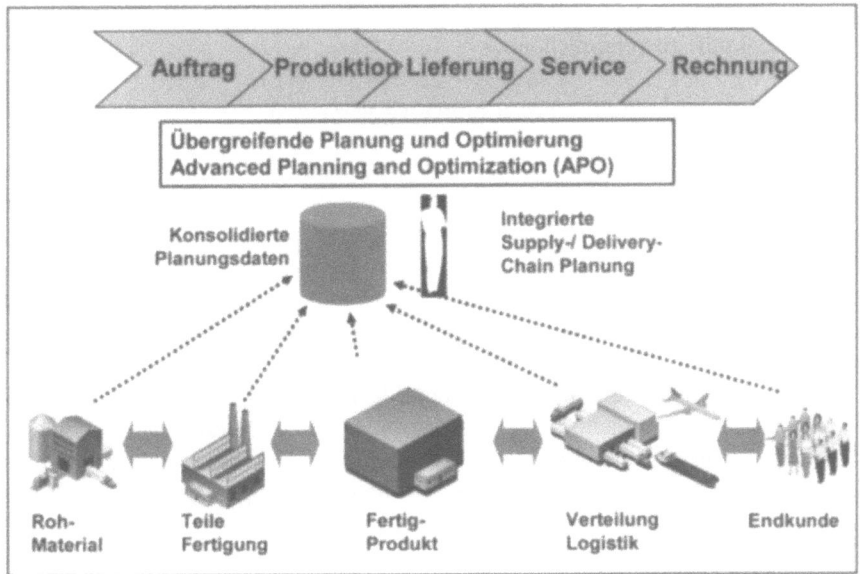

Abb. 4-5: *Supply-Chain Management verbindet Funktionen durch einen bidirektionalen Informationsfluss und konsolidiert Daten aus diesen für die übergreifende Planung*

Aus 'offline' Planung wird 'online' Management

Der Schlüssel zu derartigen Lösungen liegt in neuartigen ‚Planungsmaschinen' «Planning Engine», die einen Geschäftsprozess in Realzeit und einem Regelkreis optimieren können anstelle von Planungen, die entkoppelt von der Echtzeit ablaufen und damit oft nicht aktuell sind.

I2 RHYTHM z.B. bietet 'schnelle' Planungssoftware, die in der Lage ist, einen Planungsprozess, der früher Stunden in Anspruch nahm, praktisch in Echtzeit durchzuführen und damit die Produktions-Planung zum Produktions-'Management' zu machen. Das bedeutet, dass der Produktionsprozess als Regelkreis geführt werden kann, in dem nicht mehr geschätzter Bedarf vorgeplant wird, sondern im Idealfall die Herstellung jedes einzelnen Produktes – also Losgröße 1 – auf der Basis gesicherter Informationen optimiert werden kann. Damit entfallen Zwischenlager fast vollständig und der Liefertermin kann individuell zuverlässig genannt werden. Diese Zusage geht nicht mehr von Annahmen aus, sondern basiert vom Zulieferer bis zur Spedition auf detaillierten und gesicherten Verfügbarkeiten. Die Flexibilität des Produktionsmanagements geht so weit, dass für die Lieferung eines einzelnen Kundenauftrages nicht nur die Produktion 'gemanaged' wird, sondern auch der Lieferweg. So ist es z.B. möglich, bei einer Verzögerung der Produktion evtl. durch Wahl einer anderen Versandart doch noch den zugesagten Liefertermin beim Kunden zu halten.

Die Daten für die Planung werden dabei aus den vorhandenen Systemen gewonnen und damit bietet der neue Ansatz die Chance, Bestehendes optimal zu nutzen und zu verbessern, anstatt wieder mit einer neuen Umstellung die bessere Zukunft zu versprechen.

Die Planung wird mit operativen Systemen verknüpft

Wesentlich ist, dass diese neuen Supply-Chain-Management Systeme in Kooperation mit den bestehenden operativen Systemen arbeiten können und aus diesen die nötigen Daten für eine Planung ableiten bzw. andererseits Aufträge an diese Systeme geben können. Damit können die bestehenden operativen Systeme unangetastet bleiben und müssen nur für den Aspekt der optimalen Disposition in einer Supply-Chain mit einem neuen Planungssystem ergänzt werden.

Wichtig ist auch die Fähigkeit, heterogene operative Systeme in einer Supply-Chain zusammenbinden zu können. Dazu muss die Kommunikation zwischen unterschiedlichen Systemen auch als Teil des Planungssystems implementiert sein und es kann nicht davon ausgegangen werden, dass eine übergreifende Planung nur innerhalb eines homogenen Systems möglich wäre. Gerade unter dem Aspekt des virtuellen Unternehmens ist die Beherrschung von Heterogenität in IT-Systemen von besonderer Bedeutung.

Hierfür werden bestehende Systeme eng miteinander verknüpft, so dass sie online Daten austauschen können wie: Verfügbarkeitsinformation, Aufträge, Beschaffungsanträge, Lagerbewegungen, etc.

Eine zentrale Rolle bei dieser Integration spielt das zentrale Dictionary oder Repository, welches die Datendefinitionen der verschiedenen Systeme, die zusammengebunden werden sollen, dokumentiert. Nur wenn es gelingt, ein über mehrere Systeme einheitliches Verständnis der verfügbaren Daten und Funktionen zu erhalten, können Systeme sinnvoll miteinander kooperieren. Der Aufbau des Repository ist gleichzeitig ein wichtiger Schritt, um zu diesem übergreifenden bzw. manchmal auch überhaupt ersten wahren Verständnis der Daten und Funktionen zu gelangen.

Als Beleg für die Leistungsfähigkeit dieses Ansatzes mag ein weiteres Mal die Firma Dell gelten, die ihre PC-Produktion mit I2 RHYTHM plant und damit in der Lage ist, für ein Massenprodukt ein individuelles Stück innerhalb von 5 Tagen zu produzieren und zu liefern. Es werden also Millionen PCs als Summe von Einzelaufträgen geplant, gefertigt und geliefert - nicht mehr in Masse produziert, auf Lager gelegt und abverkauft, wie das bei traditioneller Fertigungsplanung der Fall war. Dies Beispiel gibt einen Ausblick, was mit dem Ansatz des Liefermanagement (Delivery-Chain) – nicht mehr nur Produktionsplanung - möglich ist und in Zukunft den Wettbewerb bestimmen wird.

‚Supply-Chain-Pioniere' wie DELL weisen den Weg zu neuen Lösungen und das Beispiel von DELL - wo man sich bewusst gegen eine aufwendige Einführung eines ERP-Systems entschieden hat - zeigt auch, dass derartige Lösungen oft schneller implementiert werden können, als komplexe ERP-Systeme. Der wesentliche Grund dafür liegt in der Tatsache, dass eine 80-

Prozent Lösung eines Problems oft nur 20 Prozent der Kosten und des Zeitaufwandes einer 100-Prozent oder gar einer 120-Prozent Lösung verursacht. Lösungen wie bei DELL zielen zuerst bewusst nur auf 80 Prozent, bringen diese Funktionalität schnell zum Einsatz und passen sie dann flexibel an sich ändernde Anforderungen an.

Diese Software kann in vielen Fällen eine Antwort geben für die Funktionalität, die heute häufig noch in den ,Legacy-Systemen' steckt und bisher nicht erneuert werden konnte.

Aber auch Traditionsunternehmen der High-Tech Branche erschließen sich die Vorteile des Supply-Chain Management wie das Beispiel von Infineon, dem ehemaligen Halbleiterbereich von Siemens zeigt:

In Zusammenarbeit mit i2 Technologies, KPMG und Siemens Business Services wurde auf Basis des RHYTHM-Unternehmensmodell für Budget- und Prognoseplanung erstellt als "virtueller Planungstisch", mit dem alle am Planungsprozess Beteiligten Plandaten in Echtzeit synchronisieren können. Das neue Modell hat bei Infineon bereits zu einer deutlich schnelleren und präziseren Abstimmung der Planung für über 5.000 Produkte auf den aktuellen Bedarf geführt.

Mit der neuen Lösung konnte von vierteljährlicher auf monatliche Planung umgestellt werden und der Planungszyklus von mehreren Monaten auf eine Woche reduziert. Durch die erhöhte Transparenz und Geschwindigkeit, die das neue System bietet, kann der Bedarf und Kapazität optimal in Relation bringen und dabei die gebracht werden und Anforderungen der Kunden einbezogen.

Das Unternehmensmodell übernimmt die globale Kapazitätsplanung für alle logischen Unternehmensbereiche. Damit das Projekt auch ohne Standard-ERP-Backbone durchgeführt werden kann, wurde eine Logistikdatenbank implementiert, die als globales Data Warehouse für die von dem Modell verwendeten Planungs- und Logistikdaten dient.

Infineon optimiert und beschleunigt mit dieser Lösung Geschäftsabläufe von der Bedarfsprognose in den Marketingabteilungen bis hin zur täglichen Fertigungsplanung in den Produktionsstätten. Electronic Business zwischen Unternehmen (B2B) erfordert einen extrem hohen Grad an Effizienz und den entsprechenden Servicegrad zum Kunden. Genau das wird mit dieser Lösung erreicht, weil es die dafür notwendige, bereichsübergreifende Transparenz und Integration schafft.

Das Unternehmensmodell erhält monatliche Prognosedaten aus dem in der ersten Projektphase implementierten RHYTHM Demand Planner. Der Zyklus beginnt mit einem Just-in-Time-Plan, der dann in mehreren Abstimmungsphasen von den verschiedenen Planungsstellen optimiert wird. Das Ergebnis ist ein realistischer, an die Anforderungen sämtlicher Infineon-Geschäftsbereiche angepasster Gesamtplan. Die darin enthaltenen Kapazitäts- und Prognosedaten werden über die Logistikdatenbank an die verschiedenen Bereichsmodelle übermittelt.

4.2.3 Prozessoptimierung ist mehr als nur Supply-Chain Management

Während bisher viele Unternehmen nur den Supply-Chain Prozess betrachten und auch oft nur dafür Lösungen von Software-Anbietern geliefert werden, gehen einige wie z.B. i2 Technologies schon weiter und wenden dieselben Prinzipien der Prozessoptimierung auch auf andere Prozesse an:

- Einkaufprozess – mit Ausschreibungen (Procurement)
- Verkaufsprozess (Commerce)
- Auftragsabwicklung (Fulfillment)
- Rechnungslegung und Bezahlung (Payment)
- Pflege des Kundenkontakts (Customer Care)
- Produkt-Lebenszyklus (Product Life Cycle Management)
- Strategische Unternehmensplanung (Strategic Corporate Planning)

Alle diese Prozesse werden heute bereits mit Lösungen des Electronic Business unterstützt und bei allen lassen sich wesentliche Verbesserungen erreichen.

4.3   Elektronische Marktplätze bringen Geschäftspartner zusammen und sind die ‚Knoten' im Partnernetz

Während die Supply- / Delivery-Chain oder Leistungskette die Organisation einer linearen Prozesskette zum Ziel hat gehen aktuelle Lösungen einen Schritt weiter. Statt für eine bestimmte Funktion nur mit einem Partner zu kooperieren, werden auf sogenannten elektronischen Marktplätzen jeweils mehrere Geschäftspartner – Anbieter bzw. Abnehmer – im Business-to-Business Geschäft zusammengebracht, um z.B. mit einem gezielten Einkauf oder Beschaffung die günstigsten Einkaufspreise zu erzielen, in einer Aus-schreibung das günstigste Angebot auszuwählen, in einer Auktion bestimmte Produkte meistbietend zu verkaufen oder in einer inversen Auktion die besten Konditionen für einen konsolidierten Bedarf erzielen etc.

Mit dem Aufkommen von Kommunikationsnetzen zwischen Computern wurde EDI (Electronic Data Interchange) in Geschäftsprozesse integriert, um Auftragsdaten, Rechnungslegung, Lieferdaten und andere Transaktionen zwischen Unternehmen direkt austauschen zu können. Mit dem Auftauchen des Internet konnten diese Lösungen durch kostengünstigere Kommunika-tionsstrecken ersetzt werden. Die in EDI beschränkten Datenaustauschformate wurden durch andere objektorientierte Beschreibungsverfahren wie «CORBA» oder «XML» ersetzt und damit der Austausch komplexerer Daten-strukturen ermöglicht.

Existierende Lösungen kommunizieren nur transaktionsorientierte Information und erlauben es nicht:

- ☐   Planungsdaten auszutauschen.
- ☐   Mehrere Unternehmen in einer Leistungskette zu verbinden.
- ☐   Vergleiche der Angebote mehrerer Anbieter zu organisieren.
- ☐   Automatisch Prozesse zu koppeln, die dann keine menschlichen Eingriffe mchr erfordern.
- ☐   Gemeinsame Datenräume für Planungszwecke aufzubauen.
- ☐   Unternehmensübergreifend zu steuern.

Zunehmend werden elektronische Marktplätze (e-marketplaces) wie z.B. das offene TradeMatrix.com (auf Basis der i2 Technologie) oder auch MySAP.com von SAP eröffnet, auf denen nicht nur Endkunden einkaufen, sondern auch Produktangebote zwischen Unternehmen gehandelt werden. Z.B. nutzen einige Anbieter bereits das Internet, um Lagerbestände zu Sonder-konditionen anzubieten oder zu versteigern, so dass sie schnell umgeschlagen werden können. Auch Angebotsanfragen des B2B Geschäftes werden über Marktplätze abgewickelt, indem Anfragen auf dem speziellen Marktlatz wie z.B. www.steel.com für den Stahlhandel ausgeschrieben werden und damit Anbieter eingeladen, ihre Angebote elektronisch zu unterbreiten. Es finden wie bei Priceline.com also praktisch 'inverse' Auktionen statt, bei denen der Kunde eine Anfrage stellt und dann nicht der höchste Verkaufpreis, sondern das günstigste Angebot gesucht wird. Diese Prozesse laufen typisch sehr schnell ab und helfen damit, einen Bedarf schnell decken zu können und so für den Endkunden reaktionsfähig zu sein.

Elektronische Marktplätze erfordern die Fähigkeit zur Interaktion und können nicht durch Integration aufgebaut werden

Die Funktion von elektronischen Marktplätzen baut auf der Interaktion über Verbindungsstellen auf. Diese Interaktion wird nicht durch die Integration von Systemen erreicht, sondern durch Öffnung zur Kooperation. Nur wenn die einzelnen Funktionen über Kommunikationsstrecken verknüpft werden können, wird es möglich, 'fremde' Unternehmen mit jeweils unterschiedlichsten IT-Lösungen so zu verbinden, dass sie in einem Prozess wie eine Einheit funktionieren können.

Traditionelle Unternehmen engagieren sich stark bei elektronischen Marktplätzen

Besonders die Automobilindustrie wird bei Marktplätzen aktiv. Ford baut Auto-Xchange, einen Marktplatz auf dem 30.000 Lieferanten koordiniert werden sollen. General Motors betreibt Trade-Xchange. Weltweit forschen Automobilbauer, wie sie durch umfassende Vernetzung Geld sparen können. Zunehmend verlagert sich die Kommunikation zwischen Unternehmen von privaten Netzen mit EDI ins Internet. Intern sinnen auch BMW, VW, Opel und Daimler-Benz, wie sie das Internet kostensparend einsetzen können. BMW-Specher Magnus Wiese sagt: „Intranet und Internet sind das Rückgrat unseres Konzerns geworden. Steuerung und Management wären ohne Intranet nicht mehr denkbar."

4.3.1 Funktionen elektronischer Marktplätze

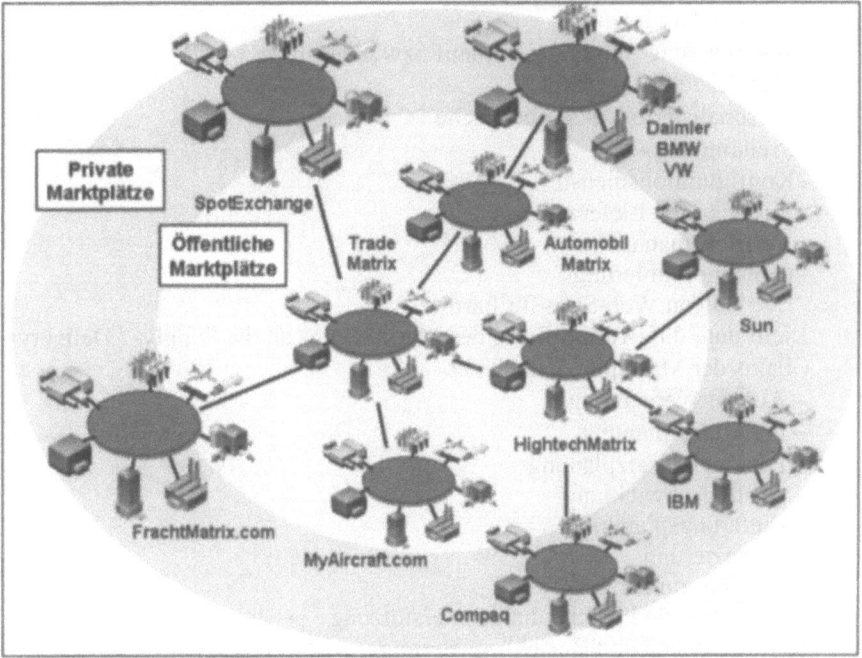

Abb. 4-6: *Es existieren verschiedene Arten von Marktplätzen - oft miteinander verbunden*

Ein elektronischer Marktplatz bietet:

☐ Ein **Portal** für den Zugang zu einem bestimmten Thema wie: Einkauf, Produktion, Logistik, Automobile, Krankenhausausstattung u.v.a.m. oder auch ABC Konzern, XYZ Unternehmen

☐ **Inhalt**, d.h. alle möglichen verfügbaren Informationen zu dem Thema: Kompendien, Kataloge, Normen, Verfahrensdokumentation bzw. auch Verweise auf andere Web-Sites, die sich mit dem spezifischen Thema befassen

☐ Allgemeine **Dienste** zur Zusammenarbeit von Unternehmen:
  - Einkaufsdienste
  - Verkaufsdienste
  - Lieferdienste
  - Inhalts- und Community-Dienste

☐ **Verbindung** zu anderen Marktplätzen, d.h. zu einem vertikalen Thema kann z.B. auf Marktplätze horizontaler Fähigkeiten zugegriffen werden, die für das vertikale Thema von Bedeutung sind: Produktion, Logistik

☐ **Standardfunktionen** für die Durchführung von Beschaffungen, Aus schreibungen:

- Gemeinsamer Einkauf
- Optimierte Nachbestellung
- Inverse Auktionen
☐ **Elektronische Shops** für Verkauf bzw. Auktionen wie:
- Nachfragemanagement
- Personalisierte Nutzeroberfläche
- Preisfindung
- Konfigurationsdienste
- Zuverlässige Lieferzusagen
- Vertriebsmanagement
- Gewinnoptimierung
- Betrieb von Web-Sites für Partner
☐ Lieferung, d.h. **Ankopplung** des Marktplatzes an die Supply- / Delivery-Chains der Marktplatzteilnehmer
  - Auftragsverwaltung
  - Fertigungsplanung
  - Personaleinsatzplanung
  - Auftragsabwicklung
  - Lieferungsplanung
  - Finanzierung
  - Reparaturannahme
  - Operationale Entscheidungsunterstützung
☐ Kundenservice und **Beziehungsmanagement**
  - Help-Desk
  - Auftragsstatusabfrage
  - Automatisiertes Call-Center
  - Produkt Spezifikation, Problembehebung, Fragenbeantwortung
☐ **Bezahlfunktionen**

Für die Beschaffungsseite (Procurement) soll die folgende Aufstellung zeigen, wie umfangreich die Dienste eines Marktplatzes sein können:

Partner Qualifikation	Partner Auswahl	Bestellung Lieferung	Überwachung Reporting
Bedarfsplanung	Vertragswesen	Lieferplanung	Logistik-
Finanzinformation	Produkt-	Vorausplanung	Überwachung
Leistungsfähigkeit	Spezifikation,	Kapazitäts-	Lieferverfolgung
möglicher Partner	Preise	disposition	Lieferdisposition

Die Partnerqualifikation unterstützt die Auswahl durch Entscheidungslisten auf Basis ausgewählter Kriterien.

Nach der Partnerauswahl werden mit gelisteten Partnern Verfahren für Ausschreibungen und Angebote festgelegt. Dazu wird der Datenaustausch entworfen und bestimmt, welche Daten den jeweiligen Partnern verfügbar gemacht werden sollen.

Für die geplante Bestellung können Partner auf denselben Bedarfsdaten aufsetzen und den Ablauf von der Planung bis zur Durchführung gemeinsam gestalten. Für ungeplante Beschaffung wird die Anfrage an Partner automatisiert auch mit Zugriff auf die Kataloge von Marktführern in dem entsprechenden Bereich.

Alle Abläufe, Mengen, Zeiten etc. werden mit leistungsfähigen Reporting-Werkzeugen dargestellt und überwacht, so dass viele Entscheidungen durch die Informationsaufbereitung vorbereitet oder gar automatisiert werden können.

In Summe also sind elektronische Marktplätze:

☐   Ein gemeinsames B-to-B Portal gestaltet und vermarktet von allen Partnern.
☐   Mehrwertdieste für alle Arten von Funktionen und alle Beteiligten.
☐   Verbindungsstelle zu anderen Marktplätzen und Diensten.
☐   Anbindung von Konsumenten-Portalen und e-Shops.

Elektronische Marktplätze entstehen in mehreren Formen:

Öffentliche Marktplätze und private; horizontale und vertikale

☐   Öffentliche Marktplätze führen mehrere Kunden und Lieferanten in einer Mehrfachbeziehung (many-to-many) zusammen dienen dazu, öffentliche Transaktionen wie Vertrieb, Auktionen, Ausschreibungen, Bedarfs-konsolidierung, Zusammenarbeit, allgemeine Information abzuwickeln. Sie präferieren keinen Teilnehmer und niemand hat irgendwelche Kontrolle darüber. Öffentliche Marktlätze beinhalten fast immer auch einen elektronischen Vertriebskanal für mehrere Teilnehmer am Marktplatz. Da mehrere Anbieter vertreten sind, kann der Kunde leicht die einzelnen Angebote miteinander vergleichen. Sie bieten dem einzelnen Teilnehmer: Transparenz der Wettbewerbsfähigkeit, Zugang zu größerer Nachfrage, Zugang zu neuen Kunden, koordinierte Auslieferung der Bestellungen bei mehreren Lieferanten.

☐   Private Marktplätze sind die Drehscheibe innerhalb eines Unternehmens oder zwischen Geschäftspartnern zur Verbindung der Supply-Chain, um z.B. die Kommunikation mit mehreren zugelassenen Lieferanten bzw. Logistikpartnern abzuwickeln (one-to-many). Der private Marktplatz wird von einem Käufer bzw. Lieferanten gestaltet und ist primär für dessen Nutzen bestimmt.

☐   Horizontale Marktplätze fassen mehrere Anbieter mit denselben Fähigkeiten zusammen z.B.: Produktion, Marketing, Logistik, etc. Sie bieten
dem Besucher Zugang zu mehreren Anbietern einer Kompetenz und
damit Vergleichbarkeit aber auch Sichtbarkeit für Interessenten.

☐   Vertikale Marktplätze sind industriespezifisch z.B.: Automobile, High-
tech, Lebensmittel, Krankenhäuser, Ärzte, Steuerberater etc. Sie bieten
einem Teilnehmer eine Umgebung, in der er alles zu einem bestimmten
Thema findet, vom Produktangebot bis zur Dienstleistung.

Oft sind vertikale Marktplätze mit horizontalen gekoppelt, um die verfügbaren
Fähigkeiten dem vertikalen Bedarf zuzuführen.

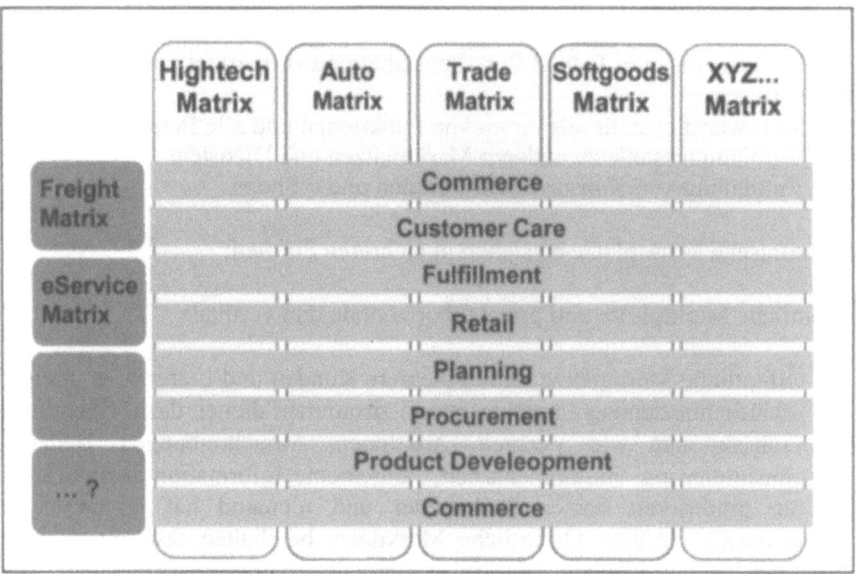

Abb. 4-7:   *Vertikale und horizontale Marktplätze erfüllen unterschiedliche Anforderungen*
(Spezifisches Produkt vs. allgemeine Dienstleistung/Fähigkeit)

Im folgenden sollen die einzelnen Funktionen näher beschrieben werden:

Portal

Das Portal versammelt möglichst alle an dem Thema des Marktplatzes
interessierten Nutzer und führt sie auf den Marktplatz. Dazu werden auch Verweise auf anderen Web-Sites angebracht und evtl. Werbung für den Marktplatz gemacht. Frameworks zum Aufbau von Portalen bieten Editierungs-
werkzeuge, Datenbanken, Nutzerverwaltung, Zugangskontrolle etc.

Inhalt

Der Markplatz bietet z.B. Kataloge mit Produkten zu dem Thema. Die Firma Aspect hat einen Katalog mit über 17 Millionen Artikeln aufgebaut und Sypplybase pflegt einen Katalog mit 100.000 Lieferanten, deren Fähigkeiten, Stellung im Markt, Zertifikate etc. In derselben Weise existieren weiter Kataloge mit allen möglichen Informationen, wobei besonders aktuelle Preise immer verfügbar sind und evtl. automatisch Veränderungen überwacht werden und eine Auswahl getroffen wird. Frameworks zur Pflege von Inhalten bieten Katalogaufbau und -pflege, ‚Publishing' Werkzeuge für multimediale Inhalte etc. Kundenspezifische Produkte und die Fähigkeiten der Hersteller werden in Datenbanken dokumentiert, um die Auswahl zu erleichtern.

Verbindung zu anderen Marktplätzen

- Projektzusammenarbeit zielt auf die Planung der Aktivitäten und Beschaffung der für den Prozess benötigten Güter
- Entwurfszusammenarbeit hat zum Ziel, bereits im Entwurf das kostengünstigste und einzigartige Produkt erzeugen
- Vorausplanungszusammenarbeit bedeutet den frühzeitigen Austausch von Bedarf zwischen Kunden und Lieferanten, um eine effiziente Produktionsplanung auf beiden Seiten zu erlauben
- Kapazitätsaustausch ermöglicht in einigen Industrien die Zuweisung von Produkterzeugung an Partner zur bestmöglichen Planung und Auslastung von Kapazitäten und Fähigkeiten

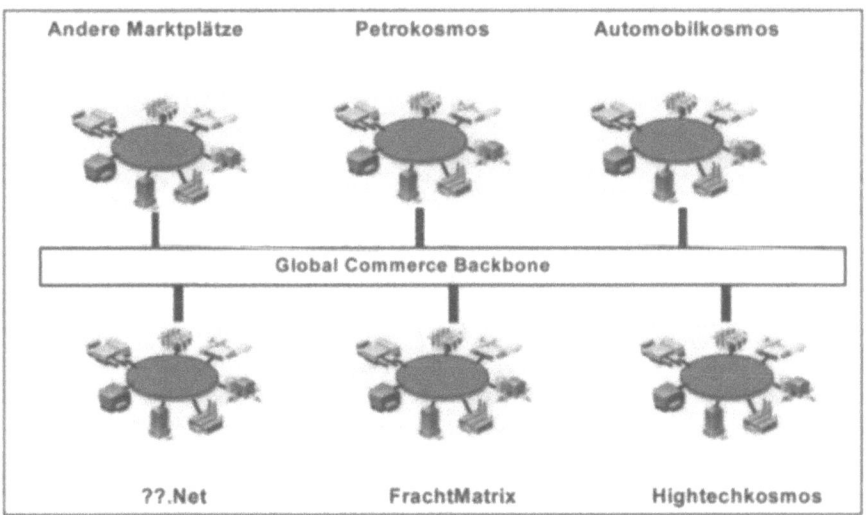

Abb. 4-8: Die Vision ist eine gemeinsame weltweite 'Verbindungsschiene'
zwischen verschiedenen Industrien

Standardfunktionen

Ein elektronischer Marktplatz bietet eine Reihe von Standardfunktionen zum Aufbau von vielfältigen Diensten:

☐ Workflow Rahmen für unterschiedliche Anwendungen
☐ Repository für die Beschreibung von Metadaten
☐ Übersetzung der Verbindungsstellen zwischen heterogenen Systemen
☐ Authentisierung und Autorisierung von Nutzern
☐ Verschlüsselung sensibler Daten
☐ Firewall Funktionen zur Ankopplung an das öffentliche Internet
☐ Hochverfügbarkeit
☐ Workflow Management
☐ Nachrichtenmanagement
☐ Überwachung und Steuerung des Betriebs

Insgesamt wird der Nutzen des Marktplatzes größer, je mehr Funktionen genutzt werden.

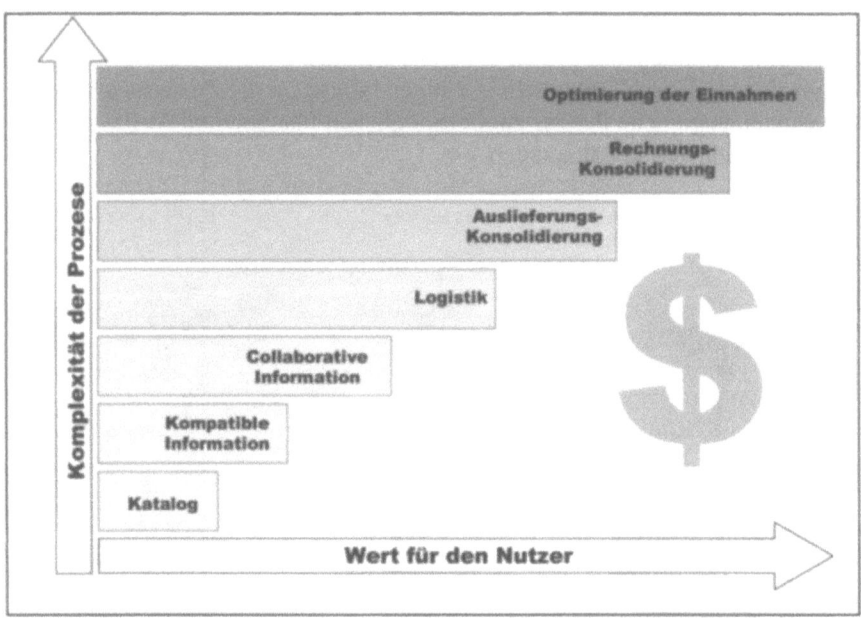

Abb. 4-9: *Je mehr kollaborative Dienste im Electronic Business genutzt werden, desto größer ist der Nutzen*

Auch im B-to-B Geschäft halten drahtlose Dienste Einzug

Mobiltelephon, Personal Digital Assistant und Pager werden auch zu Arbeits-
geräten im B-to-B Geschäft. Damit werden Lagerführung, Service, Auskünfte
etc. direkt beim Kunden in jeder Umgebung ermöglicht. Jede Information
kann drahtlos beschafft werden wie: Katalogsuche, Preisauskunft,
Auftragserteilung, Auftragsstatusabfrage, Warnungen bei Änderungen des
Auftragsstatus, Zugriff auf Serviceinformation etc.
   Für diese Aufgaben kann das B-to-B Geschäft auf die Infrastruktur und die
Geräte des Konsumentenmarktes zurückgreifen.

4.3.2 Was sind die Erfolgsfaktoren und wer profitiert von elektronischen Marktplätzen

Für den Erfolg von Marktplätzen sind mehrere Faktoren klar auszumachen:

Markt- bzw. Industriecharakteristika: Jede Industrie hat ihren individuellen
Bedarf und muss entsprechend spezifisch bedient werden. Es ist hilfreich und
fördert das Vertrauen, wenn an einem Marktplatz ein Partner mit Know-how
aus der entsprechenden Industrie beteiligt ist.

Grosse Zahl von Anbietern und Käufern: Ein Marktplatz wird nur attraktiv,
wen er von einer großen Community frequentiert wird.

Hohes Geschäftsvolumen: Nur wenn auf einem Marktplatz nennenswerte
Umsätze getätigt werden, kann er für seine Betreiber interessant sein und hat
ein Chance längerfristig zu bestehen.

Effizienz: Ein Marktplatz muss einen Wertbeitrag auf beiden Seiten des
Handels liefern.

Früh am Markt sein: Viele neu entstandenen e-commerce Unternehmen hatten nur ein Jahr Vorsprung vor ihren Wettbewerbern – das war meist genug.

Partnerschaften: Über einen Marktplatz kann ein Anbieter Partner für Güter
bzw. Dienstleistungen finden, die er nicht selbst anbietet.

Marktwert: Eine hohe Marktbewertung des Marktplatzes macht es möglich,
echte Geschäfte zu kaufen, statt sie selbst aufzubauen.

Der Marktplatz bietet Vorteile für viele Teilnehmer:

Einkäufer haben schnellen Zugriff auf Kataloge, Wettbewerbsangebote und
ermöglichen die Konsolidierung von mehreren Bedarfen in eine Bestellung.
Dies schafft Preisvorteile und Vermindert die Kosten in der Abwicklung von

Bestellungen während gleichzeitig die Zuverlässigkeit bei der Lieferung erhöht wird.

Anbieter erweitern ihre Marktpräsenz indem sie das Geschäft in einem Marktplatz für mehrere potentielle Käufer sichtbar machen.

Einkäufer und Anbieter verbessern ihre Schnelligkeit und Agilität. Liefertreue erfordert genaue und aktuelle Planung und zuverlässige Ausführung. Diese wird in den Marktplätzen ermöglicht durch eine intensive Interaktion und schnelle Kommunikation.

Für **Produktdesigner** bietet sich die Möglichkeit, schnell einen Überblick über den Markt zu erhalten und evtl. Zukaufteile schnell zu finden, so dass bereits beim Design die Marktpositionierung berücksichtigt werden kann und ein Design-to-Cost Ansatz unterstützt wird.

Einzelhändler können den Bedarf genauer erfassen, danach planen und sicherstellen, dass die richtigen Produkte in der benötigten Menge verfügbar sind.

Unternehmen gewinnen mit elektronischen Marktplätzen die Fähigkeit, mit der Komplexität ihrer Geschäftsumgebung besser umzugehen. Kapazitäten und Fähigkeiten können besser eingesetzt werden und Marktchancen besser genutzt werden.

4.3.3 Beispiele zeigen die Perspektiven von elektronischen Marktplätzen

Mehrere Anbieter wie i2 und SAP kündigen die Einrichtung von elektronischen Marktplätzen an, wobei SAP in der Ankündigung eine umfangreichen Thematik abdeckt:

- mySAP.com Marketplace
- SAP Service Marketplace
- Portal for the U.K. Utilities Industry
- Asia Pacific Marketplace
- International eTailing Marketplace
- Online Financial Services from Deutsche Bank
- Internet Marketplace for Human Resources,
- Environment, Health and Safety Marketplace
- One-Stop e-Government Portal
- Automotive Marketplace in Indonesia
- Russian Marketplace for Oil & Gas
- Web-based Trading and Exchange Platform for Energy Products
- Customized Tele-Commerce Marketplaces
- Automotive Suppliers Online Transaction Platform
- Residential Construction Industry Marketplace

Besonders i2 hat schon mehrere Marktplätze jeweils mit Partnern aus der Branche realisiert:

Automobilbranche

Toyota Motor Sales USA (TMS) und **i2** werden gemeinsam unter dem Namen iStarXchange einen elektronischen Marktplatz für den 100 Milliarden Dollar starken US-Ersatzteilmarkt entwickeln und betreiben. iStarXchange ist der erste Business-to-Business (B2B) Marktplatz für Ersatzteile und Serviceleistungen, hinter dem ein großer Automobilhersteller steht.

iStarXchange wird als unabhängiges Unternehmen und auf Grund der offenen Architektur seiner E-Business-Umgebung allen OEMs, Zulieferern, Großhändlern und unabhängigen Betrieben der Automobilbranche offen stehen. "iStarXchange bietet Händlern, Wiederverkäufern und Servicebetrieben wesentliche Vorteile – bei der Suche nach Ersatzteilen ebenso wie bei Preisbildung, Bestellung und Auftragsabwicklung", erklärte J. Davis Illingworth, Senior Vice President für Planung und Entwicklung. "Dieser neue, virtuelle Marktplatz wird allen Gliedern der Lieferkette ermöglichen, effizienter zu arbeiten und durch verbesserten Service die Kundenzufriedenheit zu erhöhen."

Zum B2B-Markt für Autoersatzteile gehören über 160.000 Einkäufer, 66.000 Verkäufer und Millionen Teilenummern. Verfügbare Teile mussten bisher per Telefon, Fax und durch Datenabfragen auf proprietären Systemen ausfindig gemacht werden – ein aufwendiger und daher besonders bei dringenden Aufträgen ineffizienter Prozess.

In der ersten Phase werden Katalog-Hosting, technische Inhalte, Bedarfsplanung, Einkauf und Nachorder, Online-Transaktionen und Online-Abrechnung, Zusammenarbeit zwischen Lieferanten, direkte und umgekehrte Auktionen sowie Beschaffungsplanung implementiert. Weitere Komponenten für optimierte Teileauslieferung, Kundendienst, Auftragserfüllung und Versandüberwachung werden zu einem späteren Zeitpunkt hinzukommen.

Einkäufer erhalten durch iStarXchange direkten Zugang zu Sekundärmarkt-Services – von der Teilebestellung über die Beschaffung indirekter Güter bis zu wertsteigernden Supply-Chain-Diensten. Weitere Pluspunkte sind die erhöhte Transparenz bei der Suche nach verfügbaren Teilen und potenzielle Kosteneinsparungen durch Kaufkraft-Konsolidierung und günstigere Preise.

Verkäufer (OEMs, Zulieferer, Großhändler und Logistikpartner) profitieren durch größere Marktabdeckung, reduzierte Kosten für die Bearbeitung von Anfragen, Echtzeit-Angebote und geringere Lagerhaltungskosten. Deutlich reduzierte Transaktionskosten sowie höhere Effizienz durch verstärkte Zusammenarbeit und Optimierung innerhalb der Lieferkette sind Vorteile, die beiden Seiten zugute kommen.

Renault plant mit **i2** durch auftragsorientierte Produktionsplanung Fahrzeuge künftig innerhalb 15 Tagen nach Eingang der Kundenbestellung ausliefern zu können. Dieses Ziel soll bis Ende 2001 verwirklicht werden. Neben der kürzeren Lieferzeit will Renault auch die Zahl der auf Halde produzierten

Fahrzeuge um die Hälfte senken, um Lieferkosten zu sparen und das Modell-spektrum besser zu vermarkten. Auf diese Weise soll das europäische Ver-triebsnetz des Konzerns mit mehreren Tausend Niederlassungen in 16 Ländern effizienter und kundennäher werden.

Die i2 Lösungen werden bei Renault voraussichtlich bis Ende 2000 implementiert und sollen zu einer stärkeren Integration von Fertigung und Vertrieb beitragen. Mit Hilfe der i2 Tools will Renault die Produktionsplanung für Motoren, Getriebe und weitere Komponenten optimieren.

Mit verbesserten Bedarfsplanungs-Lösungen will es Renault längerfristig erreichen, seinen Kunden ein genau auf ihre Anforderungen hin zugeschnitte-nes Fahrzeug in Rekordzeit zu liefern und den Bestand an nicht verkauften Fahrzeugen deutlich zu verringern. Ziel ist, dass kein Fahrzeug auf einen Käufer und kein Kunde auf ein Fahrzeug warten muss.

Mit dieser neuen Vertriebsstrategie will Renault für sein Vertriebsnetz wichtige Wettbewerbsvorteile erzielen. Die nahtlose Zusammenarbeit zwischen Fahrzeughersteller und Vertriebsorganisation soll genauere Absatz-prognosen und damit schnelleres Reagieren auf Änderungen der Markt-situation ermöglichen.

Luftfahrtindustrie

United Technologies Corp, **Honeywell** und **i2** haben in einer gemeinsamen Absichtserklärung die Gründung von MyAircraft.com angekündigt, einem elektronischen Marktplatz für luftfahrttechnische Produkte und Dienstleis-tungen, der allen Unternehmen der Branche offen stehen soll. Die Luftfahrtin-dustrie verzeichnet derzeit einen weltweiten Umsatz von etwa 500 Milliarden US-Dollar jährlich.

MyAircraft.com bietet alle Möglichkeiten, in einer Branche mit einem Sekundärmarkt-Volumen von über 50 Milliarden Dollar durch Kosteneinspar-ungen und die Implementierung von Mehrwertdiensten enormen Wertzuwachs zu realisieren.

Das Joint Venture wird auf der von i2 entwickelten Plattform TradeMatrix basieren und Services für Business-to-Business-Transaktionen in einer offenen E-Business-Umgebung bereitstellen. Eine Web-gestützte Logistikkette ermög-licht die Optimierung von Beschaffungsprozessen, weltweite Ausschreibungen und den effizienten Handel mit Teilen und Dienstleistungen.

MyAircraft.com wird als unabhängiges Unternehmen einen auf modernsten Softwarelösungen basierenden elektronischen Handelsplatz entwickeln, der durch seine offene Architektur von allen Fluggesellschaften, OEMs und Zu-lieferern genutzt werden kann. UTC und Honeywell werden zu gleichen Teilen an dem Joint Venture beteiligt sein; die verbleibenden Anteile hält i2.

Gate Gourmet, Marktführer im Airline-Catering-Geschäft, und **i2** Techno-logies planen den Aufbau eines neuen elektronischen Business-to-Business-(B2B)-Marktes an, über den Catering- und andere Serviceleistungen für Fluggesellschaften und Reiseveranstalter abgewickelt werden sollen. Dazu werden Gate Gourmet und i2 eine neue Gesellschaft namens e-gatematrix gründen. Erster Kunde ist Delta Air Lines, mit dem e-gatematrix einen über 12 Jahre laufenden Vertrag abgeschlossen hat. Nach der Implementierungsphase wird e-gatematrix für Delta Air Lines ein Budget von rund 600 Millionen US-Dollar pro Jahr verwalten.

e-gatematrix basiert auf der von i2 entwickelten eBusiness-Plattform Trade-Matrix und soll durch Bedarfs- und Verfügbarkeitsanalysen, gemeinsame Planung sowie Koordination und Optimierung der Lieferkette die Voraussetzungen für ein breites Serviceangebot und effizienteres Catering der Fluglinien schaffen. Außerdem wird e-gatematrix Beschaffungs- und Auktionsdienste für den Einkauf von Geräten, Lebensmitteln und anderen Produkten und Dienstleistungen bieten.

e-gatematrix ermöglicht intelligente Planung, optimiert die Zusammenarbeit zwischen Kunden und Lieferanten und bietet daher allen beteiligten Unternehmen ein ausgezeichnetes Wertpotenzial. Flugpassagiere profitieren durch ein breiteres kulinarisches Angebot und neue oder verbesserte Services, die das Reisen angenehmer machen und die Kundenzufriedenheit erhöhen." e-gatematrix wird das gesamte weltweite Catering-Management von Delta Air Lines übernehmen, einschließlich Menüplanung, Beschaffung, Transport und Distribution, Anlagen-Leasing, Bestandsverwaltung und Transaktionsmanagement. Als ersten Schritt auf diesem Weg sollen die Beschaffungskosten von Delta Air Lines reduziert und der Passagierservice verbessert werden.

Elektronikindustrie

Fujitsu Siemens Computers hat in Zusammenarbeit mit **i2** Technologies die erste Phase eines umfassenden Supply-Chain-Projektes erfolgreich abgeschlossen. Mit dieser Lösung sollen Logistik, Liefertreue, Lieferzeit und Lieferfähigkeit sowie der Lagerumschlag entscheidend verbessert und eBusiness-Aktivitäten weiter gesteigert werden. Das Unternehmen konnte die erste Phase Forecasting innerhalb von dreieinhalb Monaten abschließen, wobei parallel zu dem Projekt noch die Fusion von Fujitsu Computers und Siemens Computer Systems bewältigt werden musste. Die Vorgehensweise bei der Implementierung ermöglicht es Unternehmen, solche Projekte in einzelnen Schritten zu bewältigen. Dieses Vorgehen bietet mehr Spielraum für Anpassungen oder Veränderungen gerade dann, wenn – wie bei Fujitsu Siemens Computers – eine Unternehmensfusion und die damit einhergehende heterogene Basis an betriebswirtschaftlicher Software (Enterprise Ressource Planning) bewältigt werden muss."

Durch den Einsatz der neuen Lösung werden die gemeinsamen Forecasting-Prozesse bei Fujitsu Siemens integriert. Transparenz und Qualität der Prognosen werden beträchtlich verbessert. Es ist nun die Voraussetzung geschaffen um eine signifikante Beschleunigung der Vorhersage-Prozesse durchzuführen. Mit diesen optimierten Planungszyklen wird die

Produktion von Fujitsu Siemens noch flexibler auf veränderte Marktbedingungen reagieren können.

Starke Auftragsschwankungen erfordern eine hohe Flexibilität. Immer kürzere Produktlebenszyklen sowie ständige Preisveränderungen zwingen zu minimalen Lagerbeständen und kürzesten Durchlaufzeiten in der gesamten Lieferkette. Hinzu kommt die verstärkte Nachfrage nach individuell konfigurierten Produkten.

Diese Anforderungen sind nur mit einfachen und schnellen Logistik-Prozessen möglich. Voraussetzung sind allerdings auch geeignete Software-Lösungen, die den Anspruch höchster Transparenz, Aktualität und Geschwindigkeit aller Geschäftsvorgänge erfüllen. In den weiteren Projektphasen wird eine Demand-Fulfilment Lösung implementiert, um auf Basis optimierter Planungsinformationen realistische Lieferzusagen zu ermöglichen.

Siemens IT-Services und **i2** Technologies haben eine strategische Zusammenarbeit für den Aufbau von elektronischen Marktplätzen im Internet und für elektronisches Beschaffungsmanagement vereinbart, in der die Partner werden ihre Stärken im E-Business und beim Management komplexer technischer Infrastruktur bündeln und als integrierte Dienstleistung gemeinsam auf den Markt bringen. Zielsetzung ist es, Bestellungen und das Management der Liefervorgänge auch für komplexe Bündel aus Produkten und Dienstleistungen zu automatisieren. Dies umfasst die Bestellung, die enge Einbindung der Lieferanten in die Auftragsplanung, sowie die Verfolgung bis hin zur schlüsselfertigen Installation beim Kunden.

Das Service-Geschäft erfordert genaue Kundenkenntnis, globale Präsenz, Fähigkeit zur Bearbeitung komplexer Dienstleistungsprojekte, Zuverlässigkeit und Effizienz. Im Rahmen ihrer strategischen Zusammenarbeit werden i2 und Siemens IT Service elektronisches Beschaffungsmanagement als ganzheitlichen Service auf den Markt bringen. Siemens IT Service besitzt ein globales, flächendeckendes Service-Netz, das die gesamte Dienstleistungskette abdeckt. Jeder Vorgang unterliegt dem gleichen professionellen Management, egal ob es sich um die Bereitstellung eines PC oder um den Rollout umfangreicher Hardware/Software-Konfigurationen handelt. Um dieses Service-Angebot auch über das Internet verfügbar zu machen, bedarf es einer Systembasis, die darauf ausgelegt ist, Komplexität und Vielfalt der Bestellungen adäquat zu handhaben.

Im Beschaffungsmanagement können Unternehmen durch den Einsatz von Internet-Technologie deutliche Preis- und Prozessverbesserungen erzielen. Der Grund dafür liegt im enormen Potenzial, das durch firmenübergreifende Optimierung dieser Prozesse erzielt werden kann. Man schätzt, dass sich durch entsprechende Automatisierung und Optimierung der Bestellvorgänge die Kosten um bis zu 80% reduzieren lassen.

Die strategische Partnerschaft zwischen i2 und Siemens IT Service konzentriert sich auf folgende Schwerpunkte:

☐ Kundenspezifische E-Procurement Services für Grosskunden, die eine Optimierung ihrer Beschaffungsprozesse in enger Zusammenarbeit mit Siemens IT Service als Generalunternehmer anstreben.

☐ Allgemeiner E-Procurement Marktplatz, dessen Zugang individuell konfigurierbar ist, um spezifischen Kundenanforderungen gerecht zu werden. Siemens IT Service und i2 werden diesen Marktplatz gemeinsam aufbauen und unter ihrer Verantwortung betreiben.

Hitachi, IBM, LG Electronics, Matsushita Electric (Panasonic), Nortel Networks, Seagate Technology, Solectron und **Toshiba** planen zusammen mit **i2** Technologies und **Ariba** den Aufbau eines offenen elektronischen Marktplatzes für die Elektronik- und Telekommunikationsindustrie unter dem Namen e2open. e2open will tausende von Computer-, Elektronik- und Telekommunikations-Unternehmen zusammenbringen, um deren Supply-Chains mit einem Umsatzvolumen von ca. 700 Milliarden Dollar zu optimieren, so dass auf der Basis des Internet Kundenbedarf in einer weltweiten offenen und effizienten Kooperation besser vorhergesagt und bedient werden kann. Daneben sollen die Einkaufskosten vermindert werden, die Lieferzeiten verkürzt, niedrigere Kosten der Infrastruktur erreicht, unautorisierten Bestellungen vermieden, weniger Kapital durch geringere Lagerbestand und schnellere Logistik gebunden, die Möglichkeit, auch kleine Kunden bedienen zu können eröffnet, direkter Kundenzugang erreicht, der Zugang zu globalen Geschäftspartnern verbessert und insgesamt Trans-aktions- und Lieferkosten gesenkt werden.

Die Realisierung wird im Juli 2000 beginnen und soll innerhalb von 12 Monaten abgeschlossen sein.

Chemieindustrie

Mit der Einführung von ChemicalsWorld.com wurde heute ein neuer elektronischer Marktplatz für den Business-to-Business (B2B)-Bereich gestartet, der ein intelligentes Logistiknetz für Unternehmen der chemischen Industrie bereitstellen soll. Damit wendet sich ChemicalsWorld an eine Branche, die derzeit jährlich etwa 1,6 Billionen US-Dollar umsetzt. Als zentrale eCommerce-Lösung soll ChemicalsWorld Herstellern, Lieferanten, Distributoren, Serviceanbietern und ihren Partnern die Möglichkeit bieten, unternehmensübergreifende Geschäftsprozesse zu optimieren, ihre Kaufkraft zu erhöhen und Synergie-Effekte zu erzielen. Technologiepartner bei diesem Projekt sind i2, einer der führenden Anbieter intelligenter eBusiness-Lösungen, und IBM Global Services, der weltgrößte IT-Service Provider.

Die erste Version von www.chemicalsworld.com ermöglicht interessierten Unternehmen, sich online registrieren zu lassen, bietet ein Kommunikations- und Marketingforum und veröffentlicht Informationen zur weiteren Entwicklung des neuen eMarktes. Laut ChemicalsWorld soll die Website bis

Ende Mai 2000 voll funktionsfähig und für die Abwicklung geschäftlicher Transaktionen bereit sein.

ChemicalsWorld ist überzeugt, dass Effizienz, Geschwindigkeit und die Aussicht auf höhere Gewinne durch Integration und Optimierung von Absatz-, Beschaffungs- und Auftragsabwicklungsprozessen zu einer regen Beteiligung an dem neuen eMarkt führen werden. Darüber hinaus erhalten Teilnehmer an ChemicalsWorld Echtzeit-Zugriff auf Angebots- und Nachfrage-Trends, mit denen Bestandsverwaltung, Beschaffung und Fertigung optimiert und Kosten gesenkt werden können. Dies ist gerade in der chemischen Industrie ein entscheidendes Erfolgskriterium, da die dort eingesetzten, hoch-spezialisierten Rohstoffe und Instrumente besonders hohe Anforderungen an die Bestandsverwaltung und -überwachung stellen.

Der vielleicht größte Vorteil von ChemicalsWorld liegt in der Möglichkeit des kontinuierlichen Customer Relationship Managements über die gesamte Laufzeit einer Kundenbeziehung. Langfristige Beziehungen statt einmaliger Interaktionen – dieser Grundsatz und die daraus entstehende Loyalität standen bei der Konzeption von ChemicalsWorld mit an vorderster Stelle. Integration ist einer der Schlüsselfaktoren beim Aufbau und der Pflege dauerhafter Kundenbeziehungen. ChemicalsWorld ermöglicht allen an diesem Prozess Beteiligten, integrierte Value-Chain-Netzwerke aufzubauen, die sich schnell und kostengünstig implementieren lassen. Damit kann jedes Unternehmen, das mit Hilfe des Internets die interne und externe Zusammenarbeit und die Effizienz der gesamten Logistikkette verbessern möchte, die Vorteile digitaler Marktplätze nutzen, ohne dazu hohe Investitionen tätigen zu müssen.

Beta Chemicals, ein führender Hersteller chemischer Produkte, der hauptsächlich angegliederte Firmen in aller Welt beliefert, gehört zu den ersten Unternehmen, die durch Zugriff auf die Kollaborations- und Supply-Chain-Optimierungsservices von ChemicalsWorld von den Vorteilen des neuen digitalen Marktes profitieren. Beta Chemicals bezieht Rohstoffe von Lieferanten wie Carroll Scientific, Solvay und Ciba Specialty Chemicals.

ChemicalsWorld geht davon aus, dass nach Einführung des neuen eMarktes Anbieter von Farben, Beschichtungen und Drucktinte mit einem jährlichen Einkaufsvolumen von etwa 2 Milliarden US-Dollar und Fertigungsstätten innerhalb und außerhalb Europas das Serviceangebot von ChemicalsWorld für den Bezug ihrer Rohstoffe nutzen werden.

Eine Gruppe führender Chemieunternehmen: **BASF, Henkel, Degussa-Hüls, Metallgesellschaft** planen zusammen mit **SAP** den Aufbau eines Marktplatzes für die Chemie- und pharmazeutische Industrie. Die Gruppe ist offen, um weitere Partner aufzunehmen und wird die Verantwortung für die weitere Entwicklung des SAP Marktplatzes zu übernehmen, der letztlich ein breites Spektrum von Funktionen anbieten soll: technische Dienste, Beschaffungswesen, Transport- und Finanzdienste. Er soll seinen Mitgliedern wesentliche Vorteile bieten wie: Markttransparenz, aggregierte Kaufkraft, geringere Kosten für die Bewertung von Produkten, gesteigerte Effizienz und schnellere Innovation.

Logistikindustrie

i2 Technologies will in Zusammenarbeit mit Logistikunternehmenwie **Ryder, Central Transportation** in Kürze einen Logistik-Marktplatz www.FreightMatrix.com mit integrierten Planungs-, Monitoring- und Auftragsabwicklungsservices für Unternehmen der Logistik -Dienstleister, verladende Industrie, Transportunternehmen, Luft/Seefrachtunternehmen, Eisenbahnen, Häfen einrichten. Das Serviceangebot von FreightMatrix soll Effizienzgewinne bei Kauf und Verkauf von Transportleistungen, der Planung von Frachtkapazitäten und dem Gütertransport ermöglichen. Mit der Verfügbarkeit erster Serviceangebote wird für das zweite Quartal 2000 gerechnet.

FreightMatrix basiert auf der von i2 entwickelten TradeMatrix-Plattform und eröffnet Spediteuren, Frachtunternehmen, Zollmaklern und anderen Logistikanbietern zusätzliche Absatzmöglichkeiten durch Zugriff auf den in anderen TradeMatrix Märkten entstehenden Transportbedarf. Darüber hinaus soll FreightMatrix als zentraler Logistik-Marktplatz für alle Transport- und Logistikunternehmen positioniert werden, die auf branchen-spezifischen TradeMatrix Marktplätzen wie HightechMatrix operieren.

"FreightMatrix wird das gesamte Anforderungsprofil im Bereich der Online-Logistik abdecken und sich durch die Bereitstellung integrierter Commerce-, Planungs- und Transaktions-Workflows eindeutig von anderen Angeboten unterscheiden", erklärte Mark Skoda, President von FreightMatrix. "Während dort nur ein begrenztes Leistungsspektrum angeboten wird, können Kunden – in diesem Falle Industrie und/oder Dienstleister bzw. Transportunternehmen - von FreightMatrix die gesamte Transaktion innerhalb einer Session abwickeln. Aus der Verbindung von Decision Support und automatisierten End-to-End-Transaktionen ergeben sich zahlreiche Vorteile – verbesserte Servicelevel ebenso wie deutlich reduzierte Betriebskosten."

Die Beteiligung von Ryder System, einem Vollservice-Logistikanbieter, wird sich auf mehrere Bereiche erstrecken. Durch Verträge mit zahlreichen unabhängigen Transportunternehmen und Bereitstellung eigener Flotten kann Ryder künftigen FreightMatrix Kunden umfangreiche Kapazitäten anbieten. Das Unternehmen plant außerdem, seinen Kunden über FreightMatrix neue, wertsteigernde Services zur Verfügung zu stellen. Die Nutzung des elektronischen Marktplatzes wird Ryder und anderen beteiligten Unternehmen ermöglichen, ihre Kundenbasis zu vergrößern, Betriebskosten zu reduzieren und das Umsatzvolumen bestehender Accounts auszubauen.

In der Anfangsphase wird FreightMatrix schwerpunktmäßig Planungs- und Abwicklungsdienste für den inländischen Gütertransport bereitstellen sowie neue Umsatz- und Kostensenkungsmöglichkeiten erschließen. Logistik-anbieter werden besonders durch reduzierte Infrastrukturkosten und verbesserte Servicelevel profitieren. In späteren Releases sollen dann auch Services für den internationalen Handel mit Logistikdienstleistungen sowie multimodales Transportmanagement enthalten sein.

4.4 Das virtuelle Unternehmen - Business Broking

Unternehmen öffnen sich für Kooperationen

Die im Vorstehenden beschriebenen offenen Kooperationen erfordern auch andere Verhaltensweisen und Organisationsformen. Zunehmend öffnen sich Unternehmen und bilden Schnittstellen nach außen aus.

Während zuerst die Schnittstelle zum Kunden über elektronische Shops ausgebildet wurde, kam dann mit Supply-Chain Management die Verknüpfung mit Lieferanten und Logistikpartnern in einer linearen Leistungskette hinzu bis dann in elektronischen Marktplätzen die offene Kooperation zwischen mehreren Partnern ermöglicht wurde.

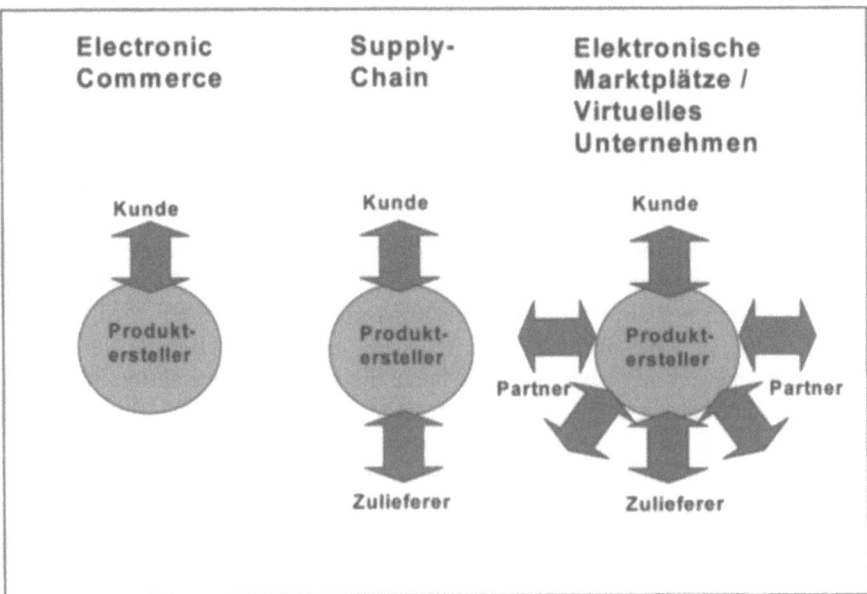

Abb. 4-10: Unternehmen öffnen sich und entwickeln immer mehr äußere Kopplungsstellen

Im «Virtuellen Unternehmen» gruppieren sich unabhängige Leistungsträger um eine Produktfamilie, Marke oder Dienstleistung. Dabei trägt jeder einen bestimmten Teil zum Gesamtprodukt bei und in der Vernetzung liegt die Fähigkeit zur Herstellung des Gesamtproduktes.

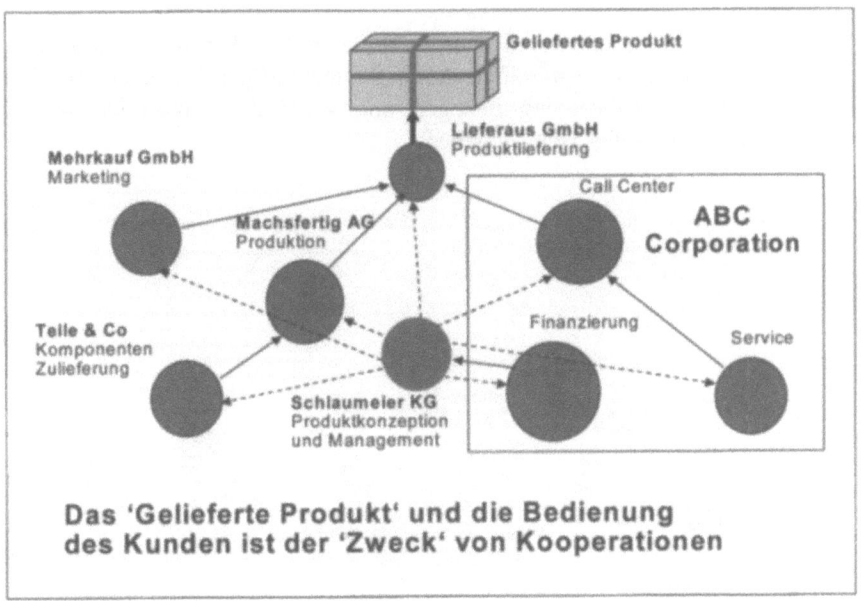

Das 'Gelieferte Produkt' und die Bedienung
des Kunden ist der 'Zweck' von Kooperationen

Abb. 4-11: *Das 'Virtuelle Unternehmen' entwickelt sich zur Unternehmensform*
des 21ten Jahrhunderts

☐ Einfach ist dieses Prinzip bei Unternehmen mit nicht-körperlichen
  Produkten zu implementieren und so werden Finanzdienstleistungen angeboten, die aus dem Zusammenschluss von Kreditkartenunternehmen,
  Fondsgesellschaften, Aktien-Händlern, Versicherern und Banken gebildet
  werden und in diesen Fällen fast vollständig bereits über das Internet
  abgewickelt werden können.

☐ Airlines beschränken sich zunehmend auf die Koordination von Leistungen: Sie leasen Flugzeuge und vergeben deren Wartung an Dritte, sie
  mieten ihr Bord- und Bodenpersonal, sie lassen Flüge im eigenen Namen
  von Fremdfirmen durchführen (Team Lufthansa), sie verpflichten Caterer-
  firmen (LSG Air Chefs) und nutzen Reservierungssysteme als Dienstleistung (American Airlines Sabre).

☐ Auch produzierende Unternehmen wählen zunehmend diesen Ansatz: In
  Amerika brauen Ex-Berater der Firma Boston Consulting Group Bier
  unter den Namen 'Samuel Adams' und erzielen bereits DM 350 Millionen
  Umsatz mit der für die USA neuen Idee des 'Bieres mit Geschmack'
  gegen etablierte Großanbieter, wobei sie ihr Bier sogar bei diesen unter
  Nutzung von Überschußkapazitäten herstellen lassen.

☐ Als erstes High-Tech Unternehmen hat wohl der Computerhersteller SUN
  ein derartiges virtuelles Unternehmen implementiert. Für die Produktion

seiner SPARC Prozessoren wurde keine eigene Fertigung aufgebaut, sondern Zulieferer verpflichtet. Auch für die fertigen Computer werden alle Teile als Zulieferung bezogen und sogar der Zusammenbau der Computer wird außer Haus gegeben.

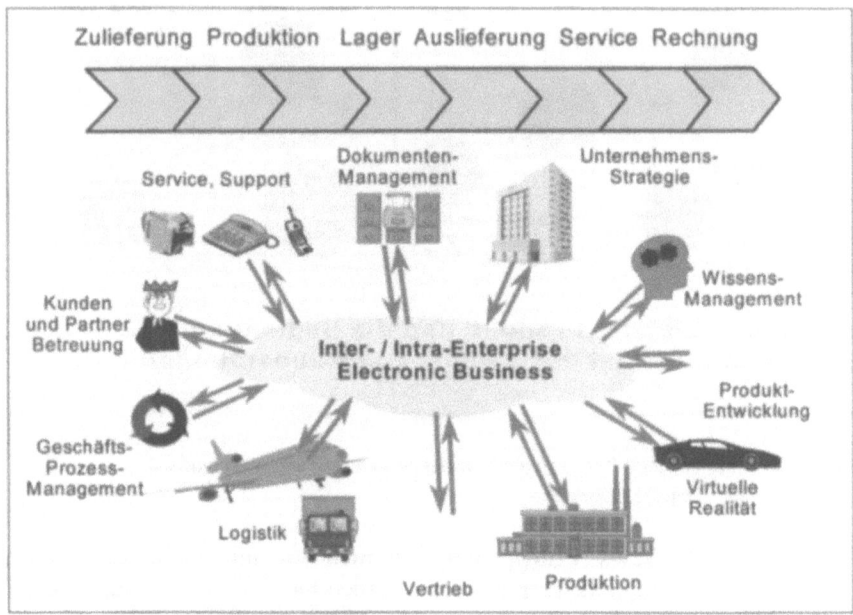

Abb. 4-12: *Netzwerkbasiertes Electronic Business erleichtert den Aufbau von virtuellen Unternehmen und verbindet Prozesse zwischen Geschäftspartnern*

Bei allen diesen Unternehmen spielt die enge Kopplung der Geschäftsprozesse über eine unternehmensübergreifende Kommunikation eine zentrale Rolle. Durch die enge Kopplung der Geschäftsprozesse zwischen Geschäftspartnern wird es so möglich, virtuelle Unternehmen aufzubauen, die im Extremfall nur noch aus der Fähigkeit bestehen, eine Marke und einen Prozess zu definieren und zu managen. Aber auch traditionelle Unternehmen werden 'virtuell', indem die Fertigungstiefe reduziert wird und immer mehr eigenständige Zulieferer eingebunden werden.

Zunehmend kultivieren Unternehmen auch horizontale Fähigkeiten wie Produktion, Vertrieb, Kundensupport etc. und bieten diese anderen Unternehmen als Teil einer Supply-Chain an. Dieses Modell ist im Silicon Valley weit entwickelt, wo es z.B. bereits Firmen wie Solectron gibt, die nur produzieren ohne eigene Produkte zu vermarkten oder 'Fabless' Chip- oder Computerhersteller (Ohne Fabrikation) wie XilinX und SUN, die sich auf den Entwurf von Prozessoren spezialisieren, diese dann aber bei anderen Herstellern meist unter Nutzung von kostengünstigen Überschusskapazitäten produzieren lassen.

Die Beispiele zeigen, wohin die Reise geht und wie sich, gestützt auf enge Kooperation und Kommunikation virtuelle Unternehmen – die Unternehmensform der Zukunft – als Electronic Business herausbilden, in dem Geschäftspartner ihre Prozesse meist enger miteinander verknüpfen können als das oft bisher innerhalb desselben – besonders großen – Unternehmens möglich war.

Dabei bilden sich mehrere unterschiedliche Typen von Unternehmen heraus: Unternehmen mit Kundenzugang und Vermarktungsfähigkeit, Unternehmen mit Produktideen, Unternehmen mit Produktions- oder Infrastrukturfähigkeiten. Das einzelne Unternehmen wird dabei immer mehr zur Unternehmung, d.h. dass es nicht als Organisation – das Unternehmen an sich - sondern nur in seinem Ziel und Zweck existiert: ein Produkt zu ersinnen und zu vermarkten, ein Produkt zu produzieren oder eine Serviceleistung zu erbringen. Der Unternehmenszweck wird dabei immer fokussierter, vertikalisierter und effektiver auf der einen Seite bzw. effizienter und horizontaler auf der anderen.

Als Antwort auf diese Marktentwicklung bilden auch immer mehr traditionelle Großunternehmen netzwerkartige Strukturen mit dedizierten Kompetenzzentren aus und lernen, diese durch Kooperation zu einer Synergie zu führen, statt starre Strukturen sich voneinander abgrenzen und im Kompetenzstreit gegenseitig schwächen zu lassen, wie das leider oft noch täglich gelebte Praxis ist.

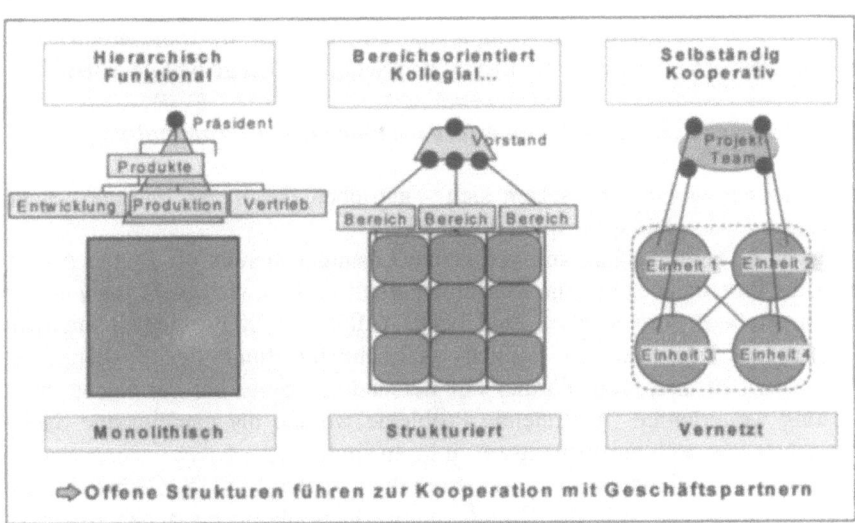

Abb. 4-13: *Unternehmen entwickeln offene Strukturen*
   - Vom 'Notenblattorchester' zur 'Jam-Session'
   - Globaler Wettbewerb schafft offene Strukturen und Kooperationen

Auch bei diesem Prozess der organisatorischen Umgestaltung spielt das Internet eine wesentliche Rolle, indem es eine neue Kommunikationskultur im

Unternehmen schaffen kann durch unternehmensweite Verzeichnisse, die vorhandene Ressourcen, Produkte und Fähigkeiten dokumentieren. Mit diesem Ansatz werden zunehmend die Prinzipien des offenen Marktes ins Unternehmen getragen. Es ist eine altbekannte Tatsache, dass Kooperation zwischen fremden Geschäftspartnern oft besser funktioniert als zwischen 'Abteilungen' desselben Unternehmens. Es erscheint daher sinnvoll, möglichst auch im Innenverkehr dieselben Prinzipien wie zwischen externen Partnern anzuwenden und dabei auch dieselben technischen Möglichkeiten zu nutzen.

Xavier Mosquet und Mark F. Blaxill von Boston Consulting Group schreiben dazu in dem Artikel: "Global organisieren: Ringe, Sterne, Zentren":

"Die traditionellen Organisationsstrukturen - seien sie an Funktionen, Produkten oder Regionen ausgerichtet - sind mit der Komplexität, welche die Globalisierung mit sich bringt, überfordert. Selbst Matrixformen - eigens gedacht, um Komplexität zu managen - tragen meist doch auch nur zu ihrer Erhöhung bei. Gefragt sind neue Ansätze, wie sich Organisationen einfach und flexibel an den Bedürfnissen der Kunden und den Grundsätzen der jeweiligen Geschäftsstrategien ausrichten lassen.

Global operierende Unternehmen sind der Lösung dieses Problems jetzt einen Schritt näher gekommen, indem sie die Organisation aus der Sicht der Schlüsselprozesse betrachten. Sie fokussieren sich auf die einzelnen Prozessschritte und brechen so die Komplexität auf, machen sie transparenter und können dann das Zusammenwirken an den Schnittstellen gezielt gestalten."

Offene vernetzte Kooperationen erfordern eine andere Grundhaltung

Auch in der IT-Branche setzen sich - getrieben durch das Internet - neue kooperative Geschäftsprinzipien durch.

So ist es beim Aufbau von vernetzten Lösungen bereits oft geübte Praxis, dass die Partner, welche eine Zusammenarbeit suchen, sich nicht mehr hinter 'Schnittstellen' 'verschanzen' und beim Auftreten von Problemen mit dem Finger auf andere zeigen, sondern vielmehr im Sinne des Suchens von Verbindungen auch dem Partner auf der anderen Seite bei der Suche einer Lösung weiterhelfen. Auftretende Probleme werden als gemeinsame Sache betrachtet, die auch nur gemeinsam zu lösen sind.

Besonders sichtbar wird dieses Verhalten in der LINUX Gemeinde, die durch 'Altruismus', d.h. die Grundhaltung: 'Gebe damit dir gegeben werde' (Do ut des) eine ernstzunehmende Alternative zu dem Betriebssystem des Marktführers Microsoft im Markt etablieren konnte. Diese Haltung zur Kooperation definiert sehr stark die Internet-Gemeinde und wird mit dessen Einzug in die Unternehmens-IT auch dort zum Umdenken beitragen.

Dieses Prinzip kann prinzipiell auch auf Lösungen zur Unterstützung von Geschäftsprozessen angewandt werden und es ist eigentlich kaum verständlich, warum hier die Anbieter von 'Standardsoftware' das Geschäft besser verstehen sollten, als die Unternehmen, welche die Geschäftsprozesse letztlich betreiben. Es ist zu erwarten, dass hier durch die 'Öffnung' der Unternehmen, d.h. der Ausbildung der Fähigkeit, mit Partnern zu kommunizieren und zu kooperieren, auch Kooperationen für die Erstellung von IT-Lösungen entstehen werden. Schon früher hat ja American Airlines mit dem Sabre Flugreservierungssystem gezeigt, dass Unternehmen durchaus bereit sind, die IT-Lösung eines Wettbewerbers – hier im Service – mitzunutzen. Gerade wenn es darum geht, innovative Lösungen kostengünstig zu erstellen, kann dies durch Kooperationen erreicht werden, wie sie die Internetkultur propagiert.

4.5 Zusammenfassung

Seit 1998 nutzen Unternehmen das Internet verstärkt als Plattform für kommunikationsbasierte innovative Lösungen. In kurzer Zeit hat sich dabei der Fokus der Lösungen völlig gewandelt und während bisher funktional orientierte «Enterprise Requirements Planning» Systeme ERP wie SAP R/3 als Standardsoftware in Unternehmen eingeführt wurden, entstehen nunmehr wieder innovative eigenständige Lösungen:

☐ Das Internet als neuer Vertriebskanal;
☐ Supply-Chain Management zur Sicherstellung der Lieferfähigkeit;
☐ Optimierung aller Geschäftsprozesse im und zwischen Unternehmen;
☐ Ausbildung elektronischer Marktplätze zur Verknüpfung mehrerer Geschäftspartner;
☐ Das virtuelle Unternehmen als die Perfektion vernetzter Zusammenarbeit.

Aber Lösungen auf Basis der Internet-Technik gibt es nicht nur in den Bereichen wie Supply-Chain Management, Customer Relationship Management und elektronische Marktplätze, wie sie im Markt aktuell heiß diskutiert werden. Das Internet kann auch als Basis für viele andere Lösungen dienen, die nicht so im Rampenlicht stehen aber nicht weniger bedeutend sind.

Davon soll das nächste Kapitel handeln.

5. Electronic Business bietet vielfältige Lösungen

- *Netzbasierte IT-Infrastrukturen erreichen jeden Mitarbeiter im Unternehmen*

- *Systemsteuerung aus dem Netz senkt die Betriebskosten wesentlich und ermöglicht neue Betriebsmodelle*

- *IP-Netze fassen Daten- und Sprachkommunikation zusammen und ermöglichen innovative Kommunikationskonzepte*

- *Elektronisches Dokumentenmanagement schafft viele Lösungen*

- *Knowledge-Management fördert die Wissensvermittlung im Unternehmen*

- *Der Vertrieb profitiert von schneller Informationsvermittlung*

- *Technische Systeme können über die Internet-Technologie in kommerzielle Lösungen integriert werden*

5.1   Electronic Business ist mehr als e-Commerce und Supply-Chain Management

Schon ein Gedanke, schon eine Möglichkeit kann uns verändern (Friedrich Nitzsche)

Sind es in der öffentlichen Wahrnehmung oft nur Themen wie Electronic Commerce, Supply-Chain Management und Elektronische Marktplätze, die das Bild vom Electronic Business prägen, entstehen quasi im Verborgenen eine Vielzahl von Lösungen, die auch auf der Verbindung von Kommunikation und Computing aufbauen und für Unternehmen oft von nicht geringerer Bedeutung sind. Solche Lösungen sollen im folgenden beschrieben werden, um Anregungen für eigene Ideen zu geben, wobei die Aufzählung in keinem Fall vollständig sein kann.

5.1.1   Die Web-Site als Visitenkarte und allgemeiner Kontaktpunkt des Unternehmens

Während der ersten Phase der Internet-Nutzung war eine Darstellung des Unternehmens im Internet das Ziel. Dies wandelt sich zunehmend zu einer Web-Site, die es erlaubt, nicht nur Informationen abzurufen, sondern auch aktiv mit dem Unternehmen in Kontakt zu treten. Dazu bieten vermehrt Unternehmen als Teil ihrer Web-Seite eine Ansprechadresse oder mehrere solcher Adressen an, über die Nachrichten empfangen werden können. Die Menschen (Web-Master), welche diese Post entgegennehmen tragen eine große Verantwortung, denn sie definieren letztlich das Auftreten des Unternehmens im Netz. Im Sinne einer intelligenten Nachrichtenvermittlung sind sie gefordert, für jede Nachricht, die über eine solche Adresse eingeht, einen richtigen Ansprechpartner im Hause zu finden, der an der Nachricht interessiert sein könnte und sie zuverlässig aufgreift und weiter bearbeitet.

Das Web verlangt eine offene Kommunikation und Antwortbereitschaft (Responsiveness)

Es gehört zu guten Umgangsformen im Internet, dass keine Nachricht unbeantwortet bleibt und Unternehmen, welche hier versagen, können viel verspielen – besonders da sich ja über das Internet sowohl Kunden als auch Geschäftspartner direkt mit dem Unternehmen in Verbindung setzen können. Hier sollten im Zeitalter des Electronic Business Unternehmen, welche heute noch keine Mail-Adresse in ihrer Web-Seite angeben, schnellstens Abhilfe schaffen.

Manchmal kann man bereits heute durch einfaches Anschreiben eines Unternehmens über das Internet den internen Stand der Organisation und die Reaktionsfähigkeit testen.

Aktuelle Erhebungen geben Unternehmen dafür schlechte Noten: Noch immer halten es viele Unternehmen nicht für nötig, auf e-Mail-Anfragen von Kunden zu antworten. Eine Untersuchung der Tagszeitung 'Die Welt' ergab im August 99, dass von 543 angeschriebenen Unternehmen 239 nicht innerhalb von zwei Wochen geantwortet haben. Ingesamt wurden 640 Unternehmen betrachtet, von denen jedoch 77 überhaupt noch über keine Website verfügen.

5.1.2 Netzwerkbasiertes Computing als neue Infrastruktur für die Unternehmens-IT

Nach der Mainframe Ära mit zentralisierten IT-Infrastrukturen und 'dummen' Terminals für die Darstellung der Nutzerschnittstelle hat der Personal Computer die Verbreitung der IT-Nutzung in Unternehmen stark gefördert und mit dem Client/Server Computing eine neue Ära dezentraler Lösungen geprägt. Dies hat dazu geführt, dass die IT-Bereiche in Unternehmen die 'Kontrolle' über die eingesetzten Lösungen aufgeben mussten und vielfältige Lösungen in den einzelnen Bereichen entstanden, welche dann auch 'vor Ort' dezentral betrieben wurden. Während dies auf der einen Seite durchaus positive Effekte für die Flexibilität und Effektivität in den Lösungsansätzen hatte, zeigten sich auf der anderen Seite bald Nachteile durch 'Abkapselung' der Informationen in den Bereichen, gestiegene Kosten und mangelnde Effizienz beim Betrieb der Lösungen.

Die Funktionalität wandert zunehmend auf den Server

Auch hier bewirkt nunmehr das Aufkommen des Internet, dass sich das IT-Modell vom Client/Server Computing zum netzbasierten Computing wandelt. Während beim Client/Server Modell nur die Daten gemeinsam auf einem Server verwaltet wurden und die Anwendungslogik auf einem Personal Computer als 'fettem Client' implementiert war, wird im netzbasierten Computing auch die Anwendungslogik für alle Nutzer gemeinsam auf einem Server betrieben und auf dem Client bleibt nur die Darstellung mit graphischer Oberfläche – meist über einen Web-Browser. Im netzbasierten Computing werden also wieder mehr Ressourcen zusammengefasst und können damit zentral organisiert werden. Durch den nunmehr möglichen Zugriff auf diese Anwendungen über das Inter- bzw. Intranet stehen diese Funktionen und die darin enthaltenen Informationen jedem Mitarbeiter an jedem Punkt der Erde zur Verfügung. Damit wird einmal erreicht, dass die Vorteile der Information vor Ort erhalten werden, und zum anderen auch die einer zentralen Organisation des Betriebs erschlossen werden.

Der Client betreibt nur den Browser und wird 'extrem dünn' - 'Ultra-thin'

Am Arbeitsplatz müssen in diesem netzbasierten Modell nicht mehr Teile der Anwendung in einer komplexen Betriebssystemumgebung installiert werden, sondern die Darstellung der Nutzeroberfläche geschieht ausschließlich über den allgemein verfügbaren Web-Browser und alle eventuell am Arbeitsplatz noch benötigten Verarbeitungskomponenten werden aus dem Netz geladen und auf einer definierten Plattform eines Internet-Browsers zur Ausführung gebracht. Damit wird der Betrieb dieser Lösungen auf jedem Arbeitsplatz über das Internet oder in einem Intranet möglich, ohne dass dafür eine Administration 'vor Ort' nötig ist, was die Betriebskosten wesentlich senkt und den Betrieb insgesamt zuverlässiger gestaltet.

Mit einem browserbasierten Betriebsmodell tritt das unterliegende Betriebssystem in seiner Bedeutung stark in den Hintergrund und dem Nutzer wird nur die Funktionalität von Komponenten im Browser-Umfeld sichtbar, die dann leichter auf unterschiedliche Hardware und Betriebssysteme mit identischem Verhalten abgebildet werden kann.

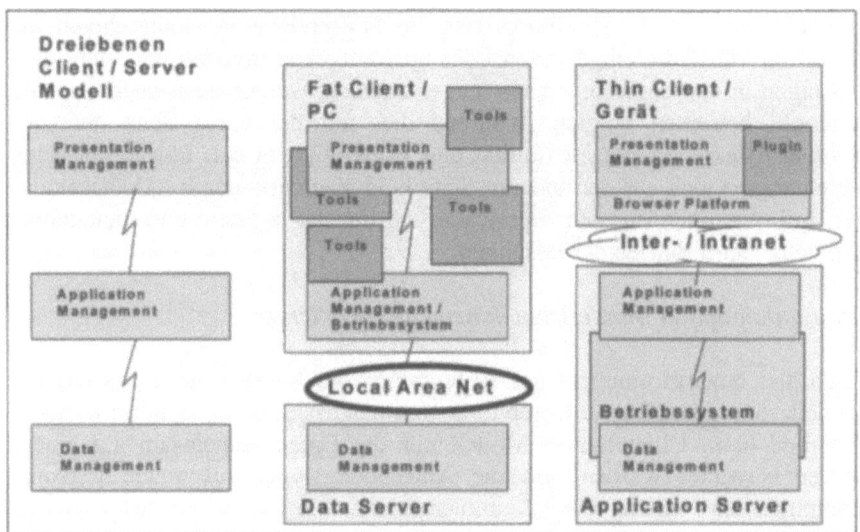

Abb. 5-1:   *Das Client / Server Modell wandelt sich zum Browser-Client / Netzwerk Computing*

Während beim «Fat Client» Modell Software-Komponenten wie Tools oder auch Teile der Anwendung in der Betriebssystemumgebung des Client installiert werden mussten, was häufig zu Schwierigkeiten durch Inkompatibilitäten der Einzelteile führte, welche jeweils Zugang zu den Systemressourcen hatten, werden beim «Thin Client» bzw. «Ultra-Thin Client» Modell nur Komponenten auf der Ebene des Web-Browsers dynamisch geladen und dort zur Ausführung gebracht, wobei diese nur über den Browser Zugang zu Systemressourcen haben.

Dienste aus heterogenen Quellen werden im Browser zusammengeführt

Das netzbasierte Computing-Modell führt auch zu einem Verständnis der Nutzung von Funktionen aus mehreren - heterogenen - Quellen an demselben

Arbeitsplatz. Während diese im ersten Ansatz noch unabhängig und beziehungslos nebeneinander am Arbeitsplatz genutzt werden, führt netzbasiertes Computing im nächsten Schritt zur Integration von mehreren im Netz an verschiedenen Orten verfügbaren Funktionen in einer neuen Oberfläche, die dem Nutzer die Gesamtfunktion mit einer entsprechend gestalteten Nutzeroberfläche verfügbar macht. Dieses technische Betriebsmodell der Integration von Funktionen aus dem Netz an einem Arbeitsplatz führt auch zu betriebswirtschaftlich neuen Lösungsansätzen, die IT-Funktionen mehrerer Geschäftspartner oder auch mehrere IT-Systeme in einem Unternehmen eng miteinander zu Verbundlösungen koppeln.

Diesen Ansatz propagiert JAVA, welches verspricht, eine einmal implementierte Funktionalität in jeder Systemumgebung und auf jeder Hardware ohne Veränderung zum Ablauf bringen zu können, wobei in der Realität heute durchaus Defizite zu dem Anspruch feststellbar sind und sichtbar wird, dass der Anspruch in Zukunft nicht durchzuhalten ist – womit Java zu einer guten Programmiersprache reduziert wird, die letztlich mehr auf dem Server zum Einsatz kommt, denn auf dem Client.

Diesen Ansatz verfolgen aber auch Anbieter wie z.B. Macros Innovation, die mit dem Web-Client und dem e-builder eine 'Plugin'-Ablaufumgebung für Programme geschaffen haben, die noch weniger technisch orientiert ist als Java und Geschäftslogik in jeder Systemumgebung abwickeln kann. Mit dem e-builder Werkzeug von Macros werden Anwendungslösungen ganz ohne Programmierung realisiert, die dann wirklich auf jedem Gerät darstellbar sind, wobei mit spezialisierten 'Plugin-Viewern' multimediale Dokumente in einer Browserumgebung auf jeder Systemplattform bearbeitet werden können.

Das Betriebsmodell wird wieder zentralisiert

Auch das Betriebsmodell für IT-Lösungen wird mit netzbasiertem Computing neu definiert. Die Möglichkeit, praktisch auf jede Information und jede Lösung von jedem Ort aus dem Netz zugreifen zu können, führt dazu, IT-Ressourcen in Unternehmen wieder zusammenzufassen und gesamtheitlich zu betreiben. Damit wird nicht das alte Mainframe Rechenzentrum wieder etabliert, sondern alle Ressourcen wie Mainframes und Client/Server Infrastrukturen in einem Netz zusammengefasst. Mit dem netzbasierten Betrieb wird die Organisation einer unternehmensweiten IT-Infrastruktur mit den Vorteilen von niedrigeren operativen Kosten und der Implementierung von unternehmensweit verfügbaren Lösungen und Informationen geschaffen.

5.1.3 Netzbasierte IT-Infrastrukturen und netzbasierte Systemverwaltung

Der Personal Computer ohne Netzanschluss ist tot, es lebe der netzbasierte Computer - der meist ein PC-Gerät ist. Der Betrieb solcher PCs erzeugt heute oft großen Aufwand. Gerade dieser Aufwand hat den Personal Computer und das Client/Server Computing in Misskredit gebracht und es haben sich neue Ansätze am Markt aufgetan, welche den PC aggressiv verdammen und diesem einen Netzwerk-Computer entgegenstellen, der alle seine Software aus dem Netz bezieht und einen Betrieb mit 'Null'-Support propagiert. Auch wenn sich der Netzwerk-Computer bisher nicht am Markt etablieren konnte, hat doch diese Diskussion das Problem der Systemverwaltung für Client/ Server Umgebungen auf den Tisch gebracht und damit einer Lösung zugeführt.

Alles kann über das Netz gesteuert werden

Es ist heute bereits technisch möglich, auch einen PC, auf dem keinerlei Software installiert ist - also auch kein Betriebssystem - an einen Internet-Anschluss anzuschließen und vollständig von dort mit Software zu versorgen. Auch eine Überwachung der Geräte ist über das Internet machbar bis hin z.B. zur Überprüfung, ob noch Speicher auf der Platte verfügbar ist oder der Lüfter noch funktioniert.

Neben den PCs können über eine netzbasierte Systemverwaltung natürlich auch größere Server (Mainframe, UNIX und NT) über das Netzwerk verwaltet werden, so dass hier insgesamt für den Betrieb der Ressourcen im Netz wieder eine Betriebsart wie im Rechenzentrum für Großrechner erreicht wird - mit allen Vorteilen, die in diesem Konzept liegen – aber gleichzeitig der Möglich-keit ,vor Ort' Computerressourcen verfügbar zu machen .

Mit diesen Ansätzen wandelt sich das Client/Server Paradigma auch für den Betrieb von Geräten zu einem netzbasierten Betriebsmodell, wo wieder eine größere Zahl von Geräten über das Netz zentral überwacht und betreut wird und damit ein Skaleneffekt für die Senkung der Verwaltungskosten erzielt werden kann.

Während das netzbasierte Systemmanagement heute meist noch für den 'reinen' PC implementiert wird, kann auf dieselbe Art auch die Überwachung und Steuerung von beliebigen Geräten erfolgen, welche auf PC-Technologie aufbauen. Es zeichnet sich ab, dass für die Zukunft nicht mehr der klassische PC in seiner bekannten Erscheinungsform die Masse der Geräte definieren wird, welche in einer großen Vielfalt von Geräten die Dienste aus dem Netz für den Nutzer zugänglich machen. Vielfältige Geräte mit unterschiedlichster Nutzeroberfläche und integriertem Computer unterschiedlichster Prägung werden den Nutzern zur Verfügung stehen und besonders keinerlei computer-artige Handhabung für die Nutzung fordern.

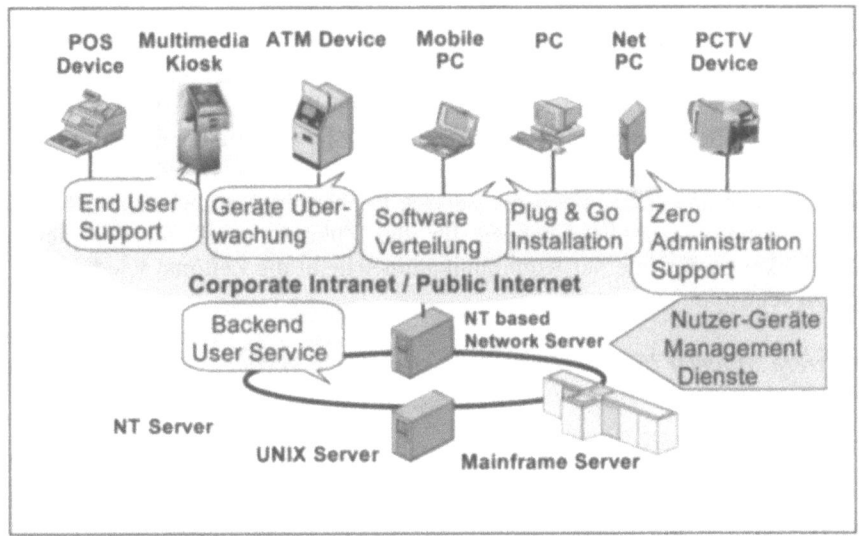

Abb. 5-2: *Ein netzwerkbasiertes Betriebsmodell für einen Betrieb der Geräte*
mit 'Zero Administration'

Abbildung: 8

Die Geräte werden eingeschaltet und funktionieren - hoffentlich, ohne dass irgendein Starten des Betriebssystems oder anderen Oberflächen vom Nutzer gesteuert werden müssten.

Dieser Ansatz des netzbasierten Betriebs für alle Geräte ist dem reinen Netzwerkcomputer überlegen, da er vielfältige Geräte umfasst und nicht nur den Netzwerkcomputer, welcher letztlich nur eine Sonderausprägung für bestimmte Einsatzfälle darstellt und bereits an Attraktivität verloren hat, weil er keine Preisvorteile bieten kann.

5.1.4   Mit der neuen Kommunikations-Infrastruktur sind andere Konzepte der IT-Nutzung machbar

Mit der Möglichkeit der ubiquitären Kommunikation werden neue Modelle der Nutzung von IT-Leistungen umsetzbar: Wo gerade in der Zeit der Dezentralisierung noch jeder seine eigenen IT-Ressourcen haben wollte, werden diese zunehmend in Service-Centers zusammengefasst und von dort Komplettleistung angeboten.

Aus dem Netz kann die fertige Lösung als Dienst bezogen werden

Selbst die Software – mit Aktualisierung und Versionierung, die früher jeder Nutzer selbst beschafft hat, wird nun als Teil des Dienstes angeboten und damit unter der Bezeichnung ASP (Application Service-Providing) vollständige Lösungen für den Nutzer aus der Steckdose verfügbar gemacht.

ASP liefert dem Kunden also alles, was er sonst für sich allein letztlich kostenaufwendig aufbauen müsste, um einen sicheren Betrieb zu erreichen, wobei die Herausforderung darin liegen dürfte, für die verschiedenen angebotenen Services auch das Branchen-Know-how verfügbar zu haben.

Viele Anbieter und Marktbeobachter sehen in diesem Konzept – was die älteren unter uns sicher noch als Service-Rechenzentrum aus den sechziger Jahren kennen – große Chancen für die Zukunft. Jetzt mit den neuen Möglichkeiten der Internet-Kommunikation scheint die Zeit mal wieder dafür reif zu sein.

Mehrere Anbieter investieren in ASP, so dass ein Wettbewerb mit günstigen Preisen zu erwarten ist

Für den Betrieb dieser Service-Centers werden erhebliche Investitionen von den unterschiedlichsten Anbietern, wie: Software Herstellern, Systemhäusern, Service-Providern, Kommunikations-Anbieter u.v.a.m. getätigt.

So baut z.B. die Telecom-Firma COLT an drei Standorten Rechenzentren mit geplanten 10.000 qm Fläche auf und will dort ca. 40.000 Server für Kunden betreiben. Neben der Hard- und Software bietet COLT sicheren Betrieb, durch organisierte Datensicherung, Ausfallabsicherungskonzepte: Gepufferte Stromversorgung, Spiegelrechner, Spiegelrechenzentren und auch Sicherheitskonzepte für den Schutz der Anwendungen wie Datenverschlüsselung bei der Übertragung und physischen Zugangsschutz zu den Servern.

Potentielle Nutzer von ASP sind sowohl Großunternehmen, die sich auf andere Kompetenzen fokussieren wollen wie auch kleinere Unternehmen und Mittelständler, die schon heute keine ausreichenden IT-Budgets aufstellen können.

5.1.5 Zugangsgeräte zum Internet erreichen Nutzer ohne Computerkenntnisse

Neben der Implementierung von Lösungen 'im Hintergrund' wird das Internet und damit die Möglichkeiten des Electronic Business stark von den verfügbaren Netzzugangsgeräten oder Internet-Geräten bestimmt.

Jedes Gerät erhält Zugang zum Internet

Hier bildet sich in kürzester Zeit eine breite Vielfalt aus und es wird bald kein Gerät mehr geben, welches nicht an das Internet angeschlossen ist. Mit Navigations-Sytemen im Auto z.B. wird es auch möglich sein, aus dem Auto jederzeit beliebige Dienste aus dem Internet zu nutzen. Ein Telefon dient nicht mehr nur der Sprachübertragung, sondern muss - um wettbewerbsfähig zu sein – auch einen Zugang zum Internet mit einer geeigneten Nutzeroberfläche bieten. Fernsehgeräte erhalten einen InternetAnschluss und es sind bereits Geräte auf dem Markt, die im Sinne eines CD-Players Musik in CD-Qualität aus dem Internet herunterladen, lokal speichern und beliebig oft wieder abspielen können. Auch den Stand seines Bankkontos kann sich der Handy-Nutzer bereits heute abrufen und in einigen Systemen auch bereits Wertpapiere handeln. So ist es auch vorstellbar, dass es eines Tages möglich sein wird, den Verbleib einer Frachtsendung oder die Bearbeitung eines Auftrages auf der Reise im Auto über das integrierte Navigationsgerät abrufen zu können.

Die Liste der Internet-Geräte lässt sich praktisch beliebig fortführen mit: Kassen. Selbstbedienungsgeräten, Info-Kiosken, etc. und sie wird praktisch täglich länger.

Abb. 5-3:   *Das Internet erreicht Geschäftspartner und Kunden*
            über eine breite Palette von Netzzugangsgeräten

Einfache Nutzung soll die Massen locken

Mit dem SymplOn-Gerät z.B. will die Firma SymplOn (Simply Online) einen tragbaren PDA mit drahtloser DECT Kommunikation (drahtloses Telefon im Heimbereich) in den Markt bringen, der als ‚Physisches Portal' Zugang zum Internet ermöglicht. Dabei sollen die Dienste mit einer einfachen Oberfläche versehen werden, die noch einfacher zu bedienen ist als der Web-Browser. Modell soll das Minitel in Frankreich sein, dem es schon vor der Internet-Zeit gelungen war, die Haushalte mit seinen vielfältigen, über das Telefon abzurufenden Dienste zu erobern. Der SymplOn ist also nicht nur ein weiteres Zugangsgerät zum Internet, sondern schafft auch eine Oberfläche, die den Charakter eines Gerätes hat – mit einfachen Bedienknöpfen. SymplOn erlaubt auch Sprach Ein- Ausgabe und kann als Telefon genutzt werden und soll mit

IP-basierter Telephonie günstige Tarife bieten. Der SymplOn präsentiert sich also nicht nur als Gerät, sondern kommt gleichzeitig mit einem Nutzungskonzept, welches nach Rockefeller's Öllampenprinzip das Gerät kostenlos zur Verfügung gestellt wird und wo nur die Dienste Einnahmen bringen – wie es ja auch schon bei Handys eingeführt ist. Bezahlt werden soll das Gerät über die angebotenen Dienste und Werbung, für die Sponsoren gewonnen werden. SympOn zielt auf die 80 Prozent der Bevölkerung, welche heute noch nicht das Internet nutzen und will damit die Zahl der möglichen Nutzer noch einmal drastisch steigern.

Die Vielfalt der Geräte ist unbegrenzt

Die Darstellung zeigt, dass es in Zukunft eine Vielfalt von Geräten geben wird, die auf unterschiedlicher Hardware und Betriebssystemen aufbauen. Dabei wird die 'Intelligenz' der Geräte skalierbar sein - einige können nur adhoc Informationen aus dem Internet abrufen, die meisten - einschliesslich bereits dem Handy - können diese Informationen lokal speichern - z.B. der Nokia Communicator oder die angekündigten Geräte von Ericsson und Siemens.

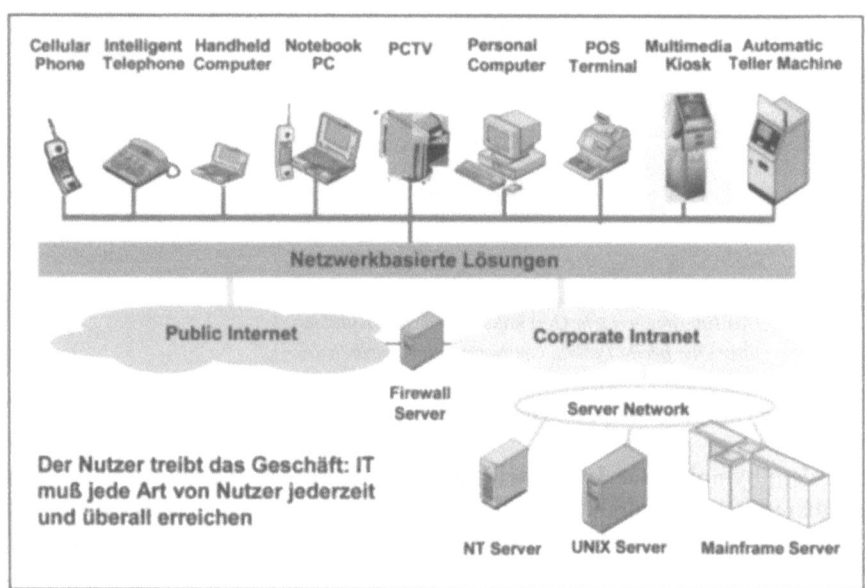

Abb. 5-4: *Vielfältige Geräte ermöglichen den Zugriff auf die Dienste im Internet*

Selbst eine Chip-Card kann einen einfache Nutzeroberfläche für den Netzzugang realisieren und Träger z.B. für Kundenbindungsprogamme sein oder ein 'Pager' kann in einer Lösung des Electronic Business als Netzzugangsgerät genutzt werden.

Gerade weil im Internet vielfältige Lösungen über die verschiedensten Zugangsgeräte möglich sind, ist es nicht angebracht, auch hier wieder zu versuchen, absolute Wahrheiten zu finden und zu verkünden. Besonders das Thema JAVA wird zeitweise nicht mehr pragmatisch sondern dogmatisch diskutiert, was für eine dynamischen Entwicklung praktischer Lösungen und vielfältiger Geräte nicht hilfreich ist.

Das Windows Betriebsystem sollte mit Windows CE (Consumer Environment) (jetzt Windows ME) des PC Markführers Microsoft eine große Rolle spielen, kann aber bisher keine großen Fortschritte verzeichnen. Dagegen verzeichnen spezielle Systeme wie PALM, PSION und sog. JAVA Betriebssysteme große Akzeptanz. Die breite Palette der Geräte zeigt, dass es im Rahmen des Electronic Business um viel mehr geht als um die Frage Netzwerk-Computer gegen Personal Computer.

Es wird auch zu diesem Thema die unterschiedlichsten Lösungen geben, was sich mit Dynamic HTML als Alternative für JAVA Applets bereits abzeichnet und JAVA wird evtl. schließlich eher eine Rolle auf dem Server spielen, als auf dem Client, wo alles angefangen hat. Wichtig ist, dass für den Aufbau eines Electronic-Business alle verfügbaren Techniken mit Phantasie eingesetzt werden, um praktische und innovative Lösungen daraus zu schaffen.

5.1.6 Internetbasierte Kommunikations-Lösungen

Telephonie wird zur Datenübertragung

Auch wenn heute Telephonie über das öffentliche Internet via IP Protokoll noch nicht denselben Standard erreicht wie eine Punkt-zu-Punkt Verbindung, werden diese Beschränkungen zunehmend verschwinden und in jedem Fall sich die beiden Techniken so eng miteinander verbinden, dass ein Szenario selbstverständlich wird, wo sich ein 'Berater' live per Videokonferenz in eine Internet-Session einschalten und in direkten Kontakt mit dem potentiellen Kunden treten kann, wie dies mit der Lösung von CosmoCom bzw. auch Picturetel heute schon möglich ist.

Die Trennung von Sprach- und Datenübertragung verschwindet zusehends. Gleichzeitig setzt sich das Internet-Protokoll (IP) immer mehr durch. Damit schreitet die Verflechtung von Telephonie mit dem Internet voran und bietet vielfältige Lösungen bei denen entweder Daten intelligent über eine Telefonverbindung übermittelt werden – z.B. können bis zu 6 Sprachverbindungen durch IP-Telephonie über eine ISDN Verbindung ohne Qualitätsverlust übertragen werden – oder aber die Telefonverbindung wird über das IP-Datennnetz geleitet, was bei den wachsenden Übertragungsraten dieser Netze zunehmend ohne Qualitätsverlust möglich wird.

Mit entsprechenden Adaptern (Gateways) können so normale Telefone an eine digitale IP-basierte Übertragungsstrecke angeschlossen werden, so dass der Nutzer seinen Gesprächspartner konventionell anwählt und nicht merkt, dass er über IP Telephoniert.

In Unternehmensnetzen werden zunehmend bereits gemeinsame Daten- und Sprachnetze aufgebaut und hier gibt es auch keine Einschränkungen für die Sprachqualität - schon auf einer Local Area Network-Übertragungsstrecke von 10MBit/sec ist Platz für mehrere Telefonverbindungen mit je ca. 20kBit/sec. - also höchste Qualität.

Kern der Übertragung von Telephonie, Radio und Video bzw. Fernsehen ist die sog. Streaming Technik, d.h. dass die Information so schnell wie möglich - mit evtl. wechselnder Geschwindigkeit und Übertragungsverzögerung – übertragen wird, in einem Zwischenpuffer abgelegt und von dort dem Nutzer in einem kontinuierlichen Strom präsentiert. Streaming Techniken sind z.T. in der Lage, sich dynamisch an die vorhandene Übertragungskapazität anzupassen und dann dynamisch die Qualität der Töne bzw. Bilder an die gegebenen Möglichkeiten zu adaptieren.

Es gibt bereits mehrere Anbieter wie: MCI, Global One, Netcologne, Netphone u.a., die Telephonie über Internet (IP) anbieten und die Firma Cisco wickelt bereits die gesamte Telefonverkehr weltweit über ein IP-Netz ab.

Datenübertragung wird auf allen netzen möglich

Auf der anderen Seite werden bestehende Kommunikationsnetzte verstärkt für die Datenkommunikation genutzt und ermöglichen hier neue Anwendungen und andere Netze wie TV- und Strom-Kabel dienen zusätzlich als Kommunikationsnetze:

ADSL (Asynchronous Digital Subscriber Line) – oder T-dsl in der Telekom-Version – kann Daten in einem konventionellen Wide Area Netzwerk mit bis zu 8 Mbit/sec übertragen und erlaubt damit den Betrieb von Multimedia-Anwendungen zu Anschlusspreisen, die durchaus auch für den Konsumenten darstellbar sind (ca. DM 90 p.M.).

GSM GPRS (general Package Radio Service) wird in Kürze drahtlos Übertragungsgeschwindigkeiten von bis zu 50 kBit/sec erlauben und damit den Betrieb von Internet-Lösungen drahtlos möglich machen, wobei in dem neuen Protokoll auch eine verbindungslose Kommunikation über IP-Pakete gegeben ist, was die Kosten für die Kommunikation stark senkt.

Die vorhandenen TV-Kabelnetze werden mit neuen Kopfstationen ausgestattet und ermöglichen dann den bidirektionalen Datenaustausch mit bis zu 2Mbit/sec pro Nutzer.

Auch Stromnetze werden als Kommunikationsnetze erschlossen mit Übertragungsraten von bis zu 2Mbit/sec.

Unterschiedliche Dienste wachsen zusammen

Interessant ist auch die logische Integration von Telephonie in Anwendungs-Lösungen zur besseren Organisation des Telefonverkehrs im Unternehmen und der besseren Ansprache des Kunden am Telefon. Call-Center und Help-Desks spielen für den Kundenkontakt im Zusammenspiel mit Internet-Anwendungen eine bedeutende Rolle und mit 'Computer Telephony Integration' wird eine Verbindung zwischen Telefon-Vermittlungsanlagen und IT-Infrastrukturen geschaffen, so dass das Telefonieren intelligent in IT-Lösungen integriert werden kann. So wird es z.b. möglich, nicht angenommene Anrufe entweder automatisch weiterzuvermitteln oder in einem Log zu verzeichnen, so dass später festgestellt werden kann, wer angerufen hat, und sich der nicht erreichbare Teilnehmer aktiv unter Bezug auf den eingegangenen Anruf zurückmelden kann. Beim Annehmen eines Anrufes kann die Kundenakte sofort am Bildschirm angezeigt werden, wenn sich der Anrufer durch seine Telefonnummer identifiziert, so dass der Angerufene sofort auskunftsfähig ist. Mit diesen Möglichkeiten kann das gesamte Unternehmen als intelligentes 'Call-Center' organisiert werden, so dass die kundenorientierte und kompetente Ansprache nicht nur dem Kundenservice vorbehalten bleibt, sondern für jeden Mitarbeiter im Unternehmen selbstverständlich wird.

Eine wichtige Rolle spielen hier die sogenannten 'Directory Enabled Networks', welche die Anwahl eines Teilnehmers direkt aus einem zentralen Verzeichnis – meist nach dem Standard X500 – mit Selektionsmöglichkeiten nach Namen, Abteilung, etc. ermöglichen und damit Komfortfunktionen bieten, die auch mit den teuersten Telefonanlagen so nie verfügbar waren. Der Aufbau des zentralen 'Meta Directory' – als logische Zusammenfassung von bereits bestehenden lokalen Verzeichnissen, wie sie Siemens mit Dir.X oder auch Novell bieten, ist meist nur eine einmalige Anstrengung und spart danach wesentlichen Aufwand für die Pflege und Darstellung der dezentralen Verzeichnisse ein. Dabei kann die Pflege des zentralen Verzeichnisses durchaus dezentral organisiert werden, so dass z.B. die Sekretärin eines Bereiches direkt die Einträge für ihre Umgebung pflegt und damit immer aktuell halten kann. Der X500 Standard erlaubt den Aufbau dezentral geführter Teilverzeichnisse, die im Netz dann logisch zu einem Gesamtverzeichnis zusammengeführt werden und macht es auch möglich, den Bestand eines zentralen Verzeichnisses in mehreren Kopien an mehreren Orten zu führen und automatisch für alle auf dem neuesten Stand zu halten.

Die VideoTelephonie ermöglicht neben der Sprache auch die Übertragung von Bildern, die nicht nur die Gesprächspartner zeigen können, sondern auch das Produkt, welches präsentiert werden soll. Standard sind bereits Surround-Bilder, die Übersichten der Urlaubsorte präsentieren.

Auch Radio und Fernsehen werden neu definiert

Auch Radioprogramme werden über das Internet weltweit verfügbar. Schon ist es vorgekommen, dass sich ein Hörer des HR3 Rundfunks in einer Hörersendung telefonisch aus Toronto meldete und auf die Frage, wie er denn HR3 in Toronto empfangen könne, wie selbstverständlich antwortete: Ich höre regelmäßig HR3 über das Internet, weil dies eine Verbindung zur Heimat herstellt.

Dasselbe gilt für Fernsehprogramme, die zunehmend mit dem Internet verbunden werden. Dafür werden TV-Geräte bereits mit integriertem Internet-Anschluss angeboten – z.B. Loewe oder Grundig. Zwar fehlt hier z.Zt. noch die Massenverbreitung, aber es wird nicht mehr lange dauern, bis selbstverständlich Fernsehprogramme mit Internet-Informationen durchwoben sind und der Zuschauer fast nicht mehr unterscheiden kann, wann er das Fernsehprogramm oder wann er das zugehörige Internet-Programm sieht. Das ZDF strahlt mit 'Intercast' in der Austastlücke des Fernsehsignals bereits Web-Adressen aus, die Hintergrundinformation zur laufenden Sendung liefern. Web-TV von Microsoft in USA mit bereits ca. 350.000 Teilnehmern und in Deutschland in Zusammenarbeit mit der Deutschen Telekom, ARD-Online-Kanal und Debis TV-Online sind andere Beispiele. Selbst die traditionsreiche BBC in Großbritannien ist seit ca. einem Jahr mit einer Internet-Seite vertreten und sehr erfolgreich mit Rang zwei in der Gunst der Nutzer. Auch ist es schon heute möglich, mit Abstrichen in der Qualität direkt Fernsehprogramme im MPEG-3 Standard über das Internet zu senden und es wird nicht mehr lange dauern, bis z.B. besonders für Spezialprogramme wie Unternehmensfernsehen das Internet als Transportmedium selbstverständlich genutzt wird. Die Nachfolgestandards mit noch besserer Qualität und erweiterten Funktionen sind als MPEG-4 bzw. MPEG-7 bereits in Arbeit. In einzelnen Fällen sind diese Lösungen bereits Realität wie auch bei Daimler Chrysler, wo das Intranet für die Übertragung von Videosendungen besonders in der Phase der Unternehmenszusammenführung genutzt wird, so dass jeder Mitarbeiter wesentliche Informationen jederzeit direkt live bzw. in authentischer Form auch vom obersten Chef erhalten kann. Lufthansa, Karstadt, Gerling und Siemens sind andere Beispiele. Die Exponet 98 in Düsseldorf hat erstmals während der Messe ein Fernsehprogramm produziert, welches dann über Internet zugänglich war. Hier zeichnet sich ab, dass Unternehmen auch mit eigenen Fernsehprogrammen interessante Informationen direkt an den potentiellen Kunden kommunizieren können. Das Münchener Medienunternehmen ProSieben will sich von einem Fernsehsender zu einem Multimediaunternehmen wandeln. Dazu wird ein Nachrichtenkanal N24 aufgebaut und dessen Programm neben der Sendung als Fernsehprogramm auch in das Internet eingespeist. Daneben hat ProSieben die Nachrichtenagentur ADN übernommen und baut damit eine eigene Online-Redaktion mit einer Informationsdatenbank auf. Mit diesem Ansatz will sich ProSieben als Anbieter von Inhalten qualifizieren und diese dann auch über andere Kanäle verbreiten – so z.B. als

Zulieferer von Informationen für die Web-Seiten anderer Unternehmen, um deren Attraktivität zu steigern.

Ein interessanter Radio und Fernsehkanal unter vielen Angeboten ist www.broadcast.com. Dort kann man Radio Alaska empfangen, Live-TV aus USA, in Chart-CDs hineinhören oder live den Sprachverkehr des Space-shuttles mit der Bodenstation abhören. Aber auch deutsche Radiostationen und Fernsehsender sind im Internet zu empfangen.

Web.de will mit seiner Beteiligung an Radio 96 traditionelle Medien in sein Portal einbinden und zielt damit besonders auch auf regionale Märkte.

Kommunikation ermöglicht eine Tele-Präsenz

Durch die Zusammenführung von Kommunikation und Computing werden auch Anwendungen wie Fernwirksysteme über das Internet Realität, die ganz neue Möglichkeiten des Einsatzes für das Internet finden. Bereits sind Alarm-anlagen und Überwachungsanlagen im Test, welche es erlauben, über das Internet die eigene Wohnung per Video zu überwachen und nachzusehen, ob noch alles in Ordnung ist. Genauso gibt es bereits Roboter, die sich in einer Umgebung bewegen können, über das Internet gesteuert werden und dann dem Nutzer ein Bild der Umgebung liefern. Evtl. kann man damit eines Tages einen 'Fernwirk-Vorurlaub' machen, indem man sich über entsprechende Einrichtungen am Zielort schon einmal umsieht. So absurd die Vorstellung erscheint - sie ist mit der im Internet verfügbaren Direktübertragung von Rundumsichten aus Skigebieten praktisch bereits realisiert. Als Erweiterung muss es nur noch möglich gemacht werden, dass man sich einen privaten Video-Roboter mieten kann, damit auch der Ausblick individuell wählbar wird.

Was im Vorstehenden noch als gewagte Vision beschrieben wurde, ist in der Zeit zwischen Schreiben und Korrekturlesen bereits realisiert worden - wenn auch nicht genau wie beschrieben: Das Warenhaus Printemps in Paris bietet seit neuestem einen Dienst, bei dem rollschuhlaufende "WebCam" Mit-arbeiter für Kunden über das Internet zu erreichen sind, Waren auf Wunsch per Videotelefon zeigen und aussuchen und diese auch direkt verkaufen.

Wesentlich ist beim Internet die Möglichkeit der Interaktion zwischen den Gesprächspartnern. Dies belegt eindrucksvoll, dass das Internet schon lange nicht mehr nur eine Medium zur Präsentation von Inhalten für eine breite Masse von Nutzern ist, sondern leistungsfähiges Kommunikationsmittel auch mit dem einzelnen Kunden.

Kommunikation wird so billig, dass das heute Telefon kostenlos 'mitläuft'

Auch ist zu bedenken, wie kostengünstig die Kommunikation der heutigen Datenmengen eines Telefongesprächs werden, wenn die Netze auf die Übertragung von großen Datenmengen ausgelegt sind und letztlich auch nur noch dafür nennenswerte Gebühren vom Kunden erzielt werden können.

Schon gibt es Anbieter von digitalen Übertragungsnetzen, welche die Übertragung von Sprache kostenlos anbieten, um Kunden von den – immer noch relativ teuren – Telefonnetzen auf ihre Netze zu locken.

Die vorstehend dargestellten Lösungsbeispiele und technischen Infrastrukturen, welche das Internet möglich macht, lassen die Vermutung zu, dass das Internet in der Tat für die Zukunft das einheitliche Betriebs- und Lösungs-Modell für viele Anwendungen liefern wird. Durch das bewusste Bekenntnis zur Offenheit und Heterogenität kann das Internet nunmehr das leisten, was andere Standards - allerdings mit dem Anspruch des 'absolut Richtigen' - in der Vergangenheit versprochen haben.

5.1.7 Betrieb von Standardanwendungen mit Webzugriff

SAP, Baan, etc. – praktisch alle existierenden Standard-Lösungen erhalten einen Web-Anschluss zur Nutzung der bestehenden Funktionalität über das Intranet oder Internet. Hier wird zum ersten Mal sichtbar, wie bestehende Lösungen mit relativ geringem Aufwand für eine Nutzung über das Internet umgerüstet werden können. Bei gut strukturierten Anwendungssystemen erfordert dies meist nur die Implementierung einer neuen Präsentationsebene in einem Web-Browser, bei schlecht strukturierten kann es auch etwas mehr sein... Dafür stehen heute drei Ansätze zur Verfügung: HTML (Hypertext Markup Language) für Layouts statischer Nutzer-Oberflächen, JAVA für die Implementierung von dynamischen Nutzer-Oberflächen, die dann die Übertragung und Ausführung von JAVA-Applets im Browser erfordern oder Dynamic HTML mit fast denselben Möglichkeiten wie JAVA aber ohne die Notwendigkeit, Programme zum Web-Browser übertragen zu müssen. Der Vorteil von Dynamic HTML liegt in den kürzeren Antwortzeiten durch die geringere zu übertragende Datenmenge.

Auch bestehende Lösungen können 'ins Netz gebracht' werden

Mit diesen technischen Möglichkeiten lässt sich fast jede Anwendung auf einen Betrieb im Internet umstellen. Und wenn wegen der mangelhaften Strukturierung des Anwendungssystems sonst keine Lösung gefunden werden kann, bleibt immer noch die Möglichkeit, die bestehende Anwendung über eine browser-basierte Terminal-Emulation wie z.B. Log-Web von Logics Software, Host-On-Demand von IBM, Transit-Web von Siemens, SNA Gateway von Microsoft, Hostview Server von Attachmate, Tarantelle von SCO u.v.a.m. über das Internet zu betreiben.

Auch diese Terminal-Emulation war bisher auf LANs beschränkt und erforderte meist erheblichen Aufwand für Installation und Pflege der Emulationssoftware. Basierend auf Internet-Technologie, kann eine derartige Lösung heute direkt aus dem Web aufgerufen werden, wobei dann die auf dem Client erforderliche Emulationssoftware als JAVA Applet dynamisch geladen wird oder aber die Emulation ganz ohne aktive Programme auf dem Client nur über statische oder dynamische HTML-Seiten abgewickelt wird. Daneben bieten einige Terminal-Emulationen die Möglichkeit, Daten aus den Bildschirm-Inhalten zu isolieren und die Anwendungsfunktion anderer Anwendungen über Schnittstellen als Service verfügbar zu machen.

In mehrere dieser Lösungen sind bereits Verschlüsselungsmechanismen integriert, so dass die übertragenen Daten geschützt sind und mit ‚HTTPS' steht ein Standard zur Übertragung geschützter Daten zu einem Web-Browser zur Verfügung.

Obwohl der Betrieb von IT-Anwendungen über das Internet für Unternehmen große Vorteile bringt, indem nunmehr z.b. jeder Mitarbeiter Zugriff auf jedes System unabhängig von seinem Standort haben kann, sind dies noch nicht wirklich Beispiele für Lösungen des Electronic Business, da sie nicht die Kommunikationsmöglichkeiten des Internet in der Anwendung selbst einsetzen, sondern mit dem Internet nur ein anderer Zugang zu der vorhandenen Funktionalität geschaffen wird.

5.1.8 Vernetzung von Lösungen über das Internet auf Basis von XML

Neben der Darstellung der Nutzeroberfläche von Lösungen über das Internet entstehen zunehmend Lösungen, die einzelne IT-Dienste mehrerer Geschäftspartner über das Internet miteinander verknüpfen und so integrierte Verbundlösungen schaffen. Derartige Verbundlösungen bringen in Industrie und Handel Vorteile beim Aufbau von durchgängigen Leistungsketten (Supply-Chains) wie auch besonders bei Banken der Schaffung von komplexen Produkten für den Kunden, die aus Einzelprodukten mehrerer Anbieter zusammengesetzt werden.

XML ist die Inhaltsbeschreibungssprache für den Austausch komplexer Informationsstrukturen

Für die Verknüpfung von IT-Diensten setzt sich zunehmnd das XML Protokoll (Extended Markup Language) durch, welches entsprechend dem HTML Protokoll den Inhalt von Nachrichten beschreibt, dabei aber eine ausgeprägtere Strukturierungen der enthaltenen Daten erlaubt. XML ist eine Weiterentwicklung von HTML für die Beschreibung von allgemeinen Datenstrukturen und wird auf Sicht auch die Funktion des EDI Protokolls übernehmen.

Auch bestehende Lösungen können mit einer XML basierten Schnittstelle versehen und damit als IT-Dienste wieder in neue Lösungen eingebunden werden.

Wie TCP/IP die allgemeine technische Kommunikationsfähigkeit in heterogenen Infrastrukturen ermöglicht und HTML die einheitliche Darstellung von Nutzeroberflächen in einem Web-Browser, wird nun XML die Verknüpfung von Lösungen - auch über das Internet - generell möglich machen.

5.1.9 Elektronisches Dokumentenmanagement schafft viele Lösungen aus einer einmaligen Investition

Neben den betriebswirtschaftlichen Standardanwendungen ist elektronische Dokumentenbearbeitung die zweite Kategorie von Anwendungen, welche von einem internetbasierten Betrieb stark profitiert. Hier bietet sich die Möglichkeit, Dokumente, die früher in Papierform durch das Unternehmen liefen, elektronisch zu bearbeiten und sie damit sofort jedem Mitarbeiter überall zugänglich zu machen.

Schneller Dokumentenfluss beschleunigt Prozesse und spart Zeit und Geld

Wie wichtig es ist, Informationen und Anwendungssysteme in einem Firmennetz im Sinne eines Electronic Business zusammenzuführen, belegt eine europaweite Studie der Sqribe Technologies, welche zu dem Ergebnis gelangt, dass allein Großunternehmen jährlich insgesamt ca. DM 50 Mrd. verlieren, weil Mitarbeiter nicht effizient an alle Informationen herankommen.

Dieser Betrag kommt schnell zusammen, wenn man rechnet, dass jeder Mitarbeiter täglich 30 Minuten Informationen sucht. Das ergibt 100 Stunden pro Jahr für jeden Mitarbeiter und bei 6000 Mitarbeitern bereits 600.000 Arbeitsstunden bei jedem größeren Unternehmen. Bei angenommenen 1000 Unternehmen und einer durchschnittlichen Gehaltsstruktur ergibt dies bereits bei diesen Unternehmen DM 50 Mrd. jährlich.

Kommunikation hat für die Bearbeitung von Dokumenten größte Bedeutung, weil damit Dokumente nicht nur für einen Sachbearbeiter in 'der Zentrale' zugänglich werden, sondern auch für jeden Mitarbeiter in der Außenorganisation. Denkbar und bereits realisiert sind Lösungen - so z.B. von dem Kuvertierexperten Stielow, die Papierdokumente bereits beim Eingang in das Unternehmen elektronisch zu erfassen (Scanner, Fax), sämtliche Arbeit mit den Dokumenten und deren Kommunikation über das Intranet abzuwickeln und die Dokumente auch in elektronischer Form abzulegen bzw. bei Bedarf erst beim Postausgang ein Papierdokument zu erzeugen. Es ist absehbar, dass auch die Kommunikationsstrecke mit Geschäftspartnern und Kunden bald über das Internet abgedeckt wird, so dass dann der gesamte Dokumentenfluss elektronisch abgewickelt werden kann - schon heute sind Fax-Dienste über das Internet aus Anwendungen heraus verfügbar.

Für die Bearbeitung von Dokumenten über das Internet benötigt ein EDM-System (Electronic Document Management) verschiedene Viewer (Anzeigeprogramme), um an einem Arbeitsplatz multimediale Dokumente bearbeiten zu können. In JAVA implementierte Web-Clients bieten die volle EDM-Funktionalität über Internet-Browser. Neben den Viewing-Funktionen stehen über den Web-Browser auch alle Zusatzfunktionen wie: Erzeugung, Erfassung, Ablage, Notizbearbeitung, Hilfesystem, Rechteverwaltung zur Verfügung. Besonders vorteilhaft ist im Internet die Technik: Dokumente, Selektionslisten, Akten etc. immer mit einer eindeutigen Kennzeichnung zu versehen und damit im Web über einen Internet-URL (Universal Ressource Locator) direkt ansprechen zu können. Dies ermöglicht die einfache Integration von Dokumenten in Web-Seiten zur Anzeige und Übertragung an andere. Gegenüber einer Internet-Suchmaschine bietet die EDM Dokumentenselektion eine unvergleichlich höhere Präzision bei der Auswahl von Dokumenten für die Bearbeitung, was viele Anwendungen erst möglich macht.

Dokumentenmanagement ist der Einstieg ins Knowledge Management

Ist diese elektronische Bearbeitung von Dokumenten erst einmal generell gegeben, öffnet sie einem Unternehmen eine weitere Dimension der Nutzung des Internet als internes Knowledge-Netzwerk, auf das potentiell jeder Mitarbeiter des Unternehmens jederzeit zugreifen kann.

Electronic Document Management (EDM) ist eine vielseitig einsetzbare IT-Lösung des Electronic Business, welche für Unternehmen in allen Branchen die Abwicklung von Geschäftsprozessen beschleunigt bzw. leistungsfähiger macht und damit wesentlich helfen kann, generell die Wettbewerbsfähigkeit und Kundenorientierung zu steigern.

Neben Standard-Applikationen stellen EDM-Systeme die Lösung mit dem größten Potential zur Steigerung der Produktivität für Unternehmen dar. Dabei zielt die Rationalisierung mit EDM nicht nur auf Kosteneinsparung, sondern besonders auf eine Verbesserung der Abwicklung vielfältiger Geschäftsprozesse. EDM-Lösungen zeigen eine gute Wirtschaftlichkeit mit einem Kapitalrückfluss von im Mittel ca. zwei Jahren.

Während Standard-Applikationen wie Rechnungswesen, Produktionsplanung und andere Abwicklungssysteme die Standardprozesse im 'Back Office' abdecken und damit wichtige Systeme zur Sicherstellung der Funktionsfähigkeit eines Unternehmens darstellen, setzt Electronic Document Management in vielen Einsätzen am 'Front Office' d.h. der Kundenschnittstelle an und steigert hier die Leistungsfähigkeit eines Unternehmens. Dieser Produktivitätsgewinn lässt sich in fast allen Einsätzen konkret belegen . Es ist offensichtlich, was es bedeutet, wenn jeder Sachbearbeiter jedes Dokument bei jedem Kundenkontakt sofort geordnet verfügbar hat und auch bei der Bearbeitung an mehreren Stellen im Unternehmen nie mehr ein Dokument gesucht oder physisch reproduziert werden muss.

Die Einführung von EDM-Systemen hat auf die Geschwindigkeit bei der Bearbeitung von Dokumenten eine ähnlich positive Wirkung wie das Management der Leistungskette (Supply-Chain-Management) im Wertschöpfungsprozess von Produkten. Auch hier gilt, dass an einem Produkt eigentlich nur drei bis fünf Prozent der Durchlaufzeit aktiv gearbeitet wird, während 90 bis 95 Prozent auf Liege- und Transportzeiten entfallen. Auch Dokumentenmanagement setzt bei diesen 90 bis 95 Prozent an und kann für Unternehmen dramatische Produktivitätssteigerungen und damit Ergebnisverbesserungen erreichen. EDM sollte als 'Information-Chain-Management' betrachtet werden mit der außergewöhnlichen Aussicht, dass hier durch Einführung einer EDM-

Lösung die Warte- und Liegezeiten auf Null reduziert werden, d.h. extreme Beschleunigungen erreicht werden können.

Die Bedeutung von EDM-Lösungen in der Zukunft spiegelt sich auch in den Einschätzungen von Analysten zur Entwicklung des Marktes:

Die Zahl der installierten Arbeitsplätze wird von 4 Millionen in 1997 auf 48 Millionen in 2001 anwachsen (Gartner Group). In einer Umfrage bei U.S. Verbrauchsgüterproduzenten wurde EDM als die 'hottest technology' bewertet, wobei 60 Prozent der Antwortenden eine Einführung innerhalb der nächsten 36 Monate planen (CSC). Nach einer kürzlich durchgeführten Umfrage planen 77 Prozent von U.S.-Unternehmen und 75 Prozent in Europa die Nutzung von Intranets, wobei als häufigste Anwendungen E-Mail, Groupware und EDM genannt werden (IDC).

Client/Server Computing schreibt in seiner Ausgabe 9/98 im Special 'DMS Systeme':
"Hinter den Begriffen Dokumentenmanagement, Workflow, elektronische Archivierung und Internet verbergen.... sich High-Tech-Systeme und Anwendungen, die für die Organisation von Arbeitsabläufen... nicht nur in Großkonzernen, sondern zunehmend auch in kleinen und mittelständischen Unternehmen eingesetzt werden. Sie ermöglichen Unternehmen und Verwaltungen, Informationen sekundenschnell zur richtigen Zeit am richtigen Arbeitsplatz bereitzustellen. Akten, Unterlagen und Geschäftsvorgänge stehen somit auf Knopfdruck zur Verfügung - ohne tage- oder wochenlanges Suchen in herkömmlichen Archiven. Mit dieser Organisationsform lassen sich bisher papiergestützte Vorgänge schneller, sicherer und effektiver abwickeln... Vorteile für Unternehmen, Verwaltungen und deren Kunden: Kurze Bearbeitungszeiten und effiziente Vorgangsbearbeitung, revisionssichere und platzsparende elektronische Archivierung sowie vollständige Aktenlage mit z.B. Hinweisen, wer zuletzt den Vorgang bearbeitet hat und ob etwas geändert, hinzugefügt oder entfernt wurde."
Wie bei vielen Lösungen werden auch bei der Einführung von elektronischen Dokumentenverwaltungssystemen die Pioniere die größten Vorteile ziehen, da sie die entscheidende Zeit der Wettbewerbsalleinstellung länger ausnutzen können, bis auch andere diese Lösungen implementieren.

5.1.10 Online-Dokumentationsbearbeitung bringt viele Lösungen mit einer Technik

Neben der elektronischen Bearbeitung von allgemeinen Dokumenten spielt für viele Unternehmen die Erzeugung und Verwaltung von Produktdokumentation eine wesentliche Rolle in entscheidenden Geschäftsprozessen.
Durch die Möglichkeit multimedialer Darstellung in Dokumenten kann das Internet dazu genutzt werden, Dokumentation für Produkte online zur

Verfügung zu stellen und nur bei Bedarf über 'Printing on Demand' auszudrucken oder überhaupt nur online zu lesen. Durch die Strukturierungsmöglichkeit von Dokumenten in SGML (Structured Graphical Markup Language – einem Superset von Internet-HTML) wird es möglich, dass eine Dokumentation für ein Fertigprodukt aus den Teildokumentationen der einzelnen Komponenten über das Internet zusammengestellt wird. Der Vorteil liegt auf der Hand, indem jeder Hersteller einer Teilkomponente des Gesamtproduktes seine Komponente dokumentiert und die Dokumentation für das Fertigprodukt dann aus aktuellen Quellen dynamisch zusammengestellt werden kann.

Dokumentation wird im Netz kommuniziert und wenn, dann nur von dort ausgedruckt

Diese Art der Dokumentationserstellung ist ein wesentlicher Schritt zur Kooperation im virtuellen Unternehmen. So erzeugt z.B. die Firma Liebherr die Dokumentation für ihre Maschinen auf diese Weise und trägt dynamisch die Dokumentation für Maschinen aus mehr als vierzig Produktionsstandorten online zusammen, wobei abhängig von dem Land, in das die Maschine geliefert werden soll sogar noch selektiv bestimmt werden kann, bis zu welchen Detaillierungsgrad die Dokumentation erstellt wird.

Dasselbe gilt für Luftverkehrsunternehmen wie z.B. Lufthansa oder Hersteller wie Boeing, welche die komplexe Dokumentation für ihre Flugzeuge komplett über das Internet verwalten und zusammenstellen – hier speziell für jedes individuelle Flugzeug. Die Vorteile dieses Ansatzes sind ungeheuer, da nunmehr kostengünstige und schnelle Prozesse möglich werden, die so vorher nicht beherrschbar waren. 'Schnelle' Unternehmen nutzen auch hier früh die sich bietenden Möglichkeiten, um die damit gewonnenen Fähigkeiten als Wettbewerbsvorteil einzusetzen.

5.1.11 Informations- und Wissensvermittlung über das Intra- / Internet

Bereits bei der Darstellung der zweiten Entwicklungsphase des Internet wurden die Möglichkeiten für dessen Nutzung als Knowledge-Netzwerk dargestellt. Für den gezielten Aufbau eines 'Knowledge-Management' sollte vorab klar sein, was gezielt organisiert werden soll:

☐ Faktenwissen
☐ Information, d.h. aus Fakten abgeleitetes Wissen, welches Handlungs optionen eröffnet
☐ Erfahrungswissen, das aus dem operativen Geschäft eines Unternehmens abgeleitet wird und zuerst in den Köpfen der Mitarbeiter existiert, bevor es zu einem Wissensschatz des Unternehmens werden kann, der dann dessen Leistungsfähigkeit bestimmt.

Meist ergibt sich eine Mischung aus allen Wissensarten. Zweifellos ist die Organisation zum Zugang auf das Faktenwissen am leichtesten und bringt bereits wesentliche Vorteile. Schwieriger ist bereits die Kommunikation von Information, da hier ja schon in der Anwendbarkeit des Faktenwissens gedacht werden muss und evtl. ein anderer die Vorteile aus der Anwendung zieht, als derjenige, der die Information gewonnen hatte. Am schwierigsten ist die Ansammlung von Unternehmenswissen und dessen Aktivierung im täglichen Geschäft.

Der Einstieg ins Knowledge Management sollte einfach gewählt werden

Die Inhalte dieses Knowledge-Netzwerks bestehen also zunächst vorwiegend aus bereits vorhandenen Informationen wie Funktions-, Team-, und Projekt- , Produkt-, Verfahrensbeschreibungen, internen Organisationsanweisungen, Richtlinien, Formularen etc., die nunmehr durch das Intra- oder Internet für jeden zugänglich und damit erst richtig erschlossen werden.

Knowledge Management darf aber nicht nur das Verfügbarmachen statischer Information bleiben, sondern besonders auch deren schnelle Kommunikation im bzw. zwischen Unternehmen muss erreicht werden. Formulare sollten nicht nur verteilt werden, um dann wieder konventionell ausgefüllt und weiter bearbeitet werden zu müssen, sondern sie können die Basis sein für elektronische Geschäftsabläufe, in denen die Formulare bei der Bearbeitung aktiv weitergeleitet werden und während ihrer Bearbeitung immer alle für die weitere Bearbeitung nötige Information als Bearbeitungsakte mit sich führen.

Dieses Vorgehen führt dazu, jede Information im Unternehmen konsequent nur einmal elektronisch erfassen zu müssen und dann jederzeit schnell und an jedem Ort für jeden verfügbar machen zu können. Es ist leicht vorstellbar, wie sehr dieser Ansatz hilft, Ordnung zu halten und jederzeit auskunftsfähig zu sein.

Derzeit wird viel vom 'wissensbasierten Unternehmen' (Knowledge Based Company) gesprochen mit der Aussicht, dass damit durch die bessere gemeinsame Nutzung des im Unternehmen vorhandenen Wissens die Leistungsfähigkeit insgesamt gesteigert werden kann.

Wissen wird zum Produktionsfaktor und muss bewirtschaftet werden

Nach einer Studie des Fraunhofer Institut für Arbeitswissenschaft und Organisation IAO gab bei einer Umfrage die Mehrheit der befragten Unternehmen an, dass sie Wissen zu mehr an 50 Prozent als Teil der Wertschöpfung sehen. Damit wird Wissen ein Produktionsfaktor, der wie andere bewirtschaftet werden sollte. Die Umfrage zeigt auch, dass sich einerseits durchaus eine Erkenntnis der Bedeutung von Wissen erkannt wird, andererseits aber eine Unsicherheit besteht, mit welchen sinnvollen Methoden und Werkzeugen dieses Wissen gefördert und verwaltet werden könnte. Dabei steigen die

Kosten für den Aufbau von neuem Wissen und übersteigen bereits die Ausgaben für Sachinvestitionen um ein Vielfaches.

Alles Wirtschaften bedarf in vielfältiger Weise der Koordination durch Kommunikation von Information zwischen Arbeitskollegen, Geschäftspartnern, den Märkten, ... Ein großer Teil aller Geschäftsaktivitäten ist also nicht unmittelbar auf Produktion oder Vertrieb gerichtet, sondern auf Planung, Abwicklung und Beschreibung der eigentlichen Leistungserbringung.

Durch die schnelleren Kommunikationsmöglichkeiten verbreitet sich heute Wissen, Wissensvorsprünge und Ideen ungleich schneller. Damit lassen sich unternehmerische Positionen, die auf überlegenem Wissen aufbauen, nur noch sehr viel kürzer verteidigen. Worum es geht, ist Wissen möglichst schnell zu erschließen und in Fähigkeiten umzuwandeln, die dann zu besseren Ergebnissen in Form von Produkten, Dienstleistungen, Kundenberatung, etc. führen.

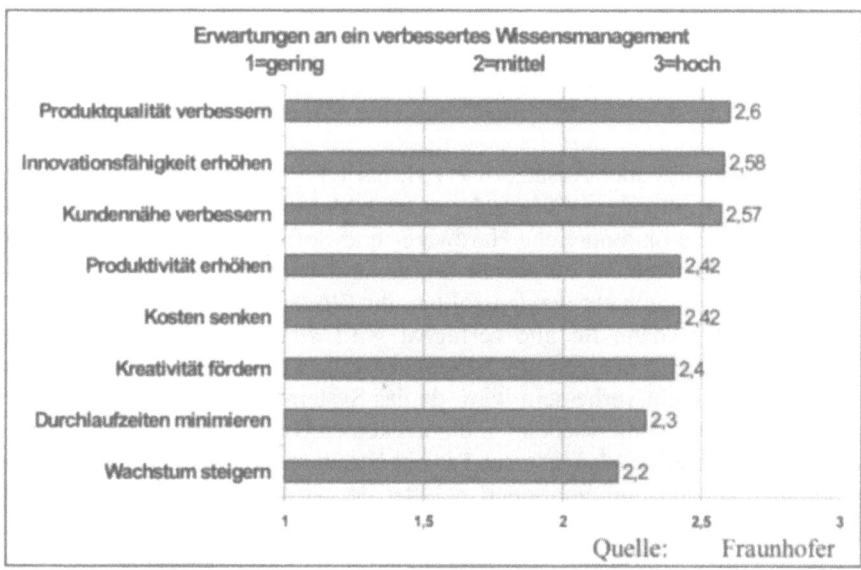

Abb. 5-5: *Vom Wissensmanagement werden Verbesserungen in völlig unterschiedlichen Bereichen erwartet*

Auch Knowledge Management wird von Menschen getragen und kann nicht 'automatisiert' werden

Oft werden Programme aufgesetzt mit dem Ziel, das in den Köpfen vorhandene Wissen ans Tageslicht zu fördern und damit allen als verwertbare Information zu erschließen. In Workshops wird das Thema systematisch erarbeitet und spezielle Projekte aufgesetzt, um das Wissensmanagement zu organisieren.

Dieser Ansatz kann jedoch nur erfolgreich sein, wenn bereits ein Knowledge-Netzwerk mit dem "Gebrauchswissen" in dem vorher beschriebenen

Sinne etabliert und angenommen ist. Der schwierige Schritt, eigenes Wissen für die Allgemeinheit nutzbar zu machen wird erst gelingen, wenn der Nutzen des Wissen-Teilens für den einzelnen durch eine positive Erfahrung erlebt worden ist.

Dazu hilft auch der Aufbau von Wissensinseln, d.h. abgegrenzten Bereichen von speziellen Wissen, die dann spezifisch evtl. von einem Unternehmensbereich mit Informationen versorgt werden und bei einer Suche präzise Suchergebnisse liefern.

Dann empfiehlt es sich, jeweils inhaltlich überschaubare und abgeschlossene Projekte aufzusetzen und möglichst schnell zum Einsatz zu bringen, um den 'Erfahrungseffekt' zu erhalten. Die Projekte sollten primär auf den Inhalt fokussiert sein und daneben methodisch begleitet werden – nicht umgekehrt. Der methodische Teil zielt z.B. auf die Analyse der Informationsflüsse in den Geschäftsprozessen und die Bewusstmachung des Vorteils eines Wissen-Teilens. Daneben kann die Erfassung und Strukturierung des Wissens methodisch angegangen werden und auch die bewusste Förderung des Wissen-Teilens wird durch einen methodischen – vom Management gestützten Ansatz – gefördert.

Bedenklich sind aber Ansätze wie z.B. bei KPMG, wo in einem systematischen Ansatz mit einem Aufwand von ca. DM 180 Millionen innerhalb von 15 Monaten eine umfangreiche Hardware- und Software-Infrastruktur für ein Knowledge-Management aufgebaut wurde und dann im ersten Schritt alle Mitarbeiter dazu gebracht werden sollten, ihr Wissen aus Projekten etc. abzuliefern, damit es dann für alle verfügbar wird. Erste Erfahrungen mit dem System zeigen eine nur geringe Akzeptanz und es steht zu befürchten, dass dies sich auch nicht verbessern wird, da das System den Mitarbeitern zu sehr wie eine Überwachung erscheint und noch keinen Nutzen bringen kann. Wenn dann das Knowledge-Management Projekt bereits mit einer derartigen Vorinvestition finanziell und emotionell belastet ist, wird es schwer sein, es noch erfolgreich zu machen.

Mit einem pragmatischen – immer wieder am realen Erfolg orientierten Ansatz und geschickter Mischung von 'Hard Factors' und 'Soft Factors' kann ein breites Themenspektrum erschlossen werden:

☐ Im Servicebereich kann Lösungswissen systematisch dokumentiert werden. Dabei können die Service-Mitarbeiter Tipps aus ihrer praktischen Arbeit, die auch für andere interessant sind, einfach per E-Mail, Papierzettel oder Voice-Mail in einem Forum 'loswerden'. Wichtig ist es, das Einsammeln von Wissen so einfach wie möglich zu gestalten und dann dieses eingesammelte Wissen evtl. mit Nennung des Beitragenden schnell verfügbar zu machen. Hier muss nicht auf sprachliche Feinheiten geachtet werden, denn eine Fachredaktion aus wenigen erfahrenen Servicetechnikern kann die Eingänge aufbereiten. Bei geschicktem Vorgehen kann damit auf elektronischer Basis wieder der positive Effekt der

'Kaffeeküche' erzielt werden, wo früher im persönlichen Kontakt die letzten Erlebnisse und Tricks ausgetauscht wurden.

☐ Im Vertriebsbereich können in gleicher Weise Tipps über erfolgreiche Vertriebsansätze, Informationen über den Kunden, die Konkurrenz, die eigenen Produkte, wichtige Seminare etc. für alle zugänglich gemacht werden.

☐ Dasselbe gilt für die Produktion, wo Qualitätskennzahlen, Verfahrensfehler, Tipps für bessere Lösungen etc. kommuniziert werden können.

☐ Allgemein lassen sich häufig gestellte Fragen samt den Antworten veröffentlichen.

Wissensvermittlung geschieht über das Internet jederzeit und überall – nicht nur in Schulungskursen

Mit der Verfügbarkeit einer Intranet-Infrastruktur kann so auch die Schulung und Information von Mitarbeitern neu gestaltet werden.

Besonders durch die Übertragungsmöglichkeit für multimediale Inhalte können auch Lernprogramme an den Arbeitsplatz kommuniziert werden, die früher nur als Video verfügbar waren. Schlüssel zum Erfolg ist hier das Angebot von kurzen Programmen, die schnell über ein bestimmtes Thema informieren können. Kleine Trainingseinheiten können jederzeit 'heruntergeladen' werden und letztlich können die Hilfesysteme der Anwendungen direkt auf Trainingskurse verweisen. Schon gibt es Anwendungen in Verkaufshäusern, die dem Verkaufspersonal direkt an den Kassenterminals über Intranet kurze Schulungen zu neuen Angeboten oder den Umgang mit neuen Verfahren vermitteln. Dabei liegt ein großer Vorteil des CBI (Computer Based Information) statt CBT (Computer Based Training) in der Möglichkeit, den Umgang mit dem zu vermittelnden System in interaktiven Lektionen nachzubilden.

Mit dem Unternehmensfernsehen eröffnet sich die nächste Phase der internen Kommunikation. Die Bayerische HypoVereinsbank strahlt seit geraumer Zeit täglich morgens ein professionell produziertes Unternehmensfernsehprogramm aus. Dieses verbreitet Neuigkeiten über das Unternehmen in Form einer Nachrichtensendung und hat während der Zusammenführung von Hypo- und Vereinsbank wesentlich zur Vermittlung der Ziele und dem Kontakt zwischen Management und Mitarbeitern beigetragen. Das tägliche Programm wird einmal über Satellit ausgestrahlt und ist dann tagsüber im Intranet verfügbar, so dass ein Mitarbeiter Ausschnitte daraus noch einmal in Ruhe studieren kann. Auch Daimler Benz nutzt dieses Medium intensiv bei seiner Umgestaltung zu Daimler Chrysler, genauso Lufthansa, Kaufhof und Gerling. Gerling hat für das Unternehmensfernsehen einen 'Rückkanal' eingerichtet, der es erlaubt, während der Sendung gestellte Fragen sofort zu beantworten und die Ergebnisse wieder in der Sendung zu verwerten. Auch Universitäten und andere Bildungseinrichtungen setzen Fernsehen über Internet als Werkzeug zur Wissensvermittlung ein und können so besser eine breite 'Hörerschaft' erreichen. Wichtig bei allem technischen Fortschritt bleibt für alle diese Ansätze aber auch der persönliche Kontakt, der gezielt in die Kommunikation eingebaut werden muss.

Daimler Chrysler hat sie, Lufthansa, Motorola, Harley-Davidson, General Electric und Bertelsmann - weltweit besitzen bereits mehr als 1000 Unternehmen eine Online 'Corporate University'. Der Zweck dieser online Universitäten besteht vor allem darin, die strategische und kulturelle Entwicklung des Unternehmens voranzubringen. Dabei ist immer der Erfahrungsaustausch der Seminarteilnehmer untereinander ein wesentliches Element des Konzepts. Daneben ist die effektivere und effizientere Vermittlung von Wissen in kürzerer Zeit ein wesentliches Ziel. Schätzungen zufolge sollen im Jahre 2005 allein in Deutschland 4,6 Milliarden Mark mit Computerbased-Training Anwendungen umgesetzt werden, wobei computer-based immer mehr network-based bedeutet. Da mit dem Intranet Informationen jederzeit verfügbar sind, entsteht im Gegensatz zum klassischen CBT für die Wissensvermittlung eine Kombination von CBT und Nachschlagewerk: Computer-based Information (CBI), wobei im Kurs nur die Konzepte und Verfahren zur Auffindung von Detailinformationen vermittelt werden müssen – und nicht mehr das Wissen selbst.

Professor Jürgen Plaschke vom Stuttgarter Steinbeis Transfer Zentrum Global Management ist überzeugt, dass die Konsequenzen des Lernmediums Internet auf die Aus- und Weiterbildung der Mitarbeiter tiefgreifend sind. „Das Internet bewirkt tendenziell eine Verschmelzung der Elemente Arbeiten und Lernen, weil es nunmehr möglich ist, losgelöst von Ort und Zeit entsprechend den aktuellen Problemstellungen und den individuellen Anforderungen zu lernen", sagt Plaschke. „Es wird immer weniger mit zentral geplanten Inhalten und immer mehr am Arbeitsplatz gelernt."

Die Universitäten Freiburg, Heidelberg, Karlsruhe und Mannheim wollen mit der ‚Intug' Initiative: "International Tele-University Germany" im Weltmarkt des Telelernens mitmischen. Neben dem Angebot von Kursen zu allen möglichen Fächern wie: Deutsch als Fremdsprache, Informatik, Management, Medizin und Forstwirtschaft soll besonders auch der Technologietransfer verbessert werden. Das Lehrprogramm ist aus Tele- und Präsenzphasen aufgebaut und setzt stark auf Gruppenarbeit, um die technischen und organisatorischen Herausforderungen des Telelernens zu bewältigen. Lehrsprache ist für viele Kurse Deutsch und Englisch, nur in einigen geisteswissenschaftlichen Fächern dominiert deutsch. Die Ausbildung führt zu international akzeptierten akademischen Qualifikationen und vergibt allgemein anerkannte Bescheinigungen für die Teilnahme.

Wie bei so vielen Dingen liegt die Kunst darin, nicht zu viel auf einmal zu verändern oder zu große Ziele anzustreben, sondern vielmehr auf bewährten Verfahren aufzubauen und durch viele kleine – erfolgreiche – Schritte eine allgemeine Bewegung in Gang zu bringen.

Wichtig ist bei der Vermittlung von Wissen, dass dieses dazu dient, die Fähigkeiten der Mitarbeiter im Sinne eines Know-how oder Erfahrung zu fördern und nicht theoretisches Wissen als Besitz zu kultivieren. Denn selbst wenn man wüsste, was man weiß ... , kann man dadurch nicht notwendigerweise auch mehr. Schnelles Umsetzen des Gelernten und die Vermittlung des Gefühls, dass jede Information bzw. jedes Wissen jederzeit in einem Team zugänglich ist, welches die technischen Möglichkeiten als Werkzeug für den gemeinsamen Erfolg einsetzt, sind Schlüssel für ein wirkungsvolles 'Knowledge Management'.

5.1.12   Der Vertrieb kann über das Internet geführt werden

Neben den 'internen' operativen betriebswirtschaftlichen Lösungen gewinnt zunehmend die Unterstützung auch der Außenorganisation durch entsprechende IT-Lösungen an Bedeutung. Sowohl bestehende 'Standardsysteme' wie SAP implementieren derartige Komponenten des Customer Relationship Management (CRM) als auch spezialisierte Systeme wie z.B. Siebel.
Vertriebsarbeit stützt sich weitgehend auf Knowledge Management und Kommunikation. Bereits 1995 wurde unter der Titel 'Consult-Info' bei Siemens ein Vertriebs-Support System auf Basis des Internet implementiert, welches die gesamte Produktdokumentation online verfügbar macht. Auf dieses System haben auch Kunden direkten Zugriff.

Das Internet kann die 'Zentrale' zum Vertrieb vor Ort bringen

Als Erweiterung dieses Systems wäre mit den heute gegebenen Möglichkeiten denkbar, dass z.B. jeder Vertriebsmitarbeiter vor dem Kunden direkt über eine Video-Konferenz im Internet mit einem Fachspezialisten für ein Produkt oder eine Dienstleistung in Verbindung treten könnte. Damit wäre dem Kunden sofort bei Bedarf jede Detailinformation zugänglich, ohne dass dafür der Spezialist anreisen müsste. Auch wenn diese Lösung heute noch etwas nach Zukunftsmusik klingt – wegen der nur begrenzten Bandbreite der Kommunikation, wird es sicher nur noch kurze Zeit dauern, bis sie verfügbar wird. Hier kann z.B. die drahtgebunden ADSL oder auch drahtlose GSM GPRS bzw. UMTS Übertragungstechnik sehr schnell den Durchbruch bringen.
Neben der Versorgung des Vertriebes mit Information ist aber auch die Verfolgung der Entwicklung eines Kundenkontaktes wichtig, mit der Erfassung sämtlicher im Kontakt mit einem Kunden gewonnenen Information über den Einsatz der eigenen Produkte, zukünftige Planungen des Kunden und Bewegungen des Wettbewerbs. Auch für derartige Lösungen bietet das Internet nunmehr die nötigen Kommunikationsmöglichkeiten, so dass Lösungen konzipiert werden können, die wieder Informationen für jeden Mitarbeiter schnell und unkompliziert zugänglich machen, auch wenn sie nur an einer Stelle gespeichert werden. Auch derartige Lösungen waren im Zeitalter des

Client/Server Computing nicht denkbar und werden nunmehr einfach realisierbar.

Besonders Versicherungen und andere Unternehmen mit einer großen Außenorganisation werden von diesen Möglichkeiten wesentlich profitieren können.

Wichtig ist bei der Einführung derartiger Systeme, dass sie von den Mitarbeitern jederzeit als Hilfe erkannt werden und nicht das Gefühl von Kontrolliertsein aufkommen kann.

Aktiver Vertrieb, Marketing und Kundenbetreuung über das Internet schaffen neuen, leistungsfähigen Kundenzugang

Neben Electronic Commerce und der Unterstützung der Vertriebsorganisation bietet das Internet auch die Möglichkeit, aktiv einen Produktvertrieb über das Internet zu organisieren. Mit Hilfe der Suchmaschinen ist es leicht möglich, eine Gruppe potentieller Kunden zu selektieren und zunehmend sind Unternehmen auch als potentielle Kunden über die Mail-Adressen im Internet ansprechbar. Rundschreiben mit gezielter Information für potentielle Kunden können so direkt über das Internet verteilt und damit eine hohe Frequenz bzw. Aktualität bei der Ansprache erreicht werden. Hier kommt es dann natürlich stark auf die Form und den Inhalt der E-Mail an, wenn sie einen positiven Effekt beim Kunden erzielen soll.

Vor kurzem hat der Autor über ein Internet-Informationsverzeichnis potentielle Kunden für ein bestimmtes Produkt herausgesucht und diese mit einem Angebot an die allgemeine Mail-Adresse im Web angeschrieben. Der Vorgang – einschliesslich der Suche – hat für 15 Mails insgesamt ca. 45 Minuten in Anspruch genommen und der Rücklauf – innerhalb von 3 Tagen – war mit 3 qualifizierten Antworten besser als mit jeder gezielten Mailing-Aktion. Hier zeigt sich, was mit den Informationsverzeichnissen alles möglich wird. Es ist zu erwarten, dass sich hier in nächster Zukunft eine wesentliche Steigerungen der Treffergenauigkeit in den Verzeichnissen ergeben wird, wie es z.B. das Portal WEB.DE mit seinen Diensten anstrebt, denn hier ist definitiv noch Raum für Verbesserungen.

Neben dem Vertrieb kann das Internet auch als leistungsfähiges Marketingwerkzeug genutzt werden. Als Idee wäre zum Beispiel vorstellbar, dass ein Anbieter von Kleidung seine Kollektion noch bevor sie physisch zusammengestellt ist, elektronisch als multimediale Modenschau seinen bekannten Kunden zur Bewertung vorstellt und dabei um Wertung der einzelnen Stücke bittet. So wäre es möglich, praktisch bevor jede Verpflichtung eingegangen wird, das Angebot in seiner Attraktivität zu testen und später direkt die einzelnen Kunden wieder zu den Artikeln ansprechen zu können, für die sie vorher Interesse bekundet hatten.

Im Internet geht keine Information verloren

Besonders bei der Betreuung von Kunden und der Beantwortung von Kunden-anfragen ist diese 'intelligente' Verhaltensweise des Internet als Kommunikationsmedium von Vorteil. Über das Internet kann die einmal erfasste Meldung weiterverfolgt und jedem Mitarbeiter unternehmensweit bei einem Kundenkontakt die nötige Information zur Verfügung gestellt werden. Damit kann die termingerechte und ordentliche Ausführung von Aufträgen überwacht und eine rasche Reaktion für den Kunden bei Übergabe der Anfrage an einen anderen Mitarbeiter erreicht werden. Daneben kann die gewonnene Information über den Kunden wieder dazu verwandt werden, diesen gezielt mit Angeboten anzusprechen.

Das Telefonnetz kann über eine «Point to Point» Vermittlung sehr schnell die Verbindung zu einem Gesprächspartner herstellen, tut aber nichts dazu um herauszufinden, ob dies auch der richtige Ansprechpartner ist. Jeder kennt die Situation, dass ein Teilnehmer am Telefon, von dem man annimmt, dass er der richtige Adressat für eine bestimmtes Thema sei, sich für 'nicht zuständig' erklärt, wenn man ihn endlich erreicht hat, und sich damit auch nicht verpflichtet fühlt, für eine Vermittlung eines geeigneten Gesprächspartners zu sorgen. Im Internet als 'intelligentem' Netz zur Informationsvermittlung arbeitet dagegen jeder Teilnehmer zunehmend aktiv an der Vermittlung einer Nachricht mit, indem er über ihm zugängliche Verzeichnisse einen passenden Empfänger für eine Information herausfindet und diese. Wichtig ist, dass in einer Electronic Business Umgebung jeder Mitarbeiter Zugriff auf alle Informationen haben kann und damit ein Wissenspool auch im Kundenkontakt aufgebaut werden kann.

Wie Umfragen zeigen, basieren Kunden ihre Entscheidung für einen erneuten Kauf bei einem Lieferanten zum großen Teil auf der erlebten Service-Qualität. 7 von 10 Kunden führen für einen Lieferantenwechsel den mangelhaften Service und nicht Preis oder Produktqualität an. Entsprechendes gilt natürlich auch während einer Akquisitionsphase mit einem potentiellen Kunden. Ein Prozentpunkt Verbesserung des Service in messbaren Bereichen wie Zuverlässigkeit der Lieferung und Zeit bis zur Lieferung kann den Umsatz um denselben Wert steigern. In vielen Branchen haben dazu noch die Mitarbeiter des Service einen häufigeren und engeren Kontakt zum Kunden als der Vertrieb. Um so wichtiger ist es, dass diese alle Informationen über den Kunden zur Verfügung haben, wie es mit internetbasierten Lösungen unternehmensweit leicht erreicht werden kann. Bank of America z.B. bietet ihren Kunden die Möglichkeit, sich ihr eigene Bank zu bauen ("Build your own bank"). Nach Ausfüllen eines Online-Fragebogens wird eine personalisierte Web-Seite eingerichtet, die dem Kunden genau das zeigt, was ihn interessiert. Auch die Hypo-Vereinsbank und Berliner Sparkasse bieten einen ähnlichen Service. Dieser 'persönliche' Service soll dem Kunden das Gefühl des alten Filialmitarbeiters wieder bringen, der ihn kannte und jeweils genau mit passenden Informationen versorgt hat.

5.1.13   Das Data Warehouse als operatives Werkzeug liefert Informationen an die Kundenschnittstelle

Bereits seit einigen Jahren ist das «Data-Warehouse» als innovative IT-Lösung ein vieldiskutiertes Thema. Während Data-Warehouse-Lösungen manchmal noch als Management Information System (MIS) mit Zugang nur für einen kleinen Nutzerkreis beschrieben werden, zeigt sich vielmehr in praktischen Einsätzen, dass das Data-Warehouse eher als Bestandteil der operativen Lösungslandschaft gesehen werden muss, wenn das volle Potential erschlossen werden soll.

Ein Data Warehouse ist dadurch gekennzeichnet, dass es Daten aus mehreren Quellen über Datenextraktionswerkzeuge konsolidiert und so verwaltet, dass sie mit Analysewerkzeugen schnell beliebig ausgewertet werden können. Während operative Systeme sehr detaillierte Informationen darüber liefern, was in der Vergangenheit abgelaufen ist, gibt das Data Warehouse die Möglichkeit zu ergründen, warum etwas geschehen ist. Mit dieser Information kann dann eine bessere Planung für die Zukunft erarbeitet werden und die damit erzielbaren Verbesserungen für das Geschäft sind gewaltig.

Daten werden in Zukunft nicht mehr nur gespeichert sein, sondern ständig nach Querbeziehungen und verborgenen Informationen durchsucht. Niemand konnte bisher sämtliche Bücher einer Bibliothek durchlesen um deren Inhalt zu analysieren -Computer können dies.

So können Analysen nicht nur dem Vertrieb helfen, sondern z.B. auch dem Service, der aus Störungsberichten Muster erkennt und dann gezielt danach suchen kann oder Pharmaherstellern, die aus Anamnesen Muster bei der Anwendung bestimmter Medikamente erkennen können.

Aus dem Management Informations-System wird ein operatives Werkzeug für alle Mitarbeiter

Obwohl Data-Warehouses keine OLTP (Online Transaction Processing) Anwendungen betreiben, d.h. der Datenbestand nur offline aktualisiert wird, wird es durch die Fähigkeit, mit kurzen Antwortzeiten Analysen aus großen Datenbeständen in OLAP (Online Analytical Processing) Anwendungen zu erzeugen, zu einem Baustein der Informationskette, die Geschäftsprozesse leistungsfähiger macht. Gerade auch durch die Möglichkeiten des Inter- / Intranet können nunmehr die gewonnenen Informationen potentiell jedem Mitarbeiter im Unternehmen zugänglich gemacht werden und sind damit direkt im operativen Betrieb z.B. am Arbeitsplatz im 'Frontoffice' zur Verbesserung der Kundenansprache verfügbar.

Generell bestehen folgende Einatzmöglichkeiten:

☐ Kundenbindung durch Erkennen und Bedienen des speziellen Kunden bedarfs
☐ Finden von Kundenprofilen und Ausbildung eines abgestimmten Produktangebots
☐ Aufdecken regionaler Besonderheiten in der Nachfrage und deren Beantwortung
☐ Gezielte und informierte Kundenansprache bei jedem Kundenkontakt
☐ Aufbau von Statistiken über den Absatz von einzelnen Produkten und Verbesserung der Disposition beim Einkauf und in der Distribution
☐ Erkennen von Produktdefiziten durch Auswertung von Service-informationen und Ableiten gezielter Maßnahmen
☐ Gezielte Marketing- und 'Cross-Selling'- Kampagnen mit Organisation der Durchführung
☐ Bemerken von Attacken des Wettbewerbs und Ergreifen gezielter Gegenmaßnahmen

Einige typische Beispiele von Einsätzen sollen hier kurz skizziert werden:

Im Data Warehouse können alle möglichen Attribute miteinander in Beziehung gebracht und z.B. herausgefunden werden, dass: Beschwerden über Produkte aus eine bestimmten Region stammen, Menschen mit Kontaktlinsen die letzten Alben der 'Drei Tenöre' kaufen etc. Volkswagen liefert mit jedem Jetta in USA ein Mountainbike, nachdem herausgefunden wurde, dass Jetta-Käufer sportlich sind.

Aus großen Datenmengen können Informationen gezielt gewonnen werden

Über sogenannte «Bon-Analysen» kann durch «Data Mining», d.h. das Durchsuchen großer Bestände nach bestimmten Mustern, daneben herausgefunden werden, welche Artikel meist zusammen gekauft werden und damit die Platzierung der Artikel optimiert. Das klassische Beispiel ist hier Wal-Mart, wo der Bierverkauf durch Platzierung des Bieres neben den Windeln gesteigert werden konnte, nachdem herausgefunden wurde, dass diese Artikel von einkaufenden Vätern meist zusammen gewählt werden. Wenn allerdings die neue (Un-)Ordnung in den ehemaligen Wertkauf – jetzt Wal-Mart Märkten – das Ergebnis dieser Erkenntnisse darstellt, ist dies für Kunden doch sehr gewöhnungsbedürftig.
Über das Data Warehouse kann die Wirkung von Werbe-Kampagnen für einzelne Artikel im Vergleich einzelner Standorte oder auch über die Zeit verfolgt und auch externe Informationsquellen wie z.B. demoskopische Erhebungen in die Analyse einbezogen werden.
Beim direkten Kontakt mit dem Kunden geben Information aus dem Data Warehouse die Möglichkeit, den Kunden auf neue Angebote anzusprechen,

wie dies z.B. bei der Schweizer Bankgesellschaft praktiziert wird. Damit können bessere «Cross-Selling» Programme entwickelt und gezielt angeboten werden, indem die Präferenzen des einzelnen Kunden bekannt sind und damit auch die mögliche Akzeptanz für neue Angebote.

Alle Informationen sind auch 'vor dem Kunden' verfügbar

Auch in der Kundenbetreuung kann das Data Warehouse gute Dienste leisten, indem es die über den einzelnen Kunden verfügbaren Informationen transparent und nutzbar macht. So ist es möglich, dem Angriff eines Wettbewerbers auf ausgewählte Kunden mit gezielten Aktionen zu begegnen und z.B. gezielt diesem potentiell gefährdeten Kundenkreis schnell ein entsprechendes Angebot zu unterbreiten oder andere Vorteile aufzuzeigen.

Eine dezentral organisierte Kaufhauskette betreibt ihr Geschäft gestützt auf lokale Materialwirtschaftssysteme. Damit wissen zwar die einzelnen Filialen, wie einzelne Artikel in ihrem Umfeld verkauft werden, die Zentrale - und damit der Einkauf - haben jedoch keine Übersicht über das Gesamtgeschäft und können so nicht optimal disponieren.

Mit Einrichtung eines zentralen Data Warehouse, das die Artikelumsätze aller Filialen konsolidiert, wird es möglich, jeden Artikel gesamtheitlich zu verfolgen und zu disponieren, ohne dass die lokale Hoheit für den Detailüberblick im Tagesgeschäft aufgegeben werden muss. Das Data Warehouse kann also auch als Bindeglied zwischen dezentralen operativen Einheiten und einem zentralen Einkauf fungieren, um im Zusammenspiel für alle die beste Lösung zu erreichen und doch für jeden die nötige Unabhängigkeit zu wahren.

Die Gewinnung der Information aus einem Data Warehouse erfordert Phantasie wie auch die Verwertung der gewonnen Informationen. Es gibt keinen Standardansatz aber es kann als sicher gelten, dass mit einem intelligent eingesetzten Data Warehouse ein leistungsfähiges Werkzeug zur Stärkung der Wettbewerbsfähigkeit zur Verfügung steht, wenn die Information über ein Intranet potentiell jedem Mitarbeiter verfügbar gemacht werden kann.

5.1.14 Lösungen in der Verwaltung erschließen dem Bürger das Internet

Neben der Implementierung von neuen Lösungen in der Industrie entwickelt auch die Verwaltung innovative Lösungen zur Verbesserung ihrer Dienstleistungen und Erzielung von Kosteneinsparungen.

Die oberste britische Sozialversicherung z.B. beabsichtigt, 'elektronische Kundenakten' zu schaffen, die es Rentnern, Arbeitslosen, Behinderten und Kindergeldberechtigten ersparen sollen, wiederholt Daten und Belege vorzulegen zu müssen. Diese Lösung erspart es natürlich auch den eigenen Beamten, diese Belege mehrfach erfassen zu müssen. So will das oberste

Wohlfahrtsamt mehr Kundenfreundlichkeit erreichen und gleichzeitig seine Kosten um DM 7 Milliarden senken.

Baubehörden in Deutschland nutzen online-Darstellungen von Bebauungsplänen, um Architekten und Bauträgern die Arbeit zu erleichtern, indem diese Auskünfte über das Internet einholen und auch Bauanträge direkt über das Internet bearbeiten können.

Das Arbeitsamt www.arbeitsamt.de unterhält im Internet eine Job-Börse und die Zentralstelle für Arbeitsvermittlung ZAV vermittelt unter www.arbeitsamt.de Praktika im Ausland für Abiturienten, Studenten und junge Berufstätige.

Für mehrere Städte wurde mit Förderung der Bundesregierung unter der Bezeichnung 'media@komm' ein Innovationsprojekt zur Modernisierung der Verwaltung aufgesetzt, welches 'die besten integrativen Konzepte erarbeiten will, um multimediale Dienste, möglichst auch unter Benutzung der digitalen Signatur zu entwickeln und ihre Möglichkeiten und wirtschaftlichen Potentiale zu demonstrieren'. Dafür wurden 10 Städte – darunter die Hansestadt Bremen – ausgewählt, um Pilotprojekte zusammen mit Industriepartnern wie z.B. der Firma Brokat zu implementieren.

Thematisch hat man im Projekt zwölf Anwendungsbündel für Situationen des täglichen Lebens ausgewählt, für die Lösungen im Sinne des Electronic Business implementiert werden sollen:

- Umzug und Wohnen, Studium, Freizeit
- Bau eines Hauses, Kauf eines Autos
- Elektronischer Arztbrief
- Schriftverkehr zwischen Rechtsanwälten/Notaren und Gericht
- Öffentliche Auftragsvergabe, Wirtschaftsinformation
- Elektronischer Zahlungsverkehr mit der Verwaltung
- Kommunikation Steuerberater/Finanzamt und Steuererklärungen

Neben der fachlichen Aufgabenstellung sollen in dem Projekt Querschnittfunktionen geschaffen werden, die dann für weitere Projekte nutzbar sind:

- Digitaler Poststempel
- Sichere Datenübertragung, Digitale Signatur
- Chipkarten als Sicherheitsmedium, Security-Server, Trustcenter
- Payment-Server, Elektronisches Inkasso
- Benutzerschnittstelle und elektronische Formulare
- Stadtinformationssystem, Schnittstelle beim Dienstleister
- Hotline

Auch hier wird sichtbar, dass man das Thema einer modernen internetbasierten IT-Infrastruktur konsequent und umfassend angeht, um für die neuen Anforderungen der Zukunft gerüstet zu sein.

5.1.15 Joint Engineering und virtuelle Realität beschleunigen den Produktentstehungsprozess

Für den Aufbau von weltweit verteilt operierenden Teams ist eine computer- und kommunikationsgestützte Produktentstehung basierend auf Internet und Intranet als einheitlicher Kommunikationsplattform der Schlüssel zum Erfolg. Auch virtuelle Zusammenarbeit 'rund um die Uhr' kann so organisiert werden.

Joint Engineering erlaubt es mehreren Mitarbeitern, über das Intranet an denselben Konstruktionszeichnungen, Texten etc. zu arbeiten, wobei dann jeder Teilnehmer dasselbe Bild sieht und aktiv bearbeiten kann.

Die Firma Picturetel bietet leistungsfähige Video-Konferenz Technik über das Internet: Flipcharts, Wandtafeln und Zeichenbretter als 'Meeting'-Tools mit Anbindung an das Kommunikationsnetz, so dass derartige Geräte an mehreren Standorten miteinander gekoppelt werden können und damit alle Teilnehmer jederzeit sehen, was an irgendeiner Stelle auf eine der Tafeln gezeichnet oder geschrieben wird.

So wird auch Heimarbeit für viele Mitarbeiter möglich, indem diese nur als weiterer entfernter Standort in solche Konferenzen einbezogen werden aber auch Gemeinschaftsarbeit zwischen geographisch verteilten Projektgruppen: „Der Mensch geht nicht mehr zur Arbeit und kommt erledigt nach Hause sondern die Arbeit kommt nach Hause und geht erledigt in die Firma".

Mitarbeiter können über das Internet weltweit 24 Stunden am Tag zusammenarbeiten

Zwischen der TU-München, Bayern und der Rice University in Houston, Texas wurde ein Projekt gestartet, bei dem Architekturstudenten über ein Intranet gemeinsam Entwürfe für die Gestaltung von zersiedelten Übergangsbereichen der Stadtränder ausarbeiten wollen. Hier geht es nicht nur um die Arbeit 'rund um die Uhr', sondern auch besonders um die Erweiterung des 'Denkhorizonts' durch gegenseitige Anstöße. So sollen die Texaner sich mit der 'Tangentialspange S-Bahn-Nord' der bayerischen Hauptstadt befassen, während die Bayern den 'Radial Sector Rice University - Downtown' bearbeiten. Es ist leicht vorstellbar, welches Momentum ein derartiges Projekt erzeugen kann und dass die Lösungsmöglichkeiten wesentlich weiter gesteckt werden können.

Mit virtueller Realität kann das Produkt vorab immateriell fast vollständig erlebt werden

Electronic Business hält nicht nur Einzug in die kommerziellen Bereiche eines Unternehmens, sondern verändert zunehmend auch den Produktentstehungsprozess. Durch den Einsatz von IT-Werkzeugen können heute Produkte weitgehend mit einem Ansatz der «virtuellen Realität» entwickelt und damit die teure Herstellung realer Prototypen eingespart werden.

Wichtiger aber noch als nur die Einsparung bei der Entwicklung selbst ist die mit der computergestützten Entwicklung gegebene Möglichkeit, die einzelnen Stationen der Produktentstehung wie Konzeption, Entwicklung, Produktion, Marketing, Vertrieb, Schulung, Support durch Nutzung gemeinsamer Daten und Austausch von Informationen miteinander koppeln zu können.

So werden z.B. bei Mercedes Benz bereits heute Neuentwicklungen in weiten Strecken in einer virtuellen Realität erstellt mit einer breiten Palette von Aufgabenstellungen:

- Produktidee und marktgerechte Positionierung
- Konzeption und Absicherung des Konzeptes durch Simulation
- Produktentwicklung mit Simulation von:
  Festigkeit, Strömungen, Crashtest, Fahrdynamik,
  Fertigungskosten, Recycling
- Produkttest mit 'Fahrten im Simulator'
- Absicherung der Herstellbarkeit mit Einbausimulationen etc.
- Simulation von Montagesituationen und Wartbarkeit
- Produktionsanlagenentwicklung
- Produktion mit hoher Prozess- und Qualitätssicherheit
- Marketing, Vertrieb, Schulung, Service, Recycling

Leistungsfähige Rechner - und hier erreichen heute bereits PCs in vielen Bereichen die nötige Leistung - können derartige Lösungen eingebettet in der unternehmensweiten IT-Infrastruktur implementiert werden.

Mit Hilfe der "Virtuellen Realität" und "Immersion" (Eintauchen in diese virtuelle Welt für den Nutzer) ist es möglich, ein Produkt virtuell praktisch in allen Aspekten zu erzeugen und zu erproben, bevor irgendein reales Teil je hergestellt wird.

- Echtzeit-Interaktion mit dreidimensionaler Darstellung
- Subjektives Gefühl des Umgangs mit dem Produkt
- Erkennung von Fehlern in der Handhabung

Mit der Bedienung des neuen SLK von Mercedes Benz konnten sich Händler und Kunden bereits vertraut machen, als es das Auto noch gar nicht gab. Scholz & Volkmer hat dafür eine Schulungs-CD produziert, die z.B. das Öffnen und Schließen des Daches in 25 Sekunden demonstrierte und auch BMW setzt Virtual Reality im Entwicklungsprozess bereits ein, genauso wie Volkswagen, und das Deutsche Zentrum für Luft- und Raumfahrt.

So ist es z.B. auch möglich, aus den virtuellen 'Produktfotos' bereits Werbebroschüren zu erstellen, die das fertige Produkt in einer für den Kunden realistischen Darstellung zeigen. Genauso ist es möglich, einem Kunden das fertige Produkt in 'seiner' Ausführung, d.h. mit seiner spezifischen Ausstattung und seinen Farben in einer quasi realen Erscheinung ohne große Kosten zu präsentieren.

Durch eine Produkterstellung mit «Virtual Reality» lassen sich Kosteneinsparungen von bis zu 50% erzielen, wobei hier nicht nur die Produktivitätssteigerung der Entwicklung betrachtet wird, sondern auch die Zeit- und Kostenvorteile durch die Schaffung einer durchgängigen digitalen Prozesskette.

Die kurze Darstellung zeigt auch hier, dass die Einführung eines Electronic Business Ansatzes für Unternehmen ungeheure Vorteile bietet und auch hier wieder die 'schnellen ersten' Unternehmen sich große Wettbewerbsvorteil sichern gegen die 'später folgenden'.

Dabei sind die Verfahren der virtuellen Produkterstellung nicht nur im Automobilbau anwendbar, sondern in praktisch allen Branchen von der Flugzeugindustrie bis zum Konsumgüterprodukt, vom einzelnen Produkt bis zum Großanlagenbau.

5.1.16   Geographische Informationssysteme werden zu operativen Steuersystemen

Geographische Informationssysteme wurden in der Vergangenheit im wesentlichen als Werkzeuge für die Landvermessung und das Katasterwesen genutzt. Diese Systeme arbeiten 'im Hintergrund' von Verwaltungen und enthalten eine Menge wertvoller Informationen, die jedoch bisher nicht leicht einem breiten Nutzerkreis zugänglich gemacht werden konnten.

Ehemals 'tote' Systeme können durch den Zugriff über das Netz aktiviert werden

Mit Einführung der Internet Technologie mit Web-Browser Oberflächen ist es nunmehr möglich, potentiell jedem Nutzer Zugriff auf diese Daten zu geben. Bereits bieten Baubehörden auf diesem Weg direkten Zugriff zu Flächennutzungsplänen und ersparen damit Baugesellschaften, Architekten und Bauherren viele Wege und Arbeit, um an diese Information zu gelangen. Zunehmend erkennen die Behörden, denen die Daten 'gehören', was man alles daraus machen kann - von der Demoskopie bis zu Einsatzleitsystemen für Krankentransporte, Feuerwehr - aber auch Transportunternehmen etc. - und fangen an, diese Daten zu vermarkten. Schlüssel ist auch hier das Internet, welches es erlaubt, gezielt aufbereitete Daten für einen großen Nutzerkreis zur Verfügung zu stellen.

Schon entwickeln sich die geographischen Informationssysteme weiter zu operativen Verwaltungssystemen für großflächige Installationen von Anlagen wie z.B. EVUs (Elektrische Versorgungsunternehmen), Gas- und Wasser-Versorger, Abwasser, Kommunikationsinfrastrukturen (Planung und Verwaltung), Industrieinstallationen, etc. wo z.B. ifs, eine Tochter der RWE mit Sicad Geomatics einer Siemens Tochter gemeinsam die Sicad Utilities als Tochterunternehmen betreiben, das sich auf derartige Lösungen spezialisiert hat.

Auch hier hat die Internet-Technologie einen völlig neuen Ansatz für die Nutzung der Informationen aus derartigen Anwendungssystemen ermöglicht, der sich in erstaunlich kurzer Zeit (ein Jahr) allgemein verbreitet.

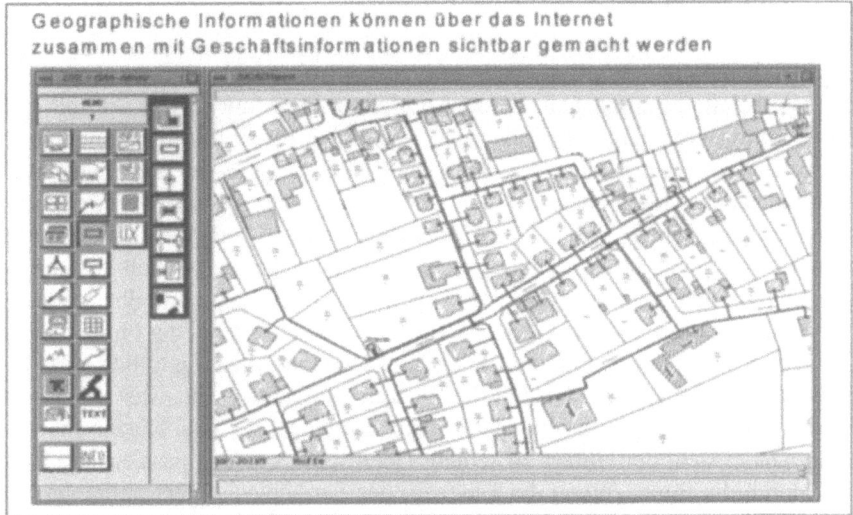

Abb. 5-6: *Geographische Informationssysteme werden zunehmend*
in kommerziellen Lösungen mit Internetzugang genutzt

5.1.17 Produktservice und Kundenunterstützung gehen online

Mehr und mehr werden IT-Infrastruktur und auch Anwendungen von Dienstleistern gewartet. Auch für diese Aufgaben kann das Internet und ein Intranet wesentliche Beiträge leisten. Während früher ein Gerät meist nur lokal überprüft werden konnte, ist es heute möglich, den Zustand von Geräten über das Netz abzufragen und auch Diagnosen bei aufgetretenen Fehlern zu stellen. Im Einzelfall können Geräte über das Netz nicht nur Fehler melden, sondern sind sogar im Vorfeld in der Lage, sich andeutende Unregelmäßig-keiten selbst zu erkennen und zu melden.

Da immer mehr Geräte im Kern mit einem Computer als 'Intelligenz' aus-gestattet und an ein Kommunikationsnetz angeschlossen sind – so z.B. heute bereits Maschinensteuerungen, Gebäudemanagement, Heizungen, Produk-tionsanlagen – wird es in Zukunft immer häufiger möglich sein, den Zustand von Geräten und Anlagen über das Netz zu erfahren und in bestimmten Fällen auch über das Netz Maßnahmen ergreifen zu können.

Der Servicemitarbeiter kann über das Internet 'in das Gerät sehen'

Als Vision ist z.B. vorstellbar, dass ein Auto, welches bisher in der Werkstatt mit elektronischer Diagnose geprüft wurde, zukünftig direkt zu hause an das

Internet 'angesteckt' und über das Netz untersucht wird oder noch besser während der Fahrt über das Navigationsgerät als Kommunikationsbrücke Telemetriedaten an die Werkstatt liefern kann. Schon präsentiert der Hersteller Ford Konzeptfahrzeuge, die ab Werk mit einem Internetzugang ausgestattet sind. Normales Surfen ist durch Spracheingabe möglich und Telematikdienste helfen bei der Verkehrslenkung bzw. wird es durch den Internet-Zugang für Ford auch möglich, Wartungsintervalle zu kontrollieren und einen Termin in der Werkstatt auszumachen. „Der Autofahrer kann auch Kontakt mit den Entwicklungsingenieuren bei uns im Konzern oder direkt mit mir aufnehmen", verspricht Kozernpräsident Jac Nasser. Dabei misst Ford den Telematik-diensten wachsende Bedeutung bei. „In den nächsten Jahren werden solche systeme praktisch in jedem Auto erhältlich sein", kündigt Nasser an. Der Anfang soll nicht in Amerika, sondern mit dem Fokus Modell in Europa gemacht werden. Ähnliche Pläne verfolgen die anderen Automobilhersteller.

Neben der Wartung von Geräten kann über das Netz auch der Nutzer selbst unterstützt werden. Für Standard PC-Oberflächen ist es z.b. möglich, dass ein Servicetechniker sich in den PC des Nutzers einwählt, sieht, was auf dessen Bildschirm angezeigt ist, und dann auch Eingaben für den Nutzer machen kann. Dabei sieht der Nutzer an seinem Gerät jederzeit, was passiert und kann z.b. durch die Beobachtung der Eingriffe des Servicetechnikers online lernen, wie eine aufgetretene Fehlbedienung zu vermeiden ist. Die mit dieser netzbasierten Kundenunterstützung erzielbaren Vorteile sowohl in der Kun-denzufriedenheit wie in der Kosteneinsparung sind heute noch nicht konkret abschätzbar, werden aber wahrscheinlich groß sein.

Ausgehend von den Möglichkeiten der Systemverwaltung über das Internet bilden sich vermehrt Konzepte für eine technische Kundenunterstützung über das Internet heraus. Siemens z.b. bietet den Kunden seiner Server-, PC-, und Banken-Selbstbedienungs-Systeme als Service die Unterstützung der installierten Maschinen und Geräte über das Netz. Damit hat der Kunde den kompetenten technischen Support praktisch vor Ort verfügbar, ohne selbst das Know-How vorhalten zu müssen und der Service-Anbieter kann Skaleneffekte im Kostenmanagement weitergeben.

5.1.18   Technische Meß- und Steuersysteme über das Internet

Neben der 'reinen' IT-Infrastruktur gewinnt das Internet und damit eine netzbasierte Betriebsweise zunehmend Bedeutung auch für den Aufbau von Meß- und Steuersystemen einer technischen Infrastruktur in der Produktion oder Gebäudeverwaltung. Hier bringt das Internet nicht nur Vorteile für den Betrieb und die Überwachung der Anlagen, sondern durch den Anschluss der technischen Infrastruktur können auch aus dieser Umgebung leicht Informa-tionen abgeleitet werden, die dann in integrierte betriebswirtschaftliche Lösungen einfließen können.

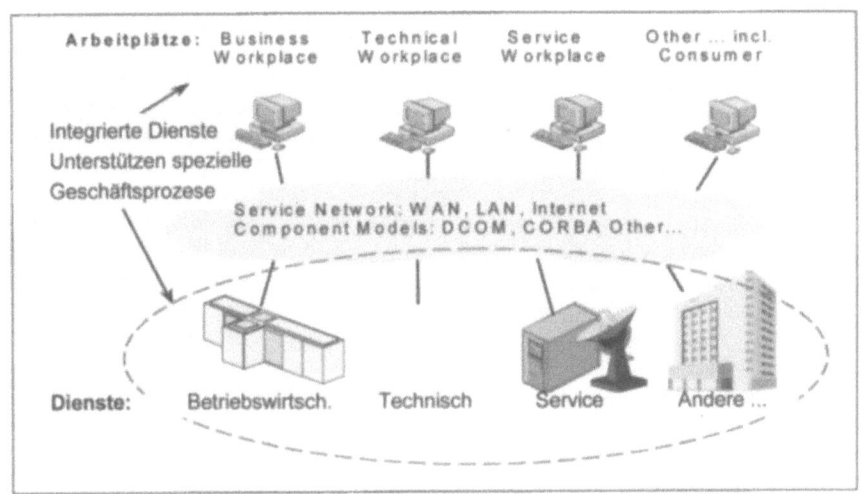

Abb. 5-7: *Durch eine nutzerzentriertes Integrationsmodell können auch Dienste*
aus technischen Systemen in betriebswirtschaftliche Lösungen integriert werden

Auch hier liefert das Internet – endlich – die Brücke, über die sich die bisher weitgehend getrennten Welten begegnen können und auch aus dieser Verbindung ergeben sich interessante neue Lösungen.

5.2 Zusammenfassung

Diese sicher unvollständige Aufzählung zeigt bereits eine breite Palette von Lösungen des Electronic Business. Damit wird sichtbar, dass es hier um mehr geht, als nur um Supply-Chain und elektronische Marktplätze. Praktisch alle Funktionen eines Unternehmens können mit neuen IT-Lösungen in ihrer Leistungsfähigkeit gesteigert und vernetzt werden. Von durchgehenden Kommunikationslösungen auf der einen bis zu technischen Spezialsystemen auf der anderen Seite reicht die Spanne der möglichen Lösungen, die auf Basis des Internet heute bereits realisiert sind - und noch ist keine Grenze für weitere Möglichkeiten abzusehen. Gefordert ist nunmehr die Phantasie, um immer neue Lösungen zu finden, die jeweils von dem Potential der Verbesserung der Geschäftsprozesse ausgehen und dafür die verfügbaren technischen Werkzeuge einsetzen.

All dies beschreibt eine schöne neue Welt, deren Vorteile jeder sofort erkennt. Aber wie kommt man dahin? Welche Schritte sind heute einzuleiten und spätestens morgen zu tun, um auf den fahrenden Zug aufzuspringen?

Das soll im nächsten Kapitel dargestellt werden.

6 Der IT-Bereich hat eine große Rolle auf dem Weg zum Electronic Business

- *Wie können IT-Spezialisten Verständnis für die Geschäftsinhalte gewinnen?*

- *Was bedeutet die Externalisierung des IT-Bereichs?*

- *Wann kann der IT-Leiter zum CIO (Chief Information Officer) und damit Mitglied der Geschäftsleitung werden?*

- *Können IT-Projekte mit einer Ergebnisverantwortung als Profit-Center geführt werden?*

- *Sind Kompromisse ein Eingeständnis von Schwäche oder Beweis für Realitätsorientierung?*

- *Ist die nutzerorientierte Verbindung von Komponenten leistungsfähiger als systemorientierte Integration?*

- *Wie kann das Internet als Integrationsplattform genutzt werden?*

- *Wie kann für alle IT-Lösungen der Web-Browser als Nutzeroberfläche genutzt werden?*

- *Welche Werkzeuge ermöglichen die nötige Flexibilität und Produktivität für die Implementierung von Lösungen?*

6.1 IT-Spezialisten werden in die Definition der Geschäftsprozesse eingebunden

IT-Spezialisten müssen primär in Geschäftsnutzen denken

Die Rolle des IT-Bereiches als Computerspezialisten unterliegt einem Wandel, der dramatischer kaum sein könnte. Seit die Informationstechnik (IT) überall im Unternehmen integriert ist, seit strategische Entscheidungen immer auch technologische Entscheidungen sind, seit in der Produktion, Verwaltung, Vertrieb und im Kunden-Service nichts mehr ohne IT läuft, ist der IT-Bereich aus einer Außenseiterrolle ins Zentrum des Geschehens gerückt. Immer häufiger werden Positionen in der Geschäftsleitung mit Technikern besetzt. Gebraucht wird der Informatiker überall im Unternehmen, längst nicht mehr nur in der 'Abteilung für Datenverarbeitung'. Damit kann er nicht mehr nur der technologieverliebte Tüftler sein, sondern muss seine IT-Technik für die Erfüllung der Unternehmensmission produktiv und wirkungsvoll einsetzen. Der neue IT-Mitarbeiter muss teamfähig sein und sich primär mit den Themen der Anwender auseinandersetzen. Er muss wissen, wie das Geschäft abläuft und was die wesentlichen Erfolgsfaktoren ausmacht.

Durch gezielte Ausbildungsprogramme können IT-Mitarbeiter auf den Geschäftsinhalt ausgerichtet werden

Nicht alle IT-Spezialisten können diesen Schritt in die neue Verantwortung mitvollziehen, aber bei entsprechender Führung und Förderung kann der IT-Fachmann gerade in der Wandlung des Unternehmens zum Electronic Business wertvolle Beiträge leisten und mit der richtigen Phantasie die wesentlichen Lösungen für das neue Geschäftsmodell konzipieren. Zunehmend bestimmen leistungsfähige IT-Systeme den Wettbewerb. Sie entscheiden darüber, wie schnell Kunden beliefert werden können oder wie teuer die Lagerhaltung ist und auch wie sich das Unternehmen dem Kunden für den Service präsentiert. Zunehmend wird die IT Teil des Geschäftsprozesses und Lösungen werden nicht mehr in der Isolation des IT-Bereiches 'erfunden', sondern im andauernden Dialog mit den Fachbereichen gemeinsam erarbeitet. Dies erfordert von den IT-Spezialisten eine neue Denkweise und Sprache, die auch 'normale' Menschen verstehen können. Die Aufgabe ist nicht mehr, die Mitarbeiter der Fachbereiche in der IT-Technologie auszubilden, sondern im Gegenteil muss der IT-Bereich die Sprache und Denkweise der Fachbereiche adaptieren, um als ernster Gesprächs- und Lösungspartner akzeptiert zu werden. Der IT-Fachmann darf in Zukunft nicht mehr nur das umsetzen, was andere erdacht haben, sondern muss selbst in Lösungen für das Unternehmen denken und diese auch mit anderen kommunizieren können. Viele Unternehmen wie z.B. Cadbury als erstes, aber auch Commerzbank u.a. schicken ihre 'Neuen' im IT-Bereich jeweils für mehrere Monate in Trainingslager, wo die

Geschäftsverfahren des Unternehmens vermittelt werden, und oft werden auch praktische Erfahrungen durch Mitarbeit in verschiedenen Fachbereichen einschließlich der Produktion, dem Versands etc. vermittelt. Auf dieser Basis kann dann die Arbeit des IT-Fachmanns für das Unternehmen aufbauen, wenn er entsprechend gefördert wird.

Alexander Röder, Vorsitzender der Geschäftsführung bei DeTe-CSM, einer Tochter der Telekom, sagt: „Die IT darf nicht länger als Kostenfaktor gesehen werden. Sie muss statt dessen ihren Beitrag zum Geschäftserfolg liefern". „Nie war die Zeit für einen Beitrag zur die strategische Ausrichtung eines Unternehmens günstiger als heute".

- Kundenorientiertes Verhalten und direkte Information des Kunden:
  Z.B. Kundenanrede, -Geschichte, -Situation, -Charakteristika,
  beim Anruf 'At your fingertips'
- Bessere Information des Kunden durch kompetente Beratung
  Verringerung der Zahl von 'Informationsvermittlern'
  z.B. Position einer Sendung via Internet (Federal Express, Post AG)
- Effektiveres Marketing
  Z.B. Kundenprofil aus dem 'Data Warehouse'
- Schnellere Abwicklung
  Z.B. Kundenanfrage durch jeden Mitarbeiter in einem Anruf lösen
- Besserer Service und Kundenansprache
  Z.B. Kompetente Beratung durch Zugriff auf Produktinformation

---

Abb. 6-1: *IT-Lösungen müssen dem Kunden nutzen*

Orientierung auf den Kunden hilft, der IT einen Geschäftsfokus zu geben

Innovative IT-Lösungen müssen vornehmlich dem Kunden nützen, der zunehmend in den Mittelpunkt der Aufmerksamkeit rückt. Viele Unternehmen haben erkannt, dass es leichter gelingt, eine neue Ausrichtung zu finden, wenn der Kunde als das Maß aller Dinge und primärer Fokus vorgegeben und dann von allen Mitarbeitern so gesehen wird. Damit sind dann auch leichter Abgrenzungen zwischen den einzelnen Bereichen zu vermeiden, indem alle gefordert sind, gemeinsam die beste Lösung für den Kunden zu finden.

IT-Lösungen dürfen nicht technische Ziele Verfolgen wie: Objektorientierung, komponentenbasierte Software, JAVA, neue Betriebssysteme etc. sondern müssen Geschäftsziele unterstützen und auch in ihrem Beitrag an der Erreichung dieser Geschäftsziele gemessen werden.

- Geringere Vertriebskosten
  Z.B. durch neue elektronische Vertriebskanäle und
  direkten Zugriff auf Produktinformation für den Vertrieb
- Höhere Qualität
  Z.B. durch interne Kommunikation des Produktqualitätsstandes
- Geringere Lagerkosten
  Z.B. Durch direkte Einbindung der Lieferanten in die Produktion
- Bessere Transparenz im Unternehmen
  Z.B. Durch ein 'Corporate Directory' mit Zuordnung aller Mitarbeiter
- Steigerung der Auslastung
- Geringerer Kapitaleinsatz
- Gesteigerter Gewinn

Abb. 6-2: IT-Lösungen müssen die Geschäftsziele unterstützen

Mit der richtigen Ausrichtung kann der IT-Bereich eine treibende Kraft für Innovation sein

Eine Statistik der Gartner Group zeigt folgende Verteilung der Ziele für IT-Lösungen:

☐ 85% Utility Anwendungen
  (müssen gemacht werden, bieten keinen Wettbewerbsvorteil)
☐ 12% Verbesserungen der Geschäftsprozesse
  (Kürzere 'Time to Market', besserer Kundenservice)
☐ 3% Pionieranwendungen
  (wesentliche Verbesserung der Geschäftsprozesse,
  Erschließung neuer Marktpotentiale und Chancen, nicht risikofrei,
  z.B. Geogr. Positionssystem, Internetlösung, Data Warehouse...)

Wie die Statistik zeigt, sind es heute nur 3% der IT-Lösungen, die wirklich innovative Verbesserungen für die Geschäftsprozesse bringen. Dies liegt sicher am Einsatz von Standardsoftware für Routineaufgaben, aber auch an dem mangelnden Verständnis der IT-Verantwortlichen für den wahren Bedarf der Geschäftsbereiche und der Unfähigkeit, in innovativen Lösungen zu denken.

IT-Lösungen werden Teil der Geschäftsprozesse und dienen nicht nur zu deren Unterstützung

Hilfreich ist es, für IT-Lösungen Ziele vorzugeben, die direkt als Verbesserung des Geschäftsablaufs oder im Geschäftsergebnis sichtbar werden. Damit wird erreicht, dass auch das IT-Projekt seinen Auftrag erst als erfüllt ansehen kann, wenn das Geschäftsergebnis erreicht ist und nicht, wenn 'das System an den Fachbereich übergeben ist'.

- Reaktions-/Lieferzeiten von t auf t/n reduzieren
- Auftragserfüllung von midestens 95 Prozent erreichen
- Liefer-Vorhersagegenauigkeit von 95 Prozent erzielen
- Lagerumschläge von x auf n*x pro Jahr erhöhen
- Produktentwicklungszyklus von t auf t/n verkürzen
- Lieferung um n Tage beschleunigen
- Zwischenlager auf x Prozent abbauen
- Kundenzufriedenheit um x Punkte verbessern
- Ertrag um x Prozent steigern

Die Erreichung dieser Ziele sollte quantitativ erfasst und mit Meilensteinen verfolgt werden

Abb. 6-3: Innovationen müssen sichtbare Verbesserungen des Geschäftes zum Ziel haben, nicht 'Einführung von Software'

Nur mit einem Geschäftsverständnis kann der IT-Leiter in die Geschäftsleitung aufrücken

Mit diesem Ansatz entwickelt sich auch der vormals eher technisch orientierte IT-Verantwortliche, die nur die Bereitstellung von IT-Lösungen und deren Betrieb als ihre Aufgabe sah, zum CIO (Chief Information Officer), d.h. dem im Unternehmen Verantwortlichen für die Durchdringung aller Geschäftsprozesse mit innovativen IT-Lösungen.

IT-Manager	CIO - Chief Information Officer
● IT-Technik-orientiert	● Geschäfts(-prozeß)orientiert
● IT-Fachverantwortlicher	● Geschäftsleitungsmitglied
● IT als Inhalt	● IT ist Mittel zum Zweck
● Technikqualifiziert	● Führungsqualifiziert
● Folgt Technik.Innovation	● Treibt (mit) Geschäftsinnovation
● Kennt Technik (-ologie)	● Kennt Technik und Geschäft,
Spricht Techno-Chinesisch	spricht Geschäftssprache
(Technischer Perfektionist)	(Business Enabler)
● Ist Spezialist	● Ist Generalist
● Denkt in Kosten	● Denkt in Nutzen/Ergebnis
● Ist intern orientiert	● Ist extern orientiert
● Ist innovationsgetrieben	● Ist Innovationstreiber
● Fürchtet den Wandel	● Treibt den Wandel

Abb. 6-4: Der IT-Manager wandelt sich zum CIO

Die neue Ausrichtung der IT verlangt innovative individuelle Lösungen

Insgesamt kann man heute für den Einsatz der IT in Unternehmen drei Phasen ausmachen:

☐   Die erste Phase von 1960 – ca. 1990, in der unternehmenseigene IT-Bereiche spezifische Lösungen zur Unterstützung der Geschäftsprozesse des Unternehmens mit Basiswerkzeugen entwickelt haben. Diese Lösungen existieren z.T. heute noch als sogenannte 'Legacy' Lösungen und sind üblicherweise schwer zu ersetzen, da sie noch immer das Geschäft tragen.

☐   Die zweite Phase des IT-Einsatzes von 1990 bis 2000 ist dann geprägt von Standard-Software, die von externen Anbietern beschafft und - manchmal mit großem Aufwand – in Unternehmen eingeführt wurde. Diese Standardlösungen waren üblicherweise stark integriert, daher geschlossen – und sehr reich an Funktionalität, um alle Anwendungsfälle abdecken zu können. Der Einsatz der Standardsoftware wurde meist von externen IT-Beratungsunternehmen durchgeführt und der eigene IT-Bereich oft stark reduziert oder ganz und gar außer Haus gegeben (outsourced).

☐   In der nunmehr anbrechenden dritten Phase wird es darum gehen die 'alten' 'Legacy'-Systeme abzulösen. Dafür müssen wieder innovative und unternehmensspezifische Lösungen geschaffen werden – allerdings nicht mehr 'von Null' neu entwickelt – sondern aus vorgefertigten Komponenten zusammengesetzt. Für die Implementierung der eigenen Lösungen, die dann auch einen Wettbewerbsvorsprung erzielen können, wird zunehmend wieder IT-Kompetenz im eigenen Unternehmen aufgebaut, daher auch die aktuelle Knappheit an IT-Spezialisten. Diese sind jetzt im Zeitalter der Kommunikation gefordert, nach außen zu wirken und dem Unternehmen zu Kommunikationsfähigkeit zu verhelfen. Unter Begriff ‚Externalisierung' wird der IT eine neue Aufgabe zuge-wiesen, die diese stärker in die Geschäftsprozesse einbindet und eine Wirkung nach außen fordert.

6.2 Innovation muss zum täglichen Geschäft werden

Flexibilität macht Innovation zum Normalzustand

Häufig werden Innovationsprojekte als große Unternehmungen – quasi als Ausnahmezustand – aufgesetzt. Wenn Innovationsfähigkeit im Unternehmen als dauernd verfügbare Fähigkeit entwickelt werden soll, ist es ratsam, den Ansatz so zu wählen, dass andauernd mehrere kleinere Innovationsschritte in einzelnen Projekten in Arbeit sind und damit eines dieser Projekte nahtlos an das andere gereiht werden kann. Nur so werden die Mitarbeiter konditioniert, Innovation als etwas natürliches zu erleben.

Dabei muss aber immer bewusst bleiben, dass Innovation in jedem Fall etwas Vorheriges zerstört wird und dieser Vorgang eingeplant werden muss. Innovation geschieht immer in Phasen – die Kunst besteht darin, diese schmerzlos erlebbar zu machen und ihre Veränderung proaktiv anzugehen.

Hier wurden in der Vergangenheit gerade im IT-Bereich große Fehler gemacht, indem in einem dauernden Fluss neue Technologien jeweils als 'die absolut richtigen' propagiert wurden, wobei jede die gerade abzulösende negiert und meist eine völlige Neuorientierung gefordert hat. Dies macht den IT-Verantwortlichen zum Getriebenen, der keine Ruhe zur Gestaltung von geschäftsorientierten Lösungen mehr finden kann.

Erst wenn Innovation in kurzen schnellen Projekten angegangen wird, kann sie zum täglichen Geschäft werden und ein kontinuierlicher Innovationsfluss entstehen.

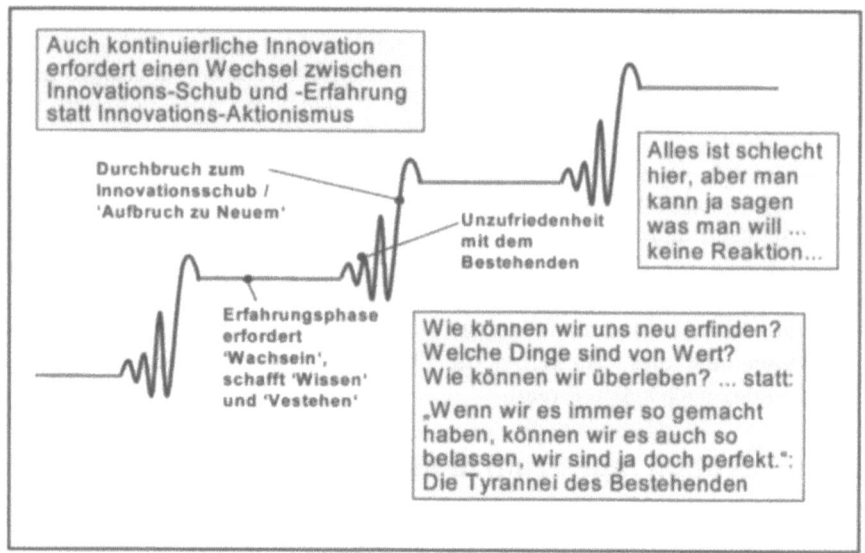

Abb. 6-5: *Jede Innovationsstufe erfordert die Überwindung des* Bestehenden
- 'Schöpferische Zerstörung'

Innovation muss eine 'natürliche' Lebensäußerung des Unternehmens sein - 'Im Werden bleiben' (Margarethe Zander)

☐ Innovation sollte zwar belohnt, aber nicht als Besonderheit 'herausgehoben' werden

☐ Geförderte Innovations-Initiativen riskieren, daß Innovation als 'interessante und angesehene Übung' gesehen wird

☐ Innovation-Boards sollten jede Innovation an einem bestehenden Geschäftsinteresse festmachen

☐ Wahre Innovation erfordert Management-Engagement im Interesse des Geschäftes, nicht als 'Gratulations- Onkel'

☐ Erfolgreiche Innovation wird aus Beispielen abgeleitet

☐ Das Ergebnis des Innovations-Projektes wird allen bewußt gemacht und damit allgemeingültige Erkenntnisse gewonnen

☐ Nach Abschluß eines Projektes wird sofort das nächste gestartet

Innovationsgeschwindigkeit wurde nicht erst mit dem Computer erfunden

Oft wird beklagt, dass die Innovationsspirale sich immer schneller dreht. Aber ist das denn überhaupt wahr oder wird die andauernde Veränderung nur negativ erfahren? Mein Vater hat z.B. in der Schule noch bei Gaslicht gelernt, Flugzeuge gab es noch nicht, genausowenig wie Autos, Elektrizität, Telefon, Radio und Fernsehen. Das war vor 90 Jahren. Der Computer ist nun schon gut

40 Jahre alt. Wo also liegt die neue Qualität oder das dramatische Anwachsen der Innovationsgeschwindigkeit?

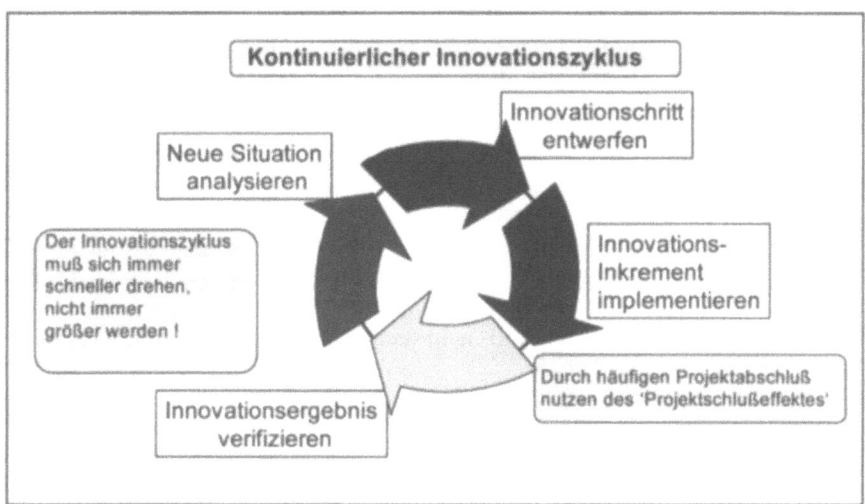

Abb. 6-6: *Innovationserarbeitung muss in einem kontinuierlichen Zyklus implementi werden - Nur eine kontinuierliche Innovation verhindert eine 'Veralterung zwischen Innovationsschritten*

Wichtig ist beim Erleben der Innovation, nicht zum Getriebenen zu werden, sondern aus dem dauernd entstehenden Neuen das auszuwählen und zu nutzen, welches für eine bestimmte Aufgabenstellung Vorteile bei der Lösung verspricht.

Eine Innovation erfordert die Umsetzung einer Invention in die Praxis mit nüchterner Arbeit

Auch sollten nur solche Innovationen angestrebt werden, die das Unternehmen mit seinen Fähigkeiten erreichen kann. Zwar gibt es die Möglichkeit, mit einem Schock-Ansatz eine Revolution zu erreichen - sicherer ist jedoch die evolutionäre Entwicklung.

„Wer das alte ganz wegwirft, wird das neue nicht lange behalten"

Mit Augenmaß müssen Ziele angepeilt werden, welche die Fähigkeiten maximal fordern und den größtmöglichen Nutzen für das Geschäft bringen.

Dabei hilft ein evolutionärer Ansatz, der in jedem Moment das Bestehende in seinen Möglichkeiten maximal ausschöpft, einen gezielten Schritt zur Innovation evtl. nur an einer Stelle angeht und dann diesen Schritt nach vorne in die Breite trägt. Dieser Ansatz ist dem revolutionären klar überlegen, bei dem andauernd durch neue Organisationen oder den Einsatz neuer Techniken oder Methoden ein völliger Neuanfang in einer neu definierten Umgebung erzwungen wird, bei dem keinerlei Erfahrungen aus der Vergangenheit eingebracht werden können und der andauernd einen Bruch in der Entwicklung erzwingt. Gefragt ist also ein 'Sowohl als Auch' anstelle eines 'Entweder Oder'. Bei aller Dynamik der technischen Entwicklung ist dennoch ein evolutionärer Ansatz bei der Lösungserstellung besser als ein revolutionärer. Dabei hilft für IT-Lösungen die Aufteilung von Anwendungssystemen in Komponenten, die über Verbindungsstellen kooperieren und dann leichter einzeln innoviert werden können.

Nur indem die Zielprojektion immer weiterentwickelt wird, kann eine selbsterfüllende Prophezeiung entstehen, die das Unternehmen in seiner Leistungsfähigkeit und seinen Fähigkeiten immer weiter nach vorne bringt. Diese Zielprojektionen sollten konkrete Verbesserungen für den Geschäftsprozess formulieren und nicht technische Funktionen oder abstrakte Zielgrößen.

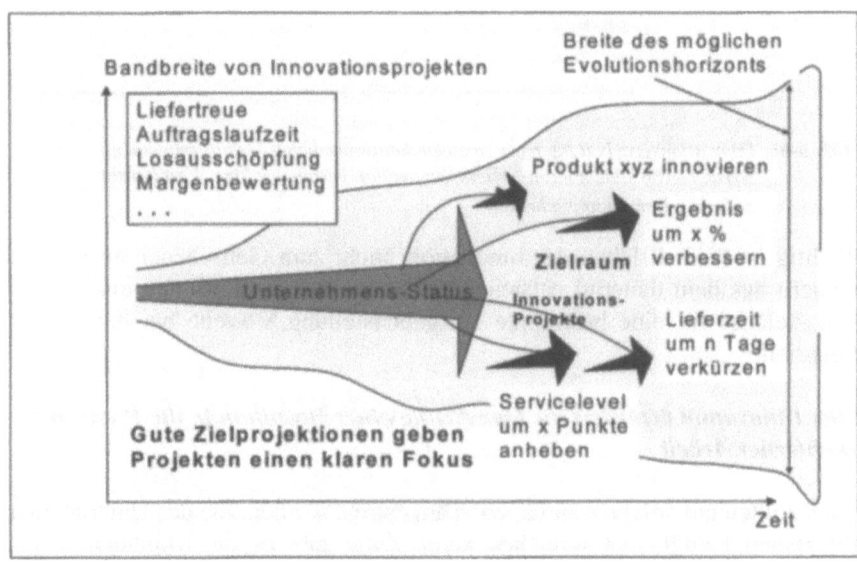

Abb. 6-7:   *Die Zielprojektion aufbauend auf Fähigkeiten ist die Basis für erfolgreiche Innovations-Projekte*

„Tu erst das nötige, dann das mögliche und plötzlich wirst du das unmögliche schaffen"

Hier ist ein Blick auf die typische Vorgehensweise der Amerikaner hilfreich, die für ihr gesamtes Handeln nur Geschäftsziele kennen (Business goals), während wir in Europa oft die 'bessere technische Lösung' anstreben und dadurch den Fokus auf das Geschäft verlieren.

Dass auch Europa diesen geschäftsorientierten Innovationsansatz beherrscht zeigen Erfolge wie z.B. der Airbus, die Ariane Rakete, Eurocopter Hubschrauber, Nokia Telefone, u.v.a.m. die mit einem primär geschäftsorientierten Ansatz letztlich auch technische Erfolge gebracht haben. Gegenbeispiele von technisch orientierten Projekten ohne Geschäftsnutzen sind: die Concorde, die Europarakete, der Transrapid, die IT-Industrie insgesamt, ISDN... u.v.a.m. Hier ist klar das Muster für erfolgreiche Projektansätze abzulesen, welches dann auch auf jedes andere Projekt übertragbar ist.

Innovation braucht Phantasie, Führung, Kraft, Ausdauer
- Die Zielprojektion aufbauend auf Fähigkeiten ist die Basis für
erfolgreiche Innovations-Projekte

Dabei ist zu berücksichtigen, dass mehrere Faktoren wirken müssen, wenn eine Innovation in die Welt kommen soll:

- ☐ 'Brennendes Verlangen' erzeugen – die Vision vermitteln
- ☐ Mitstreiter vesammeln – die Vision 'reflektieren', 'zuhören'
- ☐ 'Can do attitude' schaffen - Selbstvertrauen in die eigenen Leistungsfähigkeit geben, andere 'stützen'
- ☐ 'Ideen' einsammeln – Über das 'Ist' grübeln, Inventionen finden
- ☐ 'Agressivität' schüren – den Aufbruch provozieren
- ☐ 'Ziele' setzen – 'Kurs' und Entfernung bestimmen, 'Ergebnis' definieren - aus der 'Mitte' führen – 'Entwickeln' statt 'Drücken'
- ☐ 'Leistungseinsatz' bringen – in fleißiger Arbeit transpirieren
- ☐ 'Erfolg ermitteln'– am angepeilten Ergebnis messen - danken
- ☐ 'Neue Situation erfahren' – Innovationsergebnis kommunizieren und anderen vermitteln – ‚Helden' exponieren

Das 'kreative Chaos' muss nach Regeln funktionieren, um nicht zum 'chaotischen Chaos' zu werden

Und bei aller Innovationsfreudigkcit müsscn klare Regeln für die Zusammenarbeit gelten, damit nicht die Innovationstreiber als 'Exoten' abseits stehen.

Ein innovationsorientiertes Unternehmen funktioniert grundsätzlich anders als ein tayloristisch funktional hierarchisch strukturiertes

- ☐ Die Unternehmensführung definiert den 'Evolutionshorizont'– nicht die 'Detailvorgabe' – Mentorfunktion
- ☐ Kompetenz zählt – nicht Economies of Scale
- ☐ Der Manager ist 'Entscheidungs-Förderer'– nicht '-Träger'
- ☐ Wichtig sind: Schnelligkeit, Originalität, Wendigkeit, Kraft – nicht Größe und Macht

☐ Schnell anfangen / schnell aufhören
☐ Folgen wird erreicht durch Selbstverantwortung – nicht Befehl und Kontrolle 'Command and Control' (Kraft statt Macht)
☐ Kreativität entspricht der Unternehmenskultur – steht nicht dagegen
☐ Die Außenwelt (Markt) ist Maßstab – nicht die Konzernzentrale

Information über die Ziele und den aktuellen Stand sind der Schlüssel zum Erfolg (Benchmarking, Town-Meetings)

☐ Klare Kommunikation der gemeinsamen Ziel schafft Identifikation
☐ Dokumentation der Projektstände und Kommunikation macht die reale Situation bewusst
☐ Diskussionen mit möglichst vielen Un-Beteiligten (Kaffeküche) erweitert den Horizont und ersetzt kostspieliges Marketing

6.3 Wege zum Electronic Business

Electronic Business ist nicht eine Lösung oder eine Technologie, die man in einem Crash-Projekt mit einem Software-Paket in einer einmaligen Anstrengung 'einführen' könnte. Primär erfordert Electronic Business ein neues Geschäftsverständnis bzw. anderen Organisationsansatz und durchdringt das Unternehmen in vielen kleinen Projekten, von denen jedes einen Beitrag leistet. Da es beim Electronic Business nicht primär um Technik, sondern um Geschäftsvorteile geht, bietet es sich an, die einzelnen möglichen Projekte vor Beginn zu bewerten und auf der Basis dieser Bewertung zu priorisieren.

6.3.1 Definition des Projektes

"Ich weiß zwar nicht wieso, aber aus irgendeinem Grund schaffen wir es nicht, IT richtig für unser Geschäft einzusetzen," so der Kommentar des resignierten Vorstandsvorsitzenden einer global tätigen Investmentbank. Soeben hatte man beschlossen, ein gerade eingeführtes IT-System erneut umfassend zu überarbeiten, weil sich im praktischen Betrieb schwere Mängel gezeigt hatten. Kaum in Betrieb genommen, war es nun für ungeeignet befunden und sofort wieder abgeschaltet worden.

Zusammen mit den Fachbereichsverantwortlichen trieben die IT-Manager des Projektes zwei Tage lang Ursachenforschung. Dabei wurden mehr als zwanzig interne Anwender zu den Schwächen des Systems befragt. Die meisten waren irgendwie an der Entwicklung des Systems beteiligt gewesen – meist in Form von Einzelgesprächen mit den Entwicklern. Die Gespräche waren jedoch meist völlig unsystematisch und unabhängig voneinander geführt worden ohne die Hinzuziehung anderer Nutzer.

Nach einem Tag hatte das Team nicht nur eine Reihe von Mängeln, sondern auch das eigentliche Problem erkannt, ohne sich dessen bewusst zu sein: Jeder Beteiligte kannte zwar einzelne Aspekte des Problems, aber zum ersten Mal befanden sich alle zur gleichen Zeit im selben Raum ausgerichtet auf das gemeinsame Ziel, so dass das Fachwissen quasi ein kritische Masse erreicht hatte.

Es empfiehlt sich, immer ein Portfolio von möglichen neuen Projekten zu pflegen, aus dem dann zu jeder Zeit diejenigen ausgewählt werden können, welche den größten Nutzen für das Geschäft versprechen.

Die Einführung von Electronic Business kann und sollte 'strategisch' geplant werden. Dafür müssen alle Faktoren, die durch einzelne Projekte beeinflusst werden, quantitativ und qualitativ bewertet werden. Wo ein qualitativer Faktor nicht in einen Geldwert umgesetzt werden kann, sollte zumindest in einem 'Vierquadranten-Chart' Klarheit über die Bedeutung des Projektes gewonnen werden.

Ausgehend vom   Kunden empfehlen sich folgende Überlegungen und Ansätze:

☐   Aufstellen einer Kundenbedarfs und Funktionalitäts-Matrix, in der Kundengruppen 'individualisiert' werden durch spezifische Eigenschaften wie: Einkommen, Lebensstil, etc. und diese mit speziellen Lösungen bedient werden;

☐   Definition des Geschäftsziels, welches mit dem Projekt erreicht werden soll. Hier haben sich für die Durchführung von IT-Projekten sog. SOAs (Strategic Opportunity Assessment) und Business Releases (i2) bewährt, d.h. dass zuerst die möglichen Chancen und Potentiale systematisch ausgelotet werden und dann in kurzen Zeitabständen – wenige Monate – jeweils einzelne Komponenten der neuen Lösung fertiggestellt und in Produktion gebracht werden. Jede dieser 'Business Releases' wird dann danach bewertet, was sie als positiven Beitrag für das Geschäft erbringt und abhängig davon wird sie evtl. verfeinert oder aber nicht weiter verfolgt.

Grundsätzlich kann eine Lösung 'von innen nach außen' - also von den Hintergrundsystemen zum Kunden hin - oder auch 'von außen nach innen' - also ausgehend von der benötigten Nutzerfunktionalität zu den verfügbaren Hintergrundsystemen hin entwickelt werden. Die Vorgehensweise richtet sich jeweils nach der gegebenen Situation – z.B. Verfassung der Hintergrundsysteme und Art der gewünschten Funktionalität.

Nachstehende Tabelle gibt ein Beispiel für einen Bewertungsansatz, der natürlich in jedem Fall individuell aufgestellt werden muss.

Bewertet wird nicht nur der tatsächliche positive Beitrag und die Kosten, sondern auch der Zeitfaktor in Monaten (später zählt negativ), wobei für den Zeitmonat ein Geldwert ermittelt werden muss, z.B. abgeleitet aus dem möglichen positiven Geschäftsbeitrag einer früh verfügbaren Lösung.

Bewertung in DM p.a. .	Kunden Zufriedenheit	Bottom Line	Interne Motivation	Operative Einsparung	Overhead Reduktion	Summe .
positiver Beitrag						
	Beschaffung Kosten	Eigen Aufwand	Einführung .	Mitarbeiter Schulung		
Implementierungskosten						
Bewertung in DM - DM x pro Monat später	Problem- Analyse	Implemen- tierung	Einführung .			
Zeitfaktor bewertet						
Gesamtwert						

Abb. 6-8: Eine Bewertungsmatrix hilft bei der Auswahl durchzuführender Projekte

Für die Auswahl und Begleitung der Projekte kommt es darauf an, die Kräfte für eine Aufgabe zu bündeln und damit zielgerichtet zusammen zur Wirkung zu bringen:

☐ Einbeziehung der Geschäftsstrategen für das betreffende Geschäft
☐ Verknüpfen von Topmanagement und Projektmitarbeitern
☐ Verbünden von Technologen und Fachleuten
☐ Verzahnen der Anforderungen mit technischen Möglichkeiten
     Kombinieren von Wissen aus internen und externen Quellen

Bestimmte Basisprojekte empfehlen sich in jedem Fall, evtl. auch als Test. Dabei sollte jedes Projekt so aufgesetzt werden, dass die geplante Lösung zuerst in einem begrenzten Umfeld erprobt und gereift wird, bevor eine allgemeine Verbreitung in Angriff genommen werden kann:

☐ Darstellung des Unternehmens im Web mit Mail-Adresse und Web-Master, um das Unternehmen nach außen weltweit präsent und ansprechbar zu machen - evtl. im Service
☐ Aufbau einer Internet-fähigen Netzwerkinfrastruktur und Einrichtung eines TCP/IP Netzes als Intranet
☐ Einrichtung einer unternehmensweiten Kommunikation über Electronic Mail auf Basis eines unternehmensweiten Directory, um die Kommunikation zwischen den Mitarbeitern zu erleichtern und zu fördern
☐ Einführung von elektronischem Dokumentenmanagement, um allgemein die Bearbeitung von Vorgängen zu beschleunigen und Kosten zu sparen.

Darüber hinaus sind im folgenden beispielhaft einige mögliche Projekte aufgezählt, wie sie in vielen Unternehmen zur Implementierung anstehen:

☐ Schaffung von Web-basierten Nutzeroberflächen, um allen Mitarbeitern Zugriff auf alle Informationen und Anwendungssysteme zu ermöglichen

☐ Funktionen des Unternehmens auf Möglichkeiten der Zusammenarbeit und übergreifenden Informationsaustausch untersuchen, um auch im Innenverhältnis die Prinzipien des Electronic Business zu verbreiten

☐ Prozessketten analysieren und auf Optimierungsmöglichkeiten untersuchen, um die Leistungsfähigkeit zu steigern und Kosten zu senken

☐ Geschäftspartner über Electronic Business ankoppeln, um das Arbeiten im Netzwerk zu implementieren

☐ Evtl. Vertriebskanal über das Web aufbauen

☐ Call Center, Computer Telephony Integration CTI bzw. Computer Assisted Telephony CAT einführen, um die Nutzung des Telefons effektiver und effizienter zu machen

☐ Knowledge Management stufenweise einführen, um das vorhandene Wissen zu erschließen und besser nutzbar zu machen und damit die Basis zu legen für einen aktiven Austausch von Know-how im Unternehmen und mit dem Kunden

☐ Kundenservice auf Basis integrierter Systeme einführen, um durch schnell verfügbare Information besser mit dem Kunden kommunizieren zu können

☐ Kundenmarketing/Data Warehouse einrichten, um Treffsicherheit des Angebotes heben

☐ Elektronische Dokumentenerstellung mit 'Printing on Demand' einführen, um schneller und kostengünstiger mehr Information zu den Kunden und Mitarbeitern bringen zu können

☐ Einsatz von 'Virtual Reality' Technologie für die Produktentstehung prüfen, um Kosteneinsparpotentiale und eine Beschleunigung bei der Produktentwicklung zu erreichen

☐ Standortübergreifende Prozesse für die Produktentwicklung implementieren, um mögliche Synergien im Unternehmen zu erschließen und Kooperation zu üben

☐ Gemeinsame Netze für Daten und Sprachkommunikation aufbauen, um Kosten zu sparen und innovative Lösungen möglich zu machen

☐ Videotelephonie einführen, um eine neue Qualität der Kommunikation für die effektivere Informationsübermittlung zu erreichen

Die lange Liste zeigt, dass für die Implementierung von Electronic Business viel zu tun ist. Schlüssel zum Erfolg wird sein, ein Projekt sich nicht möglichst lange und teuer etablieren zu lassen, sondern eine Motivation unter den Mitarbeitern zu erzeugen, dass jeweils erst mit Abschluss eines Projektes ein weiteres positives Ergebnis für das Unternehmen erzielt wird und Erfolgserlebnisse nur aus dem Abschluss von Projekten gezogen werden können. So wird vermieden, dass das Projekt aus sich selbst heraus eine Existenzberechtigung ableitet anstatt aus der Erreichung von Ergebnissen. Für die Schaffung dieser Motivation kann in manchen harten Fällen die Argumentation helfen, dass der Wettbewerb evtl. schneller mit der Implementierung solcher Lösungen vorankommt und damit gefährlicher wird – DELL Computer z.B.

hat derartige Lösungen, Enba Bank auch. Und das sind junge Unternehmen mit geringer Erfahrung aber inzwischen nennenswertem Marktanteil in ihrem Geschäftssegment. Im allgemeinen hilft es, sich an positiven Beispielen zu orientieren und diese – wo möglich – zu kopieren, anstatt durch 'Grundlagen-forschung' die 'richtige' Lösung anzustreben.

Meist kann eine Lösung schneller gefunden werden, wenn für ein Projekt ein Pilot-Nutzer im eigenen Haus verfügbar ist und eine Verbreitung der Lösung erst nach einer Erprobung im begrenzten Umfeld erfolgt. Dadurch können auch mehrere Lösungen parallel angegangen werden, wenn jeweils ein anderer Bereich die Führerschaft verantwortlich übernimmt.

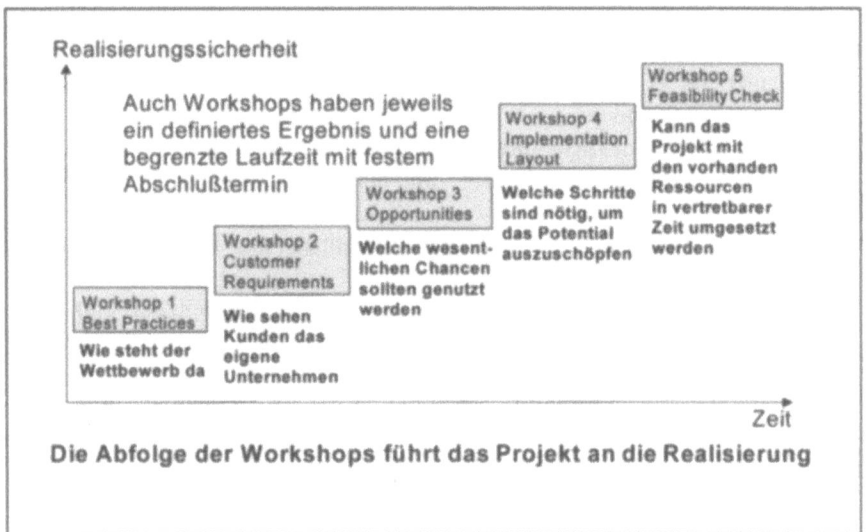

Abb. 6-9: *Workshops helfen zu methodischem Vorgehen und einer*
'Gewinnung der Mehrheit' zur Identifikation mit der Sache

Wie schon gesagt, ist die Einführung von Electronic Business keine 'technische Übung' sondern dient der Gewinnung von Vorteilen für das Geschäft. Um diesen Aspekt zu unterstreichen empfiehlt es sich, jedes Projekt in seiner Wirkung auf den Geschäftserfolg zu bewerten und aus dem Stufen-plan der abzuwickelnden Projekte die jeweils nächsten im Geschäftsplan des Folgejahres zu berücksichtigen. Der Abschluss einzelner Projekte sollte unbedingt kurzfristig terminiert werden – z.B. nach einer Laufzeit von 4 Monaten. Länger laufende Projekte riskieren weniger erfolgreich, dafür aber teurer zu sein. Wenn ein Projekt als zu aufwendig, d.h. auch zu langfristig bis zum Abschluss, spezifiziert wurde, sollte es vereinfacht oder in kleinere Projekte aufgebrochen werden.

Der Ablauf einer Lösungsimplementierung sollte möglichst immer beim Nutzer aufsetzen:

1. Unterstützten Geschäftsprozess definieren.
2. Arbeitsplätze mit Nutzeroberflächen aus diesen Prozessen festlegen.
3. In Prozessschritten benötigte Dienste ermitteln.
4. Abläufe zwischen den Diensten bestimmen.
5. Bereits in Lösungen verfügbare Dienste identifizieren und erschließen.
6. Verbindende Verarbeitungslogik implementieren.
7. Noch fehlende Dienste neu implementieren.

Daneben sollten Projekte in mehrere Implementierungsschritte und Komponenten gegliedert sein. Dies bietet den Vorteil, dass damit mehrere Aktivitäten entkoppelt an verschiedenen Stellen ansetzen können. Nachdem die Punkte 1-4 – im wesentlichen die Spezifikation – abgearbeitet sind, können dann mehrere Gruppen eigenständig die eigentliche Arbeit erbringen und die benötigten Funktionen auf den einzelnen Ebenen implementieren.

Für die verschiedenen Lösungen haben sich dabei zwei typische Grundentwürfe herausgebildet:

☐ Lösungen für die Unterstützung und Optimierung von Geschäftsprozessen oder Leistungsketten (Supply-Chains).
☐ Lösungen für den Aufbau von komplexen Verbundlösungen für die Unterstützung der Arbeit eines Sachbearbeiters oder auch zum Angebot an einen Kunden.

6.3.2 Projektmanagement

Die Entwicklung von IT-Systemen zur besseren Nutzung von Geschäftschancen ist ein komplexer Prozess. Fehlschläge können dabei viele Ursachen haben:

☐ Wertsteigerungschancen werden von Anfang an nicht richtig eingeschätzt.
☐ Die Rolle der IT und die notwendigen Änderungen der Geschäftsprozesse werden nicht richtig festgelegt.
☐ Es werden falsche Prioritäten gesetzt.
☐ Das Projekt erhält keine ausreichende Unterstützung.
☐ Es fehlen Maßnahmen, die sicherstellen, dass System- und Geschäftskomponenten nach der Umsetzung aufeinander abgestimmt werden.
☐ Das Projekt verselbständigt sich mit der Folge, dass keiner bereit ist, die Verantwortung für einen Abbruch zu übernehmen.

Was ist zu tun? Die Lösung erfordert keinen High-Tech-Ansatz, sondern einen klaren Managementprozess mit mehreren kritischen Rollen. Hier ist zuerst der

Vorstand bzw. die Geschäftsleitung gefragt, die sich für ein bedeutendes IT-Projekt genauso engagieren sollte, wie für die Einführung eines neuen Produktes oder eine Akquisition. Dann sollten die Hauptbeteiligten im Projekt in einer Projektorganisation aufgestellt werden, die von vornherein die

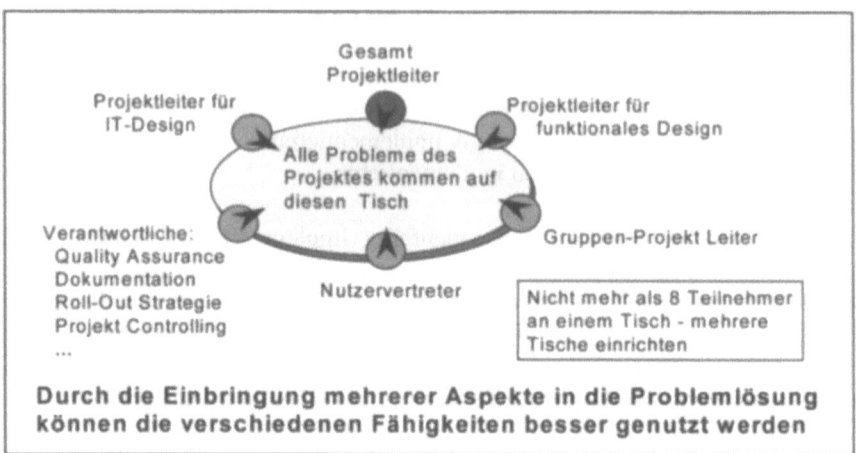

Abb. 6-10: *Der Ansatz des 'Runden Tisches' stellt sicher, dass mehrere*
                Aspekte für die gemeinsame Sache eingebracht werden

Kommunikation zwischen den Beteiligten fördert und eine Atmosphäre der Kooperation an der gemeinsamen Sache schafft. In vielen Fällen hat sich die Organisation des 'Runden Tisches' bewährt, an dem Vertreter mehrerer Organisationseinheiten für die Projektarbeit zusammenkommen und an dem Pojekt als gemeinsamer Sache zusammenarbeiten.

Auch die kaskadierte Schichtung der Verantwortung an der gemeinsamen Sache ist eine Voraussetzung für eine konstruktive Projektarbeit, die wesentlich auf Kommunikation aufbaut und auf allen Ebenen ein Verständnis für das gemeinsame Ziel erreichen muss.

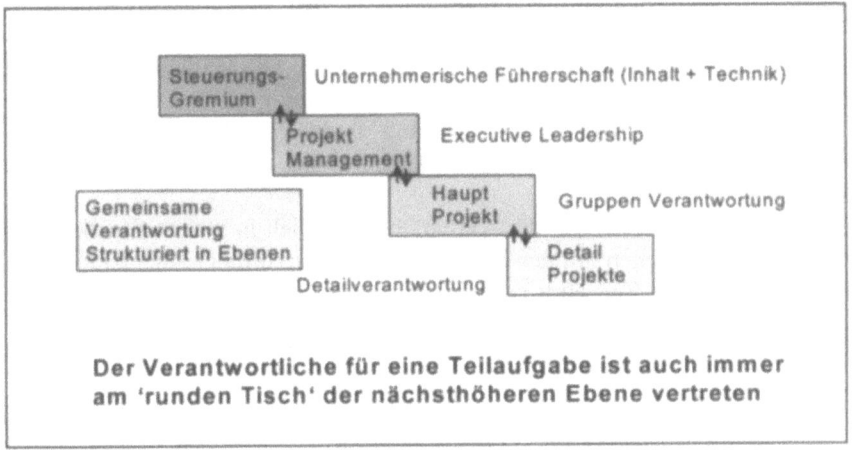

Abb. 6-11:   *Kaskadierte' Übertragung von Verantwortung*
schafft die Basis für eine gute Kommunikation

Dabei ist wesentlich, dass die einzelnen Schichten nicht abgeschottet sind, sondern jeweils durch 'runde Tische' an den Übergängen eine Durchlässigkeit in der Kommunikation und ein gesamtheitliches Gemeinschaftsgefühl erreicht werden kann.

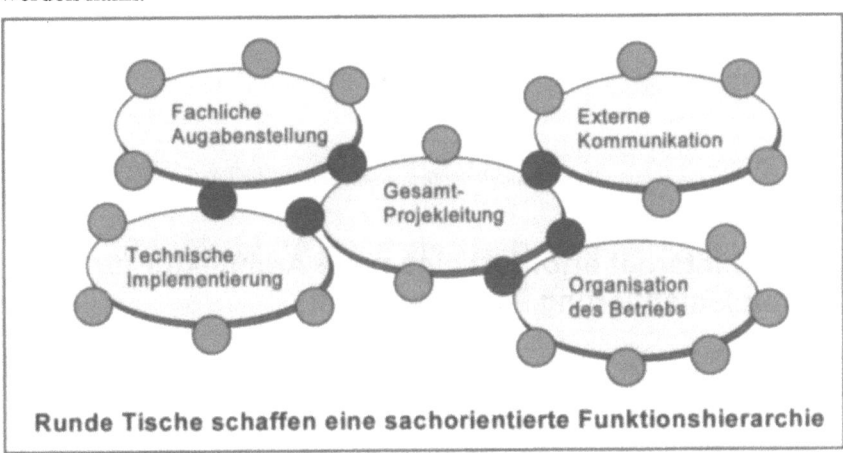

Abb. 6-12:   *Durch die Teilnahme an mehreren ,Tischen' (dunkle Punkte)*
kann eine Verzahnung der Kaskadierung erreicht werden

Neben der 'statischen' Projektorganisation ist der 'dynamische' Ablauf des Projektes so zu strukturieren, dass auch hier ein Maximum an Zusammenarbeit an der gemeinsamen Sache und gleichzeitig an Unabhängigkeit in der Durchführung der einzelnen Aufgaben gewährt wird.

Genau wie sich 'Concurrent Engineering' in der Produkterstellung durchgesetzt hat, ist dies auch bei der Implementierung von Software-Lösungen anwendbar.

Durch die Strukturierung der Aktivitäten lässt sich in weiten Strecken eine Parallelarbeit erreichen mit den entsprechenden Zeitvorteilen, die daraus resultieren. Die Internet-Zeit läuft schnell, also ist es Geschwindigkeit, die bei der Implementierung von Lösungen des Electronic Business zählt.

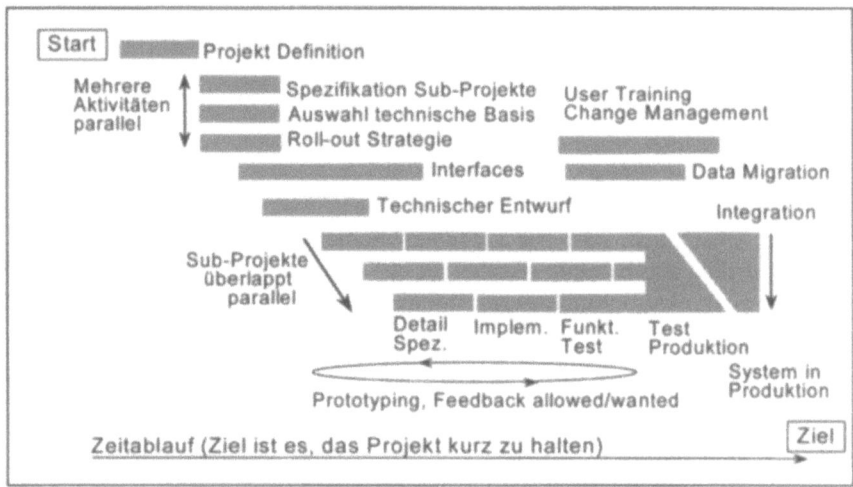

Abb. 6-13: *Das überlappte Phasenmodell implementiert Concurrent Engineering'*

6.4 Das Internet erfordert eine neue Architektur für die Implementierung von Lösungen

Im folgenden Kapitel sollen die für Lösungen im Internet grundsätzlich neue Architektur für Software-Lösungen dargestellt werden.

6.4.1 Integrations-Plattformen fügen Funktionen in Prozessen zusammen und schaffen Verbundlösungen

Offene Kooperationen prägen auch die IT-Lösungen des Electronic Business. Zur Kopplung von Prozessketten und zur Schaffung breiterer Produkt-Angebotspaletten durch elektronische Zusammenarbeit zwischen Unternehmen entstehen Integrationsplattformen, die Beiträge mehrerer Geschäftspartner für den Kunden zu einem Produkt zusammenfassen können.

Die explizite Ausbildung der Integrationsebene ist in aktuellen Software-Systemen nicht selbstverständlich, da besonders die nach dem Paradigma der ‚Integration im System' implementierten dafür konzeptionell keinen Bedarf sehen.

Mehr und mehr stellt sich aber heraus, dass der alte Ansatz der Systemintegration nicht mehr zu halten ist und im Gegenteil die Chancen einer ‚offenen' Integration – auch über das Internet als Kommunikationsmedium – verhindert.

Nur mit einem offenen – auf dem Austausch von definierten Nachrichten – basierten Integrationsansatz wird im Zeitalter des Internet und Electronic Business die nötige Flexibilität zur Erzielung der nötigen Kommunikation zwischen den Geschäftspartnern erreicht.

Das Internet fordert nutzerorientierte statt systemzentrierter Integration

Die Prinzipien der neuen Software-Architektur sollen im Folgenden kurz dargestellt werden:

Internet-basierte Lösungen erfordern eine neue Definition der Integration. Während früher Systeme dann als integriert angesehen wurden, wenn sie möglichst homogen und monolithisch (aus einem Guss eben) ein breites Funktionsspektrum zur Verfügung stellen konnten, gilt diese Qualität im Zeitalter des Internet wenig. Hier sind nicht monolithische Lösungen gefragt, sondern solche, die über Schnitt- oder Verbindungsstellen miteinander kooperieren können. Dies entspricht der Arbeitsweise eines 'offenen' Geschäftsmodells, wo Partner zusammenarbeiten, um gemeinsam in einer Leistungskette ein Produkt zu liefern. Für das Integrationsmodell bedeutet dies, dass der Integrationspunkt nicht mehr durch das 'System' definiert ist, sondern durch den Nutzer oder Kunden, der die Funktionalität aus dem Netz möglichst ohne Brüche für seine Zwecke verknüpft nutzen will.

Das Integrationsparadigma des Internet kann am besten als 'Nutzer-orientiertes Zusammenarbeiten' beschrieben werden und fordert nicht mehr das einheitliche System, sondern vielmehr vorgeplante klare Schnittstellen, an denen definierte Leistungen abgegriffen werden können. Damit wird es möglich, mehrere Teilsysteme über ein Netzwerk zu verbinden und daraus für den Nutzer ein auf seine Bedürfnisse zugeschnittenes Gesamtsystem zu formen. Auf dieser Basis bilden sich für die Implementierung von Anwendungssystemen neue Architekturen heraus, die Gesamtsysteme aus mehreren Komponenten zusammensetzen und dabei auch Funktionen aus bestehenden Systeme in neuen Konstellationen nutzen können. Klar sichtbar wird dieser Wandel auch an der Strategie von SAP, die sich früher noch als Verfechter der Integration in einem System darstellte und heute zunehmend 'offene' Bausteine anbietet und eine 'Business Integration Plattform' propagiert.

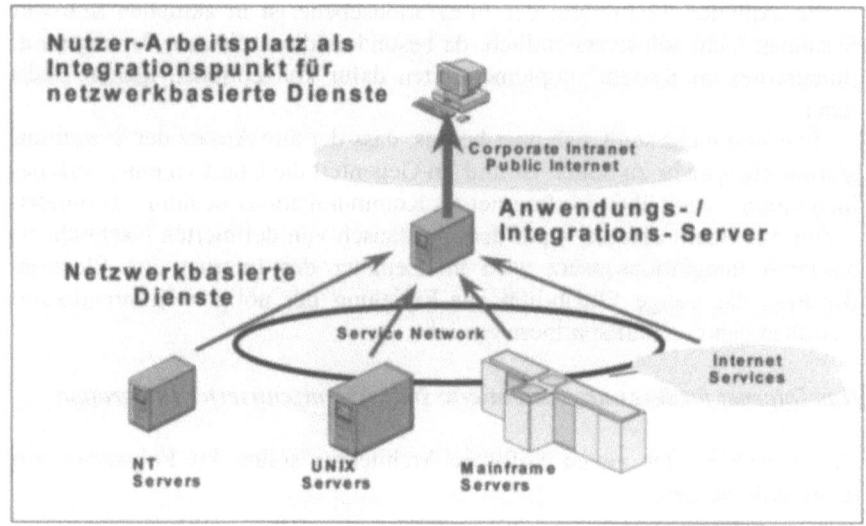

Abb. 6-14: *Netzwerkbasierte IT-Lösungen erfordern einen nutzerorientierten Ansatz für die Integration von Funktionen*

***Lösungen   werden   in   Funktionskomponenten   und   verteilte   Dienste
strukturiert***

Wichtige Merkmale dieser komponentenbasierten Architektur ist das
'Servernetz', in dem mehrere Server über eine schnelle Verbindung
miteinander gekoppelt werden können, und der Netzwerk- oder
Integrationsserver, der die Dienste aus dem Servernetz zusammenfaßt und
über eine geeignete Nutzeroberfläche im Internet zur Verfügung stellt. Durch
die Verteilung von Diensten auf mehrere Server wird es leicht möglich,
dedizierte Server für die einzelnen Komponenten wie z.B. Datenbank,
Dokumentenverwaltung, Mail, etc. einzurichten und damit die früher bei
Mainframes gefürchteten komplexen Ressourceninterferenzen zu vermeiden.
Diese offene Architektur gestattet es auch, bestehende Anwendungssysteme
um neue Komponenten zu erweitern, ohne dafür das ganze System verändern
zu müssen. Die neuen Funktionen werden einfach vom Integrationsserver
aufgegriffen und in die Nutzeroberfläche einbezogen. Spezielle Logik des
Integrationsservers ist in der Lage, die Abwicklung logischer Transaktionen
über mehrere heterogene Systeme zu koordinieren.

Wenn Funktionen so implementiert sind, dass sie definiert an einer
Kommunikations-Schnittstelle verfügbar gemacht werden können, kann damit
eine Integrations-Plattform für das Electronic Business geschaffen werden.
Hier öffnen sich z.Zt. auch die vormals monolithisch integrierten Systeme wie
z.B. SAP R/3 und bieten über BAPIs (Business Application Interfaces)
definierte offene Funktionen in Form von Diensten statt integrierter Funk-

tionalität. Mit der Business Integration Architecture formuliert SAP einen Ansatz, wie zukünftig Dienste zur Verfügung gestellt werden sollen und wie dann auch Funktionen aus anderen Systemen mit denen des SAP Systems gekoppelt werden können. Diese Entwicklung trägt der wachsenden Bedeutung des Internet und der breiten Akzeptanz des neuen Integrationsparadigmas Rechnung und wäre so sicher nicht eingetreten, wenn nicht mit dem neuen Integrationsmodell des Internet die Forderungen der Kunden entsprechend drängend geworden wären.

Standardsysteme öffnen sich für eine nutzerorientierte Integration

Während sich auf der einen Seite Standardanwendungen 'öffnen' und zu Service-Umgebungen werden, die definierte Dienste im Netz anbieten, entstehen auf der anderen Seite Technologien für Integrationsplattformen. Die im nachstehenden noch detaillierter beschriebenen Business-Plattformen der Firmen i2 Technologies für die produzierende Industrie und den Handel bzw. Brokat Twister für Banken und Versicherungen bieten eine Integrationsplattform, mit der Funktionen aus bestehenden Systemen aufgegriffen werden und dann für den Nutzer zu einer neuen integrierten Funktionalität zusammengebunden werden können.

So können Lösungen wie im Folgenden Beispiel entstehen, das die Vorteile der Kopplung von Geschäftsprozessen über Unternehmensgrenzen hinweg zeigen soll.

Die Post AG hat auf der Basis eines Dokumenten-Managementsystems eine 'Track & Trace' Anwendung aufgebaut, mit der jeder Kunde den Transport seines Paketes bis zur Auslieferung verfolgen kann. Während man bei der Auslegung des Systems davon ausgegangen war, dass es ausreichen müsste, die Frachtdaten noch für eine Dauer von 20 Tagen nach Lieferung 'online' zu halten und dann in ein Archiv auf optischen Platten abzulegen, stellte sich nach Inbetriebnahme heraus, dass nach ca. 200 Tagen eine hohe Zugriffshäufigkeit auf das Archiv für Auskünfte auftrat. Nachforschungen ergaben, dass diese aus Nachfragen von Versandhäusern herrührte, die einen Beleg dafür brauchten, dass ein Paket abgeliefert worden war, weil ihre Kunden – nachdem nunmehr die Zahlung endgültig fällig wurde – abstritten, das Paket je empfangen zu haben. Nachdem dieser Umstand erkannt war, wurde das Track & Trace System der Post AG über Internet den Versandhäusern zum direkten Zugriff zur Verfügung gestellt, so dass diese es in ihre operativen Systeme integrieren konnten und nunmehr jederzeit auskunftsfähig sind, ohne erst bei der Post AG umständlich nachfragen zu müssen. Auch dies ist eine Lösung des Electronic Business, bei der Geschäftspartner ihre Systeme direkt koppeln und Geschäftsprozesse ohne Intermediäre unternehmensübergreifend abwickeln können.

Derartige Lösungen sind in großer Vielfalt vorstellbar und können nicht als Standard von einem Hersteller geliefert werden. Hier ist Phantasie und Flexibilität gefragt, um innovative Lösungen zu finden, die dann den Geschäftserfolg wesentlich steigern können.

Integrationsplattformen führen Dienste aus heterogenen Umgebungen zusammen und erschließen sie für eine Nutzung über das Internet

Ausgehend von einer nutzerorientierten Integration von Funktionen besteht mit dem neuen Ansatz auch die Möglichkeit, mehrere Bearbeitungsschritte in einer Leistungskette hintereinanderzuschalten und damit gesamtheitliche Geschäftsprozesse in einem 'Process-Flow' zu unterstützen, wie es i2 mit RHYTHM bietet. Durch die ,offene' Integration wird es zudem leichter, die Abläufe und einzelne Dienste isoliert ohne Störung des Gesamtsystems weiterzuentwickeln und damit die Gesamtlösung evolutionär an geänderte Anforderungen anzupassen.

Zu einer Integrationsplattform gehören meist mehrere Komponenten:

☐ Koppeltreiber zur Kommunikation mit bestehenden Anwendungen in allen möglichen Betriebsumgebungen wie z.B. Mainframe MVS IMS/DC, CICS, BS2000, UNIX, NT etc.

☐ Eine Transaktionsverwaltung, die es erlaubt, logische Transaktionen auch über mehrere heterogene Systeme abzuwickeln

☐ Business Process Sprachen, mit denen die einzelnen Dienste aus bestehenden Systemen zusammengebunden und mit Logik zu neuen Geschäftsprozessen verknüpft werden können

☐ Eine Process-Flow-Steuerung für die Ablaufsteuerung der Geschäftsprozesse

☐ Ein Repository, in dem alle Datenelemente und Funktionen aus den bestehenden Systemen dokumentiert werden und aus denen dann die für den individuellen Nutzer gewünschte Funktionalität zusammengestellt werden kann

☐ Werkzeuge zur Erstellung eigener Nutzeroberflächen oder aber der Erzeugung von neuen Schnittstellen für die weitere Integration z.B. über COM+ in der Microsoft-Welt, CORBA als offenem Standard und XML zur Integration über das Internet.

☐ Eine Testumgebung, in der die fertige Funktionalität für den Nutzer, aber auch die einzelnen Funktionen aus den bestehenden Systemen getestet werden können

Wichtigste Komponente einer auf Integration und Verbindung ausgelegten Software-Architektur ist die Integrationsplattform zur Kopplung heterogener Systeme.

Von der Datenverarbeitung zur Prozessgestaltung

Mit der verfügbaren Integrations-Funktionalität können Plattformen wie Rhythm von I2 Technologies und Twister von Brokat Geschäftsprozesse auch über Unternehmensgrenzen hinweg im Sinne des 'Electronic Business' integrieren. Gleichzeitig bereitet dieser Ansatz die Basis für elektronische Marktplätze und virtuelle Unternehmen, die in einem intensiven Austausch von Einzelfunktionen zusammenarbeiten, um gemeinsam ein Endprodukt zu erzeugen. Der Datenaustausch kann mit EDI (Electronic Data Interchange) verglichen werden, nur ist die Verknüpfung von einzelnen Funktionen hier noch viel enger, so dass für jeden Nutzer ein individueller operativer Arbeitsplatz mit integrierten Funktionen aus verteilt operierenden Systemen erstellt werden kann.

Nachdem über entsprechende Adapter die Ankopplung an die funktionalen ERP-Systeme wie SAP R/3 oder andere Lösungen erreicht ist, wird auf der Verbindungs- und Kommunikationsebene die eigentliche Kopplung durchgeführt, indem hier Nachrichten zum Austausch formuliert werden, die dann an die unterliegenden operativen Systeme abgegeben werden, wobei auch der Standard XML (Extended Markup Language) Standard eine wesentliche Rolle spielt.

Eine wichtige Aufgabe kommt dem zentralen Data Repository zu, in dem alle aus den Hintergrundsystemen angesprochenen Daten dokumentiert und in ihrer Bedeutung vereinheitlicht werden, so dass dann ein sinnvoller Austausch von Informationen zwischen den verschiedenen Systemen möglich wird.

Eine weitere wesentliche Rolle spielt das Data Warehouse, in dem aus den operativen Systemen gewonnene Informationen gespeichert werden zur Auswertung bereitstehen bzw. als Basis für die Planungen dienen, welche auf diesen Informationen aufsetzen. In der Prozessmanagement-Ebene setzen die ‚Planungsmaschinen' für die verschiedenen Prozesse an, die hier in ihrem Ablauf optimiert werden und von wo aus dann auch Informationen in Form von Transaktionen bzw. Aufträgen wieder an die ausführenden Systeme der funktionalen Ebene abgegeben werden.

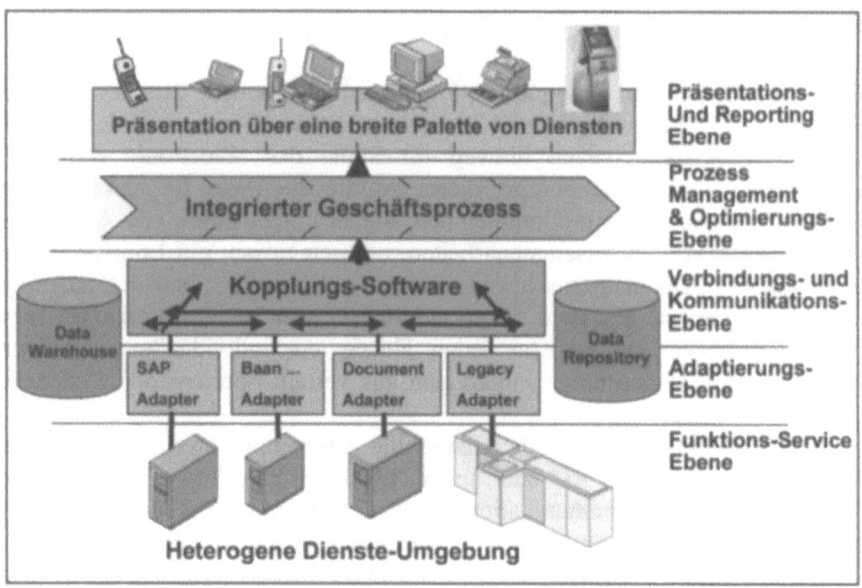

Abb. 6-15: *Kern des Supply-Chain Management ist die Fähigkeit, heterogene Systeme in
einer expliziten Kopplungsschicht miteinander zu verbinden und über Adapter
Informationen auskoppeln zu können*

Das Besondere an der Plattform Brokat Twister bzw. i2 Technologies Rhythm
ist einmal die Darstellung von funktionalen Geschäftsobjekten auf einer hohen
Abstraktionsebene, die den Nutzer von einem Großteil der sonst nötigen
'Programmierung' entlastet und zum anderen die Flexibilität, mit der
Funktionalität dieser Objekte in vielen verschiedenen Client Präsentations-
umgebungen wie: PC, Netzwerk-Computer, Handy, etc. dem Nutzer verfügbar
machen zu können.

Auch bieten die Business-Integrations-Plattformen Standard-Dienste für
Datenverschlüsselung im Netz, Nutzerautorisierung, Zugangsberechtigungs-
prüfung, Signaturverfahren und auch Adaptoren für den Anschluss heterogener Hintergrundsysteme.

Die Leistung einer Integrationsplattform geht über die von Middleware
hinaus, da nicht nur technische Komponenten geliefert werden, sondern auch
eine Architektur für die resultierenden Business-Lösungen und 'Frameworks'
d.h. Musterlösungen für bestimmte Geschäftsprozesse.

Spezielle Lösungen werden aus Komponenten zusammengestellt

Besonders im Banken-Umfeld hat sich der Ansatz des Business-Broking stark
etabliert, indem nunmehr Institute Verbundprodukte anbieten können, deren
einzelne Komponenten sie gar nicht mehr selbst abwickeln, sondern nur im

Sinne eines Brokers für einen Kunden zusammenstellen. Dabei merkt der Kunde nicht zwingend, dass er mit mehreren Geschäftspartnern verkehrt.

Der Ansatz, Dienste aus dem Netz abzugreifen und daraus eine Lösungen für einen speziellen Nutzer zu erstellen geht über die Verbindung nur betriebswirtschaftlicher Funktionen hinaus. Durch die Homogenisierung von Diensten im Internet wird es auch möglich, technische Systeme in einen Geschäftsprozess einzubinden, so dass z.b. ein Hersteller bis auf die Ebene des Transportfahrzeuges feststellen kann, wo eine bestimmte Sendung sich befindet – siehe Post AG Track & Trace – oder aber Informationen aus dem Produktionsprozess direkt kommunizierbar gemacht und direkt in betriebswirtschaftliche Lösungen wie z.b. das Vertriebsinformationssystem eingebunden werden können. So ist es z.b. auch leicht möglich die Telefonanlage mit betriebswirtschaftlichen Lösungen zu koppeln und praktisch für jeden Mitarbeiter im Unternehmen die Funktion eines Call-Center verfügbar zu machen.

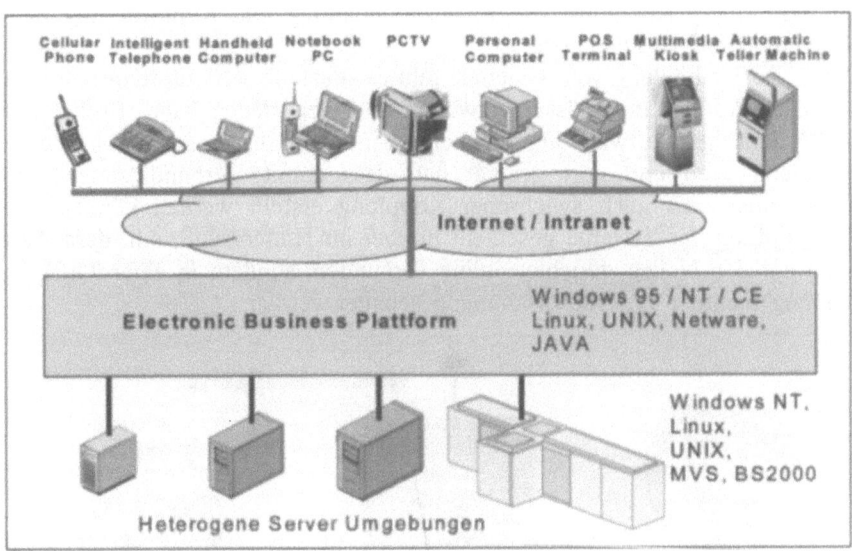

Abb. 6-16: *Electronic Business Plattformen integrieren Geschäftsprozesse über Unternehmensgrenzen hinweg und erlauben den Zugriff über eine breite Palette von Geräten*

Die Verbindung von Lösungen aus mehreren heterogenen Umgebungen über Unternehmensgrenzen hinweg aber auch innerhalb eines Unternehmens erfordert oft die Implementierung von 'Verbindungstransaktionen', d.h. dass eine Transaktion, welche in einem Frontendsystem ausgelöst wurde, in anderen Systemen reflektiert bzw. weiterverarbeitet werden muss. Dafür muss die Transaktion so umgeformt werden, dass sie von dem Zielsystem verstanden werden kann und evtl. müssen aus einer Transaktion eines Systems mehrere Transaktionen für andere Systeme abgeleitet werden.

Ein Beispiel soll das verdeutlichen:

Ein Kunde will Aktien kaufen. Der Aktienhandel ist in einem speziellen Wertpapiersystem implementiert. Die Daten für das Gesamtobligo des Kunden werden in einem anderen System geführt, wie auch die Information über die Bonität des Kunden. Um nun den Aktienkauf gesamtheitlich abwickeln zu können, muss das Wertpapiersystem einmal Zugriff auf das Bonitätssystem haben und für den Aktienkauf die nötigen Gelder in den Kontokorrentkonten zuerst reservieren und dann auch die Transaktion des Aktienkaufs dort verbuchen.

Neben der nutzerorientierten Integration müssen oft auch mehrere Systeme im Hintergrund gekoppelt werden

Es müssen also hier drei Systeme zusammenarbeiten, um die Kunden-transaktion abwickeln zu können. Diese Situation existiert in vielen Varianten, oft z.B. in der Kopplung von Finanzbuchhaltung und Kontoführung bzw. anderen operativen Lösungen.

Für die Verbindung von Systemen gibt es spezielle Verknüpfungssoftware, die Transaktionen zuverlässig verwalten und weiterleiten kann. Brokat z.B. bietet derartige Software an, die bereits in mehreren Lösungen produktiv eingesetzt wird und dort gezeigt hat, dass damit Verbundlösungen mit asynchroner oder auch synchroner Kopplung erstellt werden können. Die Verknüpfung der Systeme geschieht hierbei im Hintergrund, d.h. dass diese nicht auf den Nutzer gerichtet online verbunden, sondern in einer 'Querver-bindung' mehrere Systeme zusammengeschaltet werden.

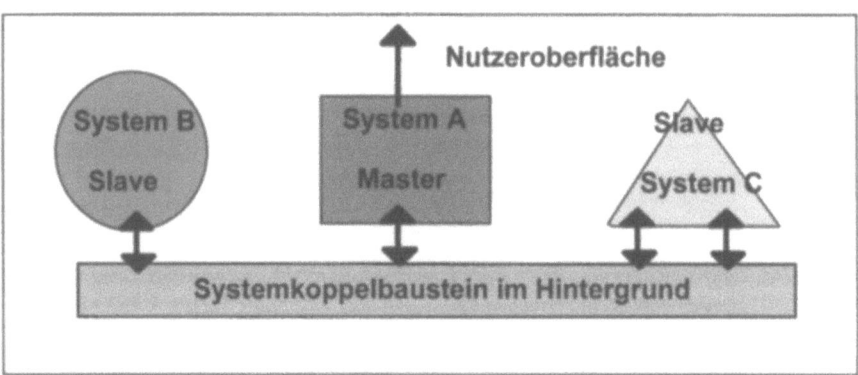

Abb. 6-17: *Über Integrationsplattformen können auch Hintergrundsysteme miteinander gekoppelt werden*

Mit diesem Ansatz lässt sich das Problem der Datenkonsistenz bei redundanter Datenhaltung lösen und es entstehen 'integrierte' Lösungen aus heterogenen Bausteinen.

Gerade auch für die Ankopplung von proprietären Lösungskomponenten und solchen für Spezialaufgaben von anderen Anbietern an SAP R/3 bietet dieser Ansatz eine geeignete Lösung, indem er Systeme so miteinander verbindet, dass sie durch Kommunikation definierter Nachrichten zu einer Gesamtlösung zusammenwachsen.

Aus wenigen Komponenten können vielfältige Lösungen zusammengestellt werden

Netzwerkbasierte Lösungen führen zu 'komponentenbasierten' Architekturen, in denen einzelne Funktionen als gekapselte Bausteine mit klaren Schnitt- bzw. Verbindungs-Stellen verfügbar sind, so dass sie dann in beliebigen Kombinationen verwendbar werden. Dieser Ansatz ist im ersten Anblick ähnlich der Objektorientierung, unterscheidet sich von diesem aber dadurch, dass die Betonung mehr auf der dynamischen Wiederverwendbarkeit liegt als der statischen Vererbung. Auch kommt es nicht darauf an, wie eine Funktion implementiert ist, sondern nur, ob sie über eine klar definierte Schnittstelle angesprochen werden kann. Dieses Verständnis macht es viel leichter möglich, auch bestehende Systeme für die Nutzung als Komponenten aufzubereiten – wie es frühzeitig (bereits 1991) die Firma Software AG mit ihrer ENTIRE Technologie vorgeschlagen hat. Auch hier ist der Markttrend wieder aus der Entwicklung von Standardsystemen abzulesen. Während SAP mit R/3 bisher den Standpunkt vertreten hat, dass sich eine enge Integration von Funktionen nur in einem geschlossenen System erreichen ließe, zielen die neueren Entwicklungen wie 'BAPIs' (Business Application Interfaces) und die 'Business Integration Platform' mit 'New Dimension' in die Richtung, dass auch hier zunehmend eine offene Integrationsfähigkeit angestrebt wird.

Die komponentenbasierte Architektur für Anwendungs-Lösungen führen Prinzipien in die Software-Entwicklung ein, wie sie in der Geräteherstellung und im Anlagenbau schon seit langem gebräuchlich sind. Dort ist es selbstverständlich, dass man für die Produktion eines Gerätes oder den Bau einer Anlage die nötigen Komponenten möglichst am Markt von mehreren Herstellern zukauft und selbst nur einzelne Komponenten beisteuert, die eine einzigartige Funktionalität bieten, oder sich gar nur auf das Design der Gesamtlösung als eigenständige Leistung beschränkt.

Dieser 'Buy statt Make' Ansatz verbreitet sich nunmehr zunehmend auch in der Softwareerstellung, wobei hier die einzelnen Komponenten meist auch über eine Kommunikationsstrecke zusammenarbeiten können. Die beiden Entwicklungen der komponentenbasierten Softwareerstellung und der Kommunikationsmöglichkeit über das Internet bilden zusammen die Basis für die Lösungen des Electronic Business.

Mit der Einführung der komponentenbasierten Software wird es auch in diesem Umfeld nötig, die Beziehungen zwischen Kunden und Lieferanten für einzele Komponenten zu gestalten. Der Umgang mit Komponenten wird heute oft noch mißverstanden als Nutzung kleiner Software-Bausteine, die aus Bibliotheken kopiert und wiederbenutzt werden. Dies ist nicht der Ansatz komponentenbasierter Lösungen wo vielmehr - entsprechend der Geräteherstellung oder dem Anlagenbau – enge Beziehungen zwischen dem Kunden und dem Komponentenlieferanten bestehen.

Dabei existieren alle Geschäftsmodelle wie: Lieferung einer 'Black Box' nach Spezifikation oder gemeinsamer Entwurf von Lösungen mit Anpassung der Komponenten an den individuellen Bedarf auch bei der komponentenbasierten Software-Erstellung. Komponenten-hersteller sind meist daran interessiert, eine Vorstellung von der Nutzung ihrer Software-Produkte zu haben, um diese nach dem Nutzerbedarf weiterentwickeln zu können. Einige Anbieter von Komponenten sind auch in der Lage, kundenspezifische Lösungen aufzubauen und schlüsselfertig zu liefern. Oft können Komponenten-Lieferanten als Integratoren sehr leistungsfähig sein, weil sie primär den Verkauf ihrer Produkte betreiben und damit schnell Lösungen bauen wollen anstatt sich in einem Großprojekt 'festzusitzen'.

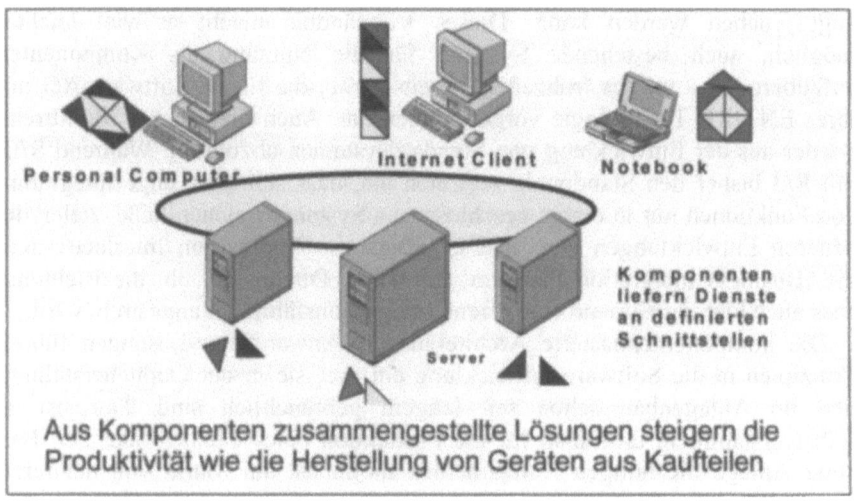

Abb. 6-18: *Komponentenbasierte Anwendungen ermöglichen vielfältige und innovative Lösungen auf der Basis von wenigen gekapselten und vorgefertigten Komponenten*

Das Internet kann bei nutzerorientierten Lösungen als Integrationsplattform fungieren

Für die Integration von Software-Lösungen zeichnet sich ab, dass zunehmend die Integration über das Inter-/Intranet erfolgt und damit einzelne Dienste nicht mehr nur im LAN zusammengeführt werden, sondern als Dienste über das Internet verfügbar sind und dort im Browser integriert werden können.

Für den Aufbau von integrierten Lösungen aus Komponenten wird in Zukunft das Datenbeschreibungssprache XML (Extended Markup Language) für die Implementierung von Verbindungs-(Schnitt-)stellen eine bedeutende Rolle spielen. XML erlaubt es, Datenstrukturen zu beschreiben, so dass ein Nutzer über ein Programm diese interpretieren und nutzen kann. XML etabliert sich zunehmend als Beschreibungsprache für Datenstrukturen, die von anderen Programmen weiter genutzt werden sollen neben HTML (Hypertext Markup Language), welches vornehmlich für die Beschreibung der multimedialen Dateninhalte in Web-Seiten genutzt wird.

6.4.2 Web-basierte Lösungen integrieren an der Nutzeroberfläche und sind überall verfügbar

Das Internet und World-Wide-Web revolutionieren die IT-Infrastruktur – aber es braucht Zeit, bis dis neue Modell wirklich überall Anwendung findet. Viele Player im Markt haben große Investitionen in die ‚alten' Client/Server Lösungen getätigt und können diese nicht kurzfristig völlig umstellen. Das führt dazu, dass viele heute verfügbaren Lösungen zwar Internet sagen, aber in Wirklichkeit nur das IP Kommunikationsprotokoll meinen und ‚verkappt' wieder eine Client/Server Struktur auf Basis des Internet betreiben.

Dafür überträgt das Internet über unterschiedliche TCP/IP-‚Ports' verschie-dene – auch proprietäre – logische Protokolle, die miteinander nicht kompatibel sind und jedes für andere Zwecke verwendet wird. Internet heißt also nicht per se Integrationsfähigkeit. Erst die Beschreibungssprache XML bzw. HTML und das Übertragungsprotokoll 'HTTP' liefern den Standard für die Zusammenarbeit zwischen fremden Partnern.

Das Web bringt viele neue Technologien

Vielfältige Werkzeuge und Integrationsplattformen werden für die Implementierung von Lösungen im Internet und Web angeboten, die aber meist nur neue Technologie einführen ohne das World Wide Web (Web) mit seiner Leistungsfähigkeit und Dynamik in der Entwicklung neuer Funktiona-litäten wie z.B. HTML, XML, WML als Standard-Präsentationsoberfläche und Integrationsplattform konsequent zu erschließen.

Eine bedeutende Rolle als Programmiersystem in diesem Umfeld spielt JAVA als Programmiersprache oder auch als gekapselte Ausführungs-umgebung.

Besonders für die Gestaltung der Nutzeroberflächen wurde bisher verstärkt JAVA propagiert, da JAVA mit 'Write once run everywhere' die Portierbarkeit über unterschiedliche Geräte versprach. Inzwischen haben praktische Erfahrungen gezeigt, dass die Bedeutung von JAVA eher bei der Implementierung von Services auf dem Server liegt, während für die Darstellung der Präsentationsebene auch zur Erzielung kurzer Reaktionszeiten noch schlankere Ansätze gewählt werden, wie z.B. native HTML, Dynamic HTML, XML, WAP und Scriptsprachen.

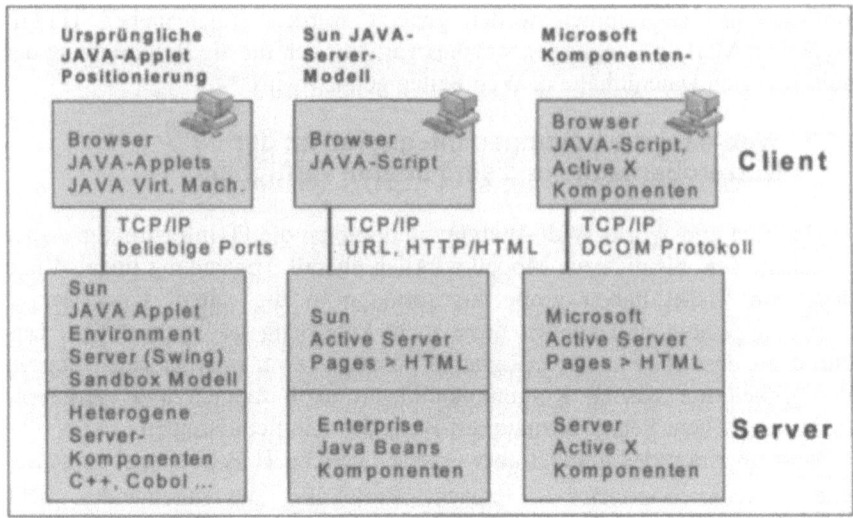

Abb. 6-19: *Verschiedene Modelle, die alle JAVA nutzen, sind nicht kompatibel und stehen im Wettbewerb*

Auf Basis der Programmiersprache JAVA haben sich schon jetzt verschiedene Betriebsmodelle ausgebildet vom Client-basierten JAVA Applet Modell bis zum Server-basierten Server-Pages und Java-Beans Modell. Daneben schlägt Microsoft im Rahmen seiner Active-X Strategie auch ein Server-Pages Modell basierend auf Active-X Komponenten vor, welches dem SUN Modell funktional entspricht, aber nicht kompatibel ist.

Java ist heute also mehr eine − elegante − Programmiersprache, denn definiertes Betriebsmodell − wie im ursprünglichen JAVA Applet Modell und das letzte Wort ist − wie immer − noch nicht gesprochen, denn schon propagiert Microsoft mit C# (C sharp) in seiner .net Initiative eine weiterführende Technologie.

Störend ist dabei in jedem Fall, dass zur Nutzung dieser Techniken auf unterschiedlichen Geräten jeweils die Präsentationsebene neu programmiert werden muss und damit der Aufwand zur Gestaltung von Nutzeroberflächen wächst, wo er doch gering sein sollte, um hier für Lösungen flexibel und reaktionsfähig zu sein. Auch kommen immer neue Präsentationstechniken auf den Markt − wie z.B. aktuell WAP (Wireless Application Protocol) für portable Geräte, die für die Nutzung mit bereits bestehenden Anwendungslösungen erschlossen werden müssen. Diese Anpassungen erfordern nicht nur eine Änderung des Layouts der Masken, sondern oft auch eine Neugestaltung des Bedienungsablaufs an der Oberfläche und des Workflows innerhalb der Anwendungslösung. Dafür müssen neben dem Bildschirmlayout auch Funktionen zur Steuerung der Anwendung implementiert werden, die in allen Lösungen benötigt werden:

☐   Selektionsmenus für Funktionsauswahl
☐   Masken zur Eingabe von Selektionskriterien
☐   Selektionsmenus für Listen und Reports
☐   Formulare zur Darstellung und Änderung von Einzelinformationen

Die Trennung von Präsentationsebene, Businesslogik und Datenhaltung wird in vielen Konzepten vollzogen. Dabei werden diese Schichten zumeist aber auf Basis technischer Schnittstellen wie DCOM, CORBA oder Library-Interfaces verbunden. Die Implementierung von Funktionen in den verschiedenen Schichten erfordert jeweils auch ein tiefes Verständnis der Funktion anderer Schichten und eine Integration zwischen den Komponenten mit unterschiedlicher Technologie ist nicht leicht zu erreichen.

Da die Impulse für Änderungen und Erweiterungen vor allem von der Businesslogik und der Präsentationsebene ausgehen, bedingen geringe fachliche und oberflächenorientierte neue Anforderungen damit oft einen hohen technischen Änderungsaufwand, da sie in verschiedenen ‚Systemen' nachvollzogen werden müssen.

Das Internet führt zu einem 4-Schichten Modell für Webbasierte Lösungen

Das Web ist weltweit die wohl grösste Integrationsplattform, die bisher aber noch nicht für die Integration operativer Anwendungen erschlossen ist. Heutige Lösungen nutzen das Web für die Darstellung multimedialer Informationen und eingeschränkt auch für die Abwicklung von Transaktionen aber noch nicht für die Integration von Diensten an der Nutzeroberfläche.

Lösungen, die das Web als Integratrionsplattform nutzen, sprechen alle Funktionen über URL (Universal Resource Locator) an – die Standard-Adressierung des World Wide Web. Mit diesem Ansatz können transaktionsorientierte Funktionen gleichartig zu multimedialen Inhalten behandelt und leicht mit diesen integriert werden. Daneben können auf der gemeinsamen Web-Basis auch Dienste aus unterschiedlichsten Server-Umgebungen angesprochen und integriert werden, da auf der Ebene des Web-Browsers (über ‚HTTP') absolut nicht mehr erkennbar ist, woher der Dienst stammt.

Während früher die dritte Schicht bereits die Präsentation der Funktionen übernahm, wird nunmehr in der dritten Schicht jede Funktion auf eine URL-basierte Schnittstelle abgebildet, die über ‚HTTP' gemäß dem Browser-Ansatz kommunizieren kann. Damit können dann beliebige Funktionen, die aus dem Web abgeriffen werden, für den Nutzer zusammengefaßt werden und ermöglichen die Schaffung eines integrierten Arbeitsplatzes gemäß den Bedürfnissen des Nutzers. Auch Java-basierte Dienste können leicht in diese Umgebung integriert werden. Die eigentliche Präsentation erfolgt dann auf dem Client im Web-Browser, der nur die bereits aufbereiteten HTML (Hypertext Markup Language) Datenströme anzeigt. Verschiedene Unterehmen – wie z.B. die BHW Bausparkasse – haben mit diesem Ansatz bereits webbasierte Arbeitsplatzumgebungen geschaffen und damit das neue web-basierte IT-Modell im Unternehmen flächendeckend eingeführt.

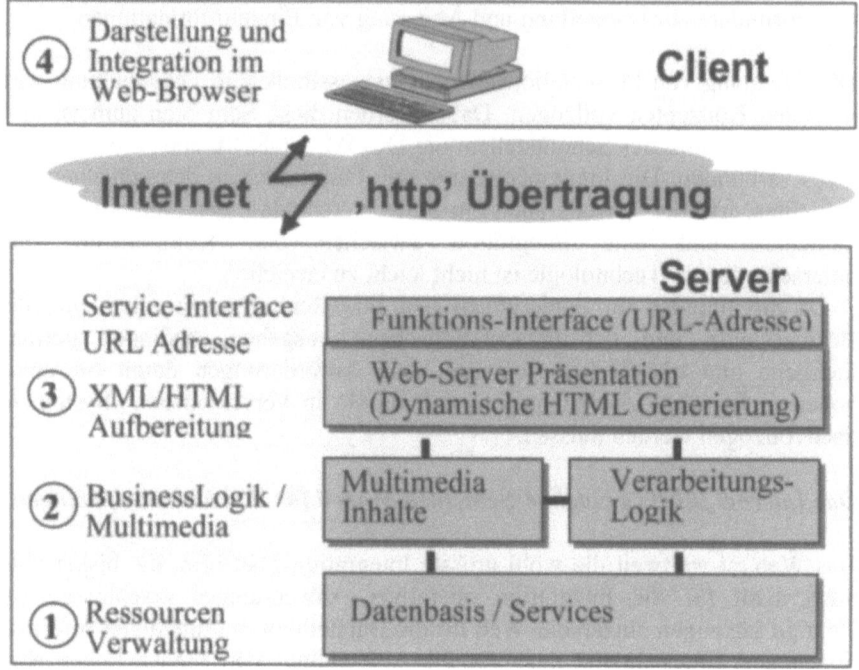

Abb. 6-20: *Logische Vierschicht-Architektur einer Web-basierten Lösung zur Integration von Transaktionsverarbeitung und Multimedialer Oberfläche*

Hier haben sich typischerweise für die Implementierung von Lösungen für eine Nutzung aus dem Internet vier Schichten herausgebildet:

☐ Basisschicht 1 der Datenressourcen bzw. Dienste aus Hintergrund-systemen – die wieder in mehrere Schichten aufgeteilt sein können.

☐ Schicht 2 der integrierenden Geschäftslogik zur Ausbildung von kom-plexen Diensten für den Nutzer.

☐ Schicht 3 der Aufbereitung der Dienste mit Ablaufsteuerung und Ausbil-dung der Präsentation-Oberflächen bzw. Schnittstellen – URL Adresse, HTML, XML Format.

☐ Schicht 4 der Kommunikation über das Internet und Darstellung der Dienste im Web-Browser.

In jedem Fall empfiehlt sich die Implementierung von Lösungen nach dem Web-Browser Modell:

☐ Integration der Einzelfunktionen nahe beim Nutzer im Web-Browser.

☐   Workflows auf Web-Browser Ebene über URL-Objekte.

☐   Adressierung einzelner Funktionskomponenten über URL-Adressen.

☐   Transaktionsverarbeitung server-basiert.

6.5 Einfache oder komplexe technische Implementierung

Der Markt bringt immer neue Technologien hervor

Das Umfeld moderner IT bietet eine Fülle von Technologien und Werkzeugen für die Implementierung von Lösungen und ist andauernd im Fluß. Neue Technologie erscheint jeden Tag und bestehende wird weiterentwickelt. Es ist nicht abzusehen, dass sich dieser Zustand auf absehbare Zeit ändern würde. Damit wird offensichtlich, dass zu jeder Zeit mehrere Technologien nebeneinander existieren und zusammen zum Einsatz gebracht werden. Keine kann dabei den Anspruch auf Exklusivität und absolute Richtigkeit erheben – es ei denn für kurze Zeit. Evolution, d.h. das 'Sowohl als Auch' anstelle des 'Entweder Oder' ist der richtige Ansatz, um mit geringstem Aufwand das Bestehende optimal auszunutzen und Neues zu erschließen. Es müssen immer neue Kompromisse gefunden werden, um bei der Schaffung von geschäftlich wichtigen Lösungen weiterzukommen. Nie wird es 'die letzte Umstellung' auf eine absolut richtige Plattform geben und jede 'Umstellung' aus technischen Gründen ist auf ihren Zweck genau zu hinterfragen. Dafür ist wieder die Ausrichtung der Projekte auf Geschäftsziele und nicht auf technische Ziele vorteilhaft. Meist leisten hier aufgeschlossene Mitarbeiter mit einem breiten Verständnis mehr als technische Spezialisten.

Für die Erzielung guter Ergebnisse bei der Implementierung neuer Lösungen ist es wichtig, sich von dieser dynamischen Entwicklung nicht verwirren zu lassen. Meist empfiehlt es sich, bereits 'etwas bewährte' Technik einzusetzen und darauf vorbereitet zu sein, dass mehrere unterschiedliche Techniken nebeneinander zum Einsatz kommen, gemäß der Definition für Technologie: „Technology is the stuff that does not work yet" (Technologie ist das Zeug was noch nicht funktioniert).

Lösungen müssen 'Sowohl als Auch' umfassen und sich evolutionär weiterentwickeln

Essentiell ist die Strukturierung der Lösung in Komponenten und klare funktionale Schichten mit der Implementierung der Geschäftslogik auf hoher Abstraktionsebene – unabhängig von der eingesetzten Technologie. So können einzelne Bausteine eigenständig erstellt und weiterentwickelt oder ausgetauscht werden. Damit wird es dann auch möglich, heterogene Techniken über entsprechende Adapter miteinander zu kombinieren und Veränderungen in einer dieser 'Welten' ohne Auswirkungen auf die anderen anbringen zu können.

Da die Lösungen des Electronic Business vielen Nutzern über das Internet im Web-Browser mit unterschiedlichen Netz-Zugangsgeräten verfügbar gemacht werden sollen, empfiehlt es sich, diese so zu strukturieren, dass sie über verschiedene Präsentationstechniken dargestellt werden können und zur Implementierung einer neuen Art der Präsentation zur optimalen Anpassung an die Eigenschaften der Endgeräte jeweils nur die Präsentationsschicht neu erstellt werden muss.

Für die Arbeit auf den verschiedenen Ebenen und an mehreren Bausteinen können Mitarbeiter mit jeweils spezifischen Fähigkeiten für die spezielle Aufgabe eingesetzt werden. Es wird in einem Projekt also Spezialisten für die Nutzerschnittstelle, die Implementierung der Ablaufsteuerung und Verarbeitungslogik, den Anschluss von heterogenen Services und den Aufbau der Kommunikations-Infrastruktur geben.

In einem Projekt zur Erstellung einer Geschäfts-Lösung müssen völlig unterschiedliche Disziplinen zusammenwirken. Auf der einen Seite wird der technische Spezialist benötigt, der alle Basistechniken beherrscht und produktiv einsetzen kann. Auf der anderen Seite steht der Fachmann aus dem Geschäftsbereich, für den die Lösung gedacht ist. Alle diese Fähigkeiten müssen auch hier im Sinne eines 'virtuellen' Unternehmens eingebracht und bestmöglich zur Zusammenarbeit gebracht werden.

6.5.1 Produktiv Anwendungen im Web entwickeln

Das Internet verändert die IT-Landschaft grundlegend, indem Lösungen 'externalisiert', d.h. der Außenwelt und damit auch Kunden zugänglich gemacht werden und potentiell weltweit verfügbar sind. Dieser Ansatz propagiert eine Durchdringung des gesamten Unternehmens mit IT-Diensten, die auf Basis des Internet vermittelt werden. Damit verlagert sich der Fokus von IT-Lösungen weg vom Verwalten und Verarbeiten von Daten zu einer Kommunikation von Information und Verfügbarmachung von Services für jeden Nutzer an jedem Punkt der Erde. Schnelle Reaktion auf sich ändernde – evtl.äußere – Anforderung sind in der neuen Welt des Electronic Business gefordert und Lösungen müssen unter Nutzung aller verfügbaren Komponenten und Technologien pragmatisch gefunden werden.

6.5.2 Die logische 'vierte Schicht' der Web-Integration

Mit Einführung Internet-basierter Lösungen werden hohe Anforderungen auch an die Flexibilität der Präsentation für den Nutzer gestellt. Daher empfiehlt es sich, die Web-Präsentation der Lösung logisch in einer getrennten Schicht zu implementieren, so dass sie unabhängig von der Anwendungsfunktionalität ohne aufwendige Programmierung gestaltet werden kann. In der 4ten Schicht der Web-Architektur werden die einzelnen Dienste über URL-Adressen integriert, die Web-Präsentation aufbereitet und – evtl. für einzelne Nutzergruppen mehrfach unterschiedlich – gestaltet. Während die Schicht 'drei', d.h. die traditionelle Präsentationsschicht die Aufbereitung einzelner Dienste als URL Referenzen und die Abwicklung des Business Workflow übernimmt, greift Schicht 'vier' die einzelnen Dienste über URL Adressen auf, integriert sie, übersetzt diese noch medienneutrale Schnittstelle in die konkrete Darstellung auf verschiedenen Geräten mit unterschiedlicher graphischer Darstellung und evtl. unterschiedlichen Bedienungsabläufen und wickelt die Kommunikation vom Zugangsgerät zum Server über das Internet ab.

In der Web-Infrastruktur werden Referenzen auf Ressourcen also generell als URL-Adressen aufgelöst, so dass sie über Standard-Funktionen eines Browsers referenzierbar werden. Auf diese Weise kann das Web direkt als Integrationsplattform für komponentenbasierte Lösungen dienen. Aus der Präsentationsschicht 'vier' heraus werden dazu die verschiedenen Ressourcen in einer Web-Seite entsprechend dem Web-Formular-Verfahren als Dienste aus der netzbasierten Umgebung aufgerufen. Um die Dienste auf dem Server ansprechen zu können, werden sie mit einem URL-Frontend versehen, so dass sie direkt über HTTP erreichbar sind.

Auch transaktionsbasierte Dienste können im Web integriert werden

An dieser Stelle setzen Web-basierte Lösungen an – wie sie z.B. der e-builder von Macros Innovation ermöglicht, welche konsequent die ‚vierte Schicht' des Web-Browsers zur Integration von Funktionen nutzen.

Eine Herausforderung zum Aufbau transaktionsorientierter Lösungen auf der Basis von Web-Seiten ist das Management der Daten, welche während einer Session für einen dem Nutzer verwaltet werden müssen. Da der Browser keinen Bearbeitungsstatus für jeden einzelnen Nutzer kennt, muss dieser 'State' auf dem Server gehalten werden und immer mit dem Nutzer am Browser synchronisiert werden können. Dazu wird jeder Nutzer-Session z.B. beim macros e-builder automatisch ein 'Konversationsgedächtnis' zugewiesen, welches jederzeit alle mit dem Nutzer ausgetauschten Daten hält und diese wieder an den Browser senden kann, wenn eine Web-Seite neu aufgerufen wird, welche bereits mit der Session kommunizierte Daten reflektiert. Dies gilt auch beim 'Blättern' in Anwendungen, wo jeweils nicht nur der Kontext der statischen Information wieder herstellt werden muss, sondern auch die aktiven Funktionen – nach Möglichkeit – so gesteuert, dass der jeweilige Kontext wieder aktiviert wird. Die Web-Oberfläche bildet also aktive Transaktionsverarbeitung entsprechend den Web-Techniken ab und handhabt auch die Brüche, an denen kein Kontextübergang möglich ist. Damit stellt sich webkonforme Transaktionsverarbeitung für den Nutzer dar wie einfache WebSeiten und die Arbeit mit ihnen ist genauso intuitiv und einfach mit Point, Click und Blättern.

Das 'Session-Status-Objekt' kann auch für die Organisation eines Workflow genutzt werden, indem es bei Bedarf – Weiterleiten oder Unterbrechung der Bearbeitung – gespeichert und dann beim Aufgreifen des Workflow durch denselben oder einen anderen Nutzer wieder aktiviert wird. Wird das Status-

Objekt über Mail verschickt, kann der Empfänger der Mail die enthaltene Anwendungs-Funktion direkt durch Anklicken aufrufen, da der Browser auf der Basis der übermittelten URL die Serverdienste sofort starten kann. Hier zeigt sich erneut deutlich der Vorteil einer serverbasierten Arbeitsweise des Web, die diese Form eines Workflow, wie er in vielen Lösungen benötigt wird, leicht möglich macht, während er in einer Client-Server Umgebung nur mit großem Aufwand realisiert werden könnte.

Erste Werkzeuge unterstützen eine Web-basierte Integration

In der Web-Umgebung können mit Werkzeugen wie Macros e-builder sogar Standard-Bearbeitungsfunktionen wie Listen, Formulare, Menus nur durch Spezifikation auf hoher Abstraktionsebene ohne Programmierung implementiert und in beliebigen technischen Umgebungen zur Ausführung gebracht werden.

Wichtig ist bei der Implementierung mit e-builder, dass keinerlei Programmierung wie bei Active-Server-Pages nötig ist, sondern alle Funktionalität in einem Repository spezifiziert und von dort direkt für die Ausführung geladen wird.

Dabei können nicht nur einzelne Dienste aus transaktionsbasierten Systemen integriert werden, sondern durch die einheitliche Adressierung über URL-Adressen können multimediale Inhalte leicht mit der Transaktionsverarbeitung verbunden werden.

Von weiterem wesentlichem Vorteil ist das serverbasierte Zweischichtmodell für den Betrieb der Lösung, welches jeweils nur Dienste aus dem Hintergrund als eigene Schicht betrachtet und dann auf dem Web-Server diese Dienste integriert und die Nutzeroberfläche gestaltet.

Auf dem Client ist idealerweise nur der Browser installiert und es werden nur HTML Datenströme über das Netz übertragen – keine Applets oder ähnliches.

Unterschiedliche technische Plattformen können ohne Änderung von Programmen genutzt werden

Ergeben sich durch technische Weiterentwicklungen der Plattformen oder durch Benutzerwünsche neue Anforderungen an die Oberfläche, so werden die Anpassungen nur in der Konfiguration des Werkzeuges vorgenommen. Die kundenindividuellen Spezifikationen der Lösung und der Oberfläche für unterschiedliche Geräte bleiben als technikneutrale Komponenten von diesen Anpassungen weitestgehend verschont.

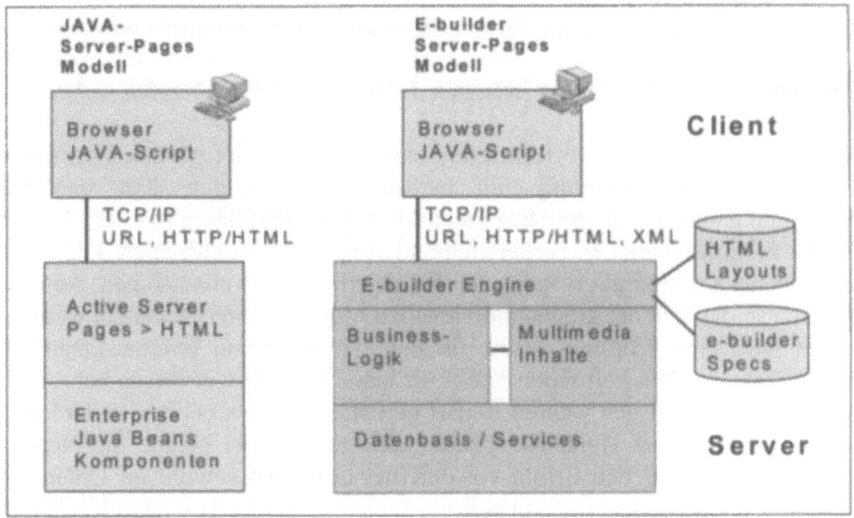

Abb. 6-21: *Moderne Web-Werkzeuge arbeiten in einer Zweischicht Struktur und implementieren eine Lösung über die Spezifikation von Parametern*

Durch den Einsatz einer konsequent server-basierter Betriebsweise wird darüber hinaus eine hohe Zuverlässigkeit und Robustheit der Anwendung erzielt. Im Einzelnen werden folgende Funktionen als Standard geboten :

☐ Konfigurierbare Menüsteuerung zur Auswahl einzelner Funktionen
☐ Auswahl aus Listen und Reports
☐ Bearbeitung auch mehrseitiger Formulare
☐ Organisation der Ablaufsteuerung zwischen Formularen und Menüs
☐ Schutz aller Menüs und Formulare vor unberechtigtem Zugriff
☐ Beliebig schachtelbare Benutzer & Klassen – Profile
☐ Aufruf kundenindividueller Module über Internet/Extranet
☐ Dynamische Anpassung der Nutzeroberfläche an unterschiedliche Zugangsgeräte

Besonders die Möglichkeit, unterschiedliche Zugangsgeräte vom PC bis zum WAP Handy mit derselben Anwendungslösung ohne Änderung bedienen zu können stellt einen wesentlichen Vorteil gegen fest programmierte Lösungen dar.

Nach der Zeit der 'technischen' Programmierung, wie sie auch JAVA erfordert, entwickeln sich also wieder Werkzeuge, die auf eine Implementierung von betriebswirtschaftlichen Funktionen mit geringem technischem Aufwand zielen.

6.5.3 Flexibilität für die Gestaltung der Web-Oberflächen und Prototyping für Web-Lösungen muss erreicht werden.

Prototyping stellt den Dialog zwischen Technik- und Fachbereich sicher

Nur durch eine interaktive Konfigurationsmöglichkeit der Menüs, Formulare und der Vorgangssteuerung mit modernen Werkzeugen lässt sich die Anwendung ausgehend von Nutzerwünschen in einem Dialog mit dem Nutzer für die Erstpräsentationen vorbereiten und vollständig durchspielen. Die dabei gewonnene Konfiguration kann zur Realisierung der vollständigen Anwendung einschließlich der kundenindividuellen Module weiterverwendet werden. Damit wird eine Prototyp-Ansatz für die Erstellung von Internet-Lösungen ermöglicht, welcher sich schon früher als äußerst effektiv erwiesen hat – weil schnell, präzise auf den wahren Bedarf gerichtet und flexibel bei Änderungen – und der eine gute Nutzerakzeptanz sicherstellt. Es ist gerade die Nutzerakzeptanz, die über den Erfolg von Internet-Lösungen sowohl im Unternehmen als auch besonders im World Wide Web entscheidet. Hier sind Verfahren im Nachteil, welche großen Aufwand für die technische Programmierung der Lösungen erfordern und dabei keine Interaktion mit dem Nutzer ermöglichen. Neben der Darstellung und Bedienung beliebiger Services können mit e-builder auch vollständige Anwendungslösungen mit direkten Zugriff auf Daten aus unterschiedlichen Datenbanken erstellt werden. Dazu wird eine einzigartige Technik der Datenzellen angewandt, die Daten in einem virtuellen mehrdimensionalen Datenraum – ähnlich dem Aufbau eines Spreadsheets – verwaltet und für die Bearbeitung ohne Programmierung aufbereiten kann. Die Daten werden in Standard-Datenbanken wie Oracle, DB2, etc. gespeichert und das Werkzeug generiert automatisch alle SQL Anweisungen zum Zugriff auf die Daten, deren Selektion und die Navigation durch die Daten-Hierarchie. Außer Daten aus Datenbanken können für die automatische Bearbeitung auch Informationen und Funktionen aus Hintergrundsystemen über unterschiedliche Interfaces wie z.B. Transaktionsmonitore, Hintergrundsysteme oder Integrationsplattformen angesprochen werden: SAP R/3 – mit BAPI Interface, I2 RHYTHM, Brokat Twister, Microsoft Biz-Talk, Siemens Open UTM , BEA-M3 und andere. Damit können für alle Arten von Anwendungen die aktiven Frontends für einen Anschluss an das Web über das Internet mit geringen Aufwand erstellt werden und die Flexibilität geboten, die nötig ist, um für unterschiedliche Nutzer über verschiedene Geräte beliebige Anwendungen mit einer individuellen Nutzeroberfläche zugänglich zu machen. Daneben können die Dienste aus den Hintergrundsystemen mit geringem Aufwand nahe an der Oberfläche im Web-Browser für den Nutzer integriert werden.Für die Darstellung der Informationen an der Nutzeroberfläche können in diese Anwendungen auch Standardprogramme wie Excel oder Word an den Browser angeschlossenen oder auch spezielle Viewer mit Daten in den entsprechenden Formaten versorgt werden. Auch hiefür wird die nötige Aufbereitung der Daten in den passenden Formaten automatisch vorgenommen.

Erst mit derartigen Werkzeugen, die sich vornehmlich auf die Implementierung von Lösungen statt von Technologien wie C++, Java, etc. fokussieren, kann die nötige Schnelligkeit und Flexibilität zur Erzielung einer hohen Produktivität erreicht werden. Dieser Ansatz unterscheidet sich jetzt noch von dem in Standardwerkzeugen, aber es ist zu erwarten, dass die Entwicklung von Werkzeugen generell in diese Richtung ablaufen wird, wie sie in der Phase der Mainframelösungen zu den Werkzeugen der vierten Generation mit hoher Produktivität geführt hat.

6.6 Zusammenfassung

Das Internet verändert die Architektur für Lösungen grundlegend vom systemzentrierten zum nutzerorientierten Ansatz. Dabei kann das Web die Funktion einer Integrationsplattform übernehmen für die Integration nahe beim Nutzer und die Abwicklung von Workflows über das Internet. Vielfältige – meist untereinander inkompatible – Technologien stehen für die Implementierung von Lösungen zur Verfügung, die heute meist eine Programmierung auf einer technischen Ebene erfordern. Auch JAVA, welches z.Zt. ein großes Momentum im Markt besitzt macht eine technische Programmierung nötig und verändert sein Betriebsmodell im Laufe der Zeit grundlegend von einer Client- zu einer Serverbasierung. Erst allmählich tauchen Werkzeuge im Markt auf, welche die Technik wieder in den Hintergrund drängen – wie dies früher Werkzeuge der 4ten Generation erreicht hatten – und damit eine höhere Produktivität und Systemunabhängigkeit erreichen. Erst mit Werkzeugen dieser Art kann auch wieder ein Prototyping im Dialog mit dem Nutzer durchgeführt werden und damit schnell die richtigen Lösungen implementiert.

7 Die vierte - also nächste Phase - hat schon begonnen

- *Der Universalcomputer wandelt sich zu einer Vielzahl von dedizierten Geräten*

- *Internetbasierte Kommunikation durchdringt alle Bereiche des geschäftlichen und privaten Lebens*

7.1 Der Personal Computer wandelt sich zum Web-Gerät

In der vierten, nächsten Phase ab dem Jahr 2000 wird die weitere Entwicklung des Internet sich in folgenden Bereichen abspielen:

1. Geräte statt Computer zur Nutzung des Internet
2. Explosion der Vielfalt von Geräten
3. Akzeptanz der Nutzung des Internet über Telefon, Fax, Radio, Fernsehen , PDA für ganz ‚normale' Menschen ohne jede Computerkenntnisse
4. Vergrößerung der Bandbreite für die drahtlose/-gebundene Übertragung
5. Ausbildung von 'virtuellen' Unternehmen mit über das Internet vernetzten Leistungsketten und Verbundprodukten
6. Ausbildung elektronischer Marktplätze als neue Intermediäre für den Austausch von Geschäftstransaktionen zwischen Geschäftspartnern und vom Anbieter zum Kunden

7.1.1 Entcomputerisierung des Computers

Mit der Verbreitung des Personal Computer hat die Akzeptanz für Computer bei Endverbrauchern stark zugenommen. Dabei waren es vornehmlich die Software-Werkzeuge wie: Textverarbeitung, Spreadsheet, Präsentationserstellung, Spiele, welche den Erfolg letztlich begründet haben und nicht so sehr der Computer als solcher. Natürlich hatte es auch eine Faszination, mit dem Computer selbst umgehen zu können, der vorher nur Spezialisten vorbehalten war. In Unternehmen begründete der Personal Computer und besonders deren Vernetzung in Local Area Networks die Basis für eine verteilte Datenverarbeitung vor Ort und Durchdringung der Tagesarbeit mit IT-Lösungen, wobei wieder die Standard-Software-Werkzeuge eine wesentliche Rolle für die Akzeptanz gespielt haben.

Allerdings verlangte auch der Personal Computer von seinem Nutzer, dass er Computerverständnis 'Computer Literacy' entwickeln musste, um die Funktionen nutzen zu können – der Computer fordert also, dass sich der Mensch ihm anpasst. Jeder weiß, dass dies mit wachsender Komplexität der Programme und des Betriebssystems immer mühsamer wird und auch die Zuverlässigkeit zu wünschen übrig lässt. Der Hersteller der PC-Software legt leider seinen Ehrgeiz darein, immer mehr Funktionen in das Betriebssystem zu integrieren und bei jedem Versionswechsel diese in immer neuen Anordnungen und mit geänderten Befehlen darzubieten. Das macht die Nutzung nicht einfacher. Hier scheint eine natürliche Grenze in der Nutzung des Personal Computers dadurch gesetzt, dass das Aufnahmevermögen des menschlichen Gehirns – außer bei Computerfreaks oder -Nerds – nicht mehr ausreicht, um alle diese Befehle, Hilfsmenus, Kommandos etc. in ihren sich dauernd ändernden Ausprägungen speichern zu können und damit auch der weitere Ausbau der Funktionalität des PCs zu einem naturgegebenen Stillstand kommen wird.

Obwohl einige Anbieter noch diesen Ansatz propagieren und der PC in seiner heutigen Form nicht kurzfristig verschwinden wird, steht für die weitere Verbreitung von IT Lösungen doch ein grundlegender Wandel an, wie sich diese dem Nutzer präsentieren und wie sie zu nutzen sind. Dabei spielt die Einführung der Kommunikation über das Internet eine wesentliche Rolle und Geräte der Zukunft werden sich nur noch als Netzzugangsgeräte für Lösungen aus dem Internet definieren.

Dafür wird der Computer sozusagen 'entcomputerisiert', d.h. alles, was die spezielle Eigenschaft eines Computers ausmacht wie: Konfigurierung von Komponenten und Software, Betriebssystem, Starten, Laden und Verwalten von Programmen, Verwaltung von Speicher etc. wird in den Hintergrund gedrängt werden und für den Nutzer nicht mehr sichtbar sein, obwohl natürlich auch in den intelligenten Geräten der Zukunft Computer in vielfältiger Form und mit unterschiedlicher Leistung integriert sein werden. Damit werden Geräte komlexer und schon kann es passieren, dass das Handy abstürzt. Zum Glück ist der Neustartvorgang darauf vereinfacht, die Batterie zu entfernen und wieder einzusetzen. Die intelligenten Geräte funktionieren sofort nach dem Einschalten und haben auch sofort eine Verbindung zum Internet aufgebaut. Sie verwenden je nach Verwendungszweck unterschiedliche Prozessoren, Betriebssysteme etc. und verbergen diese völlig vor dem Nutzer. Alle Geräte werden vornehmlich aus dem Nutzungsszenario (User Centered) und nicht aus der technischen Basis heraus definiert – sie passen sich dem Bedarf des Nutzers an, statt ihn erziehen zu wollen.

7.1.2 Vielfalt von Netzzugangsgeräten

Bereits heute ist absehbar, dass es in Ergänzung und z.T. als Ersatz für den heutigen Personal Computer eine breite Palette von Geräten (Internet Appliances) geben wird, die jeweils auf bestimmte Aufgabenstellungen spezialisiert sind. Gemeinsam ist allen Geräten, dass sie neben der Intelligenz eines Computers auch immer Kommunikationsgeräte mit Zugriff auf das Internet sind, wobei davon ausgegangen wird, dass die drahtlose Kommunikation über GSM GPRS und später UMTS billig verfügbar ist:

- Internet-Handy
- Intelligentes Handy
- Video-Handy
- Bürogerät
- Arbeitsplatzgerät
- Fernsehgerät
- Radiogerät
- Digitales Videogerät
- Digitaler Walkman
- Intelligentes Spielzeug
- Digitales Buch – e-Book

☐   Web-Pad
☐   Persönlicher Digitaler Assistent
☐   Info-/Servicesäule
☐   Auto-Navigations-/Kommunikationsgerät
☐   Intelligentes Auto
☐   Intelligentes Flugzeug
☐   Intelligenter Verkaufs-Automat
☐   Intelligente Alarmanlage
☐   Sightseeing Roboter
☐   Intelligentes Haus/Gebäude
☐   Intelligente Werkzeugmaschine-/Industrieanlage
☐   Netzwerkserver
☐   Smartcard
☐   und viele andere mehr ...

Die lange Liste zeigt, dass eigentlich alle heute bekannten Fahrzeuge, Geräte, Maschinen und Anlagen mit Einzug des digitalen elektronischen Zeitalters zur Redefinition anstehen.

Alle Geräte können über Internet mit einem (persönlichen) Netzwerkserver kommunizieren, so dass dieser als zentrale Informationsdrehscheibe fungieren kann. Zur Übertragung von Information können die Geräte vom zentralen Server durch Anruf aktiviert werden, falls Information im Gerät 'liegen-gelassen' wurde und für die weitere Arbeit an anderer Stelle benötigt wird.

Im folgenden soll als Vision jeweils kurz aufgezeigt werden, was die neuen Leistungsmerkmale im Zeitalter der intelligenten Kommunikation im Jahre 2001 ausmacht. In Klammern sind jeweils die zu erwartenden Preise für diese Geräte angegeben, um zu zeigen, dass diese im Trend niedrig liegen werden und damit eine weite Verbreitung gesichert ist:

- Internet-Handy (ca. DM 300, bzw. kostenlos bei Abonnieren eines Provider-Dienstes)
  Das Internet-Handy ist ein Handy mit IP-basierter Kommunikation zur ubiquitären Kommunikation ohne Wahlverbindung über das Internet. Das Internet-Handy wird in seiner kleinsten Version als "Knopf-imOhr" (wie ein Hörgerät) angeboten, wobei der Logikteil drahtlos angekoppelt in der Hosentasche getragen wird. Das wesentliche Feature des Internet-Handy ist seine Fähigkeit, auf 'Zuruf' über Spracherkennung Verbindungen zu Gesprächspartnern jederzeit herstellen zu können.

- Intelligentes Handy (erste bereits verfügbar – Nokia, DM 1400, ca. 1000 bei Abonnieren eines Telefondienstes – Service Provider) mit:
☐   Internetzugang mit Kommunikationsmöglichkeit für Daten
☐   Kalender
☐   Adressverzeichnis

☐ e-Mail, Fax
☐ Erstellung von Memos
☐ Aufzeichnung von Sprachmemos
☐ Uhr/Wecker
☐ Bilddarstellung
☐ Programmausführung (JAVA)
☐ Übertragung von Informationen an den Netzwerkserver
☐ Elektronische Signatur
☐ Elektronische Geldbörse

Dieses Handy wird trotz seiner datenverarbeitenden Werkzeuge in keiner
Weise als Computer bedient, sondern wie ein Gerät benutzt. Nur die erste
Anbindung an das Internet erfordert noch einige an einen Computer
erinnernde Einstellungen.

- Video-Handy (Möglich mit GPRS ab 2000 oder UMTS ab 2001)
  (DM 2500, DM 1500 bei Abonnieren eines Telefondienstes - Service
  Provider)
☐ Alle Funktionen des intelligenten Handy
☐ Digitale Kamera
☐ Videotelephonie
☐ Fernsehen
☐ Spiele

- Bürogerät für SOHO – der ehemalige Personal Computer (DM 1000)
☐ Daten- und Sprachkommunikation über Internet (mindestens 8Mbit/sec)
☐ Bearbeitung multimedialer Dokumente
☐ Spreadsheet
☐ Präsentationsbearbeitung
☐ Spiele

- Arbeitsplatzgerät im Unternehmen bzw. Heimarbeitsplatz (DM 1500)
☐ Daten- und Sprachkommunikation über Intranet (100 Mbit/sec)
☐ Video-/Telefon mit intelligenter Telephonie (CTI)
☐ Fernsehen
☐ Zugriff und Darstellung für alle IT-Lösungen im Unternehmen
☐ Bearbeitung multimedialer Dokumente
☐ Zugang zur Dokumentenverwaltung
☐ Zugang zum Unternehmensverzeichnis
☐ Zugang zum Intranet als Wissensbank
☐ Spreadsheet
☐ Präsentationsbearbeitung
☐ Lesen digitaler Bücher
☐ Spezialfunktionen wie:
   CAD Arbeitsplatz, Bildbearbeitung

- Fernsehgerät (DM 3000, DM 500 bei Abonnieren eines bezahlten TV-
  Dienstes)
  ☐ Fernsehen
  ☐ Zugriff auf Internet (8Mbit/sec) alle verfügbaren Diensten
  ☐ Mitschnitt einzelner Teile und Speichern von Sendungen
  ☐ Videotelefon
  ☐ Zugriff auf Videotheken der Medienanbieter

- Intelligentes Telefon
  ☐ Zugriff auf Teilnehmerverzeichnis
  ☐ Zugriff auf Web-Dienste
  ☐ Videotelephonie
  ☐ Integrierter Notepad für das Aufschreiben bzw. Aufzeichnen von Notizen
     beim Gespräch mit Übertragung an den Netzwerkserver

- Radiogerät (DM 800, DM 300 bei Abonnieren eines Audio Dienstes)
  ☐ Zugriff auf hunderte von digitalen Programmen
  ☐ Intelligente Programmselektion aus einem Verzeichnis – Kategorien,
     Zeiten
  ☐ Speichern von einzelnen Musikstücken
  ☐ Brennen von aus dem Programm (optional, DM 300)
  ☐ Direkter Zugriff auf Speicher der Medienanbieter für Radio on Demand

- Digitales Videogerät (DM 1000, DM 500 bei Abonnieren eines
Informations-Push Dienstes, wie Reuters o.ä)
  ☐ Suchen und Speichern von Videoprogrammen und Information aus dem
     Netz - zum Abspielen über des Fernsehgerät, das Bürogerät, das e-Book
  ☐ Laden von Videos von Medienanbietern aus dem Netz (gebührenpflichtig)
  ☐ Dokumentenverwaltung für multimediale Dokumente

- Digitaler Walkman (z.T. bereits lieferbar, DM 500)
  ☐ Laden von Musiktiteln aus dem Netz
  ☐ Drahtlose Kommunikation mit Freunden (gehobene Version)
  ☐ Austausch von Musiktiteln mit Freunden über das Netz (gehobene
     Version)
  ☐ Aufzeichnung von Notizen mit Übertragung an den zentralen Server

- Intelligentes Spielzeug (DM 500 –1000, z.T. kostenlos bei Abonnieren eines
Spieledienstes)
  ☐ Jederzeitige Sprachkommunikation mit einem Spielkameraden (weltweit)
  ☐ Herunterladen immer neuer Spielverläufe für Erlebnisspiele aus dem
     Netz (kostenpflichtig evtl. im Abonnement)
  ☐ Virtuelle Welten mit entsprechenden Erlebnisspielen
  ☐ Virtuelles gemeinsames Gruppenspielen in virtuellen Welten
  ☐ Kommunikation von Bildern, Musik, Tausch von 'Sammelbildern' etc.

- Digitales Buch – e-Book (DM 500, Kostenlos bei Abonnieren einer
  digitalen Zeitung oder eines Bücherdienstes)
Das digitale Buch kann optional als 'aufrollbares, aufblasbares' Gerät geliefert
werden, um es leicht mitführen und auch 'am Strand' nutzen zu können)
(DM1000)
Das erweiterte Luxus-Modell enthält ein integriertes digitales Handy zum
    jederzeitigen Zugriff auf das Internet für die Beschaffung aktueller
    Informationen (DM 1000)
  ☐ Speichern von digitalen Büchern
  ☐ Alle Funktionen des Digitalen Walkman (gehobene Version)
  ☐ Speichern und Abspielen von multimedialen Dokumenten (gehobene
    Version)

- Web-Pad (Tragbares universelles Kommunikationsgerät für Heimbereich
  (DM 1500)
  ☐ Kommunikation wie intelligentes drahtloses Telefon
  ☐ Zugriff auf Dienste aus dem Internet
  ☐ Radio, Fernsehen, Telefon, Fax

- Persönlicher Digitaler Assistent PDA (Tragbares Kommunikations- und
  Arbeitsgerät, z.B. für Außendienst, z.T. bereits verfügbar) (DM 1500)
  ☐ Kommunikation wie intelligentes Video-Handy
  ☐ Betrieb von IT-Lösungen des Unternehmens (online und z.T. offline)
  ☐ Standard-Werkzeuge: Dokumentenbearbeitung, Spreadsheet, Präsentation

- Info-/Service-/Selbstbedienungs-, Kommunkations-Kiosk (DM 5000 –
10.000 je nach Ausstattung), (Dienste teilweise gebührenpflichtig)
  ☐ Multimediale Anzeige von Web-Diensten mit Eingabemöglichkeit
  ☐ Drucker für Ausgabe der Information
  ☐ Überspielen von Information auf e-Book, Walkman
  ☐ Bank-/Geschäftstransaktionen
  ☐ Geldkarte laden
  ☐ Einkaufen aller möglichen Dinge aus e-Shops
  ☐ Bestellen von Karten, Reisen, etc.
  ☐ e-Mail/Fax verschicken, Empfangen
  ☐ Stadtinformationssystem
  ☐ Reiseauskunft – statt der Stahl-Männchen auf den Bahnsteigen der DB ?
  ☐ Auskunft in der jeweiligen Umgebung ...
  ☐ Telefonieren, Videotelefonieren

- Intelligenter Verkaufs-Automat (Aufpreis DM 1000)
  ☐ Alle Funktionen des intelligenten Kiosk
  ☐ Buchen, Kaufen von Produkten, Diensten gegen Marge – wie heute
    Automaten

☐ Melden der Füllstände für physische Produkte bzw. Fehlfunktionen an Zentrale

- Auto-Navigations-/Kommunikationsgerät (z.T. verfügbar Preis DM 2000)
☐ Navigation mit Routenplanung
☐ Zugriff auf Dienste/Informationen aus dem Internet
☐ Suchen von Verkehrsinfo (standort- und routenabhängig) aus dem Internet
☐ Intelligentes Handy
☐ Spiele
☐ Fernsehen,Video ? Im Stand

- Intelligentes Auto (Aufpreis DM 500)
☐ Abfrage Betriebszustand über Navigations-/Kommunikationsgerät für Diagnose
☐ Standortanzeige der nächsten Tankstellen – abhängig von Tankstand

- Intelligentes Flugzeug
☐ Kommunikation über Internet aus der Luft
☐ Laden von Multimediainhalten auf PDA, Handy etc.
☐ Abschalten aller Handies automatisch und Umschalten auf 'Bordfunk'
☐ 'Funk- bzw. störfreie Zonen' werden automatisch geschaffen

- Intelligente Alarmanlage
☐ Überwachung von Gebäuden mit Darstellung der Bilder im Internet
☐ Aktive Information des Besitzers bei Wahrnehmung ungewöhnlicher Bilder mit Darstellung im Internet

- Sightseeing Roboter
☐ Fahrbarer/drehbarer Roboter zur Übermittlung einer individuellen Rundumsicht

- Intelligentes Haus/Gebäude
☐ Zusammenführung aller Messwerte an Kommunikationszentrale und Darstellung im Internet
☐ Meldung aller ungewöhnlichen Werte/Vorkommnisse über Internet

- Intelligente Werkzeugmaschine-/Industrieanlage
☐ Zusammenführung aller Messwerte an Kommunikationszentrale und Darstellung im Internet
☐ Meldung aller ungewöhnlichen Werte/Vorkommnisse über Internet
☐ Darstellung der aktuellen Produktionspläne im Internet

- Personal Network-Server (Ist ein spezialisierter PC; DM 2000)

☐ Server, der beliebige Informationen aus dem öffentlichen Internet mit Hilfe von Agenten und Suchmaschinen besorgt und für schnellen Zugriff geordnet ablegt

☐ Persönliche Web-Site, die alle mobilen und stationären Geräte mit Informationen versorgen kann und damit Drehscheibe für alle Daten ist

☐ Haushaltsserver für alle Aufgaben innerhalb des Hauses wie:
- Zentrales Telefonverzeichnis
- Zentrale Ablage für Daten und Dokumente aller Art
- Speicherung von Videos, Musik etc.
- Überwachung des Hauses und Darbietung der Daten im Internet
- Steuerung der intelligenten Hausfunktionen

- Smartcard (technisch verfügbar)
☐ Zugangsausweis für Gebäude(-teile) und IT-Dienste
☐ Geldkarte
☐ Fahrkarte
☐ Loyaltykarte

Ob diese Aufzählung auch nur annähernd vollständig ist, ob die Geräte genauso wie beschrieben aussehen werden, ob die angegebenen Preise korrekt sind, kann heute nicht mit absoluter Sicherheit gesagt werden. Sicher ist, dass es derartige Geräte zu günstigen Preisen geben wird, wie sie hier beispielhaft die Phantasie des Autors an einem verregneten Sonntagnachmittag ersonnen hat.

7.1.3 Ubiquitäre Kommunikation und multimediale Informationsübermittlung

Sobald der Anschluss der vielfältigen Geräte an das Internet über die "letzte Meile" über Telefon, drahtlos über GSM, Videokabel, Stromleitung o.ä. zu günstigen Kosten erreicht sein wird und nur eine feste Gebühr oder die übertragenen Daten berechnet werden anstelle der Dauer der Verbindung, kann das Internet seine Stärke in der Kommunikation erst richtig ausspielen, da es zur Kommunikation keine dauernde Verbindung zwischen den Kommunikationspartnern benötigt, sondern jedes Datenpaket mit der Zielinformation versehen ist und direkt über das Netz zum Adressaten geschickt werden kann. Dies bedeutet dann, dass der aus dem Telefon bekannte Wahlvorgang und Leitungsaufbau wegfällt und mit jeder Computeranwendung oder auch einem Gesprächspartner jederzeit sofort ohne Verzögerung kommuniziert werden kann, wobei die Leitung nur kurzzeitig mit den übertragenen Datenpaketen belastet wird und nicht dauerhaft in einer "Punkt zu Punkt" Verbindung reserviert und gehalten werden muss.

Damit wird auch klar, was die Umwälzung des Marktes durch den Ansatz des Electronic Business und die totale Kommunikation über das Internet bedeutet.

7.2 Ein Tag im Jahre 2001

Um die Welt des 'digital Age' besser zu erfassen, sei ein Tagesablauf eines Managers X. der mittleren Führungsebene – verantwortlich für die Produktion in einem auf die Herstellung beliebiger Produkte spezialisierten Unternehmen – im Jahre 2001 dargestellt.

Da Herr X. im Geschäftsleben immer erreichbar sein muss, nutzt er für die spontane Sprachkommunikation ein Internet-Handy mit Spracherkennung, das er 'als Knopf im Ohr' trägt und welches ihm erlaubt, immer sofort mit jedem Gesprächspartner auf Ansprache Kontakt aufzunehmen. Dieses Internet-Handy steckt Herr X. morgens einmal ins Ohr und kann es dann jederzeit nutzen. Bei nicht so häufiger Nutzung kann es auch nur bei Bedarf angelegt werden.

So kann er z.B. auch jederzeit seine Frau zu Hause ansprechen, indem er dem Internet-Handy sagt: 'Anruf Margit' – so heißt seine Frau – 'Ich habe Dir etwas zu sagen'. Die dazu nötige Verbindung ist jederzeit sofort verfügbar und solange der Gesprächspartner nicht in ein anderes Gespräch verwickelt ist oder sein Handy abgeschaltet hat, kann er direkt angesprochen werden, oder es kann ihm in einem besonderen Ansprechmodus: 'Nachricht' eine Sprachnachricht in einer 'Voice-Mailbox' hinterlassen werden, wenn der Gesprächspartner in seiner momentanen Tätigkeit nicht gestört werden soll. Auf diese Weise kommuniziert Herr X. auch mit seinen Mitarbeitern, seiner Sekretärin und allen anderen Gesprächspartnern.

Beim Abhören der Voice-Mailbox können dem Anrufenden sofort wieder Nachrichten – als Antwort auf Fragen z.B. – hinterlassen werden. Dabei stoppt die intelligente Voice-Mailbox sofort die Wiedergabe der Nachrichten, wenn sie angesprochen wird und stellt einen zeitlichen Bezug zwischen der ursprünglichen Nachricht und der Antwort her. Der Anrufende kann so später nicht nur die Antwort, sondern auf Wunsch auch seine Originalnachricht abhören, wenn er den Bezug nicht mehr versteht. Auf diese Weise kann für nicht so dringende Fälle leicht eine 'asynchrone' Sprachkommunikation aufgebaut werden, die weniger störend ist als die dauernde direkte Kommunikationsbereitschaft.

Für ubiquitäre multimediale Kommunikation einschließlich Videokonferenz und den Zugriff auf das Internet nutzt Herr X. einen Persönlichen Digitalen Assistenten (Personal Digital Assistant PDA), welcher über dieselbe Direktwahltechnik verfügt – da Internetbasiert – und dank UMTS ausgezeichnete Bildqualität für Videotelephonie liefert.

Da Herr X. häufig von zu Hause arbeitet und oft mit Gesprächspartnern über Internet kommuniziert, nutzt er zu Hause einen xDSL Anschluss mit 5 MBit/sec bzw. 600kBit/sec Bandbreite. So kann er jederzeit multimediale Information – einschließlich Videokommunikation - nutzen, um Informationen aus dem Internet abzurufen oder mit anderen zu kommunizieren. Mit diesem Anschluss gibt es keine Wartezeiten beim Arbeiten im Internet und auch die Übertragung von großen Datenmengen – wie z.B. Videos – dauert nur Sekunden bzw. Minuten.

Zu Hause besitzt die Familie X.: PCTV, tragbarer Personal Digital Assistant, Web-Pads, Videotelefon, intelligentes Auto, intelligentes Haus und natürlich haben die Kinder eine Internet Playstation und Videohandies.

7:00   Aufstehen, Waschen, Anziehen;

7:30   Vor dem Frühstück Beauftragen eines Web-Suchagenten für das Auswählen der für den Tag benötigten Hintergrundinformationen über Wettbewerber und den Kunden, mit dem später verhandelt werden soll;
Frühstück; Überfliegen der elektronischen Zeitung mit individuell ausgewählten Nachrichten aus verschiedenen Quellen im e-Book;

8:00   Nachdem sich aus der Firma keine Maschine aus der Produktion mit einem Problem 'gemeldet' hat und auch sonst keine außergewöhnlichen Ereignisse vorliegen, wird die Tagesbelegung routinemäßig überprüft;
Überfliegen der e-Mails auf dem Firmenserver – nichts Dringendes dabei, kann später bearbeitet werden;
Laden der inzwischen ausgewählten Hintergrundinformation auf den PDA;
Verlassen des Hauses und Fahrt zur Firma, da persönlich mit neuen Kunden verhandelt und die Produktion vorgeführt werden soll;
Während der Fahrt Vorlesen der ausgewählten Aktienkurse aus dem Personal Server, dann personalisierte Musik (Kategorie Klassik gemischt mit Oldies) aus dem Web (digitales Radio), Wetterbericht – zum Glück keine aktuellen Verkehrsmeldungen für die Route zur Arbeit, auch keine Radarwarnung;

9:00   Telefonieren mit dem Betriebsleiter und Absprechen des Tagesablaufs für die Führung; Betriebsleiter macht auf ungewöhnliche Meldung einer Maschine aufmerksam – diese wird daraufhin auf dem PDA angezeigt und mögliche Lösungen diskutiert;
Studium der Hintergrundinfo aus dem PDA; Videotelefonat mit einem Kollegen eines befreundeten Betriebes vom Arbeitsplatz, um dessen Einschätzung des potentiellen Kunden zu erfragen;
Videotelefonat mit Vertriebsrepräsentant, der bisher Kontakt mit Kunden hatte – dabei Durchgehen der verfügbaren Unterlagen in einer 'Joint Session'; Persönliches Briefing des Geschäftsführers mit Durchgehen der Präsentationsunterlagen an der Projektionswand;

10:00   Beginn der Besprechung mit Präsentation der Unterlagen;
Dabei bereits Abruf aktueller Informationen aus der Fertigung, um Besucher zu beeindrucken; Darstellung Produktionsplanung mit optimierten Prozessen und der für den Kunden später verfügbaren Information aus der Produktion; Darstellung der Produktinformation

nach Abschluss der Produktion – Basis für den Kundenservice und Angebot an den Kunden, diese Information produktbezogen über den Service des Kunden weiterzupflegen und damit den eigenen Service aufzuwerten; Vorstellen von Referenzprodukten mit Qualitäts- und Service-Berichten von Kunden;

12:00 Rundgang durch Fertigung mit Video-Handy, dabei mehrere Video-Gespräche mit Kunden und Vertriebsmitarbeitern, um den Besucher zu beeindrucken;

13:30 Gemeinsames Mittagessen; Nebenbei ins Gespräch auf Projektions-wand eingeblendet aktuelle Hintergrund-Informationen, um Fragen fundiert zu beantworten; Präsentation des Kundenproduktes – virtuell – auf der Präsentationswand; Zum Abschluss Darstellung des Kundenproduktes in virtueller Realität 3D mit 'Erleben' der Funktionen für den Kunden durch 'Immersion';

15:00 Verabschiedung des Kunden mit Ausdruck der Präsentationen und hinterfragten Information und gleichzeitig Ausgabe auf DVD;
Mehrere Video-Telefonate mit Zulieferern und Logistikpartnern;
Bearbeitung der e-Mail;
Gespräch mit Betriebsleiter bezüglich Wartung einiger Maschinen, die fällige Wartung gemeldet hatten; Evtl. zurückstellen, da Kapazität gebraucht wird – abhängig von den aktuellen Betriebsdaten;
Zur Sicherheit wird die Verfügbarkeit verschiedener Ersatzteile bei den Herstellen überprüft, um bei Bedarf schnell reagieren zu können; einer der Lieferanten meldet Verzögerungen, was bei der aktuellen Lage nicht dramatisch ist. Der Lieferant wird über die Umdisposition zur späteren Wartung informiert, um sich selbst darauf einstellen zu können.

16:00 Überprüfung der Produktionsplanung für den nächsten Tag;
Überfliegen der Statistiken aus den Planungssystemen, um evtl. Veränderungen erkennen zu können
Abstimmung der Supply-Chain im Teleconferencing mit einem Kunden, der extreme Anforderungen an die Reaktionsgeschwin-digkeit bei der Kapazitätsanpassung für die Produktion hat. Dazu haben beide Partner Zugriff auf die Planungsdaten in Diagrammen und können die kritischen Punkte gemeinsam durchgehen;
Gespräch mit anderem Kunden, für den im Moment 'auf Lager' produziert wird, ob nicht durch Änderung der Planung eine bedarfs-gerechtere Produktion erreicht werden kann; Übernahme der Statistiken auf den PDA für Studium zu Hause um Lagerbestände zu überprüfen; Dazu werden auch alle ausgearbeiteten Supply-Chain Planungen mit verschiedenen Kunden benötigt;
Übertragung von Präsentationsunterlagen auf den Server zu Hause;
   Durchgehen verschiedener Konstruktionszeichnungen am Büro-gerät mit einem Mitarbeiter, der heute zu hause arbeitet; dabei Video-kontakt in einem Fenster des Bildschirms; Ausarbeiten einer Auf-

forderung zur Angebotsabgabe für die Produktion bestimmter Geräte außer Haus, da Kapazität in diesem Bereich erschöpft. Anfrage wird im Marktplatz der Produktionsbetriebe im Internet 'ausgehängt' mit Frist von 3 Tagen zur Abgabe qualifizierten Angebote. Unterlagen des zu produzierenden Gerätes werden auf Anfrage elektronisch verfügbar gemacht;

Überprüfung mehrerer Anfragen von Partnerunternehmen im Internet-Marktplatz für die Übernahme von Produktion;

17:00   Fahrt nach Hause; Heimarbeit;

Vorbereiten einer Kunden-Präsentation – da Material in der Firma vergessen wurde, Herunterladen des Materials auf den Personal Server und von dort auf den Büroarbeitsplatz zu Hause – Überspielen der fertigen Präsentation auf den Firmenserver;

Beim Surfen nach gutem Material für die Präsentation wird bei einem Anbieter von Maschinen eine neue Konfiguration entdeckt, die evtl. auch für die eigene Produktion vorteilhaft wäre; Die URL wird dem Betriebsleiter übermittelt, damit dieser sich genauere Informationen besorgen kann;

Laden aktueller Aktienkurse und anderer Informationen, die von Web-Agent zusammengestellt worden sind, auf das Bürogerät – Studium der Informationen;

Videotelefonat mit Sekretärin für die Planung einer Reise – gemeinsames Durchgehen der Route am Büroarbeitsplatz zu Hause mit gemeinsamer Einsicht in Fahrpläne und Ansicht des Zielortes;

18:00   Feierabend;

Fernsehen der vom Agenten vorbereiteten Nachrichten und eingesammelten Informationen am intelligenten Fernseher;

Durcharbeiten eines Multimedia Trainingsprogramms mit realem Tutor für Rückfragen zu einem neuen Fertigungsverfahren;

Lesen eines Sachbuches mit dem e-Book im Lieblingssessel;

Planung einer Urlaubsreise mit der Familie; dazu Vorabrundumsicht am Zielort – es wird dort schon dunkel, aber man kann sehen, dass es schön ist;

Abhören der Vokabeln mit den Kindern, wobei die Enzyklopädie aus dem Internet auf dem PDA heimlich die Bedeutungen liefert, damit sich der Vater nicht blamiert;

Spielen mit den Kindern, die ihre aktuellen Spiele mit dem intelligenten Komponenten-Baukasten vorführen und noch einmal den neuen Freund per Videotelefon vorstellen wollen;

20:00   Bestellen des Abendessens beim Italiener um die Ecke aus Speisekarte im Web, da die Gattin nicht kochen will;

20:30   Essen kommt, Abendessen;

Anrufen der Schwiegermutter, Video-Schwatz mit den Kindern an der Fernseh-Projektionswand 1x2 Meter;

Durchsehen der privaten e-Mail, wobei mehrere Nachrichten gefunden werden, in denen Anbieter sich mit Angeboten zurückmelden, die bei früherer Anfrage nicht bedient werden konnten – bestellen einiger Dinge aus diesen Angeboten und endgültige Absage an andere Anbieter mit der Bitte, keine weitere Information zu schicken;
Durchgehen des Geburtstagskalenders und Einkaufen verschiedener anderer Dinge, für die ein Web-Agent zuvor die günstigsten Angebote herausgesucht hatte, zusammen mit der Frau;
Konfigurierung des neuen Wunschautos mit allem Zubehör und virtuelle Testfahrt bei verschiedenen Anbietern – steht aber erst in einigen Monaten an;
Gemeinsames Fernsehen eines lange gewünschten alten Films aus der Videothek eines Videoanbieters – ohne Werbung, da bezahlt – man gönnt sich ja sonst nichts;

22:00   Vom Fernseher aus Anmelden des Autos für morgen zur elektronischen Inspektion mit Terminvereinbarung – per Internet. Es hatte heute bei der Fahrt Geräusche gemacht;
Heraussuchen einer Zugverbindung für spätere Dienstreise aus dem Web auf dem Fernseher; dabei noch einmal kurz über die intelligente Überwachungsanlage in das Ferienhaus geschaut, ob alles in Ordnung ist;
Laden der elektronische Geldkarte, da Guthaben ausgegangen;

23:00   Abschicken verschiedener e-Mails vom Bürogerät, da vergessen, einige Leute zu informieren;
Morgen ist es wohl nicht nötig in die Firma zu gehen, da nur Ausarbeitungen und Routine-Kommunikation ansteht; Entsprechende e-Mail an die Sekretärin schicken;
Im Bett noch Lesen eines Romans mit e-Book, da dieses leichter ist als ein Buch und durch Hintergrundbeleuchtung die Gattin nicht beim Schlafen stört.

Die Geschichte erscheint noch etwas futuristisch – allerdings schon viel weniger, wenn man bedenkt, was in den letzten sechs Jahren seit 1994 alles passiert ist. Bis 2001 ist es noch gut ein Jahr und vieles, was hier beschrieben wurde, ist technisch bereits verfügbar, nur noch nicht für den Nutzer 'aufbereitet'.

Technologie wird in Zukunft nur noch über Lösungen akzeptiert werden, welche für den Nutzer interessante Dienste bieten. Niemand wird mehr die Bedienung eines Computers erlernen wollen und die Vorstellung, man müsse Computertechnologie in der Schule bereits den Kindern vermitteln erscheint vor diesem Hintergrund absurd. Es zählt nur, was man draus macht, nicht wie es funktioniert.

Aus der Darstellung wird hoffentlich deutlich, dass 'Computer' der Zukunft nicht mehr durch die Basistechnologie definiert werden, sondern vom Nutzungsszenario – wann war in der Geschichte die Rede davon, mit welchem

Betriebssystem die einzelnen Geräte betrieben wurden, welche Technologie die Nutzeroberfläche gestaltet oder mit welcher Programmiersprache die Lösung implementiert ist – wie dies ja auch heute schon für intelligente Geräte z.B. Handies völlig unbedeutend ist. Verbunden sind alle Geräte über das Internet mit einem geschützten HTTPS-Kanal für den einzelnen Nutzer zwischen seinen Geräten und im Kontakt mit seinen ausgewählten Partnern. Daten werden nicht nur im Netz, sondern z.T. auch im Gerät während der Bearbeitung gespeichert. Geräte können Daten untereinander über den Personal Server austauschen, dabei werden Verbindungen – Browser-Sessions – jeweils nur durch einfaches Anwählen ohne lange 'Einlog-Prozeduren' entsprechend dem heutigen Telefon hergestellt – für Kurzwahl stehen Symbole auf allen Geräten zur Verfügung, bzw. weiß das Gerät bereits bei der Auswahl bestimmter Symbole, dass dafür Daten von einem anderen Server benötigt werden und beschafft diese.

An diesem Beispiel zeigt sich auch, dass Nutzeroberflächen für die Lösungen der Zukunft eine entscheidende Rolle spielen werden. Nur wenn diese völlig von jeder Technik befreit sind, können sie von Nutzern bedient werden, die noch nie einen Computer gehandhabt hatten. Hier muss die Intelligenz der 'verdeckten' Computer, auf denen die Lösung aufbaut, helfen Nutzeroberflächen zu schaffen, die wesentlich einfacher zu handhaben sind als z.B. die heutigen Computer aber auch Video-Recorder, indem sie mit geeigneten Symbolen und Hilfestellungen den Nutzer führen.

8 Zusammenfassung

Es sind seit der "Entdeckung" des Internet erst sechs Jahre vergangen. Schon jetzt hat diese Technik die gesamte IT-Welt grundlegend verändert. Noch ist kein Ende der dynamischen Entwicklung in Sicht. In jedem Fall ist keine Zeit zu verlieren.

Die vorstehenden Ausführungen können in keiner Weise die ganze Welt der 'new e-conomy' und des Electronic Business vollständig darstellen. Es ist hoffentlich gelungen, verständlich zu machen, was das Electronic Business im wesentlichen ausmacht, warum es für jedes Unternehmen von essentieller Bedeutung für die Gestaltung der Geschäftsverfahren und IT-Lösungen ist und wie der Weg dahin aussehen kann.

Mit den dargestellten Anwendungs-Beispielen und Technologieansätzen konnte hoffentlich ein Eindruck vermittelt werden, welche Möglichkeiten sich für Electronic Business Lösungen in kurzer Zeit im Internet entwickeln. Diese Lösungen sind innovativ und müssen in diesem dynamischen Umfeld mit Phantasie gefunden werden, um sie sich zum eigenen Vorteil zu erschließen.

Jüngste Untersuchungen zeigen, dass sich – die richtigen – Investitionen in Informations- und Kommunikations-Infrastruktur für Unternehmen sehr schnell amortisieren und dass deren Anteil an den Gesamtinvestitionen steigt. In den USA z.B. ist dieser Anteil von 10 Prozent im Jahre 1970 auf 40 Prozent im Jahre 1996 gewachsen.

Um die Bedeutung des Internet für das Geschäftsleben des Electronic Business darzustellen, braucht man keine Ausblicke in die fernere Zukunft darzustellen, wie dies noch häufig geschieht. Es erfordert bereits jetzt alle Anstrengungen, um die Gegenwart einzuholen.

Wichtig ist zu erkennen, dass nicht Ausnahmeerscheinungen wie Amazon oder Yahoo!! die Welt des Internet in der Zukunft alleine bestimmen werden oder dürfen, sondern dass es jetzt darum geht, dieses neue Medium in allen Prozessen des Unternehmens als Werkzeug einzusetzen und damit neue Leistungsreserven freizusetzen. Nach dem 'Blitzstart' einiger neuer Wettbewerber am Markt, die ihr Geschäft kompromisslos auf dem neuen Medium Internet aufgebaut haben, wird in der nächsten Entwicklungsphase der 'normale' Wettbewerb einsetzen – wenn die etablierten Marktteilnehmer durch Nutzung des neuen Mediums Internet antreten. Dann können sie oft die Vorteile des bereits eingeführten Namens ausspielen. Allerdings muss den etablierten Anbietern klar sein, welche Wachstumsmöglichkeiten und welche Verdrängungskraft die 'new e-conomy' bietet. Was heute noch als Nische gilt, wird sich in teils atemberaubendem Tempo entwickeln. Wer da zurückbleibt, schafft den Anschluss später nur mit Mühe oder verliert ihn ganz.

Für viele Marktteilnehmer werden die klassischen Erfolgsfaktoren wie vertikale Integration oder ein weitverzweigtes Vertriebsnetz irrelevant – ja störend – werden. Der digitale Markt arbeitet durch den zunehmenden Vernetzungsgrad durch elektronische Kommunikation und gekoppelte IT-Systeme heute als Ganzes so effizient wie früher nur hochintegrierte und gut organisierte Konzerne.

Der Wettlauf um den Internet-Markt der 'new e-conomy' hat gerade erst begonnen und es bestehen noch berechtigte Aussichten, dass auch etablierte Unternehmen ihre Fähigkeiten und Leistungsfähigkeit unter Nutzung des Internet ausspielen werden und gewinnen können.

Noch allerdings hat Electronic Business in den deutschen Top-Etagen einen nur geringen Stellenwert. Nach einer Studie von Roland Berger kümmert sich bei nur 8 Prozent der Unternehmen das oberste Management um das Thema und ein eigenes Geschäftsfeld mit Umsatzverantwortung gibt es erst bei 19 Prozent. Zwei Drittel der Unternehmen sieht Electronic Business als verlängerten Arm der Marketing- oder Vertriebsabteilung und schöpfen damit die Potentiale für die grundsätzliche Neugestaltung von Geschäften nur unzureichend aus. Viele fürchten die Konflikte mit etablierten Vertriebskanälen oder eingerichteten Strukturen.

Das Geschäft über das Internet hatte angefangen mit neuen Sternen wie Amazon, DELL, Ebay, TISS, ENBA etc. Ausnahmeerscheinungen, wie man glauben konnte. Zunehmend wird aber sichtbar, dass das Internet und die Internet-Technologie eine neue Basis für Geschäftsmodelle aller Art liefern und auch von etablierten Unternehmen nicht vernachlässigt werden dürfen, genauso wie seinerzeit das Telefon oder der Computer. Als bleibende Wirkung wird uns das Internet eine neue Kundenorientierung bringen und die Möglichkeit, operative Kosten in vielen Bereichen zu senken bei gleichzeitiger Steigerung der Leistungsfähigkeit.

Electronic Business auf Basis der Internet-Technologie wird die Geschäftswelt grundlegend verändern:

- Der Kunde rückt in den Fokus der Aufmerksamkeit und des Interesses
- Unternehmen werden für den Kunden besser ansprechbar (responsive) und kennen den einzelnen Kunden besser trotz der 'Entfremdung' durch die elektronische Kommunikation
- Der Kundenzugang reicht von der Vertriebsschnittstelle über die Leistungskette bis zum Zulieferer
- Durch den direkten Zugang zum Kunden werden etablierte Intermediäre überflüssig und müssen einen neuen Mehrwert finden, den sie zum Geschäftsprozess beisteuern können – Lieferservice, kompetente Beratung, Post-Sales-Service, Unterstützung von Bequemlichkeit, wirkliche Pflege der Kundenbeziehung etc.

- Neue Intermediäre werden auftreten, die das Internet als Kundenzugangs und -bindungsinstrument nutzen
- Vielfältige Netzzugangsgeräte werden die Zahl der Consumer-Nutzer im Vergleich zu der heutiger PC-Nutzer um eine Größenordnung steigern
- Alle Geräte werden potentiell zu Netzzugangsgeräten: Handy, Telefon, Fernseher, Auto-Navigationssystem, Maschinensteuerungen, Anlagensteuerungen etc.
- Alle Information wird digital fassbar: Bilder, Sprache, Videos, Dokumente, Zeichnungen, Gemälde, ... und damit durch Computer verarbeitbar und kommunizierbar
- Die Kommunkationsinfrastruktur wird auf der Basis eines IP-Netzes völlig neu definiert und etablierte Telecom-Provider werden ein neues Geschäftsmodell entwickeln müssen
- Mobile Kommunikation wird ubiquitär mit Bandbreiten, die multimediale Lösungen über drahtlose Kommunikationsstrecken ermöglichen – Mobile Telephonie wird durch IP-basierte Datentelefonie neu definiert
- Die IT-Infrastruktur wird unternehmensweit wieder konsolidiert und ermöglicht Kommunikation für jeden – das Client/Server Paradigma ist überholt, wobei Konsolidierung nicht eine Rückkehr zum zentralistischen 'Mainframe' Ansatz bedeutet, sondern eine Vernetzung der Ressourcen mit Optimierung der Servergröße für einzelne Aufgaben
- Der IT-Bereich in Unternehmen wandelt sich vom technikgetriebenen zum geschäfts-treibenden Partner
- Unternehmen, welche nicht in und mit dem Internet existieren werden zunehmend Schwierigkeiten für die weitere Entwicklung ihres Geschäftes haben
- Etablierte Informationsverteiler wie Radio, Fernsehen werden sich neu definieren müssen
- Zusammenarbeit wird durch die multimediale Kommunikation auch über weite Entfernungen möglich
- Multimediale Verfahren redefinieren den Konstruktionsprozess und die Einführung von Produkten in die Produktion, den Vertrieb, das Angebot an den Kunden
- Gestützt auf eine leistungsfähige Kommunikationsinfrastruktur wird die Vermittlung von Wissen als dynamische Information über das Inter-/Intranet ermöglicht
- 'Herrschaftswissen' kann als Machtmittel nicht mehr eingesetzt werden, da zunehmend eine direkte Kommunikation ermöglicht wird
- Geschäftsprozesse werden durch Kommunikation zwischen den beteiligten Funktionseinheiten optimiert – dadurch können alle Läger und Puffer (Ware, Zeit, Geld) entlang der Leistungskette durch die gesteigerte Reaktionsfähigkeit eliminiert werden

- Neue Geschäftsverfahren wie z.B. elektronische Marktplätze werden durch die verfügbare Kommunikationsinfrastruktur etabliert
- Innovative Lösungen werden gefordert, um Wettbewerbsvorteile zu erzielen – nicht Standardlösungen. Diese werden nicht durch 'Warten auf die endgültige Lösung' entstehen, sondern durch permanentes Experimentieren und Verbessern des Erreichten
- Durch Kommunikation und die Motivation zur Zusammenarbeit (Co-opetition) werden virtuelle Unternehmen entstehen, die fokussierte Kompetenzen nutzen
- Unternehmen werden sich in Richtung auf fokussierte Kompetenzen neu strukturieren und diese über Schnittstellen als einzelne Geschäfte nach außen zugänglich machen – auch etablierte Unternehmen werden nach den Regeln des virtuellen Unternehmens strukturiert
- Zunehmend wird die gemeinsame Information im Unternehmen wesentlicher Bestandteil der Unternehmensidentität werden
- Für den Erfolg von Unternehmen zählt nicht mehr die 'Marktmacht', sondern das schnelle Erfassen und Beantworten von Kundenbedarf
- Ausnutzung der konsolidierten Kompetenzen wird eine dynamische Innovation und Schaffung neuer Lösungen ohne den Aufwand der Detailimplementierung ermöglichen
- Der IT-Bereich wird 'externalisiert', d.h. muss seine Aufgabe darin sehen, mit seinem Diensteangebot jeden Mitarbeiter im Unternehmen, jeden Partner und potentiell jeden Kunden erreichen zu können
- Anwendungslösungen werden aus Komponenten zusammengesetzt und über Kommunikationsstrecken miteinander vernetzt
- Etablierte Standardlösungen werden zu Macroservices und müssen sich 'neu erfinden', um im gewandelten Markt eine Beitrag leisten zu können
- Der Nutzer wird für moderne Lösungen der Integrationspunkt – damit wandelt sich das Integrationsparadigma von der Systemzentrierung zur Nutzerzentrierung
- Internetbasierte Lösungen werden Funktionen miteinander verbinden können, die vorher völlig unvereinbar waren
- Evolutionäre Ansätze werden durch den Austausch einzelner Komponenten ohne Zerstörung der Gesamtlösung ermöglicht
- Neue Anbieter werden den Markt für IT-Lösungen bestimmen – LINUX weist den Weg zur vernetzten Lösungserstellung mit Einbeziehung der Nutzer als Lieferant für einzelne Komponenten

Das alles wird spätestes innerhalb von 10 Jahren Wirklichkeit werden !

Es ist viel zu tun. Gewinnen kann aber nur, wer vorne mitmacht.

Wer nicht mitmacht, wird verlieren.

Quellen und weiterführende Literatur

Bei der Erstellung des Buches wurden als Quellen nur aktuelle Informationen aus Veröffentlichungen des Marktes benutzt – da zu dieser Zeit noch keine einschlägige Literatur verfügbar war.

Inzwischen sind in den Jahren 1999 und 2000 zahlreiche Bücher zum Thema Electronic Commerce und Electronic Business erschienen und fast täglich erscheinen weitere neue.

Daher erscheint es unmöglich, ein einigermaßen aktuelles Verzeichnis der weiterführenden Literatur zu erstellen.

Vielmehr soll auf die Verzeichnisse der Buchläden im Internet verwiesen werden, wo leicht eine Übersicht über den jeweils aktuellen Stand abgefragt werden kann.